경허선사 영정鏡虛禪師影幀

鏡虛禪師語錄

鏡虛禪師語錄

無二 巨笑 譯註

無二精舍

머리말

경허鏡虛선사는 전북全北 자동리子東里에서 속성俗姓 여산송씨
廬山宋氏 후예後裔로 부父 두옥斗玉과 모母 밀양박씨密陽朴氏 사이
에서 1846년(丙午年)[1] 4월 24일 탄생하셨으며 속명俗名은 동욱東
旭이시다. 일찍이 생부生父를 여의고 아홉 살 때 생모生母를 따라
청계사淸溪寺로 들어가 계허桂虛 스님을 은사(恩師. 養育師)로
축발수계祝髮受戒했으며 법명法名은 성우惺牛고 법호法號는 경
허鏡虛이시다.

   은사恩師이신 계허 스님을 시봉侍奉하던 중 14세 때 청계사에
머물고 있던 한 선비(儒生)로부터 통사通史 등을 배우다가 그
영특함을 발견한 계허 스님의 추천推薦으로 계룡산鷄龍山 동학사
東鶴寺 대강백大講伯이신 만화萬化 보선普善 문하門下에서 수학修
學하였으며 유불儒佛을 정통精通으로 훈습薰習하지 않음이 없었
다. 그 후 대중大衆들의 청청請으로 동학사에서 강론講論을 펼치자
학인學人들이 사방四方에서 운집雲集하였다.

   학인學人들을 강의하던 어느 날 옛 은사(恩師. 養育師)이신

---

1 一八四六年: 1846년생은 '일러두기' 三.에 따로 정리하여 첨부添附하였다.

계허 스님을 방문訪問하려고 길을 나선 도중途中 한 마을을 지나다 전염병으로 황망慌忙하게 죽어가는 사람들을 보면서 목숨이란 호흡하는 사이에 있고 일체一切 세상사世上事는 모두 허환虛幻밖의 청산靑山임을 깨닫고 동학사로 돌아와 학인學人들을 해산解散하고 방문을 폐쇄閉鎖한 후 오로지 조사祖師의 공안公案을 참구參究하였다.

어느 날 시봉侍奉하던 사미승沙彌僧이 조실祖室이신 경허 스님께 여쭙던 "소가 콧구멍이 없다"라는 말을 듣고 선정禪定의 안목眼目을 몰록 활연豁然히 타파打破한 후 게송偈頌으로 이르기를

忽聞人語無鼻孔 홀연히 콧구멍이 없다는 말을 듣고
頓覺三千是我家 몰록 삼천대천세계가 내 집임을 깨달음이로다
六月燕巖山下路 유월 연암산 아랫길에
野人無事太平歌 야인들이 일이 없어 태평가를 부름이로다

이후 경허선사께서는 천장암天藏庵, 개심사開心寺, 도비산島飛山 부석사浮石寺 등지에서 20여 년을 주석住錫하시면서 수행정진修行精進하시다가 1899년(己亥年)에 가야산伽倻山 해인사海印寺로 이석移錫하여 수선사修禪社를 개원開院하면서 종주宗主로 추대推戴되어 정혜결사문定慧結社文을 제정制定하고 대중大衆을 수행정진修行精進하게 하였다. 그리고 범어사梵魚寺, 화엄사華嚴

寺, 송광사松廣寺 등 경허선사께서 유력遊歷하시던 곳마다 선원禪院을 개원開院하고 청규淸規를 제정制定하는 등 참중납자參衆衲子를 제접諸接하는 데 헌신獻身하셨으며, 성리학性理學에 의해 처참하게 유린蹂躪 당한 말세末世의 불법佛法이 경허선사로 인하여 중흥中興의 결실結實를 보게 되었으니 그 공덕功德을 부정否定할 사람 누가 있겠는가?

또한 일본 제국帝國시대라는 시대적時代的 혼란混亂 속에서도 경허선사께서 남방南方의 가야산伽倻山 해인사海印寺를 비롯하여 금정산金井山 범어사梵魚寺로부터 북방北方의 설봉산雪峰山 석왕사釋王寺 등 천년보찰千年寶刹에서 선풍禪風을 펼치면서 유력遊歷하시다가 홀연히 자취를 감추셨으니 그 누구도 선사禪師의 행적行蹟을 찾을 수 없었다. 그러나 계묘년(癸卯, 1903) 범어사에서 해인사로 가시던 도중途中에 읊은 게송偈頌을 살펴보면 이미 자신의 자취를 감추려는 뜻을 내보였으나 명리名利를 구구求하는 세상 사람들은 알 수가 없었다.

識淺名高世危亂　식견은 얕고 이름만 높아 세상살이 어려우니
不知何處可藏身　어느 곳에 이 몸을 숨길까 알지 못함이로다
漁村酒肆豈無處　어촌이나 술집 어느 곳엔들 없겠는가마는
但恐匿名名益新　다만 이름을 숨기려 하니 이름이 더욱 드러
　　　　　　　　날까 두려움이로다

경허선사의 이후 행적行蹟에 관해서는 선사禪師의 입적入寂 이후 세상에 드러났다. 승속僧俗의 옷차림으로 갑산甲山·강계江界 등지를 왕래하면서 혹은 서당書堂의 훈장訓長을 하거나 저잣거리에서 술잔을 기울이기도 하면서 유력遊歷하시다가 임자년(壬子, 1912) 봄 갑산甲山 웅이방雄耳坊 도하동道下洞 서재書齋에서 여명黎明에 홀연히 붓을 잡고

心月孤圓　마음의 달이 외로이 둥글고 밝으니
光呑萬象　그 광명이 삼라만상을 삼켰음이로다
光境俱亡　빛과 빛의 경계가 함께 사라지니
復是何物　다시 이것이 무슨 물건인고

라고 읊으시고 후미後尾에 일원상一圓相을 그려 놓고 붓을 던지고 홀연忽然히 입적入寂하셨다고 하니 세수世壽는 67세요, 법랍法臘은 58세였다.

국운國運이 쇠퇴하여 어지러운 풍진세상 속에서도 불법佛法을 수호守護하고 중흥中興하신 대선지식大善知識 경허선사의 행업行業에 느끼는 바가 있었던 산승山僧이 선사禪師의 사상思想과 행행이 여실히 드러나는 옥고玉稿를 수집하여 보니 신미년(辛未, 1931) 한암漢岩 중원重遠선사 필사본筆寫本과 임오년(壬午, 1942) 선학원禪學院 발행 『경허당법어록鏡虛堂法語錄』과 경술년

(庚戌, 1970) 보련각寶蓮閣 발행『경허당법어록鏡虛堂法語錄』과 신유년(辛酉, 1981) 수덕사修德寺 발행『경허법어鏡虛法語』와 경오년(庚午, 1990) 통도사通度寺 극락선원極樂禪院 발행『경허집鏡虛集』이 있었다.

먼저 수집한 자료資料들을 열람탈고閱覽脫稿하면서 의문이 생기면 직지사直指寺 박물관을 비롯하여 해인사海印寺·범어사梵魚寺·통도사通度寺·송광사松廣寺·순천順天 선암사仙巖寺 박물관 등을 두루 답사踏査하여 확인確認하였고 새로이 발견되는 자료들은 재차再次 수집하였다.

이러한 작업作業을 통해 산승山僧은 이미 발간發刊된 자료들에 몇 가지 문제점이 있음을 발견하였다. 예컨대 첫째 경허선사의 출생出生에 관한 문제, 둘째 법제자法弟子의 문제, 셋째 법맥法脈의 문제, 넷째 불필요하게 첨가添加되거나 한암 중원선사 필사본의 글을 일부 삭제削除한 문제 등이었다.

그리하여 한암 중원선사 필사본을 원본原本으로 삼고 제방諸方의 여러 서적書籍을 참고參考하여 기존의 문제점을 염두에 두고 차별화差別化[2]하여 정리整理하였다.

마지막으로 경허선사의 게송偈頌 한 구절句節을 읊으면서 이 책의 발간發刊 인연공덕因緣功德으로 사부대중四部大衆은 혼탁

---

2 差別化: 차별화差別化 문제들은 '일러두기' 三.에 따로 정리하여 첨부添附하였다.

한 세월 속에서도 정견正見이신 대선지식大善知識 경허선사의
주옥珠玉과 같은 말씀을 숙지하여 아뇩다라삼먁삼보리阿耨多羅
三藐三菩提를 성취하기를 발원發願한다.

世與靑山何者是　세상과 더불어 청산 어느 것이 옳은가
春光無處不開花　봄이 오니 꽃피지 않는 곳이 없음이로다
榜人若問惺牛事　어떤 사람이 만약 성우의 일을 묻는다면
石女聲中劫外歌　석녀가 겁외가를 부른다 함이로다

세존응화世尊應化 3043년(丙申, 2016)
경허선사 열반 104주기週期를 맞이하여
해동사문海東沙門 경허鏡虛선사 후손後孫
무이無二 거부巨芙 근찬謹撰

鏡虛禪師語錄 三. 與法子

鏡虛禪師語錄 四. 序文

鏡虛禪師語錄 五. 記文

鏡虛禪師語錄 十二. 歌·曲

일러두기

一. 원문原文은 한암 중원선사 필사본筆寫本으로 한다.

二. 목차目次는 1931년 필사한 한암 중원선사 필사본을 주主로 하고 1942년 발행한 선학원禪學院과 1970년 발행한 보련각寶蓮閣과 1981년 수덕사修德寺와 1990년 통도사通度寺 극락암極樂庵 발행본發行本을 참고로 한다.

三. 앞서 발행된 경허선사 관련 책들의 ① 출생, ② 법제자法弟子, ③ 법맥法脈 등의 이설異說에 관한 정리는 아래와 같다.

첫째, 경허선사의 탄생에 대해서는 다양한 자료가 있으나 1846년생으로 정리整理한다.

① 한암 중원선사의 1931년 필사본에 의하면 1857년(丁巳年) 4월 24일생으로 되어 있다.

② 선학원禪學院과 수덕사修德寺 발행본發行本에는 1849년(乙酉年) 8월 24일생으로 되어 있다.

③ 아래의 자료들을 근거로 역자譯者는 ①과 ②와는 달리 1846년(丙午年) 4월 24일생으로 정리한다.

◉ 소명자료

자료 1) 경허선사가 1900년(광무 4년, 庚子年) 찬술한 서룡瑞龍화상 행장行狀에 '今年光五十有五髮蒼凉而面皺縮 내 나이 55세로서 털은 성글고 얼굴은 주름졌구나.'라고 스스로 밝히고 있다.

자료 2) 경허선사가 1902년(광무 6년, 壬寅年) 찬술한 범어사 금강암

칠성각 창건기에 '今已老矣閱盡榮枯百盧灰冷自 내가 이미 늙어 영고성쇠를 다 맛보니 백천 가지 생각이 재처럼 식어졌다.'라고 밝혔다.

자료 3) 강원총람 동학사편에 경허선사는 1871~1873년 강사講師로 지냈다는 기록이 있다.

재정리 1) 자료 1)에 1900년(庚子年)에 '今年光五十有五髮蒼涼而面皺縮'라 했으니 55세가 되려면 1846년(丙午年)생으로 봐야 한다. 1849년의 경우는 51세이고 1857년생으로 본다면 43세가 된다.

재정리 2) 자료 2)에 '今已老矣閱盡榮枯百盧灰冷自'라고 했으니 1846년생으로 보는 것이 가장 타당하다.

재정리 3) 1857년생이라 한다면 자료 3)의 경우 14세로 강사가 되었다는 말인데 상식적으로 적합하지 않다.

둘째, 법제자法弟子의 문제에 있어서 한암 중원선사 필사본과 수덕사修德寺 발행『경허법어鏡虛法語』가 상이相異하였다. 산승山僧이『경허법어』의 재정리再整理 작업을 진행進行하면서 해당該當 스님들이 남기신 유집遺集과 비문碑文, 후인後人들의 증언證言 그리고 여러 자료를 확인確認한 바 한암 중원선사의 필사본에 의거하여 경허선사의 법제자法弟子를 정리하는 것이 타당妥當한 것으로 사료思料되어 이에 의거依據하여 정리한다.

(1) 한암 중원선사 필사본에는 4명(四人)이다

　① 침운枕雲 현주玄住: 梵魚寺誌 靈位편에 '枕雲玄住大禪師'란 기록이 있다.

　② 혜월慧月 혜명(慧明, 1861~1937)

　③ 만공滿空 월면(月面, 1871~1946)

　④ 한암漢岩 중원(重遠, 1876~1951)

(2) 수덕사 발행의 『경허법어鏡虛法語』에는 7명(七人)이다

① 만공滿空 월면月面

② 혜월慧月 혜명慧明

③ 수월水月 음관音觀

④ 혜봉慧峰 보명普明

⑤ 침운枕雲 현주玄住

⑥ 용성龍城 진종震鍾

⑦ 한암漢岩 중원重遠

(1)과 (2)에서 차이差異를 보이는 법제자法弟子 문제에 대한 정리는 아래와 같다.

재정리 1) 혜봉慧峰 보명普明선사의 경우, 유집遺集을 살펴보았더니 1874년생으로 1904년에 남장사에 출가出家하였으며 경허선사와는 어떠한 연관된 기록도 없고 후인後人들도 한결같이 경허선사의 법제자가 아님을 밝히고 있다.

재정리 2) 용성龍城 진종震鍾선사의 경우, 칠불암 대은선사大隱禪師의 법法을 이었으나 환성喚惺 지안志安선사를 원사遠嗣로 삼았으며 후인後人들도 경허선사의 법제자가 아님을 밝혔다.

셋째, 법맥法脈의 문제는 한암 중원선사 필사본과 수덕사修德寺 발행 『경허법어鏡虛法語』가 차이差異를 보이고 있으므로 여기서는 한암 중원선사 필사본에 의거하여 정리한다.

자료 1) 한암 중원선사 필사본에 의하면 경허선사는 서산西山 휴정休靜선사로부터 11세손이며 환성喚惺 지안志安선사로부터 7세손이다.

① 서산西山 휴정(休靜, 1520~1604)

② 편양鞭羊 언기(彦機, 1581~1644)

③ 풍담楓潭 의심(義諶, 1592~1665)

④ 월담月潭 설제(雪霽, 1632~1704)

⑤ 환성喚惺 지안(志安, 1664~1729)

⑥ 호암虎巖 체정(體淨, 1687~1748)

⑦ 청봉靑峰 거안巨岸

⑧ 율봉栗峰 청고(靑杲, 1738~1823)

⑨ 금허錦虛 법첨法沾

⑩ 용암龍岩 혜언(慧彦, 1783~1841)

⑪ 경허鏡虛 성우(惺牛, 1857~1912)

자료 2) 수덕사修德寺 발행『경허법어鏡虛法語』에서는 영월永月 봉률奉律선사와 만화萬化 보선普善강백 두 분이 추가되므로 서산西山 휴정休靜선사로부터 13세손이며 환성喚惺 지안志安선사로부터 9세손이다.

① 서산西山 휴정休靜, ② 편양鞭羊 언기彦機, ③ 풍담楓潭 의심義諶,

④ 월담月潭 설제雪霽, ⑤ 환성喚惺 지안志安, ⑥ 호암虎巖 체정體淨,

⑦ 청봉靑峰 거안巨岸, ⑧ 율봉栗峰 청고靑杲, ⑨ 금허錦虛 법첨法沾,

⑩ 용암龍岩 혜언慧彦, ⑪ 영월永月 봉률奉律, ⑫ 만화萬化 보선普善,

⑬ 경허鏡虛 성우惺牛

재정리 1) 한암 중원선사 필사본과 수덕사 발행『경허법어』의 법맥法脈 문제에 있어 차이를 보이는 것은 영월永月 봉률奉律선사와 만화萬化 보선普善선사에 대한 관점觀點이 달라서 인 것 같다. 이 책에서는 아래의 자료를 근거로 한암 중원선사 필사본에 따라 재정리한다.

자료 3) '我弟子當以我嗣法於龍巖長老以整其道統淵源而以萬化講師爲我之受業師可也~和尙於淸虛爲十一世孫而於喚惺爲七世孫也'

"나(鏡虛)의 제자弟子는 마땅히 나로 하여금 용암龍岩 혜언慧彦장로에게 법法을 잇게 해서 그 도통道統의 연원淵源을 바로 정리하고 만화萬化 보선普善강백으로 하여금 나(鏡虛)의 수업사受業師로 하게 함이 옳을 것이다."라고 하셨으므로 원사遠嗣를 용암 혜언선사로 삼으셨다면 영월永月 봉률奉律스님은 법맥法脈이 될 수 없으며, 수업사受業師이신 만화 보선강백도 법맥法脈으로 볼 수 없으므로 경허선사는 서산西山 휴정休靜선사의 11세손이 되고 환성喚惺 지안志安선사의 7세손이 된다.

一. 序

1. 先師鏡虛和尙行狀

金剛經云若當來世後五百歲其有衆生得聞是經信心清淨
卽生實相當知是人成就第一希有功德大慧和尙云若不間
於强項中打發得幾人佛法豈到今日蓋發勇猛志徹法根源
者末法不無故佛祖垂如是言又罕有其人慧命難保故有如
是言孰能於此具丈夫之志而徹悟自性成就其第一功德而
以大智慧光明義廣大流通於後五百歲後也哉繫我先師鏡
虛和尙是也和尙諱惺牛初名東旭鏡虛其號俗姓宋礪山人
考諱斗玉姚密陽朴氏以哲宗八年丁巳四月二十四日生于
全州之子東里分娩後三日不啼及浴身始發兒聲人皆稱神
異焉早喪所怙九歲隨慈母上京投廣州淸溪寺依桂虛師祝
髮受戒而有兄在公州麻谷寺得度皆其慈母敀心三寶念佛

誠勤故捨二子爲出家也年尚幼而志若巨人雖遇困苦無疲
厭心負薪汲水化飯供師年至十四不遑學文適有一儒者來
同遇夏而以渠之僑居消遣招坐其傍試授以千字文隨學輒
誦又教以通史等書日誦五六紙嘆曰此兒眞見非常才也古
所謂千里之驪不遇伯樂困於鹽車也日必成大器救度一切
人去矣居無何桂虛師還俗惜其才學而未就馳書薦送於雞
龍山東鶴寺萬化和尚和尚卽當世講匠也見其氣宇英拔喜
而提誘不幾月善屬文討敎意日課經疏一覽便誦終日打睡
而翌日論問時其消釋文義苦析薪秉燭講師責其多睡而欲
試其才特定課於圓覺經中疏抄並五六紙乃至十餘紙亦如
前睡而誦亦如之衆皆嘆其未曾有也自此才名高著遍參嶠
湖講院學日進而聞益博至於儒典莊老莫不精通天性疎潤
外無苟飾盛炎看經衆皆着衣正坐不勝苦汗獨破脫自若不
事形儀一遇講師見之謂門人曰眞大乘法器也汝輩不及二
十三歲以衆望開講於東鶴寺論敎義波瀾洋洋四方學者多
歸之一日思其前日桂虛師眷愛之義而欲一訪問於其廬遂
告衆發行至中路忽風雨暴至急步入一家簷頭則迫逐不受
移往他家而亦然一洞數十家皆逐之甚急而高聲呵責曰方
今此處癘疫大熾染者立死汝何人入於死地和尚忽聞其言
毛骨竦然心神恍惚恰似箇大限當頭命在呼吸間一切世間

都是夢外靑山仍自念言此生寧爲痴呆漢不爲文字所拘繫
參尋祖道超出三界發願已推念其平日所讀公案以義學習
性皆生知解無參究分唯靈雲禪師所示驢事未去馬事到來
話解之不得如撞山鐵壁卽看是甚道理還山後遂散衆曰君
等隨緣好去我之志願不在此閉門端坐專心究看夜欲將睡
引錐刺股或磨刀當頤如是過三箇月所看話頭純一無雜有
一沙彌近侍俗姓李其父坐禪多年自有開悟處人皆號爲李
處士沙彌之師傳者適往其家與處士話頭次處士曰爲僧者
畢竟爲牛其師曰爲僧而未明心地但受信施則必爲牛而償
其施恩處士呵曰所謂沙門而答話如是不諦當乎曰我不識
禪旨如何答之卽是處士曰何不道爲牛則爲無穿鼻孔處其
師默然而歸謂沙彌曰汝之嚴父有如是說話而我都不知其
什麼意旨沙彌曰今籌室和尚做禪甚緊癈寢忘餐當知是理
願師傳往問之其師欣然而去禮畢而坐傳李處士之言到牛
無鼻孔處和尚眼目定動撞發古佛未生前消息豁爾現前大
地平沈物我俱忘直到古人大休歇之地百千法門無量妙義
當下氷消瓦解時則高宗十六年己卯冬十一月望間也心外
無法滿目雪月高岑流水長松下永夜淸霄何所爲眞可謂這
箇道理非汝境界同道方知遂高臥方丈不關人之出入萬化
講師入見亦臥而不起講師曰何故長臥不起對曰無事之人

本來如是講師無言而退翌年庚辰春來住於燕巖山天藏庵
兄太虛禪師奉慈母在此故也有頌與歌發揮其悟證處巍巍
然崖岸千尋蕩蕩然名言俱絶實下讓於古祖師家風矣其頌
曰忽聞人於無鼻孔頓覺三千是我家六月燕巖山下路野人
無事太平歌其歌有四顧無人衣鉢誰傳衣鉢誰傳四顧無人
之四句冠於首結於尾此深嘆其師友淵源已絶無印證相受
處也嘗示衆曰夫祖宗門下心法傳授有本有據不可錯亂昔
黃蘗聞百丈擧馬祖喝而悟道嗣百丈興化於大覺棒下悟臨
濟喫棒底消息嗣臨濟於滅後我東國碧溪入中國得法於總
統而來遠嗣龜谷震黙以應化聖嗣法於西山滅后其師資相
承嚴密如此者蓋在於以心印心心心卽相印也嗚呼時降聖
遠其道已廢然間有本色衲子興起以殺活箭射得一介半介
聖人故隱隱地扶持他正宗來如暗得燈似絶復生余雖道未
充而性不檢一生所向期在於此一着子明白而今老矣日後
我弟子當以我嗣法於龍巖長老以整其道統淵源而以萬化
講師爲我之受業師可也今遵遺教而泝法源流則和尚嗣龍
巖慧彦彦嗣錦虛法沾沾嗣栗峯靑杲杲嗣靑峯巨崖崖嗣虎
巖體淨而淸虛傳之鞭羊鞭羊傳之楓潭楓潭傳之月潭月潭
傳之喚惺和尚於淸虛爲十一世孫而於喚惺爲七世孫也久
住湖西二十餘年瑞山之開心浮石洪州之天藏皆棲息鍊道

處也己亥秋移錫于嶺南伽倻山海印寺時高宗光武三年也
有勅旨印經又建修禪社居心學者而衆皆推和尚爲宗主陞
座擧揚直示本分用白拈手振殺活機可謂金剛寶鈯獅子全
威聞者皆見亡執謝洒然若換骨洗腸矣結制上堂拈柱杖一
下云三世諸佛歷代祖師天下善知識老和尚總在這裏又.
一卓劃來云三世諸佛歷代祖師天下善知識老和尚總墮來
也又一卓劃去云三世諸佛歷代祖師天下善知識老和尚總
墮去也大衆還會麼否衆無對擲柱杖下座僧問古云動容揚
古路不隨悄然機如何是古路答古路有二一坦路一險路如
何是險路伽倻山下千岐路車馬時時任往來如何是坦路千
尋絶壁無人到唯有獼猴倒上樹解夏上堂擧洞山示衆云秋
初夏末兄弟東去西去直須向萬里無寸草處去余則不然秋
初夏末兄弟東去西去路上雜草一一踏着始得與洞山語是
同別衆無對良久云衆已無對余自對去便下座歸方丈其直
截提示類皆如此而鷲山之通度金山之梵魚湖南之華嚴松
廣皆和尚遊歷處也自后禪院四方爭設發心衲子亦觀感而
雲興時順間洗佛光明開人眼目未有如此之盛也壬寅秋和
尚住梵魚寺金剛庵邑之東摩訶寺有羅漢改粉佛事而請和
尚以作證夜暮抵寺洞口路黑難進寺之主僧忽坐睡一老僧
告曰大和尚來也急出迎之主僧夢覺執炬下洞口果和尚來

矣始知羅漢之現夢告于衆衆皆驚異前有毀謗不信者皆來
慘悔焉癸卯秋自梵魚寺往海印途中有口號一絶識淺名高
世危亂不知何處可藏身漁村酒肆豈無處但恐匿名名益新
蓋詩言志可知其志在韜晦惟求人不識也翌年甲辰春入五
臺歷金剛到安邊郡釋王寺適有五百羅漢改粉佛事而諸方
碩德皆來法會共作參證和尙臨壇唱獨能之辯一衆合掌于
呈希有之嘆回向後潛跡不知所往矣十年後自水月和尙書
信來付於禮山郡定慧禪院而和尙長髮服儒來往於甲山江
界等地或村齋訓蒙或市街啣盃壬子春在甲山熊耳坊道下
洞書齋入寂云慧月滿空兩師兄直入其地奉柩就蘭德山闍
維得臨終時書偈而還卽和尙入滅後翌年癸丑七月二十五
日也聞諸其洞中父老和尙一日坐籬下看學童鋤草忽臥而
不起曰予甚困也衆人扶入房內不食不言又不呻吟伸脚而
臥至翌日黎明忽起坐拈筆書偈曰心月孤圓光吞萬像光境
俱亡復是何物尾作一圓相○因投筆右脇而臥奄然遷化時
壬子四月二十五日也我等備禮葬於某山云嗚呼哀哉大善
知識出世實萬劫難遇而吾儕雖暫得親見未能久侍參學故
寂之日又未得參決後事如古道人入滅之時餘恨可旣和尙
生於丁巳寂於壬子九歲出家壽五十有六臘四十有八有受
法弟子四人曰枕雲玄住行道於嶺南表忠寺而臨終在梵魚

寺說法書偈而化曰慧月慧明曰滿空月面兩禪伯自妙年參
侍深得和尚宗旨各爲一方師提接方來其化大行而余雖不
敏亦曾參聽玄音而只重先師不爲我說破故不敢辜負其法
恩是爲四也夫行狀者記其實不以虛也和尚之悟道揚化因
緣誠如上言若論其行履則身長貌古志氣果强聲若洪鍾具
無碍辯對八風不動如山行則行止則止不爲人之打之遠故
飲啖自由聲色不拘曠然遊戲招人疑謗此乃以廣大心證不
二門超放自如如李通玄宗道者之類乎抑亦不遇而慷慨藏
身於下劣之地以卑自牧而以道自樂歟非鴻鵠難知鴻鵠之
志非大悟安能不拘於小節哉和尚詩有酒或放光色復然貪
瞋煩惱送驢年佛與衆生吾不識平生宜作醉狂僧之句寫出
其一生行履也然其安處也食纔接氣掩關終日沈黙寡言不
喜見人人或勸揚化於大都會則曰吾有誓願足不踏京城之
地其卓越勁挺蓋如此住天藏庵時一領鶉衣寒暑不改蚊蚋
繞身虱兒滿衣晝宵侵嚙肌膚瘡爛寂然不動坐如山嶽一日
有蛇上身蟠蜿於肩背傍人驚告泰然無心少焉蛇自引去非
與道凝精孰如是哉一坐多年如經刹那一朝有吟一絶曰世
與靑山何者是春城無處不開花傍人若問惺牛事石女聲中
劫外歌遂拗折柱杖擲於門外翩然出山隨方宣化脫畧窠臼
不存軌則或懶遊城市混同塵俗或閑臥松亭嘯傲風月其超

逸之趣人莫能測有時垂示則極柔和甚精細演不可思議之
妙旨可謂善到底惡到底不可以修斷而修斷也文章筆法皆
過於人眞希世偉人也噫出家之人皆如和尙之勇進闊步而
辦明大事燈燈相續則九山隆化十六繼統豈獨專在於前昔
也哉非特隆化繼統而已抑亦使一切衆生根本智光明種子
永不斷絶於五濁界中矣豈非深心奉塵刹名爲報佛恩哉吾
所以焚香深祝者也然後之學者學和尙之法化則可學和尙
之行履則不可人信而不解也又依法者依其眞正妙法也不
依人者不依其律儀與不律儀也又依者師而效之也不依者
不見其得失是非也學道之人畢竟法亦能捨況於人之得失
是非乎故圓覺經云末世衆生發心修行者當求一切正知見
人心不住相雖現塵勞心恒清淨示有諸過讚嘆梵行不令衆
生入不律儀求如是人卽得成就阿耨菩提彼善知識四威儀
中常現清淨乃至示現種種過患衆生於彼心無憍慢不起惡
念金剛經云若以色見我以音聲求我是人行邪道不能見如
來又普照國師云夫參學者發足先植正因信五戒十善四諦
十二因緣六度等法皆非正因信自心是佛一念無生三祇劫
空如是信得及乃是正因然則戒諦緣度等法尙非正因況於
不律儀乎故但求正知見人決擇自己清淨道眼不可以妄求
邪信誤着大事也又古德云只貴眼正不貴行履又云我之法

門不論禪定解脫持犯修證唯達佛之知見此非先開正眼而
後論行履耶故曰學和尚之法化則可學和尚之行履則不可
此但責其未具擇法眼而先效其行履無碍者也又策其局執
於有爲相見不能洞徹心源者也若具擇法正眼而洞徹心源
則行履自然稱眞四威儀內常現清淨安可爲外相之所幻惑
起愛憎人我之見也哉庚午冬滿空師兄在金剛山楡岾寺禪
院祖室寄書於五臺山中囑余述先師行狀余本不閒於文辭
然其於先師行狀不敢以己之故記其事以示後人一以讚末
法中眞善知識出世弘法之難思功德一以警吾輩之妄執外
走而虛度時日以傷損佛化之過失焉又以禪師之詩咏與記
文若干篇付同行諸禪和抄錄印刷行于世

　佛紀二千九百五十八年辛未三月十五日

　門人漢岩重遠謹撰

◉선사先師 경허화상鏡虛和尚 행장行狀

『금강경金剛經』에 이르기를 "만약 앞으로 돌아오는 세상의 후오
백세後五百歲[3]에 그 어떤 중생이 이『금강경』을 얻어 듣고는 신심
信心이 청정淸淨하게 된다면 곧 실상實相의 마음을 낼 것이니
마땅히 알라. 이 사람은 제일第一가는 희유希有한 공덕功德을

───────

3 後五百歲: ① 정법正法 1,000년, ② 상법像法 1,000년, ③ 말법末法 1,000년
　중 마지막 500년을 말한다.

성취하였느니라."라고 하였고, 또한 대혜화상大慧和尚[4]께서 이르
기를 "만약 강직하고 굽히지 않는 사람 가운데에서 발심하여
깨달은 사람이 있지 않을 것 같으면 불법佛法이 어찌 오늘에
이르렀겠는가?"라고 하셨으니 대개 용맹스러운 뜻으로 발심하
여 불법의 근원에 투철히 한 사람들이 말법末法에도 없지 않은
까닭으로 불조佛祖께서 이와 같은 말씀을 하신 것이로다.

또한 그런 사람이 드물어서 불조혜명佛祖慧明을 보존하기 어려
운 까닭으로 이와 같은 말씀을 하신 것이니 누가 능히 여기에서
대장부大丈夫의 뜻을 갖추고, 그리고 자성自性을 철저히 깨달아
그 제일第一의 공덕功德을 성취하여 큰 지혜광명智慧光明의 뜻으
로써 후오백세五百歲까지 광대廣大하게 면면綿綿히 유통流通할
수 있겠는가. 곧 우리(漢岩)[5] 선사先師이신 경허선사는 이러한
스승이시다.

경허선사의 휘諱는 동욱東旭이요, 법명法名은 성우惺牛이며,
법호法號는 경허鏡虛이시다. 속성俗姓은 여산송씨驪山宋氏 후손

---

4 大慧和尚: 1088~1163. 중국 승려. 호는 종고宗杲로 75세에 입적하였으며,
시호는 보각普覺이다.

5 漢岩: 1876~1951. 1876년 3월 27일 강원도 화천에서 온양방씨溫陽方氏로
부父 기순箕順, 모母 선산김씨善山金氏에게서 태어났다. 아명은 중원重遠이
요, 법호는 한암漢岩이다. 1897년 금강산 장안사의 행름行凜에게 출가, 그
후 제방에서 수행 정진하다가 오대산 상원사에서 1951년 3월 22일 열반하니
세수 75세요, 법랍 54세였다.

後孫으로서 생부生父의 휘諱는 두옥斗玉이요, 생모生母는 밀양박
씨密陽朴氏로 헌종憲宗 12년(丙午年)인 1846년〔哲宗 8年(1857년,
丁巳年)〕4월 24일에 전주全州 자동리子東里⁶에서 탄생하셨다.⁷

분만 후 3일 동안 울지 않다가 목욕을 시키자 비로소 첫 울음소
리를 내니 사람들이 모두 신동神童이라고 칭하였다. 일찍이 부친
의 상喪을 당하고 아홉 살에 생모生母를 따라 상경하여 경기도
광주군廣州郡 청계사淸溪寺⁸의 계허桂虛 스님을 은사로 축발祝髮
하며 수계受戒하였고, 그리고 친형親兄이신 태허太虛 성원性圓
스님은 공주公州 마곡사麻谷寺에서 득도得度하여 주석住錫하니
모두 그 모친母親이 삼보三寶에 귀의歸依하여 부처님을 염념하는
것이 정성스럽고 근면하신 까닭으로 두 아들이 출가하게 된
공덕이로다.

나이는 오히려 어렸지만 뜻은 마치 위인偉人과 같아서 비록
곤궁困窮하거나 피로한 일을 만나더라도 싫어하는 마음이 없고

---

6 子東里: 전주를 여러 차례 답사하였으나 '자동리'란 지명은 찾지 못하였다.
7 경허선사鏡虛선사는 1846년생이다. 이에 대해서는 '일러두기' 三. 첫째 항목
에 정리되어 있으므로 참고할 수 있다.
8 청계사淸溪寺에 2004년 건립한 청계사 사적비事蹟碑와 경허선사 비석碑石이
있다.
① 사적비事蹟碑에는 경허선사가 1857년(丁巳年) 9세에 입산했다고 되어
있다.
② 경허선사鏡虛禪師 비명碑銘 법장근찬法長謹撰에는 철종哲宗 8년(1857)생
으로 되어 있다.

항상 땔나무를 하고 물을 길어 지극정성으로 공양(밥)을 지으며
은사이신 계허 스님을 지성으로 시봉侍奉함이로다.

나이 14세가 되도록 경전經典을 배울 경황이 없었으나 어느
날 한 선비가 청계사에 와서 함께 여름을 보내게 되었는데 그
선비가 잠시 우거寓居하며 소일거리로 동자를 곁에 불러 앉히고
천자문千字文을 가르쳐 보니 배우는 대로 곧바로 외우고 다시
통감通鑑과 사략史略 등을 가르쳐 보니 하루에 대여섯 장씩 외우
므로 감탄하여 이르기를 "이 아이는 참으로 평범한 재주가 아님이
로다."라고 하였다.

옛사람들이 말씀하신 바에 "천리마千里馬는 이백락李伯樂[9]을
만나지 못하였다면 피곤하게 소금수레나 끈다더니 후일에 반드
시 대기大器를 이루어 모든 중생을 구제하리라."라고 함이로다.

얼마 되지 않아서 양육사養育師이신 계허 스님이 환속還俗하게
되자 스님께서 그 학문에 재주가 있으나 성취되지 못함을 애석하
게 여겨 계룡산鷄龍山 동학사東鶴寺 만화萬化 보선普善[10] 대강백大
講伯에게 추천하는 서찰書札을 써서 보내니 만화화상은 당대
대강백大講伯이었다.

경허鏡虛의 그 기상이 영특하고 빼어남을 보고 기뻐하며 지도

---

9 伯樂: 말(馬)을 잘 알아보는 사람을 말한다.
10 萬化普善: 생몰연대 미상. 속명은 정관준鄭寬俊. 13세에 금강산 건봉사에서
   금현장로錦玹長老의 축발로 득도하여 오래 주석하다가 1864년 동학사로
   이석移錫하여 동학사 초대강사로 취임하였다.

指導하여 가르치니 몇 달이 되지 않아 문장文章을 잘 구상하여 교의敎義를 토론하며 그날 일과日課로 경전經典의 소疏를 한 번 열람하고는 다 외워 마치고는 종일토록 잠만 잤으나 그 이튿날 논강論講할 때에는 그 글의 뜻을 모두 해석하는 것이 마치 장작을 쪼개고 촛불을 켜는 것과 같았음이로다.

만화萬化 보선普善 강사 스님이 잠만 자는 것을 꾸짖고 그 재주를 시험하고자 하여 특별히 『원각경圓覺經』 가운데 소초疏抄까지 오륙五六 장 내지 십여十餘 장을 하루 일과로 정하여 주어도 또한 여전히 잠만 자고 외우기는 또한 전날과 같았으니 대중들이 모두 "일찍이 없었던 일이라."고 감탄하였음이로다. 이로부터 재주와 이름이 높이 드러나 교호嶠湖[11] 강원講院에서 두루 참학參學하니 학문이 날로 발전되어 나아가고 그리고 더욱 널리 배워서 유교儒敎의 장자莊子와 노자학老子學에 이르기까지도 정통精通하지 않음이 없었다 함이로다.

천성天性이 소탈하고 활동적이며 밖으로는 꾸밈이 없음이라 무더운 여름 간경(看典)할 때면 대중들은 모두 옷을 입고 정좌正坐하여 땀을 흘리며 더위에 괴로워하는데 혼자서 옷을 훌훌 벗고 태연하게 형상과 거동에 그다지 일삼지 않으니 일우만선一愚萬善 강사가 그 광경을 보고는 문인門人들에게 이르기를 "참으로 대승大乘의 법기法器로다. 너희들은 도저히 미칠 수 없느니라."라고

---

11 嶠湖: 충청도와 전라도를 칭한다.

함이로다.

23세[12]에 대중들의 요청으로 동학사에서 개강開講하여 교의教義를 논함이 큰 바다의 파도와 같았으니 사방에서 많은 학자들이 운집하여 귀의함이로다. 하루는 경허선사가 옛 은사이신 계허桂虛 스님께서 아껴 주던 뜻이 생각나서 그 집을 한 번 방문하고자 하여 드디어 대중大衆에게 알리고 가는 도중에 이르러 홀연히 폭풍우를 만나 급히 어느 집 처마 밑으로 들어가니 집주인이 쫓아내고 받아 주지 않아서 또한 다른 집으로 갔으나 역시 그러함이로다. 그 마을 수십 가구를 다 돌아보아도 모두 쫓아내기를 매우 황급히 하며 큰 소리로 꾸짖어 이르기를 "바야흐로 지금 이곳에는 전염병傳染病이 크게 돌아 걸리기만 하면 있는 사람도 서서 죽는 형편인데 그대는 어떤 사람이기에 사지死地로 들어왔는가?"라고 하니 경허선사는 문득 그 말을 듣고 모골毛骨이 송연竦然[13]하고 심신心身이 황홀하여 흡사 죽음의 경계에 도달한 것과 같아 목숨이 호흡하는 사이에 있고 모든 세상일이 모두 꿈밖의 청산靑山과 같음을 느꼈다고 함이로다. 이에 스스로 생각하고 이르기를 "금생에 차라리 바보가 될지언정 문자文字에 구속되거나 얽매이는 바가 되지 않겠다."라고 말하고, 조사祖師의 도道를

---

12 23세: 강원총람講院總攬 동학사 편에는 3대 강사로 1871~1873년까지 강의했다고 되어 있다.

13 竦然: 두려워서 몸을 떠는 모양을 말한다.

참구하고 찾아서 삼계三界[14]를 벗어나겠다고 발원함이로다. 이미
평소에 독송하던 바의 공안公案을 헤아려보니 의해義解로 배우던
습성習性으로써 모두 알음알이(知解)를 내어서 참구할 부분이
없다고 생각하고 오직 영운靈雲선사[15]께서 들어 보이신 바

"驢事[16]未去　나귀의 일이 아직 끝나지 않았는데

馬事[17]到來　말의 일이 도래到來함이로다."

라는 그 화두話頭의 뜻을 알지 못하고 마치 은산철벽銀山鐵壁에
부딪친 것과 같았으니 "곧 이것이 무슨 도리道理인가?"라는 의심
을 간看하고 동학사에 돌아와 드디어 대중들을 모두 해산시키고
이르기를 "그대들은 인연 따라 좋은 곳으로 가서 수행정진修行精
進하기를 바란다. 나의 본뜻과 원력은 여기에 있지 않도다."라고
하고 방문(門)을 폐쇄하고 단정히 앉아 오로지 일심으로 참구하
고 관찰하되 밤마다 졸리면 송곳으로 허벅지를 찌르고 혹은
칼을 갈아 턱에 고이며 이와 같이 3개월 동안 간看하는 바 화두話頭
가 순일하고 잡스러움이 없었다 함이로다.

　어떤 한 사미승沙彌僧[18]이 가까이에서 시중을 드는데 속성이

14　三界: ① 욕계慾界, ② 색계色界, ③ 무색계無色界를 말한다.

15　靈雲: 영운지근靈雲志勤선사는 당대唐代 고승高僧으로 장계인長溪人이다.

16　驢事: 한 물건도 없는 본분, 하늘과 땅이 생기기 이전의 도리道理를 말한다.

17　馬事: 오묘한 이치가 항상 드러나 있는 것이며 눈앞에 외로이 맑은 도리가
　　있음이다.

18　沙彌僧: 불교 교단의 10계十戒를 받은 예비승을 말한다.

이씨李氏인 그의 부친이 좌선을 여러 해 동안 하여 스스로 깨달은 바가 있어서 사람들이 모두 이처사李處士라고 불렀음이로다.

그 사미의 사부師傅가 마침 그 집에 갔다가 이처사와 화두話頭[19]를 논하던 차에 처사가 이르기를 "승려가 된 사람은 필경에는 소가 된다."라고 하니 그 사부師傅가 이르기를 "승려가 되어 마음을 밝히지 못하고 다만 신도의 시주물施主物만 받아먹으면 곧 반드시 소가 되어서 그 시주의 은혜를 갚게 된다."라고 말하니 이처사가 꾸짖으며 이르기를 "소위 사문沙門이란 자의 대답이 이렇게 도리에 맞지 않음인가." 하니 그 사부師傅가 이르기를[20] "나는 선지禪旨를 잘 알지 못하니 어떻게 대답해야 옳음인가?" 하니 이처사가 이르기를 "어찌 소가 되어도 콧구멍 뚫을 곳이 없다고 말하지 않음인가." 하니 그 사부師傅가 묵묵히 돌아와 사미에게 이르기를 "너의 부친께서 이와 같이 말하였는데 나는 도무지 그 뜻이 무엇인지 알 수 없음이로다." 하니 사미沙彌가 이르기를 "지금 주실籌室[21] 선사께서 참선參禪 공부를 간절히 하여 잠도 자지 않고 공양하는 것도 잊었으니 마땅히 이 도리를 알 것임이로다. 원컨댄 사부師傅께서는 가서 물어 물어보시기 바람

---

19 話頭次: 한암 중원선사 필사본에는 '話頭次'인데 수덕사 발행 『경허법어』에는 '談話次'라 되어 있다.

20 乎曰: 수덕사 『경허법어』에는 乎 아래에 '其師' 2자字가 더 기록되어 있다.

21 籌室: 방장 스님이 머무르는 곳을 주실籌室이라 했는데 근대에는 조실祖室이라 한다.

이로다."라고 함이로다.

그 사부師傅가 흔연히 가서 경허선사에게 예를 마치고 앉아서 이처사의 말을 전하는데 "소가 콧구멍이 없다."라는 곳에 이르러서 경허선사의 안목眼目이 선정禪定으로 움직여서 고불미생전古佛未生前의 소식이 활연히 앞에 나타나고 대지大地가 몰록 평침平沈하고 사물事物과 나를 함께 잊어서 곧바로 옛사람이 크게 쉬는 경지(깨달음)에 도달하였으며 백천 가지 법문法門과 무량無量하고 오묘한 뜻이 당장 얼음이 녹듯 하고 기와蓋瓦가 깨어지듯 파하였으니 때는 고종高宗 16년(己卯, 1879) 11월 보름이었다 함이로다.

"마음 밖에 법法이 없고
눈에는 가득한 흰 달빛이로다
높은 산 흐르는 물 낙락장송 아래 여울지고
긴긴 밤 맑은 하늘 아래서 무엇을 생각할꼬."

라고 하니, 가히 말씀하신 바의 이런 도리는 그대들의 경계가 아님이요, 도道가 같아야 비로소 알 것이로다. 드디어 방장실方丈室에 높이 누워서 사람들의 출입을 관계하지 않음이로다.

만화강백萬化講伯께서 들어와서 보아도 또한 누워서 일어나지 않으니 강사께서 이르기를 "무슨 까닭으로 오래도록 누워서 일어나지 않는고?"라고 하니 경허선사는 대답하여 이르기를 "일이 없는 사람은 본래 이러함이로다."라고 하니 만화강백께서 말없이 물러나더라 함이로다.

그 이듬해인 경진년(庚辰, 1880) 봄에 연암산燕巖山²² 천장암天藏庵로 옮겨 주석하니 경허선사의 친형이신 태허太虛 성원性圓²³ 선사가 모친 박씨朴氏를 받들어 모시고 이곳 천장암에 주석하였기 때문이로다.

게송偈頌과 더불어 노래로써 그 깨달아 증득證得한 것을 발휘하여 읊으니

"높고 높으니 천 길 낭떠러지요
넓고 넓어서 이름과 말이 함께 끊어졌으니
실로 저 옛 조사祖師의 가풍家風을 헤아릴 수 없음이로다."

그 게송偈頌에 이르기를

忽聞人語無鼻孔 홀연히 사람에게 콧구멍이 없다는 말을 듣고
頓覺三千是我家 삼천대천세계가 나인 줄 몰록 깨달았네

---

22 燕巖山: 충청남도 서산시 천장암이 있는 산 이름이다.
23 太虛: 태허太虛 성원性圓 스님은 경허선사의 친형으로 마곡사에서 득도, 천장암天藏庵에 주석하시다가 환속했다고 전한다.

六月燕巖山下路　유월 연암산 아랫길에
野人無事太平歌　일 없는 야인들이 태평가를 부르네

또한 오도가悟道歌에 이르기를

四顧無人　사방을 둘러봐도 사람이 없으니
衣鉢誰傳　의발을 누구에게 전해 받을 것인가[24]
衣鉢誰傳　의발을 누구에게 전할 것인가
四顧無人　사방을 둘러봐도 사람이 없음이로다

라고 읊은 사고무인四顧無人의 구절句絶을 오도가悟道歌의 첫머리에서 시작하고 맨 마지막에 맺어 놓은 뜻은 그 사우師友와 연원淵源이 이미 끊어져서 서로 인증引證하여 전해 줄 곳이 없음을 깊이 탄식한 것이로다.

　일찍이 대중에게 보이면서 이르기를 "대저 조종祖宗의 문하에서 심법心法을 전수함에 반드시 근본이 있고 증거가 있으니 가히 그릇되고 어지럽게 해서는 아니 됨이로다. 옛날에 황벽黃蘗[25]선사

---

24 衣鉢: 의발은 ① 법의法衣, ② 가사袈裟, ③ 발우鉢盂를 말한다. 법法을 전하는 징표로 가사와 의발을 전한다.

25 黃蘗: ?~850. 당나라 단제斷際 희운希運선사를 말한다. 복주인福州人으로 어려서 황벽산에 출가, 강서江西 백장산 회해선사懷海禪師의 법을 받았다. 848년 배상국의 청으로 완능宛凌 개원사에서 주석하며 강의를 하였다.

는 백장회해百丈懷海[26] 스님이 마조도일馬祖道一[27] 스님의 할喝을
듣고 도道를 깨달아서 백장 스님의 법을 이었고 흥화興化[28] 스님은
대각大覺의 방망이 아래서 임제臨濟[29] 스님의 방망이 맞던 소식을
깨달아서 임제 스님이 입멸한 후에 임제臨濟의 법法과 후사後嗣를
이었음이로다.

우리나라 벽계 정심碧溪淨心[30]선사는 중국에 들어가서 총통總
統에게 법을 얻어 와서 멀리 구곡龜谷 각운覺雲[31] 스님에게 계승繼
承하였고, 진묵震默 일옥一玉[32] 스님은 응화應化의 성인聖人으로

850년 8월 황벽산에서 입적하였다.

26 百丈: 720~814. 중국 당나라 승려로 속성은 왕씨王氏로 백장산에 살았던
희운선사希運禪師를 말한다. 백장청규百丈清規와 "일일부작一日不作 일일
불식一日不食"이란 유명한 말을 남겼다.

27 馬祖: 생몰연대 미상. 속성이 마씨馬氏라 마조馬祖라 부른다. 남악회양南嶽
懷讓에게 법을 받고 선풍禪風을 드날렸던 당나라의 도일선사道一禪師를
말한다.

28 興化: 생몰연대 미상. 위부魏府 홍화산興化山의 존장선사存奬禪師이다. 임제
현臨濟玄의 법사法嗣로 뒤에 당唐나라 장종莊宗의 스승이 되었다.

29 臨濟: 생몰연대 미상. 임제종조인 당나라 혜조선사慧照禪師 의현義玄을
말한다.

30 碧溪淨心: 생몰연대 미상. 고려 후기 중국으로 건너간 구법승이다. 속성은
최씨崔氏요, 경상북도 금릉에서 탄생하였으며, 구곡각운龜谷覺雲 또는 환암
혼수幻庵混修의 법을 이었다고 한다.

31 龜谷: 생몰연대 미상. 고려 말기의 승려. 공민왕 때 각운覺雲 스님의 법호가
구곡龜谷이다.

32 震黙: 1562~1633. 김제 만경 불거촌佛居村에서 탄생하였으며 어려서 전주

서 서산대사西山大師께서 입멸入滅하신 후에 법을 이었으니 그 사제(師資)가 서로 계승함이 이와 같이 엄밀한 것은 대개 마음으로써 마음을 인가(印)하여 마음과 마음이 서로 인증印證하였기 때문이로다.

아아! 슬프고 슬픔이로다. 성현聖賢이 오신 지 이미 오래되어 그 도道가 이미 쇠퇴되어 감이로다. 그러나 간혹 본색납자本色衲子[33]가 일어나 살활殺活의 화살을 쏘아서 한 개나 반 개라도 즉 한두 사람의 성인聖人을 얻고자 하는 까닭으로 은밀하게 정종正宗을 부지扶持하여 왔으니 마치 암흑 속에서 여래如來의 등불을 얻은 것과 같고 죽음 속에서 다시 살아난 것과 같음이로다."라고 하셨음이로다.

"내(鏡虛)가 비록 도력道力이 충실하지 못하고 자성自性도 검증받지 못하였으나 일생 동안 향하는 바는 일착자一着子[34]를 명백히 밝히기로 약속하였거늘 지금 벌써 늙었음이로다.

후일에 나(鏡虛)의 제자는 마땅히 나로 하여금 용암龍巖 혜언慧彦[35]장로에게 법을 잇게 해서 그 도통道統의 연원淵源을 바로

봉서사鳳棲寺에 출가하여 1633년 72세로 입적한 진묵대사이다.

33 衲子: 납승衲僧이라고도 하며 불조의 정안을 밝히는 선지식을 말한다.

34 一着子: 마음자리를 말한다.

35 龍巖慧彦: 1783~1841. 부는 조성국趙聖國, 모는 송씨宋氏로 나주에서 1783년 8월 5일 탄생하였다. 17세에 용천사龍泉寺 무인茂仁에게 득도하였으며, 칠불사七佛寺 금허錦虛에게 구족계를 받고 유점사楡岾寺에서 율봉栗峯 청고

정리하고 만화萬化 보선普善강백으로 하여금 나의 수업사受業師
로 하게 함이 옳음이로다."라고 하셨음이로다.

이제 경허선사의 유교遺敎를 받들어서 불법佛法의 원류源流를
거슬러 올라가면 곧 경허선사는[36] 용암龍巖 혜언慧彦에게 법을
이었고, 용암 혜언은 금허錦虛 법첨法沾[37]에게 법을 이었고, 금허
법첨은 율봉栗峯 청고靑杲[38]에게 법을 이었고, 율봉 청고는 청봉靑
峰 거안巨岸[39]에게 법을 이었고, 청봉 거안은 호암虎巖 체정體淨[40]
에게 법을 이었음이로다.

그리고 청허淸虛 휴정休靜[41]선사는 편양鞭羊 언기彦機[42]에게

青杲의 법을 받았다. 1841년 세수 59세, 법랍 42세로 입적하였다.

36 한암 중원선사 필사본에는 '詠月奉律律詞'가 없는데 수덕사 발행본에는
   추가로 수록되어 있다.

37 錦虛法沾: 인명 미상. 금허 법첨은 용암龍巖 혜언慧彦의 수계사受戒師이다.

38 栗峰靑杲: 1738~1823. 속성은 순천백씨. 부父는 백호白皓, 모母는 문씨文氏
   이다. 19세에 대준大俊에게 득도하였으며, 호는 율봉栗峰이다. 후에 청봉靑
   峰 거안巨岸의 법을 받았으며, 1823년 1월 8일 세수 86세, 법랍 67세로
   입적하였다.

39 靑峰巨岸: 인명 미상. 청봉 거안의 법제자는 율봉栗峰 청고靑杲이다.

40 虎巖體淨: 1687~1748. 대흥사 강사이다. 전라북도 고창 흥양 출신으로
   15세에 출가하여 환성喚惺 지안志安의 법을 받았고, 호는 호암虎巖이다.
   1748년 세수 62세, 법랍 47세로 입적하였다.

41 淸虛休靜: 1520~1604. 속성은 완산최씨崔氏 후예로 속명은 여신汝信이며
   부는 세창世昌, 모는 한남김씨金氏이다. 임진왜란 때 승병장으로 자는
   현응玄應이며, 호는 서산西山 청허淸虛이다. ① 숭인장로崇仁長老는 양육사

법을 전하였고, 편양 언기는 풍담楓潭 의심義諶[43]에게 법을 전하였고, 풍담 의심은 월담月潭 설제雪齊[44]에게 법을 전하였고, 월담 설제는 환성喚惺 지안志安[45]에게 법을 전하였으니 경허선사는 청허 휴정의 11세손十一世孫이 되고 환성 지안의 7세손七世孫[46]이 됨이로다.[47]

養育師, ② 경성일선敬聖一禪은 수계사受戒師, ③ 부용영관芙蓉靈觀은 전법사傳法師로 삼대사를 삼았다. 1604년 1월 23일 묘향산 원적암에서 세수 85세, 법랍 70세로 입적하였다.

42 鞭羊彦機: 1581~1644. 속성은 장씨張氏로 부는 장박張珀이며, 모는 이씨李氏이다. 1581년 7월에 탄생하여 11세에 출가, 현빈玄賓 인영印英 문하에서 공부하다가 후에 청허淸虛 휴정休靜에게 법을 받았다. 1644년 5월 10일 묘향산 내원암에서 세수 64세, 법랍 53세로 입적하였다.

43 楓潭義諶: 1592~1665. 속성은 문화유씨柳氏로 부는 화춘華春, 모는 정씨鄭氏이다. 16세에 성순性淳에게 출가하여 후에 편양鞭羊 언기彦機에게 법을 받았다.

44 月潭雪齊: 1632~1704. 속성은 김씨金氏며, 청화에서 탄생하였다. 영평 백운사에서 풍담楓潭의 법을 받았고 묘향산으로 가서 선교종지禪敎宗旨를 익혔다. 1704년 금화산 정광사에서 73세로 입적하였다.

45 喚惺志安: 1664~1729. 속성은 정씨鄭氏요, 호는 환성喚惺이며, 춘천에서 탄생하였다. 15세에 미지산 용문사에 출가하여 월담月潭 설제雪齊에게 법을 받았고 직지사와 화엄사에서 종풍을 떨쳤으나 1729년 모함을 받아 제주도로 귀향 가서 그 해 66세로 입적하였다.

46 한암 중원선사 필사본에는 경허선사가 청허淸虛 휴정休靜으로부터 11세손인데 수덕사 발행본에는 12세손이고, 환성喚醒 지안志安으로부터 7세손인데 수덕사 발행본에는 8세손이다.

호서湖西에서 20여 년 간 오랫동안 주석하셨으니 서산瑞山의 개심사開心寺와 도비산島飛山의 부석사浮石寺와 홍주洪州의 천장암天藏庵이 두루 주석하시면서 도道를 연마한 곳이로다.

기해년(己亥, 1899) 가을에 영남의 가야산伽倻山 해인사로 옮겨서 주석하였으니 때는 고종高宗 광무光武 3년(己亥, 1899)이로다. 왕이 칙지勅旨[48]를 내려 장경藏經을 찍게 하고 또한 수선사修禪社를 건립하여 마음 공부하는 사람들을 머물게 하니 대중들이 모두 경허선사를 추대推戴하여 종주宗主로 삼음이로다. 법좌에 올라 법을 거양擧揚함에 본분을 직시直示하고 백염白拈[49]의 수단手段을 응용하여 살활殺活의 기틀을 떨치니 가히 금강보검金剛寶劍이요 사자獅子의 온전한 위엄이라 말할 수 있었고 듣는 사람들로 하여금 모두 허망한 지견과 집착을 버리게 하니 뼈를 바꾸고 창자를 씻은 것과 같이 상쾌함이로다.[50]

결제結制 때 법좌法座에 올라 주장자를 집어 들고 한 번 내려치면서 이르기를 "삼세제불三世諸佛과 역대조사歷代祖師와 천하의 선지식善知識과 노화상老和尙이 모두 이 속에 있느니라." 또 한 번 높이 들었다 그어 오면서 이르기를 "삼세제불三世諸佛과 역대조사歷代祖師와 천하의 선지식善知識과 노화상老和尙이 모두 이

47 七世孫: '일러두기' 三의 셋째 항목에 정리되어 있으므로 참고할 수 있다.
48 勅旨: 왕이 내린 칙명勅命이란 뜻이다.
49 白拈: 중생을 교화하되 교화함이 없이 교화하는 것을 말한다.
50 灑然: ① 놀라는 모양. ② 깨끗하고 산뜻한 모양.

를 따라왔음이로다." 또 한 번 높이 들었다 그어 가면서 이르기를[51]
"삼세제불三世諸佛과 역대조사歷代祖師와 천하의 선지식善知識
과 노화상老和尙이 모두 이를 따라갔음이로다." "대중들은 이
도리를 알겠는가?" 하시고는 대중들이 아무 대답이 없자 주장자
를 던지고 법좌法座에서 내려 오셨음이로다.

　어느 스님이 묻기를 "옛사람이 이르기를 동용動容[52]으로 옛
길에 올라야지 초연悄然[53]의 틀(機)로 떨어져서는 안 된다고 했는
데 이 옛 길이 무엇입니까?" 하니 대답하여 이르기를 "옛 길에
두 가지가 있으니 첫째는 평탄한 길이요 둘째는 험준한 길이라,
어떤 것이 험준한 길인가? 가야산伽倻山 아래 천 갈래의 길에
거마車馬가 때때로 왕래하는 것이로다. 어떤 것이 평탄한 길인
가? 천 길 절벽 사람이 올라갈 수 없는 곳에 오직 원숭이가
나무에 거꾸로 매달려 오르는 것이로다." 하셨음이로다.

　하안거夏安居 해제解制 때에는 법좌法座에 올라 동산洞山 양개
良价[54]선사의 말씀을 거론擧論하여 대중에게 보이시면서 이르기

51　한암 중원선사 필사본에는 '又一卓劃去云' 6자字가 있는데 수덕사 발행본에
　　는 6자字가 빠져 있다.
52　動容: 거동과 차림새를 말하는데 불교적 관점으로는 '행주좌와 어묵동정行
　　住坐臥 語默動靜'이다.
53　悄然: 의기意氣가 떨어져서 기운이 없는 것이다.
54　동산洞山 양개(良价, 807~869) 화상은 조계종의 개조開祖이다. 중국인으로
　　성은 유씨兪氏요, 이름은 양개良价이며, 호는 동산洞山이고, 시호는 오본대

를 "초가을 늦여름에 형제들이 동쪽으로 가고 서쪽으로 가면서
모름지기 만 리萬里 길을 향하되 한 치의 풀도 없는 곳으로 갈
것이로다 하셨는데 나는 그렇지 않은 즉 초가을 늦여름에 형제들
이 동쪽으로 가고 서쪽으로 가면서 길 위의 잡초들을 하나하나
밟고 다다라야 비로소 얻을 것일진대 저 동산洞山선사의 말씀과
같은가 다른가?" 대중들이 대답이 없거늘 잠시 묵묵히 있다가
이르기를 "대중이 이미 답이 없으니 내가 스스로 답하리라."
하시고는 곧 법좌法座에서 내려와 방장실로 돌아가시니 바로잡
아서 들어 보이신 것들이 대개 이와 같음이로다.

그리고 영취산 통도사通度寺와 금정산 범어사梵魚寺와 호남의
화엄사華嚴寺와 조계산 송광사松廣寺와 가야산 해인사海印寺는
모두 경허선사께서 유력遊歷하시던 곳이로다. 이로부터 사방四
方에 선원禪院을 앞 다투어 개원開院하였고 발심發心한 운수납자
雲水衲子들이 또한 감화를 입어 구름처럼 일어나니 법을 따르던
납자들을 부처님의 광명으로 씻어 안목을 열어 주시니 법이
이와 같이 융성한 때가 있지 않았음이로다.

임인년(壬寅, 1902) 57세 가을, 경허선사께서 범어사 금강암金
剛庵에 주석하실 때 동래읍 동쪽 금련산金蓮山 마하사摩訶寺에서
나한羅漢의 개분불사改粉佛事가 있어서 선사를 증명법사證明法
師로 청청請하였음이라. 저문 밤이 되어 사찰 입구에 닿으니 길이

사五本大師이다.

어두워 나아가기가 곤란한 지경이 되었음이로다. 사찰의 주지
스님이 돌연 앉아서 조는데 한 노승老僧이 알려 이르기를 "대선사
大禪師께서 오심이라 급히 나가 영접迎接할 것이로다." 하기에
꿈을 깬 주지 스님이 횃불을 집어 들고 동구洞口 아래로 갔더니
과연 선사禪師께서 오심이로다. 나한羅漢이 꿈에 나타난 것이라
대중에게 알리니 모두 놀라며 전날 훼방하고 믿지 않던 사람들도
모두 와서 참회懺悔하였음이로다.

계묘년(癸卯, 1903) 가을, 금정산 범어사에서 가야산 해인사로
가시던 도중途中 읊은 구호口號[55] 일절一絶이 있으니

識淺名高世危亂　식견은 얕고 이름만 높아 세상살이 어려우니
不知何處可藏身　이 한 몸 어느 곳에 숨길까 알 수 없음이로다
漁村酒肆豈無處　어촌 술집 어느 곳엔들 없을까마는
但恐匿名名益新　다만 이름을 숨길수록 이름이 더욱 새로워질
　　　　　　　　까 두려움이로다.

게송(詩)에는 온통 경허선사 자신의 의지意志를 말하려는 것으
로 덮여 있었으니 그 의지라는 것이 자신의 자취를 감추려는
데 있었으나 오직 명리名利를 구求하는 세상 사람들은 알 수가

55 口號: 이 게송은 범어사 오성월 스님 어록 373쪽에 있는데, 경허선사께서
　세상을 은거隱居하려는 마음이 담겨 있다.

없었음이로다.

이듬해 갑진년(甲辰, 1904) 봄에는 오대산五臺山으로 들어갔다
가 금강산金剛山을 거쳐서 함경도 안변군安邊郡 석왕사釋王寺[56]에
도착하니 때마침 오백나한五百羅漢의 개분불사가 있어서 제방諸
方의 대덕大德 스님들이 모두 법회에 동참하였고 경허鏡虛선사께
서도 증명證明법사로 참석하여 단상壇上에 올라 독특하고도 능란
한 변설辨說로 제창提唱하시니 대중들이 한결같이 합장合掌하고
희유稀有하다고 감탄하여 예를 올렸음이로다. 회향回向 후 자취
를 감추셨으니 그 누구도 가신 곳을 알 수가 없었음이로다.

이로부터 10년이 지난 후 수월水月[57]화상께서 덕숭산 정혜사定
慧寺 능인선원能仁禪院으로 서찰書札을 보내 소식을 전해 오기를

---

56 釋王寺: 함경남도 안변군 문산면 사기리 설봉산雪峰山 아래에 있다. 응진전
(應眞殿: 국보 제147호)과 호지문(護持門: 국보 제148호)이 있다. 조선의 태조
(太祖, 1335~1408) 이성계가 무학無學 자초(自超, 1327~1405)의 해몽을
듣고 왕이 될 기도를 하기 위하여 창건한 사찰이다.

57 水月音觀: 1855~1928. 속성은 전씨田氏로 충청남도 홍성 출신. 머슴살이를
하다가 29세 때 천장암天藏庵에서 태허泰虛 성원性圓에게 득도하고 1887년
천수주千手呪를 독주하여 불망염지不忘念智를 얻어서 성원性圓의 법을 이었
다. 묘향산을 거쳐 강계군 천마산과 만주를 거쳐 백두산 자락에서 소를
기르다가 1921년 왕청현汪淸縣 나자구蘿子溝에 화엄사華嚴寺를 짓고 8년
동안 주석하다가 1928년 7월 16일 세수 74세, 법랍 45세로 입적하였다.
제자는 해담海曇 치익致益 등이 있다. 고운사孤雲寺 수월水月 영민(永旻,
1817~1893) 스님과 혼동하는 경우가 많다. 『불교인명사전』 참고.

경허鏡虛선사께서 머리를 기르고 선비의 옷차림으로 갑산甲山·
강계江界 등지를 왕래하면서 혹 서당書堂에서 훈장訓長을 하거나
혹 저잣거리에서 술잔을 기울이면서 유력遊歷하시다가 임자년
(壬子, 1912) 봄 갑산 웅이방雄耳坊 도하동道下洞 서재書齋에 머물
던 중 입적入寂하셨다 함이로다.

혜월慧月 혜명慧明과 만공滿空 월면月面의 두 사형師兄이 바로
그곳으로 달려가서 법구法柩를 수습하여 난덕산蘭德山[58]으로 운
구運柩하여 다비茶毘로 모셨고 임종臨終시에 써 놓은 게송偈頌을
수집하여 돌아오니 곧 경허선사께서 입멸入滅하신 이듬해인 계
축년(癸丑, 1913) 7월 25일이로다.

그곳 촌로村老들에 의하면 경허선사께서 하루는 울타리 아래
에 앉아서 학동들이 풀 뽑는 것을 살펴보시다가 홀연히 눕더니
일어나지 못하고 말씀하시기를 "내가 매우 피곤하구나."라고
하시거늘 사람들이 부축하여 방안으로 모셨으나 먹지도 않고
말씀도 하지 않고 또한 신음도 하지 않고 다리를 펴고 누우셨다가
그 이튿날 새벽 여명黎明이 밝을 무렵 홀연히 일어나 앉아 붓을
잡고 게송偈頌을 써 읊으니

心月孤圓 마음의 달이 외로이 둥글고 밝으니
光吞萬象 그 광명이 삼라만상을 삼켰음이로다

---

58 蘭德山: 함경남도 갑산군 웅이방雄耳坊 도하동道下洞 주위에 있는 산이다.

光境俱亡 빛과 빛의 경계가 함께 사라지니
復是何物 다시 이것이 무슨 물건인고!

후미後尾에 일원상一圓相 'O'을 그려 놓고 붓을 던지고 오른쪽
으로 누워서 홀연히 천화遷化[59]하시니 때는 임자년(壬子, 1912)
4월 25일이었으며 두 사형師兄이 예禮를 갖추어 난덕산蘭德山에
다비茶毘하였다 함이로다.

오호라! 슬프고 슬픔이로다. 대선지식大善知識이 세상에 출현
함은 실로 만겁萬劫에 한 번 만나기 어려움이로다. 우리들은
비록 잠시나마 친견親見하였으나 오래토록 모시고 참학參學하지
못하고 열반(歸寂)하시던 날에도 또한 참예參預하여 후사後事
등을 참결參決하지 못하였으니 옛날 도인道人들의 입멸入滅하심
이 이와 같이 여한餘恨을 남기니 가히 슬픔이로다.

경허선사께서는 병오년(丙午, 1846)에 탄생하셨고, 임자년(壬
子, 1912)에 입적하셨으며 9세에 출가하셨으니 세수는 67세요
법랍은 58세로다.[60]

법法을 전수받은 법제자法弟子는 네 사람이 있으니[61]

59 遷化: 고승古僧들의 죽음을 말한다.
60 鏡虛禪師: 주註 7 참고.
61 한암 중원선사 필사본은 법제자를 사인四人, 곧 ① 침운枕雲 현주玄住,
   ② 혜월慧月 혜명慧明, ③ 만공滿空 월면月面, ④ 한암漢岩 중원重遠으로
   정리하고 있다. 그러나 수덕사 발행본에는 칠인七人, 곧 ① 만공滿空 월면月

① 첫째 법자法子 침운枕雲 현주玄住[62] 스님은 영남 표충사表忠寺에 주석하면서 도법道法을 휘날리다가 임종臨終 무렵에[63] 범어사梵魚寺에 주석하면서 설법하고 교화하다가 임종게臨終偈를 쓰고 입적하셨다.

② 둘째 법자法子 혜월慧月 혜명慧明 스님, ③ 셋째 법자法子 만공滿空 월면月面 스님 두 선백禪伯은 어려서부터 참예參預하여 모시고 경허선사의 종지宗旨를 깊이 얻어 각각 사방의 사표가 되어 운수납자들을 제접諸接하여 교화하며 행적을 크게 떨침이로다.

④ 넷째 법자法子 나(漢岩 重遠)는 비록 불민不敏하였으나 또한 일찍이 경허선사의 현음玄音을 참예參詣하여 들었음이라. 다만 선사先師께서 거듭 나(漢岩 重遠)를 위해 설파하여 주지 않은 까닭으로 감히 허물이 크나 그 법은法恩을 저버릴 수 없어 이에 넷째가 됨이로다.

대개 행장行狀이란 사실대로 기록하며 사실이 아닌 허망虛妄한

面, ② 혜월慧月 혜명慧明, ③ 수월水月 음관音觀, ④ 혜봉慧峰 보명普明, ⑤ 침운枕雲 현주玄住, ⑥ 용성龍城 진종震鍾, ⑦ 한암漢岩 중원重遠으로 정리하고 있다.

62 枕雲玄住: 범어사지梵漁寺誌 제종사영위諸宗師靈位 7장에 침운枕雲 현주玄住 대선사로 기록되어 있다.

63 한암 중원선사 필사본에는 '而臨終在'가 있는데, 수덕사 발행본에는 빠져 있다.

것은 기록하지 않음이로다. 경허선사의 오도悟道와 교화敎化한 인연因緣들은 실로 위에 말한 바와 같으나 만약 경허선사의 행리行履를 논할 것 같으면 장신長身과 거구巨軀로 용모를 갖춘 사자獅子와 같은 위인이요, 뜻과 기상은 강함이 있고 큰 종소리와 같은 우렁찬 음성으로 무애변無碍辯을 갖추었고 팔풍八風[64]의 경계境界를 대하여도 움직이지 않음이 마치 산과 같아서 행할 때엔 행하고 그칠 때는 거침이 없이 하며 남에게 흔들리지 않는 까닭으로 음식을 자유로이 먹었고 성색聲色에 구애 받지 않아 호탕하게[65] 유희遊戱하였으니 사람들의 의심疑心과 비방을 초래함이로다.

이는 광대廣大한 마음으로써 불이문不二門을 증득하여 초탈超脫하고 방광放光함이 스스로 여여如如해서 이통현李通玄[66] 장자의 종도자宗道者 무리에 속한 것인가 그렇지 않으면 또한 시절을 만나지 못한 것을 분개하여 자신을 낮고 비열한(下劣)한 곳에 감추어서 몸을 낮추어 도道로써 스스로 즐거움을 삼은 것인가. 홍곡鴻鵠[67]이 아니면 홍곡鴻鵠의 참뜻을 알기 어려우니 크게 깨달

---

64 八風: 팔법八法이라고 한다. ① 利(利得), ② 衰(損失), ③ 毁(뒤에서 誹謗), ④ 譽(뒤에서 稱讚), ⑤ 稱(면전에서 칭찬), ⑥ 譏(면전에서 誹謗), ⑦ 苦(번뇌. 身心), ⑧ 樂(喜悅. 身心)이다.

65 曠然: 무사無事한 모양, 넓은 모양을 말한다. 또 광활하여 조망을 가리는 것이 없는 모양을 말한다.

66 李通玄: 635~730. 화엄경의 대가이다.

67 鴻鵠: 기러기와 고니로 큰 인물을 지칭하는 말이다.

은 경지가 아니면 어찌 능히 작은 규례規例에 얽매임을 받지 않을 수 있겠는가.

경허선사는 불명산佛明山 윤필암尹弼庵[68]에서 이르기를

酒或放光色復然　술이 혹 방광하고 색이 또한 그러하여
貪瞋煩惱送驢年　탐진치 번뇌를 나귀해에 보낼까 함이로다
佛與衆生吾不識　부처와 중생을 나는 알지 못함이니
平生宜作醉狂僧　평생을 술 취한 광승狂僧이 될 뿐이로다

라 하였으니, 이 게송에 그 일생의 행리行履를 사출寫出함이로다. 그러한즉 지극히 편안한 곳에서 지냈으며 공양은 겨우 기운을 차릴 수 있을 정도로 먹고 종일토록 방문을 닫아걸고 앉아 침묵하고 말을 하지 않았으며 사람들을 만나기를 좋아하지 않았고 사람들이 혹 큰 도시로 나가서 교화하기를 권하면 곧 이르기를 "나에게 서원하는 바가 있으니 명예名譽에 나아가지 않는 것이라."고 하셨으니 그 탁월하고 특출함이 대개 이와 같았음이로다.

천장암天藏庵에 주석하실 때에 한 벌의 누더기 옷으로 추울 때나 더울 때나 바꾸어 입지 않으니 모기와 빈대가 물고 이가

---

68 佛明山尹弼庵: 불명산 윤필암은 전북 완주군 운주면 불명산 화암사花巖寺 산내 암자로 ① 의상암義湘庵, ② 원효암元曉庵, ③ 윤필암尹弼庵이 있었으나 현재는 사지만 남아 있다.

옷에 득실하여 밤낮으로 물려서 피부가 헐어도 적연히 움직이지 않고 앉아 있는 것이 마치 높은 산과 같았고, 하루는 구렁이가 들어와서 어깨와 등에 서리고 있음을 옆의 사람들이 알려 주어도 태연히 마음에 동요가 없으니 조금 후에 구렁이가 스스로 기어 나갔다고 하니 도道가 의정凝精과 더불어 깊이 익지 않았다면 누가 감히 이와 같이 할 수 있었겠는가. 한 번 앉으면 수년數年을 한 찰나刹那로 지나는 것과 같았음이로다.

어느 날 아침에 한 구절 게송偈頌을 읊어 이르기를

世與靑山何者是　세상과 더불어 청산 어느 것이 옳은가
春光無處不開花　봄이 오면 꽃피지 않는 곳이 없음이로다
傍人若問惺牛事　어떤 사람이 만약 나(惺牛)의 경계를 묻는
　　　　　　　　　다면
石女聲中劫外歌　석녀의 마음속 겁외가劫外歌라 함이로다

라고 하며, 드디어 주장자拄杖子를 꺾어 문밖으로 던져 버리고 훌훌 산문 밖으로 나가 비로소 산을 나서서 방편을 따라 교화教化를 베푸는데 일반적인 형식(窠臼)[69]을 벗어 버리고 사소한 법규를 두지 않았음이로다. 혹은 시중에서 어슬렁거리며 속인俗人들과 도 섞여 티끌세상과 같이 노닐며 혹은 한가롭게 송정松亭에 누워

---

69 窠臼: ① 새집. 새의 둥우리. ② 일반적인 형식을 뜻한다.

풍월을 읊조리니 그 초탈한 취향은 사람들이 능히 헤아릴 수 없었음이로다.

어느 때에 법문法門을 들어 보일 때는 곧 지극히 부드러우며 매우 정갈하고 세밀하여 불가사의不可思議한 오묘한 뜻을 연설하시니 가히 말씀하신 바 선善에 이르거나 악惡에 이르거나 가히 닦아 끊을 수[70] 없는 것을 그리고 닦아 끊었다 할 것이로다. 문장文章과 필법筆法도 모두 다른 사람보다 수승하니 참으로 세상에 드문 위인偉人이로다.

아아! 슬프고 슬픔이로다. 출가한 사람들이 모두 경허선사와 같이 용맹스럽게 활보闊步로 정진하여 일대사를 분명히 밝힌다면 등불과 등불을 서로 계승할 것이로다. 곧 구산선문九山禪門[71]의 융성한 교화敎化와 16국사十六國師[72] 법통法統의 계승이 어찌

---

70 修斷: 사정단四正斷의 하나이다. 이미 나타난 선善을 중단하도록 힘쓰는 것을 말한다. 이것을 단斷이라 함은 태만심을 끊고 번뇌장煩惱障과 소지장所知障을 끊기 때문이다.

71 九山禪門: ① 실상산문實相山門, ② 가지산문迦智山門, ③ 도굴산문闍崛山門, ④ 동리산문桐裡山門, ⑤ 성주산문聖住山門, ⑥ 사자산문師子山門, ⑦ 희양산문曦陽山門, ⑧ 봉림산문鳳林山門, ⑨ 수미산문須彌山門이다.

72 十六國師: 송광사지松廣寺誌와 국사전國師殿에 의하면 ① 보조普照 지눌(知訥, 804~880), ② 진각眞覺 혜심(慧諶, 1178~1234), ③ 청진淸眞 몽여(夢如, ?~1252), ④ 진명眞明 혼원(渾元, 1191~1271), ⑤ 원오圓悟 천영(天英, 1215~1283), ⑥ 원감圓鑑 충지(冲止, 1216~1292), ⑦ 자정국사慈靜國師, ⑧ 자각국사慈覺國師, ⑨ 심당국사諶堂國師, ⑩ 혜감慧鑑 만항(萬恒,

유독 옛날에만 있던 전유물專有物이겠는가. 융성한 교화敎化와 법통法統의 계승은 특별한 것이 아님이라. 아니면 또한 이미 일체 중생으로 하여금 근본지혜 광명光明 종자種子를 오탁악세五濁惡世 가운데서도[73] 영원히 단절되지 않게 하였으니 어찌 깊은 신심身心으로 티끌 같은 세상을[74] 받들어 부처님의 은혜에 보답하는 것이 아니겠는가. 이런 연고로 내가 향을 사르고 깊이 축원하는 바이로다.

그러나 후에 배우는 사람들이 경허선사의 법화法化를 배움은 곧 옳을 것이나 경허선사의 행리行履를 배우는 것은 곧 불가不可하오니 사람들이 믿는다 해도 이해할 수 없기 때문이로다. 또한 불법을 의지하는 사람들은 그 진정한 묘법妙法을 의지한다는 것이며 사람을 의지하지 않는다는 것은 계율戒律과 더불어 계율戒律 아님도 의지하지 않는다는 것이로다. 또한 의지한다는 것은 스승으로 모시고 의지하고 본받는 것이요, 의지하지 않는다는 것은 그 득실得失과 시비是非를 보지 않는 것이로다. 도道를 배우는 사람들이 필경에는 법도 또한 능히 버리거늘 하물며

1259~1355), ⑪ 자원국사慈圓國師, ⑫ 혜각국사慧覺國師, ⑬ 각진覺眞 복구(復丘, 1270~1355), ⑭ 정혜淨慧 복암復庵, ⑮ 홍진국사弘眞國師, ⑯ 고봉국사高峰國師이다.

73 五濁: ① 겁탁劫濁, ② 견탁見濁, ③ 번뇌탁煩惱濁, ④ 중생탁衆生濁, ⑤ 명탁命濁을 말한다.

74 塵刹: 티끌 같은 세상과 무수한 세월을 말한다.

사람들의 득실과 시비是非뿐이겠는가. 그러므로『원각경圓覺經』에 이르기를 "말세 중생이 발심하여 수행하고자 한다면 마땅히 일체 바른 지견知見을 가진 스승을 구할 것이요, 마음이 형상에 머무르지 않을 것이며, 비록 진로塵勞에 몸을 나투더라도 마음은 항상 청정해야 하며, 모든 허물이 보이더라도 범행梵行을 찬탄하며 중생으로 하여금 그릇된 율의律儀에 들어가지 않도록 할 것이니 이와 같이 사람을 구하면 곧 아뇩보리阿耨菩提[75]를 성취하여 얻었다 할 것이로다라고 하였으니 저 선지식善知識이 사위의四威儀[76] 가운데에 항상 청정한 행을 나타내거나 갖가지 중생의 허물을 나타내 보이더라도 중생의 마음은 교만한 생각이 없어야 하며 나쁜 생각을 일으키지 말아야 한다."라고 하셨음이로다.

『금강경』에 이르기를

若以色見我　만약 색신으로써 나를 보려고 하고

以音聲求我　음성으로써 나를 구하려 한다면

是人行邪道　이 사람은 삿된 도를 행하는 것이니

不能見如來　능히 여래를 보지 못할 것이로다

라고 하였다.

또한 보조국사普照國師[77]가 이르기를 "대저 참학參學하는 사람

---

75 阿耨菩提: 아뇩다라삼먁삼보리阿耨多羅三藐三菩提를 말한다.

76 四威儀: ① 행주行住, ② 좌와坐臥, ③ 어묵語默, ④ 동정動靜이다.

77 普照國師: 1158~1210. 고려 때의 승려로 속성은 정씨, 속명은 지눌知訥, 호는 목우자牧牛子, 시호는 불일보조국사佛日普照國師이다. 1185년 보문사

들은 먼저 발심하여 바른 인연을 심어야 하나니 오계五戒[78]와 십선十善[79]과 사성제四聖諦 그리고 십이인연十二因緣[80]과 바라밀 (六度) 등[81]의 법法은 모두가 정인正因이 아님이니 자기의 마음이 바로 부처임을 믿어서 한 생각이 일어나지 않으면 삼아승지겁三阿僧祇劫[82]이 공空할 뿐이니 이와 같이 믿고 얻으면 이것은 정인正因이로다."라고 하셨으니 그렇다면 오계五戒니 사성제四聖諦니 인연因緣이니 육도六度니 하는 법法도 오히려 정인正因이 아니거늘 하물며 계율과 의식이 아니겠는가. 그러므로 다만 바른 지견知見을 가진 사람을 구하여 자기의 청정한 도안道眼을 결택할지언정 가히 써 망령되이 삿된 신심을 구하여 일대사一大事를 그르치

에서 대장경을 훈습하고 1198년에는 상무주암에서 정진했으며 1200년 송광사의 길상사吉祥寺로 이석移席하여 수선사修禪寺로 개칭하였다.

78 五戒: ① 살생殺生, ② 투도偸盜, ③ 음행淫行, ④ 망어妄語, ⑤ 불음주不飮酒의 다섯 가지 계율을 말한다.

79 十善: 십악十惡을 범하지 않는 ① 불살생不殺生, ② 불투도不偸盜, ③ 불사음不邪淫, ④ 불망어不妄語, ⑤ 불양설不兩舌, ⑥ 불악구不惡口, ⑦ 불기어不綺語, ⑧ 불탐욕不貪欲, ⑨ 불진에不瞋恚, ⑩ 불사견不邪見이다.

80 十二因緣: 과거, 현재, 미래의 고苦를 초래하는 중생윤회衆生輪廻의 12가지 인연으로 ① 무명無明, ② 행行, ③ 식識, ④ 명색名色, ⑤ 육처六處, ⑥ 촉觸, ⑦ 수受, ⑧ 애愛, ⑨ 취取, ⑩ 유有, ⑪ 생生, ⑫ 노사老死이다.

81 六度: ① 보시布施, ② 지계持戒, ③ 인욕忍辱, ④ 정진精進, ⑤ 선정禪定, ⑥ 지혜智慧이다.

82 三阿僧祇劫: 보살이 불위佛位에 이르기까지 수행하는 햇수(年數)로 삼기三祇라고도 한다.

지 않을 것이로다."라고 하셨음이로다.

또한 고덕古德이 이르기를 "다만 정안正眼은 귀하게 여기고 행리行履는 귀하게 여기지 않는다."라고 하셨으며, 또한 이르기를 "나의 법문은 선정禪定과 해탈解脫과 지범持犯과 수증修證을 논하지 않고 오직 부처님 지견知見의 통달을 말한다."라고 하였으니 이것은 먼저 정안正眼이 열린 연후에 행리를 논하는 것이 옳다는 것이로다. 그러므로 말하기를 경허선사의 법화法化를 배움은 곧 옳은 것이나 경허선사의 행리行履만을 배움은 불가不可하다고 한 것이로다. 이것은 다만 정법을 간택하는 정안正眼을 갖추지 못하고 먼저 그 행리行履만을 본받는 사람을 꾸짖음이로다. 또한 유위有爲와 상견相見에만 집착하여 심원心源을 통찰通察하지 못하는 사람들을 경책한 것이로다. 만약 정법正法을 택할 수 있는 정안正眼을 갖추어서 심원心源을 통철通徹한다면 곧 행리行履가 자연히 진실할 것이니 사위의四威儀 안에 행주좌와行住坐臥가 항상 청정하게 나타날 것이라 어찌 가히 겉모습에 현혹眩惑된 바가 되어 애증심愛憎心과 인아상人我相[83]의 견해를 일으킬 것인가.

경오년(庚午, 1930) 겨울에 만공滿空 월면月面 사형師兄이 금강

---

83 人我相: 즉 아집이다. 인아人我는 주관의 중심으로 지배능력支配能力을 가지고 항상 변하지 않는다고 하는 생각인데 나(我)가 존재한다고 하는 생각에 집착하는 것이 아집이다.

산 유점사楡岾寺 선원조실祖室에 주석하면서 오대산중五臺山中
에 있는 나(漢岩 重遠)에게 서찰을 보내와서 스승이신 경허선사의
행장行狀 서술을 부촉하였는데 나(漢岩 重遠)는 본래 문사文辭에
익숙하지 못하나 스승(先師)의 행장行狀을 감히 못한다고 말할
수 없었음이로다. 그러므로 그 사실을 기록함으로써 후인後人들
에게 보이고자 한 하나는 말법末法 가운데 참된 선지식善知識이
출세出世하셔서 법을 널리 펴신 생각하기 어려운 공덕을 찬탄讚嘆
하고, 또 다른 하나는 우리 후배들이 망령되이 밖으로만 집착하여
헛되이 시간을 보내어서 부처님 법화法化를 손상시키는 허물을
경책警責하기 위함이로다. 또한 스승(禪師)께서 읊으신 게송偈頌
과 더불어 기문記文 약간 편篇을 붙여 함께한 제방諸方의 모든
선원禪院 대중들에게 부촉하여 초抄해서 인쇄하고 간행하여 세상
에 펼치고자 함이로다.

불기 2958년(辛未, 1931) 3월 15일

문인門人 한암漢岩 중원重遠 근찬謹撰

2. 序

余於七年前在佛教社畏友滿空以一稿示余曰此吾師鏡虛
和尚之遺著也將欲付梓而此稿本蒐集散在於各處者則未
免誤落之失幸須校閱且屬序文焉余不敢辭再三讀之其所
著非徒工於詩文而大率禪文法語玄談妙句或高唫於酒肆
屠市之間而不入世間或縱筆於空山雨雪之中而不出世間
縱橫淋漓生熟自在無文不禪何句非法莫論其軌則之如何
實一大奇文奇詩也而後輩之欲公於世者其志實不在乎傳
其文字而亦在乎傳其法語也余亦切望此書之速行于世其
後其門徒與有志者以爲鏡虛之所述不止於此而尚遺於其
晚年潛跡之地者不尠期欲盡其完璧故其付梓之議一時寢
之自今春以來後學金靈雲尹燈岩等發奮力圖專往于甲山
江界及滿洲等地窮查極搜庶幾無漏余更加修正而其年代
次序莫之可考故隨蒐編纂耳余固知和尚元非文字之專攻
家則其詩與文在於章句之規範與精工或有一舍之逕庭者
而未足以爲全域之一瑕朗空之片雲然其禪旨妙韻錚然有
聲於尋常筆墨之間而大有功於後學者又安可疑也鏡虛和
尚在世時常擬一見痛飲一大白罵倒三世諸佛爲快奈事與
心違卒卒未能於焉和尚入寂數十年之後接其手澤浮世之
慷慨固若是也

世尊降誕後二千九百六十九年壬午九月二日
韓龍雲識

◉서序

내(龍雲)가 7년 전 불교사佛敎社에 있을 때 존경하는 도반 만공滿空
스님이 초고抄稿 한 뭉치를 나에게 보이면서 말하기를 "이것은
나의 스승이신 경허선사께서 남기신 옥고玉稿이로다. 이것을
장차 인쇄에 붙이고자 하는데 이 원고原稿가 본래 각처에 흩어져
있던 것을 수집한 것이라 잘못된 것과 누락된 것이 있을 터이니
모름지기 교열校閱해 주고 또한 서문序文을 부탁한다." 함이로다.
내(龍雲)가 감히 사양하지 못하고 재삼 읽어보니 그 저술한 것이
시문詩文만 풍부한 것이 아니라 선문법어禪門法語의 그윽한 뜻과
오묘奧妙한 구절이 대부분이었음이로다. 혹은 술집과 저잣거리
에서 읊었으나 그 뜻이 깊어 세간에 물들지 않고 혹은 비바람과
눈보라 치는 텅 빈 산중에서 붓을 잡아도 세간에 벗어나지 않아서
종횡縱橫으로 힘차고 생소生疎하거나 익숙하거나 상관없이 문장
文章마다 선禪 아님이 없음이요 구절句節마다 법法 아님이 없어서
그 법칙이 어떠한 것이라고 논할 것도 없이 실로 일대의 기이한
문장이요 오묘한 시문詩文이로다. 후학들이 세상에 공유하고자
하는 그 뜻은 실로 문자文字를 전하려는 것에 있지 않고 또한
그 법어法語를 전하고자 하는 데 있음이로다. 나(龍雲)도 또한

이 옥고玉稿가 세상에 빨리 간행되기를 간절히 바라지만 그 후인
과 그 문도들과 더불어 뜻이 있는 사람들이 "경허선사께서 저술著
述한 바가 이것뿐만이 아니고 아직도 만년晩年에 주석住錫하시던
곳에 남겨져 있는 유고遺稿가 적지 않을 터이니 그것을 모두
수집하여 완벽하게 정리하여 인쇄하겠다."는 논의論意도 적지
않아 일시나마 잠시 미루어 오던 중 금년 봄부터 후학 김영운金靈
雲[84] 스님과 윤등암尹燈岩 스님 등이 분발하여 원력을 도모하여
오로지 갑산甲山·강계江界[85]와 만주 등지를 왕래하면서 수집하여
거의 누락된 것이 없는 듯하기에 내가 다시 수정修整을 더하였으
나 그 연대年代와 차례를 상고詳考할 수 없으므로 수집한 자료대
로만 편집할 뿐이로다.

내가 알고 있는 경허선사께서는 원래 문자文字에 얽매여 전공
專攻한 분도 아니었으나 그 시詩와 더불어 문장文章에는 규범規範
과 정공精工이 있었으며 혹 한 집의 뜰에 난 좁은 길에 일정함이
없듯이 정도程度의 차이가 심하기도 하였으나 이로써 전체 문장

---

84 金靈雲: 1852~1936. 조선 후기의 불교학자로 성은 김씨金氏이며, 경상남도
    웅천熊川에서 탄생하였다. 17세에 출가하였으며 법명은 원기元奇, 호는
    경운擎雲이다. 구례 연곡사 환월幻月의 제자가 되어 순천 선암사에서 당대
    강사講師로 평생 동안 후학을 양성하다가 선암사에서 세수 85세, 법랍
    68세로 입적하였다.
85 江界: 평안북도 강계군 갑산 웅이방雄耳坊 도하동道下洞 서재에서 경허선사
    가 입적하였다.

의 티끌이나 밝은 하늘의 한 점 구름으로 여기는 것은 족足하지
않음이로다. 그러나 그 선지禪旨의 오묘한 운율韻律의 쟁쟁錚錚
함은 평소의 필묵筆墨으로 휘호하는 데에도 있었으니 후학들에
게 큰 공덕功德이 있음을 어찌 가히 의심할 것인가.

경허선사께서 세상에 계실 때 한번 뵙고 한잔 마시며 삼세제불
三世諸佛을 통쾌하게 꾸짖어 넘어뜨리려고 마음먹었더니 세상일
과 더불어 마음이 같지 않아서 갑자기 입적하셨으니 그럴 수
없게 됨이로다. 어언간 경허선사께서 입적하신 지 수십 년 후
손수 이 옥고玉稿를 접하여 열람하니 부평초와 같은 세상살이
슬픈 것이 실로 이와 같음이로다.

세존강탄世尊降誕 후 2969년(壬午, 1942)[86] 9월 2일

한용운韓龍雲 근식謹識[87]

---

86 선학원 발행본, 극락암 발행본에는 '世尊降誕後二千九百六十九年壬午九
月二日'인데 수덕사 발행본에는 '世尊降誕後二千四百八十六年壬午年九
月二日'로 기록되어 있다.

87 韓龍雲: 1879~1944. 승려로서 시인이며 독립운동가이다. 충청남도 홍성군
결성면 성곡리에서 부 한응준韓應俊과 모 방씨方氏 사이에서 탄생하였고,
속명은 한유천韓裕天이다. 27세에 설악산 백담사의 연곡蓮谷에게 득도,
법명은 봉완奉玩, 호는 용운龍雲, 별호는 만해萬海이다. 독립운동을 하다가
1944년 6월 29일 나이 66세로 입적하였다.

3. 畧譜

師姓宋氏法名惺牛初名東旭號鏡虛礪山人也距今九十四年前己酉八月二十四日生于全州子東里父斗玉母密陽朴氏分娩後三日不啼人皆稱異早喪其父九歲時隨母上京投廣州郡淸溪寺依桂虛大師祝髮受戒雲水蕭然衣鉢一空嘗以負薪汲水供佛奉師爲己任未遑讀書十四歲時適有一士人寓寺過夏隨暇就學過目成誦隨聞解義文理大進未幾桂虛師還俗惜師之未能大成以書薦師于鷄龍山東鶴寺萬化講伯師於萬化講伯處修了一大時教做工不閑不忙人一己十人十己百博涉內外莫不精通名震八域二十三歲時以衆望開講於東鶴寺四方學者如水就東三十一歲時夏師忽憶桂虛師前日眷愛之誼欲往訪之告衆發程中路猝遇暴風急雨遽入村家欲避風雨主人迫逐不許一洞數十戶家家如之問其由則對曰方今癘疫大熾罹病立死何敢接客師聞之心神悚動如臨生死斷崖頓覺文字之未能免生死直發菩提心還山後遂散學人閉門端坐專參靈雲禪師之驢事未去馬事到來話剌股打頭以除睡魔一念萬年銀山鐵壁如是三月萬機已熟一日僧問如何是爲牛則爲無穿鼻孔處師言下大地平沈物我俱忘百千法門無量妙義當下氷釋時則己卯冬十一月望間也自此超脫形骸不拘小節任運騰騰悠悠自適三

十二歲時住洪州天藏庵一日對衆演法次特明傳燈淵源仍
自嗣法于龍嚴和尙師於淸虛爲十一世孫而於喚惺爲七世
孫也爾來二十餘年間往來于洪州之天藏瑞山之開心浮石
等地有時瞑心黙想有時爲人說敎大振禪風五十一歲時移
錫于陜川海印寺當寺適有勅旨之印經佛事及新設修禪社
之業衆推師爲法主五十四歲時東萊梵魚寺金剛庵及摩訶
寺羅漢改粉佛事時爲證明五十六歲時歷五臺及金剛到安
邊釋王寺爲五百羅漢改粉佛事之叅證其後絶欲避世逃名
潛跡於甲山江界等地自號蘭洲以長髮儒冠現婆羅門身萬
行頭陀入泥入水隨緣行化六十四歲時壬子四月二十五日
無病而入寂于甲山熊耳坊道下洞法臘五十六右略譜未得
詳傳只資後人所記之散屑及平日所聞之單片倘有缺漏故
名以略譜望讀者亮燭焉

　韓龍雲

●경허鏡虛선사의 약보畧譜

경허선사의 성은 송씨宋氏이고, 속명은 동욱東旭이요, 법명은
성우惺牛이며, 호는 경허鏡虛이고, 여산驪山의 후인이로다. 지금
으로부터 94년 전 기유년(己酉, 1849) 8월 24일[88] 전주 자동리에서

---

[88] 경허鏡虛선사의 탄생에 대해서는 '일러두기' 三. 첫째 항목에 정리되어
있으므로 참고할 수 있다.

탄생하였으며 부는 두옥斗玉이요 모는 밀양박씨朴氏로, 태어난 후 3일 동안 울지 않으니 사람들이 모두 이상하게 여김이로다. 일찍이 아버지를 여의고 아홉 살 때 어머니를 따라 상경하여 경기도 광주군 청계사淸溪寺에 가서 계허桂虛대사에 의하여 축발祝髮하고 사미계沙彌戒를 받고 일의일발一衣一鉢의 운수雲水납자로 소탈한 삶을 살고 싶었으나 항상 나무하고 물을 길어 부처님과 스승을 섬기기에 분망奔忙해서 경전經典을 배울 경황도 없었음이로다.

14세 때에 마침 한 선비가 우연히 사찰에 와서 여름을 지내게 되어 여가로 글을 배우니 눈에 스치면 배우고 듣는 대로 문리文理를 해석할 만큼 크게 진보進步가 있었음이로다. 얼마 지나지 않아 계허桂虛 스님이 환속을 하며 스님의 공부를 크게 성취시키지 못함을 애석하게 생각하여 편지를 써서 계룡산鷄龍山 동학사東鶴寺 만화萬化 보선普善강백에게 추천하셨음이로다. 그래서 만화강백 처소에서 일대시교一代時敎를 수료하였지만 수행하는 데 한가하지도 바쁘지도 않게 해도 다른 사람보다 열 배 백 배나 앞섰으며 내외전內外典을 두루 섭렵하여 정통하지 않은 것이 없어서 이름을 팔도八道에 떨쳤음이로다.

23세(壬申年, 1872년) 때에 대중들의 추천으로 동학사에서 개강開講하니 사방의 학인들이 마치 물이 동쪽으로 흐르는 것과 같이 운집하였음이로다.

31세(己卯年, 1879년) 여름 스님은 홀연히 계허 스님이 권속으로 아껴주던 정분이 생각나서 한번 찾아뵙고자 대중大衆들에게 알리고 길을 떠나게 되었는데 도중에 갑자기 폭풍우를 만나 촌집 추녀 밑에서 비를 피하려고 들어가자 주인이 내쫓으며 허락하지 않음이로다. 이렇게 그 동네 수십 가옥을 찾아갔지만 집집마다 모두 이와 같이 해서 그 이유를 물으니 대답하기를 "이제 막 역병이 치열하여 걸리기만 하면 곧 서 있던 사람도 다 죽으니 어찌 감히 손님을 영접할 수 있겠는가?" 하니, 스님이 이 말씀을 듣고 마음이 떨리며 마치 생사의 벼랑에 다다른 것 같았으며 몰록 문자文字로써는 생사生死를 면免하지 못함을 깨닫고는 바로 보리심을 발하여 동학사 산중으로 돌아온 뒤에 학인學人들을 흩어 보내고 방문을 걸어 잠그고 단정히 앉아 오로지 영운靈雲선사[89]의 "나귀의 일은 아직 지나지 않았는데 말의 일이 닥쳐왔다."라는 화두話頭를 참구하면서 다리를 찌르고 머리를 쳐서 수마睡魔를 쫓으며 한 생각이 만년萬年이 되게 하여 은산철벽銀山鐵壁과 같이 하였음이로다.

이와 같이 지내기를 석 달이 되어서 공부가 이미 익었음이로다. 하루는 어떤 스님이 묻기를 "소가 되어도 고삐 뚫을 구멍이 없다는 것이 무슨 말인가?"라고 하자 이 말을 듣고 스님은 언하에 대지大地가 무너지고 사물과 나를 함께 잊으며 백천百千 가지 법문法門과

89 靈雲: 주註 15 참고.

무량한 묘의妙義가 단박에 얼음이 녹는 듯하였으니 이때는 기묘년(己卯, 1879) 동짓달 보름날이로다. 이로부터 육신을 초탈하여 작은 일에 구속되지 않고 기세가 등등騰騰하였으며[90] 유유자적悠悠自適하였음이로다.

32세(庚辰年, 1880년) 때에 홍주洪州 천장암天藏庵에 머물면서 하루는 대중들에게 설법하실 때에 특별히 전등傳燈의 연원年源을 밝히는데 스님의 법맥法脉은 용암龍巖 혜언慧彦[91]화상의 법을 이어 받았으니 청허淸虛 휴정休靜선사의 11세손이 되며 환성喚惺 지안志安선사의 7세손이 된다고 말씀하셨음이로다. 그 뒤로 20여 년 간 홍주의 천장암天藏庵과 서산瑞山의 개심사開心寺와 부석사浮石寺 등지로 왕래하며 때로는 마음을 고요히 묵상하며 때로는 사람들을 위하여 설법하면서 선풍禪風을 크게 떨쳤음이로다.

51세(己亥年, 1899년) 때 합천 해인사海印寺로 옮겨 주석하시니 때마침 왕의 칙명으로 대장경을 인경印經하는 불사佛事와 수선사修禪社를 신설하는 불사가 있었는데 대중들이 경허선사를 추대하여 법주法主로 삼았음이로다.

---

90 騰騰: ① 서슬이 푸르다. ② 눈에 살기가 있다. ③ 뽐내는 기세가 있다.
91 龍巖: 1783~? 조선시대 승려로 속성은 조씨趙氏이다. 나주 사람으로 법명은 호암虎巖이며, 호는 혜언慧彦이다. 율봉栗峰 청고(靑杲, 1738~1823) 스님을 따라 금강산 유점사에 가서 백일기도百日祈禱를 마쳤고 설법을 잘하기로 유명하였으며 제자 희운윤취希雲潤聚와 대운성기大雲性起도 변재에 뛰어나 설법을 잘하였다고 한다.

54세(壬寅年, 1902년) 때 동래 범어사梵魚寺의 금강암金剛庵과 마하사摩訶寺 나한羅漢 개분불사 때 증명법사證明法師가 되었음이로다.

56세(甲辰年, 1904년) 때 오대산五臺山과 금강산金剛山을 거쳐서 안변安邊 석왕사釋王寺에 이르러 오백나한五百羅漢 개분불사의 증명법사證明法師로 참석하였음이로다.

그 뒤로 세상을 피하고자 갑산甲山·강계江界 등지에서 이름과 자취를 감추고 스스로 호를 '난주蘭洲'라 하고 머리를 기르고 선비의 관冠을 쓰고 바라문婆羅門의 몸으로 변신하여 두타頭陀 만행萬行으로써 진흙에도 들어가고 물에도 들어가 인연因緣 따라 교화하셨음이로다.

64세 때인 임자년(壬子, 1912) 4월 25일 웅이방雄耳坊 도하동道下洞에서 큰 질병疾病 없이 입적하시니 법랍이 56세였음이로다.

위의 약보畧譜의 자세한 것은 얻어 전할 수 없고 다만 후인들이 기록한 일부분과 또는 내가 평소에 들은 바 단편들을 자료로 정리한 것이라 혹시 잘못되거나 누락된 것이 있을 수 있으므로 약보畧譜라 이름하였으니 독자들이 밝게 살펴보기 바람이로다.

한용운韓龍雲 근서謹書

4. 鏡虛集發刊趣旨書

鏡虛惺牛禪師我朝鮮佛教界對禪宗復興玄風宣揚莫大功
勞有宗趣深玄文彩明麗世所共知贅言不要深玄宗趣明麗
文彩假藉縱橫弄現或法門或詩歌一生所其數不少當時此
一一記錄者無世上傳來極少數不過中此亦年深代遠漸次
湮沒憂慮不無可惜事勿論天下善知識道談法語汗牛充棟
禪家鏡虛禪師說話要求窈惟現時我等朝鮮首座禪師貽澤
蒙惠者有今般本人等相議結果禪師功績對紀念碑報恩塔
造成代身遺稿蒐集上梓同志諸位頒布功勞者表彰標語下
趣旨如說實行意味印刷費用從來如檀徒依存慣習打破我
等首座總力辨備至願玆敢發起仰告照亮後貴禪院贊同勿
論安偈首座僉位全部參加多少不拘隨分損助千萬切望再
伸損助金標準一禪院對五圓以上個人五十錢以上定送金
本年七月末日以內京城安國町四十番地中央禪院付送卷
末施主秩添付釀金者氏名詳細錄送

　世尊應化二九六九年壬午六月日

◉경허집鏡虛集 발간發刊 취지문趣旨文[92]

---

92 刊行趣旨文: 1942년 선학원에서 각 선원으로 보낸 취지문으로 수덕사
　발행본에는 빠졌고 극락선원에서 1990년 발행한 경허집 12쪽에 수록되어
　있다.

경허鏡虛 성우惺牛선사는 우리 조선불교계朝鮮佛敎界에 대하여 선종부흥禪宗復興과 현풍선양玄風宣揚에 막대한 공로功勞가 있을 뿐 아니라 종취宗趣의 깊고 현묘한 것과 문채文彩의 명려明麗한 것은 세상에서 다 아는 것이므로 쓸데없는 말을 붙일 필요도 없거니와 그 심현深玄한 종취를 명려한 문채로 가자假藉하여 종횡으로 농현弄現한 것이 혹은 법문法門도 되고 혹은 시가詩歌도 되어 평생 동안 지은 바 그 수량이 적지 않을 것이나 당시에 이것을 일일이 기록하는 이가 없었으므로 세상에 전하여 온 것은 극히 소수에 불과한 가운데 이 또한 해가 깊어지고 대가 멀어짐을 따라 점점 없어질 우려가 없지 않음은 가히 애석한 일이라 하겠음이로다.

물론 천하 선지식善知識의 도담道談과 법어法語가 소가 끌어도 땀을 흘릴 만큼 충분히 많이 있어서 선가禪家에서 또다시 경허선사의 설화說話를 요구하지 않을 것이나 여러 가지로 생각해 보건대 현재 우리들이 조선수좌朝鮮首座로서 선사의 가르침에 은혜를 입지 않은 사람이 있겠는가. 그러므로 금번에 본인 등이 상의相議한 결과 선사禪師의 공적에 대한 기념비記念碑나 보은탑報恩塔을 조성하는 대신으로 그 유고遺稿를 모집하여 출판해서 동지제위同志諸位에게 분포코자 하옵는 바 "우리 공로자의 표창은 우리 손으로"라는 표어 아래서 그 취지를 말한 바와 같이 실행하여 보자는 의미로 그 인쇄비용은 종래와 같이 신도들에게만 의존하던 관습을 타파打破하고 우리 수좌首座들의 총력總力으로 준비되기를 지극히 원하옵고 이에 감히 발기하여 고하오니 살펴보신 후에 귀 선원貴禪院으로서 찬동하심은 물론 안거安居하시는 수좌들께서도 전부 참가하시와 다소多少를 불구하시고 분수에 따라 협조하시기를 천만 번 간절히 바람이로다.

○재신再伸

  협조금 표준은 한 선원禪院에 대하여 오 원五圓 이상, 개인으로는 오십 전五十錢 이상으로 정하였으며, 송금은 금년 7월 말일 이내로 경성京城 안국정安國町 40번지 중앙선원中央禪院으로 송부送付하시옵고 권말에 시주질施主秩을 첨부하겠사오니 기부금을 내신 분의 성함을 상세히 적어 보내 주시기를 바람이로다.

세존응화世尊應化 2969년(壬午, 1942) 6월 일

경허당법어록鏡虛堂法語錄 간행발기인刊行發起人 무순無順

오성월吳惺月	송만공宋滿空	장석상張石霜	한용운韓龍雲
강도봉康道峰	김경산金擎山	설석우薛石友	김구하金九河
방한암方漢巖	정운봉鄭雲峰	김청안金青眼	김경봉金鏡峰
이효봉李曉峰	김적음金寂音	정운암鄭雲岩	기인벽奇忍壁
강석주姜昔珠	김상월金霜月	김상호金尙昊	박고봉朴古峰

김운악金雲岳   황용음黃龍吟   윤서호尹西湖   하동산河東山

하정광河淨光   김석하金石下   최원허崔圓虛   최청봉崔靑峰

국묵담鞠默潭   박인곡朴仁谷   이춘성李春城   이석우李石牛

정철우鄭鐵牛   박대치朴大治   임태허林太虛   최원종崔元宗

원보산元寶山   박석두朴石頭   이동강李東疆

김대우(金大愚. 松廣寺)

以上四十名

경허집간행사무분담鏡虛集刊行事務分擔

편집編輯 윤등암尹燈岩

교준校準 김대우(金大愚. 梵魚寺)

서무庶務 최응산崔應山

재무財務 김영운金靈雲

화주化主 정경찬鄭景燦

사무소: 경성부京城府 안국정安國町 40번지 중앙선원

二. 法語

5. 與藤庵長老講法語以此塗糊

佛說一代藏敎以五戒十善法使之生人天以苦集滅度四諦
法使之證阿羅漢果以無明行等十二因緣法使之證緣覺辟
支果以四弘願六波羅蜜法使之行菩薩道而有權敎菩薩者
歷阿僧祇劫行四弘願六波羅蜜位過十信十住十行十廻向
尚未達妙道見有爲則心生希有聽無相則茫然自失求佛知
見之心常未間斷然煩惱習氣根蒂未除依佛戒敎時常捺伏
譬如善幻呪者以呪術力禁除猛獸毒蛇使之不能發毒侵嚙
而其害人之毒未能除去且於佛法中疑根未斷如有一物碍
滯於胸膈當伊時若能叅眞善知識悟得妙道則直登十地位
未叅未悟者終成退墮普照國師云夫叅學者發足先植正因
信五戒十善四諦十二因緣六度等法皆非正因信自心是佛

一念無生三祇劫空如此信得及及是正因者此也時降聖遠
師友淵源已絶凡忩修行者擧槃迷封滯殼於權半之說而所
習者戒善尚未能進修於四諦十二因緣等法况乎發趣正因
乎盖半者何也道未了極止於中道之謂也權者何也如云嫂
溺於水執手引濟之謂也其權半云者未爲常實圓終不待智
者而後知也壽禪師云爲求大道者說一乘妙旨爲求小行者
說六行權門六度等法亦未免爲權况餘戒善諦緣等乎佛以
方便力說念佛法引導衆生其趣甚妙人皆不達枉用心力而
未効如阿彌陀經大說淨土莊嚴至於說往生法一日二日乃
至七日一心不亂是人往生十六觀經有觀像成就法使之繫
心一處其觀歷歷長時明了成就三昧無量壽經三輩往生皆
先說發菩薩心菩薩者何也卽衆生日用靈覺之性也若能開
發靈覺之性或能成就觀像三昧或能成就一心不亂其於往
生有何未了故圭峯禪師云至於念佛求生淨土亦修十六觀
禪念佛三昧般舟三昧此不是一向以散亂心執持名號便能
超生淨土也新舊譯經論皆云十地己上菩薩分見報佛淨土
彌陀淨土豈非報佛淨土耶十地菩薩尚未許其全見如何具
縛凡夫以散亂心徒稱名號便能超生若以散心稱號亦能超
生何用苦苦做得一心不亂與十六三昧旣違佛說焉能成功
古有以自力譬種樹作船他力譬借船越海遲速難是功効有

異之說此亦勸化方便然未免辨說諸訛違於佛教大誤後生
此不得不辨本有無根樹子何待於種本有無底船子何待於
作徧覆大千普濟人天其道其用未嘗欠少祇是眩暈未定昏
夢未醒而已且如因明論有同喻異喻佛性如虛空是同喻如
軍林等是異喻不是同喻若配同喻用自家錢財以濟飢困此
自力也投望他家門墻以求周給此他力也如此喻合不違佛
理故經云不識衣內明珠流離丐乞此也難易遲速不待辨說
而自明若能一日一心不亂二日亦能一心不亂何待七日若
一觀歷歷長時明了乃至十六個觀亦歷歷長時明了發菩提
心亦不外乎斯矣若以如此全功施於祖庭參究門中孰不見
性成佛看話門中說惺寂等持必能見性念佛門中說一心不
亂決定往生一心不亂豈非惺寂等持耶若以一心不亂以爲
他力惺寂等持豈非他力若以惺寂等持以爲自力一心不亂
豈非自力夫然則一心不亂與惺寂等持果孰遲孰速孰難孰
易乎夫地上菩薩尚未全見以具縛凡夫而能超生者其功力
全恃一心不亂若非一心不亂何能頓超夫形直影端聲大響
雄善心生人天惡心入鬼獄以清淨不亂之心超生淨佛國土
此是必然之理也若謂不然豈有形曲影直聲小響大者乎不
栽培根株而欲望枝葉盍茂不堅築基地而欲望臺榭不傾者
非愚則惑也淸虛和尙亦引自力他力說深勸往生而未見以

散心超生之文也經云佛見眾生沉淪苦海如慈母見赤子之
投入於水火若然則救其稱其名號者不救其不稱名號者是
豈成說乎以種樹借船些少譬喻誤却幾個修行人性命可惜
近見修行人未能条其正直師友決擇道眼全恃他力之說一
向誦持佛號望佛接濟者若到功極皆被魔攝余亦見聞證過
其數甚多夫欲發心修行而誤落邪魔悲夫祖師云念者憶持
不忘也又云念佛若不念念非眞念又云返照不昧爲正又云
守本眞心勝念十方諸佛我若誑汝當來墮十八地獄汝不信
我世世被虎狼所食如此等說豈是說謊者耶達磨大師入唐
土傳演最上乘法不論誦經念佛持呪禮拜不論長坐不臥一
食卯齋不論禪定解脫不論持戒破戒僧俗男女見性卽成佛
若以誦經等餘外法妄爲佛法殺却無罪過又云栴多羅見性
成佛不論作殺生業縱作業不同他人業拘不能白衣見性成
佛不論淫欲縱有餘習亦不相妨洪州云善亦是心不可將心
還修於心惡亦是心不可將心還斷於心牛頭禪師云心無異
心不斷貪淫故善知識牧牛有八十一行自佛行梵行乃至有
殺者婬酒等行而道眼明白亦無所碍故潙山禪師云只貴正
眼不貴李行處故此法門逈出三乘汎學者實不可思議古有
習小乘戒律者皆誹謗禪行而如螗螂捍轍斥鷃笑鵬置之莫
論且戒有大小有理與事有作與無作盖初發圓心從師聽受

名爲作戒納法居懷休謝往訖未來心住實相名爲無作戒十
重波羅夷四十八輕垢名爲事戒卽梵網經也貪欲卽大道嗔
恚亦復然如是三法中具一切佛法廣說諸法持犯無二名爲
理戒卽諸法無行經也如菩薩戒序云大乘以濟物利人爲懷
不同小乘局執事相如末利夫人惟酒爲戒仙豫大王惟利與
慈行利物爲戒曷於法界强分疆域曇無讖菩薩戒本云略有
二事失菩薩戒一捨菩薩願二增上惡心增上惡心者妄說人
法二空未得謂也除是二事若捨此身戒終不失如此等是大
乘戒也如云比丘爲木石所壓若折木鑿土而如今人不知小
戒條分如何大戒開遮又如何設知有作與事戒又不知有無
作與理戒徒尚浮秕云持佛戒亦置之莫論達磨大師云觀心
一法摠攝諸行古德云心地虛曠無滯局便是布施心地清淨
無鄙屑便是持戒心地恬淡無是非便是忍辱妙寂之理照無
間斷便是精進廓然無靜鬧便是禪定明徹無智愚便是智慧
又古人云不定一法是不定一法非斥忘謀眞捨此取彼幷是
執縛自繩若悟大道之人不見一法是何有一法非達磨大師
云仁義禮智信名爲規域大小乘基情名爲規域生死涅槃名
爲規域不發凡夫心不發聲聞心不發菩薩心乃至不發佛心
始名出規域外又云若人犯罪墮地獄自見己之法王卽得解
脫又云悟在須臾何煩皓首六祖大師云前念迷衆生後念悟

卽佛又古人云如龍換骨不改其鱗凡夫回心作佛不改其面
故此法門最尊最貴百千三昧無量妙義不離當人一念心塵
古人云此一乘法聞而不信尚結佛種之因學而未成猶盖人
天之福況聞而信學而成者乎豈有志乎修行者捨此他求若
論叅究行門如僧問趙州狗子還有佛性也無趙州云無蠢動
含靈皆有佛性趙州因甚道無着衣喫飯屙屎放尿侍奉敎導
看讀迎送乃至行住坐臥一切時處廻光返照擧來擧去疑來
疑去察而復觀磨而復硏將思量世間塵勞之心回來祗在無
字上如是用功日久月深自然契悟如療飢者一匙食未能頓
飽學書者一卷紙未能成文辦堅實心始終莫異其道易成古
人云如猫捕鼠者謂心眼不動也如鷄抱卵者謂煖氣相續也
擧話頭時如逆水張帆或冷淡無滋味或心頭熱悶亦不是他
家事但提撕話頭爲妙最是蘊素精神不麄急不惰緩惺惺寂
寂密密綿綿氣息如常飢飽準平眼目自好精彩脊樑不妨竪
起人生一世如驥過隙倏如草露危如風燈用盡百計艱辛到
頭一堆枯骨念此無常迅速生死大急急如救頭燃生不知來
處死不知去處而業識茫茫機關紛綸薪火蕩搖四生六趣胎
孕于胸中豈不可畏哉若未有眞正叅學如何抵敵生死業力
如此分明想得工夫不浪失如上連絡提攣皆是佛祖誠實明
誨不敢以一言一句相欺前日之敎不敢辜負玆以愚衷然以

懶惰所致祇是提說意相不務工硏文字說亦無盡槪畧如右
藤庵長老講法語以此塗糊

藤庵長老講法語以此塗糊

●등암장로藤庵長老에게 강하는 법어法語[93]

부처님께서 일대 장교藏教를 설하시어 오계五戒[94]와 십선十善[95]의
법으로써 인천人天에 태어나게 하시고 고집멸도苦集滅道인 사성
제四聖諦의 법法으로써 아라한과阿羅漢果[96]를 증득證得하게 하시
며 무명행無明行 등 12인연법[97]으로써 연각緣覺과 벽지불과辟支佛
果[98]를 증득하게 하시고 사홍서원四弘誓願[99]과 육바라밀법六波羅

---

93 法語: 한암 중원선사 필사본에는 법어法語인데 말미末尾에 '與藤菴長老'라
　 고 기록되어 있다.
94 五戒: ① 살생殺生, ② 투도偷盗, ③ 음행淫行, ④ 망어妄語, ⑤ 불음주不飮酒를
　 말한다.
95 十善: ① 불살생不殺生, ② 불투도不偷盗, ③ 불사음不邪淫, ④ 불망어不妄語,
　 ⑤ 불양설不兩舌, ⑥ 불악구不惡口, ⑦ 불기어不綺語, ⑧ 불탐욕不貪慾, ⑨
　 불진에不瞋恚, ⑩ 불사견不私見이다.
96 羅漢果: 소승小乘의 교법教法을 수행하는 성문聲聞 사과四果의 가장 윗자리
　 로 응공應供, 살적殺賊, 불생不生, 이악離惡이며 여래십호如來十號의 하나임.
97 十二因緣: ① 무명無明, ② 행行, ③ 식識, ④ 명색名色, ⑤ 육입六入, ⑥
　 촉觸, ⑦ 수受, ⑧ 애愛, ⑨ 취取, ⑩ 유有, ⑪ 생生, ⑫ 노사老死이다.
98 緣覺辟支果: 스승 없이 홀로 깨닫는 경지, 즉 독각獨覺의 경지를 말한다.
99 四弘誓願: ① 중생무변서원도衆生無邊誓願度, ② 번뇌무진서원단煩惱無盡誓
　 願斷, ③ 법문무량서원학法門無量誓願學, ④ 불도무상서원성佛道無上誓願成

蜜法[100]으로써 보살도菩薩道를 행行하게 하였으며 방편의 가르침
에[101] 따르게 하였고 보살은 아승지겁阿僧祇劫을 지내면서 사홍서
원과 육바라밀을 행하시되 십신十信[102]과 십주十住[103]와 십행十
行[104]과 십회향十廻向[105]을 지나더라도 오히려 오묘한 도道를[106]
통달하지 못하였기 때문에 유위법有爲法으로 보면 희유하다는
마음을 내게 하고 무상법無相法으로 들으면 망연자실茫然自失함

이다.

100 六波羅蜜法: ① 보시布施, ② 지계持戒, ③ 인욕忍辱, ④ 정진精進, ⑤ 선정禪
定, ⑥ 지혜智慧이다.

101 權敎: 여래가 중생으로 하여금 진실한 이치를 깨닫게 하기 위하여 말한
방편교方便敎이다.

102 十信: ① 신심信心, ② 염심念心, ③ 정진심精進心, ④ 혜심慧心, ⑤ 정심定心,
⑥ 불퇴심不退心, ⑦ 호법심護法心, ⑧ 회향심廻向心, ⑨ 계심戒心, ⑩ 원심原
心이다.

103 十住: ① 발심發心, ② 치지治地, ③ 수행修行, ④ 생귀生貴, ⑤ 구족방편具足方
便, ⑥ 정심正心, ⑦ 불퇴不退, ⑧ 동진童眞, ⑨ 법왕자法王子, ⑩ 관정灌頂을
말한다.

104 十行: ① 환희歡喜, ② 요익饒益, ③ 무진한無盡恨, ④ 무진無盡, ⑤ 이치란離癡
亂, ⑥ 선현善現, ⑦ 무착無着, ⑧ 존중尊重, ⑨ 선법善法, ⑩ 진실眞實이다.

105 十廻向: ① 구호일체중생이중생상救護一切衆生離衆生相, ② 불괴不壞, ③
등일체제불等一切諸佛, ④ 지일체처至一切處, ⑤ 무진공덕장無盡功德藏, ⑥
입일체평등선근入一切平等善根, ⑦ 등수순일체중생等隨順一切衆生, ⑧ 진
여상眞如相, ⑨ 무박무착해탈無縛無着解脫, ⑩ 입법계무량立法界無量이다.

106 妙道: 묘각妙覺, 보살 수행의 자리로 번뇌를 끊고 지혜가 원만하게 갖춰진
자리를 말한다.

이로다.

　부처님의 지견知見[107]을 구하려는 마음은 항상 끊어지지 않으나 그러나 번뇌煩惱와 습기의 뿌리와 꼭지가 아직 없어지지 않아서 부처님의 계율과 가르침에 의하여 항상 눌러 항복함을 받나니 비유하자면 마치 환주幻呪를 잘하는 사람이 주술呪術의 힘으로써 맹수와 독사毒蛇를 제어하여 그 독으로 하여금 사람을 다치게 하거나 입으로 물지 못하게 하였으나 사람을 해치는 독을 능히 제거하지 못하는 것과 같이 또한 불법佛法 가운데 의심의 뿌리가 끊어지지 않아서 마치 한 물건이 가슴속에 걸려 있는 것과 같나니 이러한 때를 당하여 만약 참된 선지식을 참배해서 오묘한 도를 깨달아 얻으면 곧 십지十地[108] 자리에 오르게 되며 선지식을 참배하지 않고 깨닫지 못한 사람은 마침내 퇴락할 뿐이로다.

　보조국사普照國師가 이르기를 "대저 참학參學하는 사람은 발심하여 먼저 정인正因을 심어야 하나니 오계五戒와 십선十善과 십이인연十二因緣과 육도六度 등의 법法을 믿는 것은 모두 정인正因이 아님이라 하니 자신의 마음이 곧 부처로 믿어서 일념一念이라도 일어나지 않으면 삼아승지겁三阿僧祇劫이 곧 공空할 뿐이라고 하였으니 이와 같이 믿음을 얻으면 이것은 정인正因이라고

---

107 知見: 사리事理를 증지證知하여 제대로 아는 견해를 말한다.
108 十地: ① 환희歡喜, ② 이구離垢, ③ 발광發光, ④ 염혜焰慧, ⑤ 난승難勝, ⑥ 현전現前, ⑦ 원행遠行, ⑧ 부동不動, ⑨ 선혜善慧, ⑩ 법운法雲이다.

하는 것이 옳을 것이다."라고 함이로다. 이것은 또한 성인聖人이 가신 지 이미 오래되어 스승과 도반의 연원淵源이 이미 끊어져서 무릇 참구參究하는 수행자들은 대개가 미혹迷惑하여 경계에 막히고 껍질에 걸려서 권반權半의 말에 익숙해진 이들이 계행戒行과 선법善法으로는 오히려 사성제四聖諦와 12인연 등의 법도 능히 수행하고 정진하지 못하거늘 하물며 정인正因으로 발심하여 나아가겠는가. 그러면 대개 절반(半)이란 무엇인가. 도道에 지극함을 말하지 못하고 중도中道에서 그침을 말한 것이로다. 권權이란 무엇인가. 마치 형수가 물에 빠져 위급함에 손을 잡아 구출함을 말한 것과 같음이로다. 그 권반權半을 말하자면 항상 실답고 원만한 것이 아님이니 마침내 지혜로운 사람을 기다린 연후에 알 수 있는 것이 아님이로다.

연수선사延壽禪師[109]께서 이르기를 "대도大道를 구하려는 사람을 위하여 일승법一乘法의 오묘한 뜻을 설하였고 소승小乘의 수행을 구하려는 사람에게는 육바라밀행(六行)의 방편문과 육도六度[110] 등의 법을 설하였다."라고 하시니 이것도 또한 방편을 면免하지 못하거늘 하물며 그 나머지 오계五戒와 십선十善과 사성제四聖諦와 12인연 등을 말해 무엇 하겠는가. 부처님이 방편

---

109 延壽禪師: 904~975. 중국 북송시대 영명연수永明延壽 스님으로 속성은 왕씨王氏다.

110 六度, 六行: 보살 수행의 덕목德目인 육바라밀이다.

의 힘으로 염불법을 설하여 중생들을 인도하시니 그 뜻이 매우 오묘하나 사람들이 모두 미혹하여 그 뜻을 알지 못하고 마음을 잘못 써서 효험이 없음이로다. 『아미타경阿彌陀經』에 정토장엄淨土莊嚴을 크게 설하고 왕생往生하는 법을 설하기를 "일일一日 이일二日 내지 칠일七日 동안 한 마음으로 산란하지 않으면 이 사람은 왕생往生한다."고 하였고, 『십육관경十六觀經』에 불상佛像을 관하여 성취하는 법이 있는데 "마음을 한 곳에 매어서 그 관觀하는 것을 역력히 하여 오랫동안 명료明了하면 삼매三昧를 성취한다."라고 함이로다. 『무량수경無量壽經』에 "세 가지 무리[111] 의 왕생往生하는 것이 모두 보살심菩薩心을 발하여야 한다."고 설함이로다. 보살심菩薩心이란 무엇인가. 곧 중생들이 날마다 하는 일상생활 가운데 신령스러움을 아는 성품이로다. 만약 능히 영각靈覺의 성품을 개발하거나 혹은 능히 관상삼매觀像三昧를 성취하거나 혹은 능히 일심一心으로 불란不亂을 성취한다면 그 왕생往生하는데 어찌 깨닫지 못할 것이 있겠는가.

그러므로 규봉圭峰선사[112]께서 이르기를 "염불하여 정토에 태

---

111 三輩: ① 상배上輩, ② 중배中輩, ③ 하배下輩를 말한다.

112 圭峰宗密禪師: 780~841. 중국 당나라의 승려. 화엄종의 제5조이다. 속성은 하씨河氏이며, 서충에서 탄생하였다. 법명은 종밀宗密이며, 호는 규봉圭峰이다. 807년 수주遂州의 도원道圓에게 출가하여 징관澄觀의 문하에서 화엄경을 연구, "선교禪敎가 하나이다."라고 주장하였다. 841년 1월에 홍복탑원에서 62세로 입적하였다.

어나기를 구하더라도 또한 십육관선十六觀禪과 염불삼매念佛三
昧와 반주삼매般舟三昧를 닦아야 한다."라고 하였으니 이것은
혼란한 마음으로 부처님 명호名號를 수지독송受持讀誦하지 않음
으로써 곧 능히 생사生死를 해탈하여 정토에 태어나려는 것이
로다.

신·구역新舊譯의 경론經論에 모두 이르기를 "십지十地 이상의
보살菩薩도 보신불報身佛의 정토와 아미타불阿彌陀佛의 정토를
조금밖에 못 본다." 하였으니 아미타阿彌陀의 정토가 어찌 보신불
의 정토가 아니겠는가. 십지十地보살도 오히려 온전히 본다고
허락하지 않음인데 어찌 번뇌에 얽힌 범부가 산란한 마음으로
한갓 명호만을 독송한다고 곧 능히 생사生死를 해탈할 것인가.
만약 산란한 마음으로써 명호만을 독송하고 또한 생사를 해탈한
다면 어찌 고통스럽게 일심불란一心不亂과 더불어 십육삼매十六
三昧를 닦을 것인가. 이미 부처님 말씀에 어긋났으니 어찌 능히
성공할 수 있겠는가.

옛날에 "자력自力은 나무를 심어서 배(船)를 만드는 데 비유하
고, 타력他力은 배를 빌려 타고 바다를 건너는 데 비유하였고,
더디고 빠르고 어렵고 쉬운 것의 공空의 효과가 다른 말이 있다."
라고 하였으니 이것도 또한 권勸하여 교화하는 방편이로다. 그러
나 변론하는 말은 어지러움을 면免하기 어려우니 부처님의 가르
침에 어긋나고 훗날 중생들을 크게 그르침이니 이것은 부득불不

得不 변론하지 않을 수 없음이로다. 본래 밑 없는 배인데 어찌 배 만들 필요가 있을 것인가.

삼천대천세계를 두루 덮고 널리 인천人天을 제도함에 그 도道와 그 작용이 일찍이 조금도 모자라지 않건마는 다만 어지러움이 안정되지 않았고 혼미한 꿈속에서 아직 깨어나지 못하였을 뿐이로다. 또한 인명론因明論에 '같다'는 비유와 '다르다'는 비유가 있으니 "불성佛性이 허공과 같다."라고 하는 것은 '같다'는 비유이요, "군軍과 숲(林)과 같다." 하는 것은 '다르다'는 비유이지 '같다'는 비유가 아님이로다. 만약 같은 비유에 부친다면 "자기 집의 재물을 베풀어서 굶주리고 빈곤한 사람을 구제한다."고 하는 이것은 자력自力이요, "남의 집안의 재물을 슬쩍 훔쳐서 두루 베풀어 준다."고 하는 이것은 타력他力이로다. 이와 같은 비유는 부처님 가르침에 어긋나지 않는 연고로 경전經典에 이르기를 "옷 속의 밝은 구슬을 알지 못하고 돌아다니며 걸식한다." 하였음이로다. 어렵고 쉽고 더디고 빠른 것은 변명을 기다릴 것도 없는 자명自明한 일이로다. 만약 능히 하루 동안 일심一心으로 산란하지 않고 이틀 동안도 또한 능히 마음이 산란하지 않을 수 있다면 어찌 7일을 기다리며 만약 한 번 관함이 역력하여 오랫동안 명백하고 내지 16개의 관법에 이르러 또한 분명하여 오랫동안 명료明了함이니 보리심菩提心을 발하는 것도 또한 여기에서 벗어나는 것이 아님이로다.

　만약 이와 같이 온전한 공력으로 조사선祖師禪을 참구參究하는 문중門中에 머문다면 누가 견성성불見性成佛을 하지 않는다고 말하리오. 간화선문看話禪門 가운데에 "성적惺寂을 평등하게 가지면 반드시 능히 견성見性한다."라고 하고 염불문念佛門 가운데 "일심불란一心不亂하면 결정코 왕생한다."라고 설하니 일심불란이 어찌 성적惺寂함을 평등하게 지님이 아니겠는가. 만약 일심불란一心不亂이 타력他力이라고 한다면 성적惺寂 등을 고루 가짐이 어찌 타력他力이 아니겠으며, 만약 성적惺寂 등을 가짐이 자력自力이라면 일심불란一心不亂이 어찌 자력自力이 아니겠는가. 대저 그렇다면 일심분란一心不亂과 더불어 성적惺寂 등을 가짐에 과연 어떤 것이 더디고 빠르며 무엇이 어려우며 무엇이 쉬운 것인가?

　대개 십지十地 이상 보살들도 오히려 완전히 보지 못하는데 번뇌에 얽힌 범부凡夫가 능히 생사를 해탈하는 것은 그 공력이 온전히 일심불란一心不亂을 의지함이로다. 만약 일심불란이 되지 않으면 어찌 능히 몰록 초월할 수 있겠는가.

　대개 형상이 바르면 그림자도 단정하고 소리가 크면 메아리도 웅장하며 착한 마음으로 살면 천상에 태어나고 악惡한 마음으로 살면 아귀餓鬼와 지옥地獄에 떨어지며 산란하지 않은 마음으로 청정하게 살면 생사生死를 초월하여 불국정토에 태어나게 하는 이것은 필연적인 진리이로다. 만약 그렇지 않다고 말하면 어찌 형상이 굽은데 그림자는 곧을 수 있으며 소리는 작은데 메아리는 클 수가 있겠는가. 뿌리를 북돋아 주지 않고 가지와 잎이 무성하기를 바라며 기초를 단단히 쌓지 않고 건축물이 기울어지지 않기를 바라는 사람은 어리석지 않으면 미혹한 사람이로다.

서산(淸虛)대사도 또한 자력自力과 타력他力의 말씀을 인용하여 "왕생往生하기를 깊이 권하였지마는 산란심散亂心으로 생사를 해탈한다는 글은 보지 못했다."라고 함이로다.

경전經典에 이르기를 "부처님께서 중생들이 생사고해生死苦海에 빠져 있는 것을 보기를 마치 자비로운 어머니가 어린 자식이 물불(水火)을 모르고 뛰어드는 것을 보는 것과 같다."라고 하였으니 만약 그렇다면 그 명호名號를 독송하는 사람은 구제救濟하여 주고, 명호를 부르지 않는 사람은 구제하여 주지 않는다면 이것이 어찌 말이 된다고 하겠는가. 나무를 심고 배를 빌린다는 작은 비유로써 얼마나 많은 수행인들의 성명性命을 그르쳤겠는가. 가히 애석함이로다.

근래의 수행인들을 보니 아직 진정한 스승과 도반을 참배하여 도안道眼을 결택하지 못하고 온전히 타력他力의 말을 믿어서 한결같이 부처님 명호만 독송하여 가지고 부처님이 영접하여 구제해 주기만을 바라는 사람은 만약 공력이 지극함에 이르러서는 모두 마구니에게 포섭되는 것을 내가 또한 보고 듣고 허물을 증명證明할 수 있는 것도 그 수가 매우 많음이로다.

대저 발심하여 수행하고자 하면서 삿된 마구니에게 잘못 떨어지니 슬프고 슬프지 않음인가. 조사祖師께서 이르기를 "염念이란 것은 마음으로 기억하고 가져서 잊지 않는다는 것이다."라고 하였으며, 또한 이르기를 "염불하면서 만약 생각하지 않는다면 그 염불은 참된 염불이 아니다."라고 하였고, 또한 이르시되 "반조返照하여 어둡지 않는 것이 바른 것이다."라고 하였으며, 또한 이르기를 "본래의 참된 마음을 지키는 것이 시방세계의 모든 부처님을 생각하는 것보다 더 수승하다."라고 하였으며 "내가 만약 너를 속인다면 장차 십팔지옥十八地獄에 떨어질 것이요, 네가 나를 믿지 않는다면 세세생생에 호랑이의 밥이 되는 바가 되리라."라고 하였으니 이와 같은 말씀이 어찌 황당한 말씀일 것인가.

달마대사께서 당唐나라에 들어오셔서서 최상승법最上乘法을 설하시는데 경전經典을 염송念誦하거나 염불念佛을 하거나 주력呪力을 하거나 예배禮拜하는 것을 논하지 않았고 장좌불와長坐不臥와 하루 한 끼만 먹으라고 말씀하지 않았으며 선정禪定과 해탈解脫도 논하지 않았으며 계행戒行을 지키거나 파하는 것이나 승속僧俗이나 남녀男女를 논하지 않고 견성見性하면 곧 성불成佛이다라고 하였음이로다.

만약 송경誦經 등이나 그밖의 법法으로 망령되게 불법을 삼는다면 죽여도 죄나 허물이 되지 않는다고 하였으며 또한 이르기를 전다라栴多羅[113]가 견성성불見性成佛하였어도 살생의 업을 지은 것을 논하지 않고 비록 업을 짓더라도 다른 사람과 같지 않아서 업에 구애되지 않는다고 하였으며 속인(白衣)이 견성성불하였어도 음욕淫欲을 논하지 않았으니 비록 습기가 남아 있더라도 또한 서로 방해되지 않는다라고 하였음이로다.

홍주洪州 스님[114]이 이르기를 "착(善)한 것도 또한 마음이라 마음을 가지고 도리어 마음을 닦지 못하며 악惡함도 또한 마음이니 마음을 가지고 도리어 마음을 끊지 못한다."라고 하였으며, 우두선사牛頭禪師[115]께서 이르기를 "마음에는 다른 마음이 없으므로 탐욕貪欲과 음욕婬欲을 끊을 것이 없다."라고 함이로다. 그러므로 "선지식의 목우송牧牛頌에 81행八十一行이 있으니 불행佛行이나 범행梵行으로부터 살생(殺)·도둑(盜)·음행(婬)·음주(酒) 등의 행行에 이르기까지 도안道眼이 분명하면 또한 장애될 바가 없다."라고 함이로다.

그러므로 위산선사潙山禪師[116]가 이르기를 "다만 너의 정안正眼

---

113 栴多羅: 고대 인도의 카스트제도에서의 최하층 천민계급을 일컫는 말이다.

114 洪州: 709~788. 마조도일馬祖道一 스님을 홍주에 살았다고 하여 홍주라고 부르기도 했다.

115 牛頭: 591~658. 법융法融선사이다. 중국 연통에서 탄생, 4조 도신道信의 심요心要를 받고 깨달았다.

116 潙山: 중국 당나라의 담주潭州 위산潙山선사이다. 이름은 영우靈祐요, 15세에 출가하여 항주杭州 용흥사에 주석하였으며, 백장회해百丈懷海선사의 심법心法을 배웠다고 한다.

을 귀하게 여기고 그 행위는 말하지 않는다."라고 하였으니 그러므로 이 법문法門이 삼승三乘[117]을 널리 배우는 학자들은 멀리 벗어나서 실로 불가사의不可思議함이로다. 옛날 소승법小乘法의 계율戒律을 익히던 학자들이 모두 선사禪師를 비방하였으나 마치 사마귀(螳螂)[118]가 수레바퀴를 막음과 같음이요, 뱁새(斥鷃)가 대붕大鵬을 비웃음과 같으니 논하거나 말할 것도 되지 못함이로다. 또한 계율에는 대승법大乘法의 계戒와 소승법小乘法의 계戒가 있으며 이理와 더불어 사事가 있으며 작계作戒와 무작계無作戒가 있음이로다.

대개 처음 원심圓心을 내어서 스승의 가르침을 따라 받음을 작계作戒라 이름함이요, 법을 회휴懷休함에 은거함을 받아들이고 과거와 미래에까지 온갖 것을 사절하고 마음의 실상實相에 머무르는 것을 무작계無作戒라 이름함이로다. 십중대계十重大戒와 바라이와 48경구의 계戒를 사계事戒라 이름하니 이것이 『범망경梵網經』에 있음이로다. 탐욕貪欲은 곧 대도大道이며 성냄도 또한 그러하니 이와 같은 법 가운데 일체 불법佛法이 갖추어져 있어서 모든 법을 널리 설하며 지키고 범하는 것이 둘이 아닌 것을 이계理戒라 이름함이니 이것은 『제법무행경諸法無行經』에 있음이로다. 또 보살계 서문序文에 이르기를 "대승大乘은 중생을

---

117 三乘: ① 성문聲聞, ② 연각緣覺, ③ 보살菩薩이다.
118 螳螂: 사마귓과에 속하는 곤충이다.

구제救濟하고 사람들을 이롭게 함으로써 근본을 삼는다 하니
소승小乘의 형식에 구애되는 것과 같지 않음이로다. 또 말리부인
末利夫人[119]은 오로지 술 먹지 않는 것으로써 계율을 삼았으며,
선예대왕仙豫大王[120]은 오직 재물과 더불어 자비慈悲의 행行으로
중생을 이롭게 함으로써 계戒를 삼았으니 어찌 법계法界를 억지
로 구분하여 한계로 정할 수 있겠는가."라고 함이로다.

『담무참[121]보살계본曇無讖菩薩戒本』에 이르기를 "대략 두 가지
일로 보살계菩薩戒를 망각하는 것이 있으니 ① 보살의 원력願力을
버리는 것이요, ② 증상增上의 나쁜 마음이로다. 증상增上의 나쁜
마음이란 것은 망령되이 나와 법法이 둘 다 공空하다고 하며
아직 도道를 얻지도 못하였으면서도 얻었다고 말함이니 이 두
가지의 허물을 제거하고 만약 이 몸을 버리더라도 보살계는
마침내 잃은 것이 없다 하였으니 이것과 같은 것들이 대승大乘의

---

119 末利夫人: 본래 중인도 가비라국의 한 촌읍 지사知事의 딸로 명월明月이라
    불렸는데 아버지가 죽은 후 가비라의 성주 마하남의 양녀가 되었다.
    어느 날 동산에서 사냥 나온 코살라국 사위성의 파사닉왕을 만나 제1부인
    이 되었다고 한다.
120 仙豫大王: 옛날 석가여래가 선예왕이었을 때 대승법을 비방한 5백 바라문
    을 살해하였다. 바라문이 죽어 지옥에 태어나서 잘못을 참회하고 대승신심
    을 발하여 감로고여래甘露鼓如來의 세계에 태어났다고 한다.
121 曇無讖: 중인도 사람으로 412년 하서왕何西王의 보호를 받고 많은 경전의
    한역漢譯에 종사하였다. 후에 왕사王師가 되었으나 433년 몽손蒙遜의 오해
    로 살해당하였다고 한다.

계율戒律이로다."라고 말함이로다. 또 이르기를 "어떤 비구比丘가 목석木石에 깔려 있는데 만약 나무를 자르며 땅을 파서 죽음을 면하게 하는 이것은 죄를 얻은 것이라고 하였으니 이와 같은 것들은 모두 소승계小乘戒이로다. 지금 사람들이 작은 계율의 조항을 알지 못하는데 어찌 대승계大乘戒의 개차법開遮法을 알겠는가. 또한 어찌 작계作戒와 더불어 사계事戒를 설치할 줄 알겠으며 또한 무작계無作戒와 더불어 이계理戒가 있는 줄을 알지 못하고 한갓 부평초와 같은 쭉정이만 숭상함인가. 또한 이르기를 "부처님의 계율을 지닌다."라고 하니 또한 그만두고 논할 것도 없음이로다.

달마대사께서 이르기를 "마음을 관하는 한 법(一法)이 모든 행위를 총섭한다."라고 하였으며, 고덕古德께서 이르기를 "마음자리가 텅 비어서 걸릴 것이 없으면 곧 이것이 보시布施이며, 마음자리가 청정淸淨하여 더러움이 없으면 곧 이것이 지계持戒이며, 마음자리가 편안하고 담박하여 시비是非가 없으면 곧 이것이 인욕忍辱이며, 오묘하고 고요한 진리를 비추어 끊어짐이 없으면 곧 이것이 정진精進이며, 확연廓然히 고요하고 시끄러움이 없으면 곧 이것이 선정禪定이며, 확철대오廓徹大悟하여 지혜롭거나 어리석음이 없으면 곧 이것이 지혜智慧이다."라고 함이로다.

또한 고인古人께서 이르기를 "한 법(一法)도 옳다고 규정하지 말며 한 법(一法)도 그르다고 결정하지 말라."고 하였으니 망령됨을 물리치고 참됨을 도모하며 이것을 버리고 저것을 취한다는 것은 모두 밧줄로 스스로를 묶어 구속하여 집착하는 것과 같음이로다. 만약 대도大道를 깨달은 사람은 한 법(一法)도 옳다는 것을 보지 않으니 어찌 한 법(一法)도 그르다고 말할 수 있겠는가.

달마대사께서 이르기를 "인의예지신仁義禮智信을 규역規域이라 이름하였고, 대소승大小乘의 기본 뜻도 규역規域이라 이름하였고, 생사열반生死涅槃을 규역規域이라 이름하였으며, 범부凡夫의 마음도 내지 않고 성문聲聞의 마음도 내지 않고 보살의 마음도 내지 않고 불심佛心도 내지 않아야 비로소 규역規域의 밖을 벗어났다고 이름한다."라고 하셨음이로다. 또한 이르기를 "만약 어떤 사람이 죄罪를 범하고 지옥에 떨어지더라도 스스로 법왕法王임을 보면 곧 해탈을 얻는다."라고 하셨으며, 또한 이르시되 "깨달음은 순간에 있는 것이거늘 어찌 머리가 백발이 되도록 번거롭게 함인가."라고 하셨으며, 육조 혜능대사慧能大師께서 이르시기를 "앞생각이 미혹하면 중생이요, 뒷생각을 깨달으면 곧 부처로다."라고 하셨으며, 또한 고인古人께서 이르기를 "용龍이 뼈를 바꾸어도 그 비늘은 바꾸지 못하는 것과 같고 범부가 마음을 돌이켜 부처가 되었다 하더라도 그 얼굴은 바꾸지 않는다."라고 하였으니, 그러므로 이 법문은 제일 높고 가장 귀해서 백천百千 삼매三昧와 무량하고 오묘한 뜻이 당인當人의 한 생각과 마음의 티끌을 여의지 않는 것이로다.

고인古人께서 이르기를 "이 일승법一乘法을 듣고 믿지 않더라도 오히려 부처가 될 종자의 인연을 맺고, 배워서 이루지 못하더라도 오히려 모든 인천人天의 복을 덮는다."라고 하였으니 하물며 듣고 믿으며 배워서 성취하는 사람이겠는가. 어찌 수행修行에 뜻이 있는 사람이 이것을 버리고 다른 것을 구하려고 하겠는가.

만약 참구參究하는 수행문修行門을 논한다면 어떤 스님이 조주趙州 스님에게 물으시되 "개에게도 불성佛性이 있습니까? 또한 없습니까?" 하니 조주 스님[122]께서 이르기를 "무無."라고 하셨으니 꿈틀거리는 미생물과 중생(含靈)에게도 모두 불성佛性이 있다고 하였거늘 조주 스님은 무엇 때문에 "무無."라고 하였는가. 옷을 입고 공양(밥)을 먹거나 대소변을 보거나 어른들을 시봉侍奉하고 남을 가르치거나 경전을 보고 독송하거나 손님을 영접하고 내지 행주좌와行住坐臥와 일체 어느 곳에서나 회광반조迴光返照[123]하여 언제나 화두話頭를 들어 오고 들어 가며 의심해 오고 의심해 가며 살펴서 다시 관하고 갈고 다시 연마해서 세간의 온갖 번뇌煩惱와 사량분별하는 마음을 가지고 다만 무無자 위에 돌이켜 놓아서 이와 같이 공부하기를 날이 오래 가고 달이 깊으면 자연히 깨달음에 계합됨이니 마치 굶주린 사람을 치료하려면

---

122 趙州: 778~897. 중국 임제종臨濟宗으로 남전 보원南泉普願의 법제자이다. 120세에 입적하였다.

123 迴光返照: 언어 문자에 의지하지 않고 자기를 회고回顧하고 반성하여 바로 심성心性을 비춰보는 것을 말한다.

한술 밥으로 몰록 배부르게 능히 할 수 없으며 경전을 배우는 사람이 한 장의 종이를 가지고 문자文字를 능히 이루지 못함과 같음이로다. 굳건하고 진실한 마음을 가려서 시종始終 다른 변통이 없으면 그 도道를 이루기 쉬움이로다.

고인古人께서 이르기를 "고양이가 쥐 잡는 것과 같이 하라." 함은 심안心眼을 움직이지 않음을 말함이요, "암탉이 알을 품는 것과 같이 하라." 함은 따뜻한 기운이 서로 연속됨을 말함이로다. 화두話頭를 들 때에 물을 거슬러 돛대를 달게 하는 것과 같이 하되 혹은 냉정하고 담담히 하여서 아무런 재미가 없기도 하며 혹은 마음과 머리가 뜨겁고 갑갑하게 되니 또한 이것이 남의 집안일이 아님이로다. 다만 화두話頭를 잡도리하는 데 가장 오묘한 것을 잡아야 함이니 이것은 정신을 집중시키는 데 너무 조급히도 하지 말며 너무 느슨하게 놓지도 말고 마음을 살피고 고요히 하고 세밀하고 면면綿綿하여 호흡도 항상 같이 하며 굶주리고 배부름을 평등하게 하며 안목眼目에다 스스로 정기를 두고 척추는 꼿꼿이 세우는 것이 가장 좋은 방법이로다. 인생의 한 세상이 마치 천리마가 문틈으로 지나는 것과 같고 마치 풀잎에 맺힌 이슬과 같으며 위태롭기가 바람 앞에 등불과 같음이로다. 수백 가지 온갖 계교를 다 하여도 마지막 이르는 곳은 한 줌의 뼈만 있을 뿐이로다.

이것을 생각해보니 무상無常이 신속迅速하고 생사의 일이 크고 급하니 급하게 머리에 붙은 불을 끄고 구하는 것과 같음이로다. 태어나도 온 곳을 알지 못하며 죽어도 가는 곳을 알지 못하고 업식業識이 아득하며 사대四大[124]가 무너지며 섶의 불길(薪火)이 치솟아 사생四生[125]과 육취六趣[126]가 가슴속으로부터 잉태됨이니 어찌 가히 두렵지 않겠는가. 만약 진정으로 참학參學하고 있지 않으면 어찌 생사生死의 업력을 대적할 수 있겠는가. 이와 같이 분명하게 생각하여 공부가 헛되지 않게 할 것이로다.

이와 같이 연결되어 이끌어 주심은 모두 이것이 불조佛祖의 성실하고 밝은 가르침이니 감히 한 마디 한 구절도 서로 속이지 않음이로다. 전날의 가르침을 감히 저버리지 못할 것이니 이에 어리석은 마음으로써 한마디 하였으나 그러나 게으름의 소치로 다만 하고 싶은 말을 끌어 말할 뿐 문자를 공부하는 데 힘쓰지 않았고 그 말이 또한 다함이 없기에 대략 위와 같음이로다.

등암장로藤庵長老[127]에게 강의한 법어法語를 후미에 기록함이

---

124 四大: ① 땅(地), ② 물(水), ③ 체온(火), ④ 공기(風)를 말한다.

125 四生: ① 태생胎生, ② 난생卵生, ③ 습생濕生 ④, 화생化生을 말한다.

126 六趣: ① 지옥취地獄趣, ② 아귀취餓鬼趣, ③ 축생취畜生趣, ④ 아라한취阿羅漢趣, ⑤ 인간취人間趣, ⑥ 천상취天上趣이다.

127 藤菴和尙: 1866~1943. 1866년(丙寅年) 7월 그믐날 경상남도 울주군 온산면 우봉리牛峰里에서 부 영옥永玉과 모 김씨金氏 사이에서 탄생하였다. 범어사 대승암 주지로 있다가 창원 성주사를 중창불사하신 분으로 '선교양종禪敎兩宗 등암당藤嚴堂 찬훈璨勛 대선사大禪師 지진之眞'이란 공덕비가 성주사에 세워져 있다.

로다.[128]

6. 泥牛吼

夫叅禪者第一怕怖着無常迅速生事死大故古人云今日雖
存明亦難保緊緊念着少無放逸次於一切世事闊若無些小
干意寂然無爲乃可耳若乃心境相薀如薪火相交紛紛汩汩
過了歲月此非特有妨於擧話分上而黑業漸增矣最要的無
心於事無事於心則心智自然淸瀅萬類皆隨心造作善生天
堂作惡現地獄狼惡成豺狼愚蠢作蚯蚓驚忙就蝴蝶故古人
云只因一念差現出萬般形夫虛其心惺惺粹一不搖不昏曠
然虛豁更向何處覓生死何處覓菩提何處覓善惡何處覓持
犯祇這是活潑潑明歷歷底透頂透底不隨生生不隨滅滅不
作佛不作祖大包沙界小入微塵又能佛能生又非大小非方
圜非明暗自在融通徹底恁麽更非小分强做的道理夫叅此
玄門者常務返照究之用心惺密無間斷究之至切至於無用
心可究之地驀然心路忽絶踏着本命元辰祇這本地風光本
自具足圓陀陀地無欠無剩到恁麽時應耳時如百千日月照
耀十方應眼時如鹹海風浪聲振須彌不是强爲也這箇道理

---

128 한암 중원선사 필사본과 극락암 발행본에는 '藤庵長老講法語以此塗糊'
11자字가 있으나 수덕사 발행본에는 기록이 빠져 있다.

祗爲太近所以人自不得體解也凡欲叅玄者着實理會得返
照法式分明形容得細審不鹵莽用意行之行之功熟實相之
理自現太古和尚云才擧箭沒石清虛和尚云如蚊子上鐵牛
向下嘴不得處和身透入擧話頭參究者當以斯言爲指南若
論日用萬行胸次空明無物六根虛豁地者只這是寬廣的便
是布施只這是淨澄地便是持戒只這是虛柔地便是忍辱只
這是本明常現不昧底便是精進只這是明寂不亂便是禪定
只這是明寂了了擇法觀空底本自無廢底分別諸法相而不
動底乃至隨順世緣無障無碍底便是智慧故達磨大師云觀
心一法揔攝諸行但務培養根株莫愁其枝不茂但知見性作
佛莫愁佛無神通三昧今人多分不得叅學眞正道人本色衲
子於佛法中法理不明道眼不實都是亡羊岐路如醉如夢過
了一生悲夫洞山和尚所謂袈裟下失人身是苦者此也夫行
道路者初步不得其正千里之遠徒費功力不如不步之爲喩
故圭峯禪師云決擇分明悟理應修夫欲起三間茅屋若不得
準繩斲斫尺量之巧且不成就況造得圓覺大伽藍者不由其
造之之理而成功乎哉欲造乎小事則恐其差錯不成思得其
理未者問於人未分明更問於他有智人期不差錯就功而欲
造詣乎玄妙之道者擧是率爾泛忽未見其仔細決擇用功者
也如此而不顚功敗績者幾希矣嗚呼可不戒哉夫欲戒無常

悟明大事者不急尋師將何以得其正路哉

◉진흙소(泥牛)의 울음

대저 참선參禪하는 사람은 첫째는 무상無常함이 신속해서 생사生死의 일이 매우 큰 것을 두려워해야 함이로다. 그러므로 고인古人께서 이르기를 "오늘은 비록 이 몸을 보존한다고 하나 내일은 또한 보존하기 어렵다."라고 하였으니 굳은 생각을 가져서 조금도 방일하거나 게으름이 없어야 할 것이다. 둘째는 온갖 세상일에 조금도 간섭하는 뜻이 없이 털어 버려서 오직 고요하고 함(爲)이 없이 지내야 이에 옳다고 할 뿐이로다.

만약 이 마음과 경계境界가 서로 흔들려서 마치 마른 나무에 서로 불붙은 것과 같이 번잡스럽게 정신없이 세월을 보내 버린다면 이것은 특히 화두話頭 드는 분상分上에는 방해가 될 뿐만 아니라 지옥의 업장業障만 점점 더할 뿐이로다. 가장 요긴한 것은 모든 세상일에 무심하고 마음에 일이 없으면 곧 마음의 지혜가 자연히 깨끗하고 맑음이로다.

모든 일이 다 마음을 따라 이루어지는 것이니 선善한 일을 지으면 천상天上에 태어날 것이요, 악惡한 일을 지으면 지옥地獄에 빠져 나타날 것이며, 이리와 같이 포악하면 범과 이리가 되고, 어리석으면 지렁이와 곤충이 될 것이며, 경망輕忙스럽게 행하면 나비로 태어나는 것이니 그러므로 고인古人께서 이르기를 "다만

한 생각의 차이로 인하여 만 가지 형상形相이 나타난다."라고
함이로다.

대저 그 마음을 비워서 깨달음(惺惺)을[129] 순일粹一하게 하여
흔들리지도 않고 혼미昏迷하지도 않게 하여 허공과 같이 텅 비었
다면 다시 어느 곳을 향하여 생사生死를 찾을 것이며, 어느 곳에서
보리菩提[130]를 찾을 것이며, 어느 곳에서 선악善惡을 찾을 것이며,
어느 곳에서 수지受持하고 범犯함을 찾겠는가. 다만 이것은 활발
하고 역력歷歷히 밝아서 머리끝에서 발바닥까지 꿰뚫었다면 세
세생생世世生生에 따르지 않고 멸滅해도 멸함을 따르지 않으며
부처(佛)라는 이름도 짓지 않고 조사祖師라는 이름도 짓지 않으며
크게는 삼천대천세계를 감싸고 작게는 조그마한 티끌에도 들어
가며 또한 능히 부처님이 되며 능히 중생도 됨이로다. 또한 크고
작은 것도 아니며 모나고 둥근 것도 아니며 밝고 어두움도 아니어
서 자유로이 융통融通해서 이와 같이 철저하니 다시 조금이라도
억지로 만들어내는 도리道理가 아님이로다.

대저 이 불교(玄門)[131]를 참구參究하는 사람은 항상 회광반조迴
光返照하기를 힘쓰고 그것을 참구하는 마음을 쓰는데 깨달음이
세밀하여 끊어지는 사이가 없으며 그것을 참구하는 것이 지극히

---

129 惺惺: 스스로 경계하여 깨달은 모양을 말한다.
130 菩提: ① 불佛, ② 연각緣覺, ③ 성문聲聞이 각각 그 과果에 따라 얻는
    깨달음의 지혜智慧를 말한다.
131 玄門: 현묘한 불문을 말한다. 곧 불교를 말한다.

간절하여 가히 참구한다는 마음조차 없는 경지에 이르면 홀연히 마음의 길이 문득 끊어져 마음의 근본자리¹³²를 밟으면 저 본지풍광本地風光¹³³이 본래 스스로 구족하여 원만한 경지境地에는 모자람도 없고 남음도 없음이로다. 이와 같은 때에 이르면 귀(耳)로 사물의 소리를 들을 때에 이르러서 백천百千 개의 해(日)와 달(月)이 시방세계를 비추는 것과 같으며, 눈(眼)으로 사물을 볼 때에 바다의 풍랑소리가 수미산須彌山¹³⁴을 뒤흔드는 것과 같음이니 이것은 억지로 하는 말이 아님이로다. 이 한낱 도리道理는 단지 너무 가까이 있는 까닭으로 사람이 스스로 체득하여 알려고 하지 않을 뿐이로다. 무릇 현묘玄妙한 진리眞理를 참구하고자 하는 사람은 회광반조迴光返照하는 법식法式을 착실히 알아 마음자리의 형용形容을 분명하고 자세히 살펴서 소홀함이 없어야 하며 거친 마음의 뜻을 씀이나 그 행동이나 그것을 행동하는 공력功力에 익숙해지면 실상의 진리眞理가 스스로 나타날 것이로다.

태고太古 보우普愚¹³⁵께서 이르기를 "겨우 활을 들어 쏘자 화살

---

132 本命元辰: 마음의 근본자리를 말한다.

133 本地風光: 불교 용어로서 심성心性의 본래 모습이란 뜻이다. 본래면목本來面目이라고도 한다.

134 須彌山: 4주洲 세계의 중앙인 금륜金輪 위에 우뚝 솟아 있는 높은 산이다. 이 산 주위에 7개의 산과 8개의 바다가 있고 철위산이 둘러 있으며 그 높이는 물 위로 8만 유순이고 물속으로 8만 유순이라 하며 꼭대기에는 제석천帝釋天이 있고, 중턱에는 4천왕의 주처住處가 있다고 한다.

이 돌에 박혔다."라고 하였고, 청허淸虛 휴정休靜[136]께서 이르기를 "모기가 철소(鐵牛) 등에 올라 철소(鐵牛)의 등을 뚫는 것과 같아서 침을 꽂을 데가 없는 곳에 온몸이 뚫고 들어간다."라고 하였으니 화두話頭를 들고 참구하는 사람들은 마땅히 이 말로써 이정표(指南)[137]로 삼아야 할 것이로다.

만약 일상생활의 만행萬行을 논할 것 같으면 가슴속이 텅 비고 밝아서 사물이 없으며 육근六根[138]이 텅 비어서 다만 저 너그럽고 넓은 그 자리가 바로 이것이 보시布施이며, 다만 저 맑고 깨끗한 것이 곧 지계持戒이며, 다만 저 비고 부드러운 것이 곧 인욕忍辱이로다. 다만 저 본래 밝은 것이 항상 나타나서 어둡지 않은 것이 곧 정진精進이며, 다만 저 밝고 고요해서 어지럽지 않은 것이 곧 선정禪定이니 다만 이것은 밝고 고요하여 분명하게 법法을 간택簡擇하여 공空을 관觀하되 본래 스스로 어리석음이 없으며 모든 법상法相을 분별하되 움직이지 않으며 내지 세상 인연因緣을 따르되 장애가 없고 걸림이 없는 것이 곧 지혜이로다. 그러므로

---

135 太古: 1301~1382. 고려시대 임제종의 초조로 태고太古는 보우普愚의 법호이다.

136 淸虛: 1520~1604. 서산대사의 법명은 휴정休靜이요, 법호는 청허淸虛·서산西山이다.

137 指南: ① 방향을 가리키는 기구인 나침반羅針盤, ② 가리켜 인도함을 말한다.

138 六根: 눈(眼)·귀(耳)·코(鼻)·입(舌)·몸(身)·의식(意)의 여섯 기관이다.

달마대사達磨大師[139]께서 이르기를 "마음을 관하는 한 법은 모든 행위를 총섭總攝한다."라고 하였으니 다만 근본 뿌리를 잘 배양하는 데 쓸지언정 그 가지(一派)가 무성하지 못할까 근심할 필요가 없으며 다만 견성성불見性成佛하였다고 할지언정 부처가 신통삼매神通三昧가 없음은 근심하지 말라는 것이로다.

요즘 사람들은 다분히 참학參學하는 이가 진정한 도인을 얻지 못하고 본래(本色)[140] 납자들이[141] 저 불법 가운데 법法의 진리眞理도 밝지 못하고 도道의 안목도 실답지 못하니 이것은 모두 갈림길에서 양羊을 잃은 것과 같고 마치 취한 것과 같고 꿈꾸는 것과 같이 일생을 헛되이 보내고 있으니 아! 슬프고 슬픔인저!

동산洞山 양개良价[142]화상께서 말씀하신 바 "가사袈裟 아래 사람의 몸을 잃는 것이 고통이다."라고 하는 것이 이것이로다. 대저 도의 길을 행하는 사람은 첫걸음에 바른 길을 얻지 못하면 천리千里의 먼 길을 가도 한갓 공력功力만 허비할 뿐이니 마치 길을 떠나지 않은 것만 같지 못함이로다. 그러므로 규봉圭峰[143]선

---

139 達磨大師: ?~528? 중국 남북조시대의 선종禪宗의 시조이다. 남인도 향지국香至國의 셋째 왕자로 태어나 대승불교를 통달하여 반야다라般若多羅 존자의 법통을 잇고 벵골 만에서 항해로 중국에 이르러 선禪을 전파하였다.

140 本色: 본디부터 갖추고 있는 빛, 특유特有의 빛, 본래의 면목面目, 본래의 형태이다.

141 本色衲子: 발심하여 진실하게 정진하는 선인禪人을 말한다.

142 洞山良价: 807~869. 주註 54 참고.

143 圭峰宗密: 780~841. 주註 112 참고.

사가 이르기를 "결택決擇을 분명히 하여 깨닫는 진리眞理를 닦아 나아간다."라고 함이로다.

대저 삼간三間의 초옥草屋을 지으려 하더라도 만약 먹줄을 튕기고 자귀로 나무를 깎아 내고 자로 측량하는 공력을 얻지 못하면 또한 성취하지 못하거늘 하물며 원각대가람圓覺大伽藍을 조성하는 사람은 그것을 조성하는 이치대로 말미암지 않고 그리고 어찌 성공할 수 있겠는가. 작은 일을 하고자 하는데도 잘못하여 성공하지 못할까 두려워하며 그 진리를 생각해 얻으려면 누구에게 물어 볼 것인가. 그 사람도 분명하지 못하면 다시 지혜로운 사람에게 물어서 차질 없이 성공하는 것이 조예造詣[144]가 아니겠는가. 현묘玄妙한 도道에 나아가고자 하는 사람들이 대개가 함부로 경솔하거나 소홀히 하기를 자세히 결택하여 공부에 힘쓰는 사람을 보지 못함이로다. 이와 같이 공부를 실패하지 않는 사람이 거의 드물 것이로다.

오호라! 슬프고 슬픔이로다.

어찌 이것을 가히 경계하지 않겠는가. 대저 무상함을 경계해서 일대사一大事를 깨달아 밝히고자 하는 사람은 급히 스승을 찾지 않으면 장차 어찌 그 바른 길을 얻었다고 할 수 있겠는가 함이로다.

---

144 造詣: 학문이나 기술이 깊은 지경에까지 나아감을 말한다.

7. 一塵話

若道這箇是頭上安頭若道這箇不是斷頭覓活到這裏却如
何湊泊古人云欲思不思踏破時萬里無雲常現露也是閑言
長語又云雖有千尺寒松且無抽條石笋要石笋作甚麼又云
空劫已前一壺風月威音那畔滿目烟光者又是贅疣跛馬幷
了也仰山和尚云悟則不無爭奈爲第二頭道得一半了也修
山主云會得甚奇特不會也相許大慧禪師云四五百條花柳
巷二三千處管絃樓誰能插嘴得插嘴了也還我插嘴處看有
人出來云也是塞耳偷鈴藏身露影卽云爾向甚處得這消息
來且道如此下語還諦當也否且也現今蒼壁峭巇松檜森翠
澗水鳴咽烟雲舒卷百鳥和鳴廣野綿邈大海洶湧景物紛羅
四時變態於中亦有佛法也無經云三界唯心又古人云風柯
月渚現露眞心黃花翠竹宣明妙法又云明明百草頭明明祖
師意且道那個是現明底眞心妙法那個是祖師意佛法若無
也佛祖豈是妄語欺人旣不欺妄又且如何和會得古人云一
不造二不休一拳拳倒黃鶴樓一榻榻飜鸚鵡洲有意氣時添
意氣不風流處也風流亦將胡餅壓汁的相似大是勞而無功
僧問如何是不遷變意古德答曰日出東方也落西又僧作前
問古德以手作流水勢二僧皆悟去且道悟個甚麼也是不喫
甘桃柿緣山摘醋梨漏逗不少狼藉不少然則畢竟如何諦當

得去且聽下文注脚噓一噓云祖稱不了殃及子孫三十年
後莫錯擧咄!

●쓸데없는 소리(一塵話)

만약 이 물건을 이것이라고 말한다면 머리 위에 머리를 더 얹어
놓음이요, 만약 이 물건을 이것이 아니라고 말한다면 머리를
자르고 살기를 찾는 것과 같으니 이 속에 이르면 어디에 마음을
붙여야 하겠는가. 고인古人께서 이르기를 "생각하려고 해도 생각
할 수 없는 것을 밟아 타파하였을 때 만 리에 구름이 없고 항상
드러난다."라고 하였으니 이것은 부질없는 잔소리이로다. 또한
이르기를 "비록 천 길이나 높은 한송寒松의 나무가 있으나 또한
석순石筍[145]과 같은 가지도 없으니 석순石筍은 무슨 필요가 있겠는
가?" 또한 이르기를 "공겁空劫 이전[146]의 병 속의 청풍명월淸風明月
이요 위음왕불威音王佛 이전[147]의 눈에 어린 광명光明이로다."라
고 하였는데, 또한 이것도 군살의 사마귀요 육손가락과 같은
군소리일 뿐이로다. 앙산仰山화상[148]께서 이르기를 "깨달음이 곧

---

145 石筍: 종유석鐘乳石으로 인하여 생기는 죽순 모양의 돌을 말한다.

146 空劫已前: 공적한 자리, 본분자리를 말한다.

147 威音王佛: 한없이 오랜 옛적, 맨 처음을 말한다.

148 仰山: 혜적慧寂선사가 강서 대앙산에 주석하였으므로 호를 앙산仰山이라고
하였다. 14세에 출가하여 탐원耽源을 배알하고 국사의 원상圓相을 전해
받고 위산潙山의 문하에서 깨쳤다고 한다.

없는 것은 아님이나 벌써 거리가 먼 제이의 머리에[149] 떨어졌으니 어찌 하겠는가."라고 하였는데, 이것은 반밖에 깨달음을 얻지 못한 말이로다.

수산주修山主가 이르기를 "알아 얻으면 매우 기특한 일이나 알지 못했다면 또한 서로 긍정하리라."라고 하였고, 대혜大慧선사께서 이르기를 "사오백四五百 가지에 버들 꽃 피는 음이요, 이삼천二三千 군데 피리 불고 거문고 뜯는 누각이로다."라고 하였으니 누가 능히 그 입을 대하겠는가. 입을 대하겠다고 하거든 도리어 나에게 그 경지를 물어 볼 것이로다. 어떤 사람이 나와서 이르기를 "이것은 귀를 막고 요령을 흔드는 것이요, 몸을 감추었으나 오히려 그림자가 나타나는 꼴이 아닌가?"라고 한다면 또 이르기를 "네가 어디에서 이런 소식을 얻어 왔는고." 할 것이로다.

또한 일러 보아라. 이와 같은 말을 하더라도 도리어 진리眞理에 체달함이 옳은가 또한 옳지 않는가. 또한 지금 푸른 절벽이 깎아지른 듯 높고 소나무·전나무가 빽빽이 울창하며 계곡물이 힘차게 흘러가고 노을과 구름이 피어오르며 온갖 새들이 화창하게 노래로 지저귀며 넓은 들판이 아득히 펼쳐져 있으며 대해大海에는 파도가 솟구치는 풍경이 펼쳐지며 사계절마다 변화하는 모습이로다. 이 가운데에 또한 불법佛法이 있겠는가. 또한 없겠는가. 경전經典에 이르기를 "삼계三界가 오직 마음이다."라고 하였으

---

149 第二頭: 두 번째 머리란 뜻이다. 제일의第一義와 거리가 먼 경계를 뜻한다.

며, 또한 고인古人께서 이르기를 "바람에 흔들리는 나뭇가지와
달 밝은 강 언덕에 진심眞心이 드러나며 누른 꽃과 푸른 대나무가
묘법妙法을 밝게 나타낸다."라고 하였고, 또한 이르기를 "밝고
밝은 온갖 풀잎이여! 밝고 밝은 조사祖師의 뜻이로다."라고 하였
으니 또한 일러보아라! 어떤 것이 이 진심眞心과 묘법妙法이
밝게 나타난 것이며, 어떤 것이 조사祖師의 뜻이요 불법佛法인가.
만일 없다고 했다면 또한 불조佛祖가 어찌 망령되게 사람을 속일
것인가. 이미 사람을 속이지 않았다면 또한 어떻게 깨달음을
얻어야 할 것인가.

　고인古人께서 이르기를 "첫째 어떤 일을 만들지도 말고, 둘째
쉬지도 말라. 한 주먹으로 황학루黃鶴樓¹⁵⁰를 쳐부수고 한 발길로
앵무주鸚鵡洲를 밟아 뒤집어 놓을 것이로다. 의기意氣가 있을
때 의기를 더하고 풍류가 없는 곳도 또한 풍류風流이로다."라고
하였으니 또한 호떡을 가지고 쏟아진 국물을 닦는 것과 같아서
이것은 크게 수고만 하였지 공덕이 없음이로다.

　어떤 스님이 묻기를 "어떤 것이 변천하지 않는 뜻인가." 하니
고덕古德께서 답하여 이르기를 "해가 동쪽에서 떠올라서 또한
서쪽으로 지느니라."라고 하였으니 또 한 스님이 앞의 일을 물으
니 고덕古德께서 손짓으로써 물이 흘러가는 모양을 하였다. 두

---

150 黃鶴樓: 중국 호북성湖北省 무창성武昌城 황곡산黃鵠山에 있는 누각으로
　　본다.

스님이 모두 깨달았으니 또한 일러 보아라. 한낱 깨달았다고
하는 것은 무엇인가. 또한 이것은 마치 단 복숭아와 감은 먹지
않고 산에 올라가 쓴 배를 따먹는 꼴이니 허물이 적지 않고
혼란도 적지 않음이로다. 그러한즉 필경에 어떻게 깨달아야 할
것인가. 또한 아래 주석註釋한 글을 들어 볼 것이로다. 한 번
휴! 하고 이르기를 "조사祖師의 명칭을 다하지 못하여 재앙災殃[151]
이 자손子孫에게 미쳤음이로다. 삼십三十 년 뒤에 잘못 말했다고
말하지 말 것이로다. 돌."

8. 示衆

夫叅禪者不是特地之事祇是返照自家屋裡虛見得自家主
人公明白不被外物叅雜不爲生死互換孤逈逈地明日日地
平妥妥地非繫縛非解脫非煩惱非涅槃終日着衣未曾掛一
縷終日喫飯未曾齧一粒米至於禍福生死之際亦皆如是任
運無事此是了事人於了事人分上有時將佛與衆生乾坤大
地作一微塵用有時任他各住其位有時易其位用得一切自
在是名不思議大用也亦名自在解脫也無生死可脫無涅盤
可證任運騰騰隨緣無碍皆是實實明明底一段本來面目安
樂快活明妙受用往來生死如門開人出相似天堂佛刹揔自

---

151 災殃: 불조혜명佛祖慧命의 비밀구秘密句를 일컫는다.

隨意更無夢幻身心苦相之可拘繫此是本有之事不是强爲
者也請依此畫猫兒踏得恁麽田地也呵呵

　　己亥之臘會(僧)鏡虛書于

◉대중에게 보이면서(示衆)

대저 참선參禪이라고 하는 것은 특별한 경지의 일이 아니로다.
단지 자가自家의 옥리屋裏를 반조返照하고 자가自家의 주인공主
人公을 명백히 깨달아서 바깥 사물에 끌려가지 않으며 생사에
상호 뒤바뀜이 되지 않고 초연히 뛰어나서 명백히 드러나며
평탄하게 트여서 무엇에 결박되는 것도 아니며 해탈도 아니며
번뇌도 아니며 열반도 아님이로다. 종일토록 옷을 입어도 일찍이
한 올의 실도 걸치지 않았고 종일토록 공양(밥)을 먹어도 일찍이
한낱 쌀을 씹은 것이 아님이로다. 화복禍福이나 생사生死의 즈음
에 이르러서도 또한 모두 이와 같아서 임의대로 일이 없으니
이것이 일을 마친 사람이로다. 일을 마친 사람의 분상分上에서는
때로는 부처님과 더불어 중생과 건곤乾坤과 대지大地 등을 타파하
여 하나의 티끌로 삼으며 때로는 모든 것이 각기 제자리에 머무는
대로 맡기고 때로는 그 자리를 바꾸어서 일체가 자유자재를
얻어 사용함이니 이것을 부사의不思議한 대용大用이라고 이름하
며 또한 자유자재한 해탈解脫이라고 이름함이로다. 생사生死를
가히 해탈할 것도 없으며 열반을 가히 증득할 것도 없으며 마음대

로 운용하여 오르고 오르되 인연 따라 걸림이 없으니 모두 이것이 실답고 명명明明한 한 조각의 본래면목本來面目일 뿐이로다. 안락하고 쾌활하며 밝고 오묘함을 수용하여 생사에 왕래하되 마치 열린 대문에 사람들이 출입하는 것과 같이 천당天堂과 불찰佛刹에 모두 자신의 뜻을 따를 뿐이로다. 다시 꿈과 꼭두각시 같은 심신心身으로 만약 괴로움에 가히 속박할 것이 없으며 이것은 본래 있는 일이요 이것은 억지로 하는 것이 아님이로다.

청請하건대 이것에 의하여 고양이(猫兒) 그림을 그리면 깨달음의 경지(恁麽田地)[152]를 밟아 얻음이로다. 하하하! 박장대소拍掌大笑함이로다.

기해년(己亥, 1899) 납회臘會 경허鏡虛 서書[153]

9. 答話

擧禪要云如何是實叅實悟底消息云南山起雲北山下雨問是甚麽道理答譬如尺蠖虫一尺之行一轉問古云如何得見性去待虛空能言時此理如何答患我重聽麽還會麽曰不會答更低聲着又道不會囑云自今以後日日向無人處更高聲問一着低聲問一着佇立聽之自有一處說破者問自己安身

---

152 恁麽田地: 성불成佛의 경지이다.

153 己亥之臘會鏡虛: 수선사修禪社에 기록이 있다.

立命處佛祖安身立命處同異答三說着三說了答已答了也
會麼云不會答未問此問已前是甚麼又道不會答三說了後
却無一件未問已前具有安身立命處雖然如是更待三十年
後擧古如何是佛境界云虛空星眠了喫吞了有情無情更無
可喫物飢走四處此理如何答急誦降魔眞言一遍云若小有
遲滯禍事出擬議以養化柄打之云起着甚麼所見

◉ 답화答話

선요禪要의 예를 들어서 이르기를 "어떤 것이 실참實參과 실오實悟
의 소식인가?"라고 물으니 답하여 이르기를 "남산南山에 구름이
일자 북산北山에 비가 내린다."라고 하였으니 "이것이 무슨 도리
인가?" 답하여 이르기를 "비유하건대 한 자 되는 벌레가 한 자를
갈 적에 한 번 구르는 것과 같느니라."라고 함이로다.

묻기를 옛사람이 이르기를 "어떻게 해야 견성見性할 수 있음인
가?"라고 물으니 "허공虛空이 능히 말할 수 있을 때까지 기다려
라."라고 하였으니 "이 진리眞理가 무엇인가?"라고 하니 답하여
이르기를 "내가 귀먹은 줄 아는가." 도리어 "알겠는가?"라고 하니
"알지 못함이로다." 대답하자 "다시 소리를 낮추어라." 하여 또
이르기를 "도리道理를 알지 못하겠는가?" 하면서 부탁하여 이르
기를 "지금으로부터 날마다 사람이 없는 곳으로 향하여 다시
높은 소리로 한 번 묻고 나직한 소리로 한 번 묻고 조용히 서서

그것을 들어본다면 스스로 한 곳에서 설파說破하여 주는 이가
있을 것이로다." 하니 또 묻기를 "자기의 안신입명처安身立命處와
불조佛祖의 안신입명처安身立命處가 같음인가 다름인가?" 하니
답하여 이르기를 "세 번 말해 봐라." 세 번 말하고 나니 답하기를
"이미 답을 알았느니라. 알겠는가." 하니 "알지 못함이로다." 대답
하여 이르기를 "이 질문을 묻기 전에 이것은 무엇인고?" 하니
또한 이르기를 "알지 못함이로다." 하니 답하여 이르기를 "세
번 말해 봐라." 하여 세 번 말하고 난 후에 말하기를 "도리어
묻기 이전보다 안신입명처安身立命處가 갖추어진 것이 하나도
없음이로다." 하니 "비록 이와 같이 그러하더라도 다시 삼십
년 뒤를 기다려라."라고 함이로다. 예를 들면 고인古人께서 이르
기를 "어떤 것이 부처님 경계境界인가?" 하니 이르기를 "저 허공虛
空 속에 별들이 다 잠들고 유정有情과 무정無情을 모두 집어삼켜서
다시 가히 집어삼킬 물건이 없어 굶주려서 사방으로 헤매고
다닌다 하니 이 무슨 도리道理인가?" 하니 답하여 이르기를 "급히
항마진언降魔眞言을 한 번 외워라." 한 번 읽으니 또 이르기를
"만일 잠깐이라도 지체하면 재앙이 생길 것이로다." 머뭇거리자
양화養化자루로써 후려치면서 이르기를 "무슨 소견을 일으키려
하는가?"라고 함이로다.

10. 示法界堂法語

洞山和尚 自誡云

不求名利不求榮　祇麼隨緣度此生

三寸氣消誰是主　百年身後漫虛名

衣裳破處重重補　粮食無時旋旋營

一個幻躬能幾日　爲他閒事長無明

此幾句語也是出家人之日日警覺時時鞭策的道理當熟讀
而翫味之常念無常迅速生死事大開眼也如是急切着合眼
也如是急切着乃至行住坐臥一切時一切處如是急切着夫
如是則何暇有許多閒雜商量侵染紛泪乎方寸哉故古德云
設有一法過於涅槃於我如夢幻况世間虛幻不實之法更有
甚麼心情與之打交涉雙林傅大士云夜夜抱佛眠朝朝還共
起起坐鎭相隨語黙同居止纖毫不相離如身影相似欲識佛
去處祇這語聲是此幾句語也是出家人之日日照顧時時叅
究之面目當審思而曉了之當念不識無盡寶藏在我赤肉團
上緣此歷劫枉受辛苦今世若差過未知何生更得見聞證徹
乎發慶幸之心勇猛之志卽於古人建化門頭努力行之或叅
禪也或念佛也或持呪也乃至六波羅蜜法門切不得分作多
般道理當務以廻光返照照了心源大要不忘靜淨二字淨是
菩提靜是涅槃也然及得徹了也又何嘗以支貳名之以涅槃

而爲節目之哉故云照盡體無依通身合大道然則夫萬行雖
是釋子日用所行而不可無智慧之照了自性所謂萬行備修
唯以無念爲宗者此也前五度之行若無智慧功力譬如失目
之人行於險道豈以其本若此其末若彼哉且也善與惡也菩
提與生死也未嘗有二過去也未來也現在也未嘗有二十方
也一毫端也未嘗有二然其諸法也亦未嘗是一一二也其孰
能名之其名之者果誰乎此却是天庇山中庵下也夫佛法不
是異常也實非起心用力行得如運載重大木石學習文武又
不是大段驚天動地特地作用也祗是照了妄想本無性體明
淨安樂無爲無輕重無欠剩無去來無生死盖法爾如是不是
悟者得如是迷者却不如是也當恁地做恁地保任然亦何嘗
有恁地哉夫用功也豈曰以名相多多排布以後入手哉只這
是敢問只這是意如何答曰山河大地明暗色空曰早是名相
了也答爾喚甚麼作名相問現今念起念滅生死相續常何以
除却答爾喚甚麼作起滅念曰恁麼則無去也答還我話頭來
夫出家人也先正其眼目若得正也誰敢以佛法世諦之乎之
說來去作道理哉然又不是恁麼壁立懸絶翠竹黃花鶯吟燕
語也敢問現今佛性在何處也惺牛大笑而起這書未幾般文
字不可草草閱過當細細尋究期於了得分明旣蒙信託不可
以黙慈以數語雖書着數萬卷其實綱領不過於此幸勿以竺

小見誅囑懸蛇足故懸之

◉법계당法界堂에서 법어法語로 보이면서[154]

동산화상洞山和尙[155]이 스스로 경계하여 이르기를

"명리名利도 구하지 말고 영화도 구하지 말며

다만 인연因緣 따라 한 세상을 제도하고자 함이로다

세 마디 심장이 쉬어지면 누가 주인이라 말할 수 있겠는가

백년 뒤에 이 몸뚱이는 헛된 이름뿐이로다

옷은 떨어지면 거듭거듭 꿰매어 입고

양식이 떨어지면 가끔가끔 구하여 먹을 것이로다

한낱 허환한 몸뚱이 능히 며칠이나 살겠는가

부질없는 일을 하느라고 무명만 기르는가."

라고 하였으니 이 몇 구절의 말씀은 출가한 사람이 날마다 경각警覺하고 때때로 채찍질할 만한 도리道理로다. 마땅히 익숙해지도록 독송하여 감상하며 항상 무상無常함이 신속하고 생사生死의 일이 크다는 것을 생각하여 눈을 떠도 또한 이와 같이 급하고 간절하게 생각하고, 눈을 감아도 또한 이와 같이 급하고 간절하게 생각하며 내지 행주좌와行住坐臥 등 모든 시각과 모든 장소에

---

154 中庵寺: 천비산天庇山의 중암中庵은 충청남도 대전군 산내면 묘각사妙覺寺
   라 했으나 현재는 대전광역시 중구 정생동 산14번지로 중암사中庵寺가
   있으며, 묘각사는 현재 묘지가 되었다.

155 洞山: 주註 54 참고.

이르기까지 이와 같이 급하고 간절하게 생각하도록 할 것이로다.
대저 이와 같이 하면 어느 여가에 허다하고 부질없는 망상妄想이
침입하여 마음을 혼란하게 할 것인가. 그러므로 고덕古德께서
이르기를 "설사 한 법이 열반涅槃보다 더 수승殊勝한 것이 있다
하더라도 나에게는 몽환夢幻과 같음이로다."라고 하였거늘 하물
며 세간의 허망虛妄하고도 실답지 못한 법에 다시 어떠한 심정과
더불어 교섭交涉할 것인가. 쌍림부대사雙林傅大士[156]께서 이르기
를 "밤마다 부처님을 안고 잠을 자며 아침마다 도리어 함께
일어난다."라고 하였으니 앉으나 서나 서로 따라다니고 말할
때나 묵언할 때나 머물 때나 함께함이로다. 털끝만큼이라도 서로
떨어지지 않아서 몸의 그림자와 같이 하니 부처님이 가는 곳을
알고자 할진댄 다만 이 말소리뿐이로다."라고 하니 이 몇 구절의
말이 또한 출가出家한 사람은 날마다 반조하여 돌아보며 때때로
본래면목本來面目을 참구하여 마땅히 살피고 생각해서 요달了達
하도록 할 것이로다.

156 雙林傅大士: 497~569. 중국 사람으로 성은 부씨傅氏, 이름은 흡翕, 자는
현풍玄風이다. 21세에 계정당稽停堂에서 인도 승려 성두타嵩頭陀와의 인연
으로 숭산사 쌍도수雙檮樹 사이에 암자를 짓고 낮에는 품을 팔고 밤에는
아내 모광妙光과 설법하니 천하에 명성을 드날렸다. 성을 따라 부대사傅大
士, 쌍림대사雙林大士라 하였으며 548년 단신분신공양斷身焚身供養을 서원
하였으나 제자들의 만류로 그만두고 제자 19명이 대신 분신焚身하였다고
한다.

마땅히 생각에 다함없는 보장寶藏이오나 내가 또한 육신肉身 속에 있음을 알지 못하고 이로 말미암아 오랜 세월을 지내면서 나쁜 고통을 받았으니 금생今生에 만약 잘못 지나쳐 버린다면 다시 어느 생생生에 보고 듣고 증득할 것인가 알지 못함이로다. 경사롭고 다행스러운 마음과 용맹스런 뜻을 발심하여 곧 고인古人께서 세운 교화문[157]에서 노력하여 수행하고 혹은 참선參禪을 하거나 혹은 염불念佛을 하거나 혹은 주력呪力을 하거나 내지 육바라밀六波羅蜜 내지 법문法門에 이르기까지 노력하여 수행하되 절대로 조심할 것은 여러 가지 도리道理를 얻지 말라 했으니 마땅히 회광반조迴光返照하는 데 힘써 마음의 근원을 비추어 요달了達함이로다. 가장 중요한 것은 정정靜淨이란 두 글자를 잊지 말라는 것이로다. 정淨이란 이것은 보리菩提요, 정靜이란 이것은 열반涅槃이로다. 그러나 철저히 요달了達함을 얻어서 또한 어찌 일찍이 두 이름으로써 열반의 절목節目을 삼을 수 있을 것인가. 그러므로 이르기를 "그 본체를 의지할 데가 없음을 비추어 다하면 온몸이 대도大道에 계합할 것이로다."라고 함이로다.

그러나 저 만행萬行이란 비록 이것은 불자佛子의 일상생활 속에 행하는 바라 하지만 지혜로 자성自性을 비추어 요달하는

---

157 建化門: 법당을 세워서 교화문을 넓게 편다는 뜻이다. 자신의 수행만을 하다가 중생을 교화하는 이타행利他行의 문을 열었다는 뜻이다.

데 가히 없어서는 안 될 것이로다. 말씀하신 바의 "만행을 갖추어 닦더라도 오직 무념無念으로 종宗을 삼을 것이로다."라고 한 것이 이것이로다. 앞의 다섯 가지 바라밀[158]의 행이 만일 지혜의 공력이 없다면 비유컨대 장님이 험한 길을 가는 것과 같으니 어찌 그 근본은 이와 같은데 그 끝에는 또한 저와 같을 것인가. 또한 선善과 더불어 악惡이 또한 보리菩提와 더불어 생사生死가 본래 둘이 아니며 과거와 또한 미래와 또한 현재가 본래 둘이 아니며 시방세계十方世界와 또한 한 털끝이 본래 둘이 아님이로다. 그러나 그 모든 법이 또한 본래 하나도 아님인데 하나다 또는 둘이다 그 누가 능히 이름을 지었으며 그 이름을 지은 사람은 과연 누구인가? 이것은 곧 천비산天庇山 아래 중암中庵이로다. 대저 불법佛法은 이상한 것이 아님이로다. 실로 마음을 일으켜 마치 무거운 나무와 돌을 운반하거나 문무文武를 학습하는 것과 같이 힘을 써서 수행하여 얻는 것이 아님이로다. 또한 이것은 하늘을 놀라게(驚天) 하고 땅을 움직이게(動地) 하는 특별한 작용(着用)도 아님이로다. 다만 망상이 본래 없음을 알아 반조返照하고 성품의 본체가 밝고 깨끗하며 안락하여 조작이 없고 경중輕重도 없으며 모자라고 남음도 없으며 거래去來와 생사도 없음이로다.

대개 불법佛法이 이와 같으니 깨달은 사람은 이와 같고 미혹하

---

158 五度: 복행福行의 다섯 가지 바라밀, 즉 ① 보시布施, ② 지계持戒, ③ 인욕忍辱, ④ 정진精進, ⑤ 선정禪定이다.

여 깨닫지 못한 사람은 시러금 이와 같지 않음이로다. 이러한 경지를 당해서 이러한 경지의 보임保任을 하였으나 그러나 또한 어찌 일찍이 이러한 경지라 할 것이 있을 것인가. 대저 공부를 하는데 어찌 여러 가지 명상名相으로써 배열한 뒤에 손을 댈 수 있다고 말할 수 있음인가. 다만 이것을 감히 묻겠노라. "다만 이 뜻이 무엇인가?"라고 하니 답하여 이르기를 "산하대지山河大 地와 밝고 어두움이 모두 색공色空이로다."라고 하니 또 물어 이르기를 "이것은 벌써 명상名相에 떨어졌음이로다."라고 하였으 니 답하여 이르기를 "그대가 무엇을 불러 명상名相이라고 이름하 는가?"라고 하니 물어 이르기를 "지금 생각이 일어나고 생각이 없어지는 것이 생사가 서로 이어짐이니 마땅히 어떻게 제거해야 할 것인가?" 하니 답하여 이르기를 "그대가 무엇을 불러 생각이 일어나고 없어진다고 하는가?" 하니 답하여 이르기를 "그러한즉 갈 데가 없음이로다." 하니 답하여 이르기를 "나의 화두話頭를 돌려줄 것이로다."라고 함이로다. 대개 출가한 사람은 먼저 그 안목眼目을 바르게 할 것이니 만일 바른 안목을 얻었다면 누가 감히 불법佛法과 세간법世間法을 거래하며 그 도리道理를 설할 수 있을 것인가. 그러나 또한 그렇지 않다고 하면 벼랑 끝에 서거나 매달려 있고 푸른 대나무와 누른 국화꽃과 꾀꼬리 노래와 제비의 지저귐이로다.

감히 묻노니 "현재 불성佛性이 어느 곳에 있는가?"라고 하고

나(鏡虛)는 크게 웃고 그리고 일어남이로다. 이 글이 몇 자 안 되지만 소홀히 보아 넘길 것이 아님이로다. 마땅히 자세히 찾아 탐구하여 기어이 분명하게 요달了達함을 얻어야 할 것이로다. 이미 신탁을 받았으면 묵묵히 있음은 옳지 않음이로다. 비록 이 몇 마디 말과 글이지만 수만數萬 권의 강령綱領[159]이 실로 이에 미치지 못함이로다. 이러한 사소些少한 소견所見이지만 나무라지 말길 바라며 사족蛇足을 달아 덧붙임이로다.[160]

11. 贈承華上人(契此清心法門)

夫人生一世也壯色不停如奔馬如草露如西光無常迅速之謂也似糞聚似夢聚如怨賊如毒蛇謂其幻妄無好事也孔子曰予欲無言又云無適也無莫也莊子曰遺其玄珠罔象得之又云天地一指萬物一馬況我學佛沙門乎當究其本心研精明妙則百千三昧無量妙義不求而自得諸佛祖豈異人哉而今去聖時遠出家人不識自家體裁悠悠泛泛過了一生吾佛

[159] 綱領: 일의 으뜸 되는 줄거리, 단체의 계획이나 목적 등의 방침, 또는 순서 규례規例 등을 요약한 것을 말한다.

[160] 한암 중원선사 필사본에 '這書未幾般文字不可草草閱過當細細尋究期於了得分明旣蒙信託不可以默慈以數語雖書着數萬卷其實綱領不過於此幸勿以竺小見誅囑懸蛇足故懸之' 64자字가 있는데 한암 스님의 사족蛇足이다.

正法眼藏埋沒不明而全以虛僞那惡習與成性而甚者返以
誹謗嗚呼不可以言之矣六祖大師云前念迷則衆生後念悟
則佛潙山禪師曰以思無思之妙返思靈燄之無窮思盡還源
性相常住事理不二眞佛如如得其光也等諸佛於一朝失其
光也順生死於萬劫如龍換骨不改其鱗凡夫廻心作佛不改
其面無明實性卽佛性幻化空身卽法身這個道理祗爲太近
開眼便刺着合眼處亦自現成如何是佛心卽是如是等明白
指導不可煩引而皆是革凡成聖之直截道理古人之恁麽叮
嚀苦口用心緊切如老婆誦習而返究博問先覺以決擇分明
悟理爲懷仔細琢磨其成道也誰人無分賢愚貴賤老少男女
皆有分也嗚呼緇髮染衣當爲何事眼被色牽敢餓鬼耳隨聲
去入阿鼻沈醉聲色鴆酒墮沒受想坑穽昏昏不覺今日也如
是明日也又如是乃到臘月三十日頭痛額裂肝腸痛切手脚
抽牽懍懼如落湯螃虫解.痛忍如生脫龜皮神識昏迷上天
入獄摠不曉得嗚呼惜哉回億古聖於臨終也坐脫立亡容易
如門開人出相似戒禪師倚杖而化佛印長老嗎然一笑而去
或停筋而逝垂足而寂倒立而滅去數尺而亡皆以返究自性
學全定慧之致也嗚呼古人豈異於人哉洞山和尚云袈裟下
失人身是苦也可以箴戒如上四個嗚呼也感恨如海誰知
之書

贈承華上人鏡虛書

◉승화承華 스님에게 계차청심법문(贈承華上人契此淸心法門)[161]
대저 "인생人生이란 한 세상 삶이 머물지 않음이 마치 달리는
말과 같고 풀끝의 이슬과 같고 서산에 넘어가는 노을과 같다."라
고 함은 무상無常이 신속함을 말함이로다. "똥 무더기와 같고
꿈 덩어리와 같으며 원수와 도둑과 같고 독사毒蛇와 같다."라고
함은 헛되고 부질없어서 좋은 일이 없음을 말함이로다.

공자孔子[162]께서 이르기를 "나는 말이 없고자 하노라."라고 하
였고 또 이르기를 "맞는 것도 없고 또한 틀리는 것도 없다."라고
하였으며, 장자莊子께서 이르기를 "황제黃帝가 현주玄珠[163]를 잃
어버리니 망상罔象[164]이 그것을 얻었다."라고 하였으며 또한 이르
기를 "천지天地는 진리를 가리키는 한 손가락이요, 만물은 한
마리 말(馬)이로다."라고 하였거늘 하물며 나는 불법佛法을 배우

---

161 淸心法門: 마음으로써 마음을 밝히는 법문인데 경허집 한암 중원선사
　　필사본에는 "승화상인承華上人에게 준다."로 되어 있다.
162 孔子: B.C. 552~B.C. 479. 중국 노魯나라 사람으로 이름은 구丘요, 자는
　　중니仲尼다. 인仁과 체體의 도道로써 삼천의 제자를 공부시켰고, 후세에
　　유교의 시조로서 세계 4대 성인聖人의 한 사람이다.
163 玄珠: 황제가 여행 중 곤륜산崑崙山에서 잃었다고 하는 보물로 도道를
　　상징하는 것이다.
164 罔象: 형상 없는 무심無心으로 큰 법法, 마음의 표현, 깨달은 위력을
　　일컫는 말이다.

는 사문沙門이 아님인가. 마땅히 그 본심本心을 참구하며 정진精進
하여 밝고 오묘한 경지에 이르면 백천百千 삼매三昧와 무량하고
오묘한 뜻을 구求하지 않아도 스스로 얻으리니 모든 부처님과
조사祖師가 어찌 별다른 사람일 것인가. 이제 성현聖賢이 가신
지 이미 오래되어서 출가하는 사람들이 자기 본채의 가풍도
알지 못하고 허둥지둥 지내다가 헛되이 일생을 보내니 우리
부처님의 정법안장正法眼藏이 매몰하여 밝히지 못하고 온전히
허위虛僞와 사악邪惡한 습성과 더불어 성품을 이룬 사람이 도리어
더욱 불교를 비방하니 오호라! 슬프고 슬픔이로다. 가히 말로써
다할 수 없음이로다.

　육조 혜능六祖慧能대사[165]께서 이르기를 "앞생각이 미혹하면
곧 중생衆生이요 뒷생각을 깨달으면 곧 부처다."라고 하였으며,
위산潙山선사[166]께서 이르기를 "생각으로 생각할 수 없는 오묘奧
妙로써 생각을 돌이켜 신령스런 불꽃의 무궁함이니 생각이 다하
여 근원으로 돌아가면 성품과 모습이 항상 머물게 되고 이사理
事[167]가 둘이 아님이니 이것이 참된 부처님의 여여如如함이로다."

---

165 六祖大師: 638~713. 중국 남해南海 신흥 사람으로 속성은 노씨盧氏이며,
　　선종의 혜능慧能을 말한다. ① 초조 달마(達摩, ?~534?), ② 2조 혜가(慧可,
　　487~593), ③ 3조 승찬(僧璨, ?~606), ④ 4조 도신(道信, 580~651), ⑤ 5조
　　홍인(弘忍, 602~675), ⑥ 6조 혜능惠能이다. 혜능을 육조六祖라 한다.
166 潙山: 생몰연대 미상. 주註 116 참고.
167 理事: 도리道理와 사상事相이다. 이것을 진속眞俗에 배대配對하면 이리는

라고 하였으니 그 광명을 얻으면 모든 부처님과 동등하게 되며 하루아침에 그 광명을 잃으면 또한 생사生死에 윤회輪廻하며 만겁토록 헤매게 됨이로다. 마치 비유하건대 고기가 용龍이 되어 뼈를 바꾸어도 그 비늘은 바꾸지 못하고, 범부凡夫가 마음을 돌이켜 부처(佛)가 되어도 그 본래 면목面目은 고칠 수 없는 것과 같음이로다. 무명無明에 가린 성품이 곧 불성佛性이요 환화幻化와 같은 헛된 몸이 곧 법신法身이로다. 이 낱낱의 도리道理는 다만 가까운 데 있는데 눈을 뜨면 문득 경계境界를 보는 데 집착執着하고 눈을 감는 곳에 또한 스스로 현전現前하여 나타남이로다. "어떤 것이 부처인가?" 하니 "그대가 곧 부처다."라고 하였으니 이와 같은 등의 명백하게 지도함은 번거로운 것을 불가不可함이나 이 모두 범부凡夫를 고쳐서 성현聖賢을 이루게 하는 지름길이 되는 도리로다.

고인古人께서 이와 같이 입이 아프도록 정성스럽게 일러주며 용심用心의 간절하기가 노파심 같으니 외우고 익혀 참구參究하여 반조返照하고 선각자先覺者에게 널리 묻고 분명하게 결택함으로써 깨달은 진리를 회포로 삼아서 자세히 탁마하면 도道를 이루게 됨이로다. 어느 누가 분수가 없을 것인가. 현명하거나 어리석거나 귀천貴賤과 남녀노소男女老少가 모두 성불할 수 있는 분수가

___

진체眞諦요, 사事는 속체俗諦라고도 한다. 또 이理는 절대평등의 본체요, 사事는 만유차별의 현상계를 말한다.

있음이로다.

오호라! 슬프고 슬픔이로다! 머리를 깎고 먹물 옷을 입는 것은 마땅히 무슨 일을 하려 함인가. 눈이 색에 얽매이면 아귀餓鬼의 몸을 받고, 귀가 소리를 따르다 보면 아비지옥阿鼻地獄에 들어가노니 색과 소리에 취해 떨어지면 독한 술에 침몰되어 망상의 함정 속에 빠져 혼미하여 깨어나지 못하고 오늘도 또한 이러하고 내일도 또한 이러하다가 섣달 그믐날에[168] 이르면 머리와 이마가 터질 듯 아프고 간장이 끊어지는 듯 아파서 손과 발을 잡아 빼는 듯하고 마치 고통은 끓는 물에 떨어진 짐승과 같으며 그 아픔을 참는 고통도 마치 거북의 가죽을 벗기는 것과 같음이로다. 정신은 혼미하여 천상天上으로 올라 태어나고 지옥으로 떨어지는 것을 헤아릴 수가 없음이로다.

오호! 슬프고 애석함이로다. 돌이켜 생각하건대 옛 성현들은 임종할 때 좌탈입망坐脫立亡[169]하면서 마치 활짝 열린 문으로 나가는 사람과 같이 쉽게 함이로다. 계선사戒禪師는 주장자를 짚고 천화遷化하고, 불인장로佛印長老[170]는 혼연히 한 번 껄껄

168 臘月三十: 임종 때, 중생衆生의 망상이 다하는 성불成佛의 경지를 말한다.
169 坐脫立亡: 승려가 좌선한 채 입적하는 것을 좌탈坐脫이라 하고, 바로 서서 입적하는 것을 입망立亡이라고 한다.
170 佛印長老: 1032~1098. 중국 송나라의 승려. 법명은 요원了元, 자는 각로覺老이며 40년 동안 은거하여 살았다. 노산盧山에 있을 때 황주에서 귀양 온 소동파蘇東坡와 글로 사귀었다고 한다.

웃고 가셨고 혹은 젓가락질 하다가 멈추고는 가셨고 혹은 발을
펴고 입적하셨고 혹은 거꾸로 서서 입적하셨으니 몇 자 몸을
버리는 입적이지만 모두 자성自性을 반조返照하여 참구參究함으
로써 온전한 정혜定慧의 참뜻을 배움이로다.

오호라! 슬프고 슬픔이로다. 고인古人이라고 어찌 지금 사람과
다를 바 있겠는가. 동산화상洞山和尙께서 이르기를 "가사袈裟
아래서 사람의 몸을 잃으면 제일 큰 괴로움이로다."라고 하였으
니 가히 경계하지 않을 수 있겠는가. 마치 위에 "오호라! 슬프고
슬픔이로다." 한 것이 네 번이나 거듭되었으니 감회가 바다와
같음을 누가 그것을 알겠는가.

승화상인承華上人¹⁷¹에게 경허鏡虛 근서謹書

12. 示慶爽十三歲童子

這個圓相聖與凡夫一體無異而馳驟汩亂於六處迷昧其淨
光圓理者凡夫也能聚會精神唯精一不馳亂者聖人也此圓
理是萬化之機關也返照照之至於功極聖賢間奧排闥而入
淨其心靜其心第一妙方一切時處究之能始終如一自然成
功參禪須透祖師関妙悟要窮心路絶聰明不能敵業力乾慧

---

171 上人: 불가에서 덕이 높은 승려의 존칭이다. 또는 어른이나 훌륭한 사람을
    높이 받드는 말이다.

豈能免生死故欲免輪廻專習定力平居牽隨財色皆緣未得
定力臨終昏迷心性皆因

心月孤圓　光吞萬像

光境俱忘　復是何物

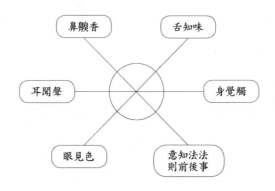

◉열세 살 동자 경석慶奭에게 보이다[172]

이 한낱 원상圓相은 성인聖人과 더불어 범부凡夫와 같은 몸이요
다른 것이 없고 그리고 육처六處에 치닫기 어렵고 그 맑은 광명의
둥근 진리眞理에 미혹하는 사람은 범부凡夫이로다.

　능히 정신을 모아서 오직 정진精進하는데 한결같고 산란散亂함
에 치닫지 않는 사람이 성인聖人이로다.

---

172 示慶奭十三歲童子: 한암 중원선사 필사본에는 기록이 있는데 1942년에
　　발행된 선학원禪學院본이나 1981년에 발행된 수덕사修德寺본에는 빠져
　　있다.

이 둥근 진리는 만물조화萬物造化의 모든 기관機關이니 반조返照하고 또 반조하는 공력이 지극함에 이르면 성현聖賢들의 깊숙한 관문으로 불쑥 들어갈 수 있음이로다.

그 마음을 맑게 하고 그 마음을 고요히 함이 제일 오묘한 방법이니 어느 때 어느 곳이나 그것을 참구參究하되 능히 시종始終이 한결같다면 자연히 할 수 있을 것이로다.

참선參禪이란 모름지기 조사祖師의 관문을 뚫어야 하고 오묘한 깨달음은 마음의 길을 끊어 다함을 요함이로다.

총명聰明으로는 능히 업력業力을 대적하지 못하고 얕은 지혜로 어찌 능히 생사生死를 면할 것인가.

그러므로 생사윤회生死輪廻를 면免하고자 할진댄 오로지 선정력禪定力을 익혀야 할 것이로다.

평소에 재물과 여색에 얽매여 따르는 것은 모두 선정력禪定力을 얻지 못함이니 임종할 때에 심성心性이 혼미한 것도 모두 이로 인함이로다.

마음의 달이 외로이 둥글고

빛은 만상을 삼켰음이로다.

빛과 경계를 함께 잊으면

다시 이것이 무슨 물건인고.

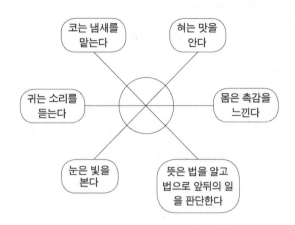

13. 上堂

拈柱杖子一下云只這語聲是且道是甚麼道理

又卓一下云一笑不知何處去安眼春水碧於藍

佛與衆生吾不識 年來宜作醉狂僧

有時無事閑眺望 遠山雲外碧層層

世間萬法誰炎凉 任時圓兮任時方

普天匝地諸情類 個個靈空愼勿通

◉상단上堂 법문[173]

주장자를 잡고 한 번 내려치고 이르기를

"다만 이 말소리가 이것이로다."라고 하시고

또한 일러 "보아라, 이것이 무슨 도리인가?"라고 하시고

또 한 번 내려치고 이르기를

"한번 웃고는 어느 곳으로 가는 줄을 알지 못하니

안면도의 봄물이 푸르기가 쪽빛과 같음이로다." 하셨다.

부처와 더불어 중생을 나는 알지 못하고

해마다 으레히 만취한 광승狂僧이 될 뿐이로다

어떤 때는 일없이 한가로이 멀리 바라보니

먼 산이 구름 밖으로 층층이 푸름이로다

만법 무엇이 덥고 시원한가

때에 따라 둥글고 모가 남이로다

넓은 천지에 모든 중생들이여!

한낱 영지가 공하니 삼가 통하려 하지 말지로다.

① 又

山隱隱水潺潺 花灼灼鳥喃喃

道人活計只如此 何用區區順世情

산은 은은하고 물은 잔잔히 흘러

꽃은 피고 새는 울부짖음이로다

도인의 사는 지혜가[174] 단지 이와 같은데

---

174 活計: 살아가는 방도 또는 생계生計를 말한다.

어찌 구구하게 세속 연정戀情을 따르겠는가.

14. 於馬亭嶺與樵童問答

師於馬亭嶺下見樵童成群作戲師問曰汝等會得我麼曰不
會師曰汝等見得我麼曰見得師曰旣不會得我何以見得我
遂以柱杖授之曰汝等若能以此柱杖打得我多謝以菓子錢
有一箇伶俐者出班答曰眞乎遂以柱杖打之師曰打我又打
之師曰何不打我若也打得我佛也打祖也打三世諸佛歷代
祖師乃至天下老和尚一棒打去矣樵童曰打云不打和尚不
是枉我菓子錢乎師以金與之曰
擧世渾然我獨醒不如林下度殘年

◉마정령馬亭嶺에서 초동樵童과 문답

스님께서 마정령馬亭嶺 아래에서 나무꾼 아이들이 무리를 지어
장난하는 것을 보고 묻고 이르기를 "얘들아, 내가 누군지 아느냐?"
하자 아이들이 "모릅니다." 함이라. 스님께서 이르기를 "너희들이
나를 보느냐?" 하니 아이들이 "예, 봅니다." 하니 스님께서 이르기
를 "이미 나를 알지 못하면서 어떻게 나를 보느냐?"라고 하면서
마침내 주장자를 내어주며 이르기를 "너희들이 만약 이 주장자로
나를 때린다면 과자 값을 많이 줄 것이로다."라고 하니 그 가운데

영리한 아이가 앞으로 나와서 말하기를 "진짜입니까?"라고 하고
주장자로 스님을 때리니 스님께서 이르기를 "나를 쳐라."라고
하자 또 때리거늘 스님께서 이르기를 "어찌 나를 때리지 않느냐?
만약 또 나를 때린다면 부처님도 또한 때리고 조사祖師도 또한
때리고 삼세제불三世諸佛과 역대조사歷代祖師 내지 천하 노화상
老和尙을 한 방망이로 때리게 될 것이로다."라고 하니 땔나무하는
아이들(樵童)이 말하기를 "때렸는데 때리지 않았다고 하시니
스님이 우리를 속이고 과자 값을 주지 않으려고 하시는 것이
아닙니까?" 하자 스님께서 돈을 주면서 이르기를

　"온 세상이 혼탁한데 나만 홀로 깨어 있으니

　숲 아래에서 여생을 보내는 것만 같지 못함이로다."

15. 與朴太平問答

太平上人在鷄龍山聞師聲華訪于浮石寺瑞山郡遂進問曰
如何是祖師西來意師以拄杖打之上人曰打則任打也違祖
師西來意師曰如何是祖師西來意上人以拄杖打之師曰獅
子咬人韓盧逐塊上人曰法恩罔極矣師笑而歸堂焉

◉박태평朴太平과 문답[175]

─────────────

175 朴太平: 생졸연대 미상. 계룡산에 태평상인太平上人이라는 지혜와 덕을

태평太平 스님이 계룡산鷄籠山에 머물다가 스승(師)의 성화聲華
를 듣고 서산瑞山 도비산島飛山 부석사浮石寺에 방문하여 물어
이르기를 "어떤 것이 조사祖師가 서쪽에서 오신 뜻입니까?"라고
하니 스승께서 주장자로 한 번 때리자 태평 스님이 이르기를
"때리는 것은 마음대로 때리지만 조사祖師가 서쪽에서 오신 뜻에
는 어긋남이로다."라고 함이라. 스승께서 이르기를 "어떤 것이
조사祖師가 서쪽에서 오신 뜻인가?"라고 하니 태평 스님이 주장
자로 스승(師) 경허 스님을 때리거늘 스승이 이르기를 "사자獅子
는 사람을 물었는데 한韓나라 개는 흙덩이만 쫓아감이로다."라고
함이라. 태평 스님이 이르기를 "법은法恩이 망극함이로다."라고
하니 스승은 웃으면서 방장실로 돌아갔다 함이로다.

겸비한 스님이 있었는데 원래 박판서朴判書의 아들로 일찍이 출가하여
수행정진하였다. 천장암으로 경허선사를 찾아가 법을 거래한 일화가
있으며 만년에 공주의 어느 대갓집 사랑채에서 입적하였다고 한다. 태평
스님이 즐겨 부르던 "山色人我相 流水是非聲 山色水聲裏 聾啞過太平
산색과 인아상이 흐르는 물은 시비소리로다. 산색과 물소리 속에 농아가
태평가를 부르고 지나감이로다." 하는 유명한 게송이 발견되었다.

三. 與法子: 四人

16. 첫째: 與法子 枕雲玄住

先師行狀受法弟子四人曰枕雲玄住行道於嶺南表忠寺而
臨終在梵魚寺說法書偈而化曰

첫째 법제자이신 침운枕雲 현주玄住 스님은 한암漢岩 중원重遠선
사의 말씀에 의하면 밀양 표충사表忠寺에 오래 주석住錫하시다가
노후老後에 부산 범어사梵魚寺에서 수행정진修行精進하시다 입
적하셨다 한다. 범어사지梵魚寺誌 영위靈位편에 '枕雲玄住大禪
師'란 기록이 수록되어 있다.[176]

---

176 원문 25쪽의 내용 "先師行狀受法弟子四人曰枕雲玄住行道於嶺南表忠寺
而臨終在梵魚寺說法書偈而化曰"에 의거하여 정리하였다.

17. 둘째: 與法子 慧月慧明

了知一切法 自性無所有

如是解法性 卽見盧舍那

依世諦倒提唱無文印

靑山脚一關以相塗糊

　水虎仲春澣日 鏡虛爲慧月

◉법제자法弟子 혜월慧月 혜명慧明[177]에게

일체의 법을 요달了達하여 알면

자성自性에는 소유所有가 없음이로다

이와 같이 법성法性을 알면

곧 노사나불盧舍那佛[178]을 친견할 것이로다

세상을 법칙을 의지해 무생인無生印[179]을 제창할 것이로다

---

177 慧月慧明: 속성은 신씨申氏요, 충청남도 예산군 덕산면 신평리에서 1861년
6월 19일 탄생하였다. 11세에 안수좌安首座에게 득도, 1884년 경허선사의
법법을 이었고, 1913년부터 도리사桃李寺·미타암彌陀庵·선암사仙巖寺에
서 종풍을 크게 떨쳤으며, 1937년 6월 16일 부산 안양암에서 세수 77세,
법랍 60세로 입적하였다.

178 盧舍那: 삼신불三身佛의 하나인 부처님 명호名號, 곧 삼라만상森羅萬象의
실상實像을 말하는 것이다.

179 無生印: ① 무생無生의 법인法印을 말한다. ② 불조佛祖의 심인心印을
말한다.

청산각靑山脚 한 선실禪室에서 서로 부침함이로다

임인년(壬寅, 1902)[180] 2월二月

경허鏡虛가 법제자 혜월慧月에게

18. 셋째: 與法子 滿空月面

付了無文印 爲叟山月面 拈柱杖卓一下

云 祇這語聲是 且道甚麽道理

又卓一下云 一笑不知 何處去

安眠春水 碧如藍擲却了 吶!

◉법제자法弟子 만공滿空 월면月面[181]에게

수산월면에게 무문인無文印을 부촉하고 주장자拄杖子를 잡고 탁
자를 한 번 내리치고

이르기를 "이 소리가 바로 이것이로다. 또한 일러 보아라!

---

180 水虎: 수호水虎는 12지 동물의 표기로 임인년壬寅年으로 1902년이다.

181 滿空月面: 전라북도 태인군 태인읍 상일리에서 여산송씨宋氏 후예로
부친 송신통宋神通, 모친 김씨金氏에게서 1871년 3월 7일 탄생하였다.
1884년 서산 천장암에서 태허泰虛 성원性圓을 은사로, 경허선사를 수계사
로 득도하였다. 1893년 봉곡사와 마곡사에 주석하다가 1904년 2월에
경허선사로부터 법을 전수받았다. 1946년 10월 20일 전월사轉月寺에서
세수 76세, 법랍 62세로 입적하였다.

무슨 도리인가." 하고

또 탁자를 한 번 내리치고 이르기를 "한번 웃고 어느 곳으로 갈지 알지 못함이라.

안면도安眠島[182]의 봄물이 쪽빛과 같이 푸름이로다." 하고 주장자拄杖子를 던져 버리고 돌!

19. 넷째: 與法子 漢岩重遠 餞別辭

余性好和光同塵掘其泥而又喜乎曳其尾者也只自踂踂挈挈送過了四十四介光陰偶於海印精舍逢着遠開士性行質直學問高明與之同寒際其相得世日夕治行相送其煙雲朝暮山海遠近者盡不無攪動近送之懷況浮生易老勝綠難再則其怊悵話別之心當復如何哉古人云相識滿天下知心能幾人吁微遠開士吾孰與爲知所以構着其一絶荒辭以爲日後不忘之資也

捲將窮髮垂天翼 謾向搶楡且幾時

分離尚矣非難事 所慮浮生杳後期

●법제자法弟子 한암漢岩[183]에게 전별사餞別辭

---

182 安眠島: 충청남도 서산瑞山 앞바다에 있는 섬이다.

183 漢岩重遠: 강원도 위천 금화에서 1876년 3월 27일 부친 방기순方箕淳,

나(鏡虛)는 천성天性이 인간 세상에 섞여 같이 살기를 좋아하고 그 꼬리를 진흙 가운데 끌고 다니기를 좋아함이로다. 다만 스스로 절룩거리며 44년의 세월을 보냈는데 우연히 해인정사海印精舍에서 원개사遠開士를 만나게 되었으니 그대의 성품과 행실은 질박하고 곧으며 학문이 고명함이로다. 그대와 더불어 추운 겨울을 함께 정진하게 되어 서로 세상을 얻은 듯 지냈는데 오늘 서로 이별을 하게 되니 조석朝夕의 연기와 구름과 멀고 가까운 산과 바다가 모두 근일에 떠나보내야 하는 마음은 요동치지 않음이 없거늘 하물며 부평초 같은 인생은 늙기 쉽고 수승殊勝한 인연을 다시 만나기 어려움이로다.

그 슬프고 슬픈 이별의 마음이야 마땅히 다시 어찌 다 말할 수 있겠는가? 고인古人께서 이르기를 "서로 알고 지내는 사람은 천하에 가득하지만 진실로 내 마음을 알아주는 사람(知心)은 능히 몇 명이나 되겠는가?" 함이로다.

아아! 슬픔이로다. 원개사遠開士를 은밀히 만나지 않았다면 내가 누구와 더불어 지음知音이 되었겠는가. 그러므로 내가 한 구절의 거친 이별의 게송偈頌을 엮어서 후일에 서로 잊지 않을 보배로 삼으라고 부촉함이로다.

모친 길씨吉氏에게서 탄생하였다. 1897년 금강산 장안사長安寺 행름行凜 금월金月에게 출가하였다. 1899년 해인사에서 경허선사와 수선결사로 정진하였으며, 1904년 경허선사의 법을 받았고 오대산五臺山 상원사上院寺에 주석하였으며, 1951년 2월 14일 세수 76세, 법랍 54세로 입적하였다.

장차 북해에 높이 뜬 붕새와 같은 인생
변변치 않은 데서 몇 해나 보냈던가
이별이란 오히려 어려운 일이 아니지만
부평초 인생 흩어지면 만날 기약 아득함이로다.

갑진년(甲辰, 1904) 봄 경허鏡虛 성우惺牛

四. 序文

20. 海印寺修禪社芳啣引

書芳啣所以然者示後人也示後人也者何意身隣泡漚命若

風燈能策勤者誰也法性本空慧日長明能悟入者又是誰也

后之視今猶今之視昔也后之視後又如後之視今也指點得

分明矣嗚呼居此社者可以鑑戒也與

己亥之陽月始安居日湖西歸病 禿鏡虛惺牛謹識

◉해인사海印寺 수선사修禪社 방함록芳啣引[184]

수선사修禪社의 방함록芳啣錄을 기록하는 것은 무슨 까닭인가?

후인後人들에게 보여 주기 위함이로다. 후인들에게 보여 주는

것은 무슨 뜻인가? 몸뚱이는 물거품과 같고 목숨은 바람 앞의

---

184 海印寺修禪社芳啣引: 해인사지海印寺誌 61쪽과 해인사박물관에 있다.

등불과 같이 위태로움이로다. 무상無常을 경책함으로써 부지런히 정진精進하는 것을 아는 놈은 누구인가? 법성法性이 본래 공空하거늘 지혜가 날로 증장되고 밝아져서 능히 깨달아 들어간다고 하는 이놈은 또한 누구인가? 후인들이 지금 우리들을 보는 것이 지금 사람이 옛날 사람들을 보는 것과 같음이요, 후인들이 그 후인들을 보는 것이 또한 후인들이 지금 사람들을 보는 것과 같음이니 분명히 가리켜(指㸃)[185] 보일 수 있음이로다.

오호라! 슬픔이로다! 이 수선사修禪社에 안거安居하는 선객禪客은 가히 거울삼아 경계할 것이로다.

　　　　기해년(己亥, 1899) 4월 하안거夏安居 결제날結制日
　　호서湖西로 돌아가는 병든 경허鏡虛 성우惺牛 근식謹識

21. 海印寺結同修定慧同生兜率同成佛果稧社文

華嚴經云應觀法界性法華經云常自寂滅相其寂滅相與法界性也豈非衆生見聞覺知之性地耶金剛經云凡所有相皆是虛妄涅槃經云諸行無常是生滅法豈非衆生根身器界與善惡不動業行耶這個經偈吾門中三尺童行粥飯沙彌慣習於見聞者也而雖許久諷經禪念碩德擧是未能少分看得而泛然過了曾不思量是何道理而况乎照而明之悟以修之之

---

185 指㸃: 어느 곳을 손가락으로 가리켜 보인다는 뜻이다.

有哉噫此身虛浮如聚沫壯色不停如奔馬暫有如草露焂滅
如風燈裏百千癰疽流九孔不淨其醜惡也其無常也有如是
之可畏可厭也而沈醉於無明鴆酒飄鼓於識境風波竊竊然
用盡百般精神釀成遠劫愆尤而終不省察悲夫我釋迦佛愍
之憐之用神智方便之力張三敎網摝人天魚而末後以正法
眼藏涅槃妙心付囑迦葉尊者轉轉相授至達磨祖師來唐土
化育群生而玄風大振其曰不立文字直指人心見性成佛者
示道之綱領也其曰外息諸緣內心無喘心如墻壁可以入道
者示道之直截也其曰觀心一法揔攝諸行者示道之本體也
其曰寬時遍法界窄也不容針者示道之大用也其曰三拜依
位印可得髓者示道之淵源也自餘諸佛祖百千方便皆是諄
諄叮嚀指導末葉衆生之修行正路也或者曰靈山會上佛擧
拈花百萬大衆皆罔措唯迦葉尊者一人領解微笑而末葉衆
生不能量其機小皆曰叅尋祖庭是豈有成功之理哉如此邪
說不可枚擧此蓋生無慧目又不叅明眼宗匠致得如此鹵莽
未足爲恠也然若如是念過不省其非則非特自誤前程亦乃
瞎却他人眼目請質之蓋當佛傳法之時諸弟子應化重來如
迦葉阿難者其數不億豈可無能叅此道之機者哉所以人傳
一人者以佛滅度之後擧一人爲一代敎主如天無二日國無
二王也非謂其無餘外得道者也故自西天諸祖師至唐土諸

聖賢亦皆如是故如優婆毱多尊者度人之數籌滿三十尺石
室馬祖下出八十八人宗師次後一千五百善知識下成道者
多者千百少者亦不下十數也若也執認百萬大衆皆罔措唯
迦葉尊者領解微笑之錯見沮毀末葉人之叅尋祖庭者以爲
分外如上諸導師之所教化許多人也皆是誤着其傳授者耶
抑皆是捏造誕妄無根之說而傳之耶章章然具在方冊不可
以誣也若不然者末葉之得道者多靈山會之傳付則人人一
之豈以末葉之人之機勝於靈山之衆而然耶萬萬無是理也
而唯一傳付於迦葉尊者者是何以耶抑將如君所見必唯迦
葉尊者一人餘無可傳之人而然耶夫如是也設或不幸向使
無迦葉尊者一人是正法眼藏固不得以傳之而已之耶又若
以末葉之所悟不及於靈山所付以沮毀之也此尤不可也世
豈有天生彌勒自然釋迦者哉只聞諸導師之教人明心見性
之說未見禁止末葉人之習學定慧者也則傳會分析皆不能
成理也故曰所以人傳一人者以佛滅度之後擧一人爲一代
教主如天無二日國無二王也非謂其餘外得度者也若有是
見者請從今改世尊曰依法不依人依了義不依不了義今閱
華嚴法華楞嚴圓覺維摩涅槃等大乘經馬鳴龍樹無着天親
等大乘論傳燈宗鏡拈頌等禪門語錄何處有不許末葉衆生
叅眞正道之文句耶非徒不爲不許特皆曉喩之提獎之纏綣

惻怛唯恐不入於斯道也此是我輩之尋常說聽者也豈可以
一言一字相欺乎嗚呼正法沉微邪道熾盛持盂水救輿火之
嘆已有於淸虛老師隆化之日況乎今日乎哉夫善念成人天
惡心形鬼獄而此祖庭之活句法門卽得虛見破古佛未生前
安身立命於大寂光道場拈來森羅物物無非淨佛國土皆是
海印三昧其有機勝者一超直入把斷要津安邦定國豈有其
他哉然若機下者未能頓成故古人云笋畢竟成竹去如今作
筏使得麼則機下者久習畢竟得入故大慧禪師云日久月深
自然築著磕著趙州和尙云汝等三十年二十年不離叢林眞
實叅究若不會此道截取老僧頭去古人之如斯敎詔豈是以
虛僞之語誘惑後生者哉蓋迷者不達此理若見聞祖宗之說
則高推聖境但務事相有爲或口誦經手執珠或營作梵宇彩
塑佛像望功德希菩提誤之哉遠於道矣故梁武帝造佛起塔
設齋度僧作無限佛事而達摩大師曰少無功德又六祖大師
曰迷人修福不修道只言脩福便是道又永嘉和尙云住相布
施生天福猶如仰箭射虛空勢力盡箭還墜招得來生不如意
又圭峰禪師云識字看經元不證悟銷文釋義唯熾貪嗔邪見
又弘忍大師云守本眞心勝念十方諸佛如此說話皆責其不
達定慧之本而枉用修行也夫衆生之淪溺三界甚於赤子之
處入水火諸佛之大慈拯濟勝於慈母之愍念駭提故世尊曰

等視眾生如羅睺羅然而我等未獲超昇者豈以佛之無慈悲
而然歟非也佛會上阿那律尊者以過睡眠被佛所呵七日精
苦不眠得天眼而成盲阿難尊者被迦葉尊者所呵住於毘舍
離獨處精進至於身心疲極而後得阿羅漢果若也佛之神通
力能强爲之使眾生成道如鉗口注藥而差病者豈有兩尊者
之如是精進疲極精苦成盲而後得天眼成聖果之弊煩耶然
則豈非貴在借其言敎自悟自脩之爲可哉故夫欲其自悟自
脩也不可不借其言敎如種之生長寔賴水土寔在暗室必假
燈光諸經論中明垂戒訓以叅尋知識決擇道業爲急務譬夫
傍寺屠者是一象也而善惡異時執茅紙者是一人也而腥香
隨變故古人云賢賢易色古德云承事善友不惜身宰豈以其
重如彼其輕若此哉予去己卯冬在鷄龍山東鶴祖堂叅祖門
活句忽有得意處有與同志共之之思時風痾未瘳心志且劣
遂以優遊停蓄放曠於漁村酒肆憩歇于幽澗邃林適然自忘
矣以後干戈相屬世路紛紜念藏身之不暇豈有施及於他耶
荏苒不覺星霜累換于今二十年於此矣自念佛恩之莫大而
欲奉塵刹之萬一橫擔一條椰標試訪到陝州海印時適脩禪
精舍新搆與諸禪德同寒際做黃楊木禪一日火爐邊團欒頭
語及於古人之結社辦道則諸公皆如忘忽憶其志願信力水
湧山出恨其會遇之晚也卽欲議結社同盟推余爲盟主予念

及於曩日所懷佛恩之莫大不顧其材之庸陋性之不撿道之
不充也不施一辭而輒許之也其所以同盟之約何也以同修
定慧同生兜率世世同爲道伴究竟同成正覺如有道力先成
者誓引其未逮不違所盟者也若有同見同行之人不問僧俗
男女老少賢愚貴賤亦不問親踈離合遠近先後皆許叅入所
以然者人人皆有無量寶藏與佛無殊祇是歷劫不逢善友開
示匍匐三界奔汩四生不啻如演若之迷頭窮子之離鄉輪廻
飄梗備受許多艱辛至於一日夜萬生死每一念之痛裂心腑
不覺短嘆長吁豈可例之茶飯不求出離哉詳悉如此情事普
願同叅同臻壽域也樂邦也且也古人云趣異也覿面楚越道
契則霄壤共處以共處也故萬像雖布空性無虧衆水同奔海
量不添幸望策發勇猛心照明虛妄無常之業行悟修寂滅法
界之性地忘其見解所知超證正法眼藏涅槃妙心也夫如是
也其誰曰不可也哉不願樂也哉因行經云釋迦世尊於過去
世爲善慧仙人布髮於燃燈佛隨喜讚歎百萬人天之衆因其
種緣同會靈山成道千佛因緣經云賢劫千佛於過去寶燈焰
王如來像法之中爲學堂中童子聞三寶名禮拜佛像發弘誓
願發阿耨菩提以後共成千佛其他諸佛菩薩之同發願成道
者無經無之至于近古慧遠之社廬山樂天之社香山牧牛子
之社公山者皆以此意者也玄奘法師云西域之人皆作上生

兜率業盖爲同是欲界之內聲氣相合其行易成故大小乘師
皆許此法彌陀淨土恐凡鄙穢修難成故如新舊譯經論皆云
十地已上菩薩隨分得見報佛淨土豈容下品凡夫卽得往生
所以大乘許之小乘不許也故法師一生以來常作兜率業臨
命終時發願上生見彌勒佛請大衆同時說偈云南無彌勒如
來應正等覺願與含識速奉慈顏南無彌勒如來所居內衆願
捨命已必生其中盖玄奘法師識法上士必不是自惧賺人況
古今傳記上生兜率者何可勝記而如無着與天親菩薩者亦
同願上生兜率今斷取法焉雖然如是其淨土與兜率也隨其
修行人之暫時志願有異豈有上生兜率者不願親見彌陀如
來往生淨土者不願承事彌勒尊佛譬夫白璧黃金各爲眞寶
春蘭秋菊共傳淸香幸勿以優劣難易諍起是非人我之見也
今稧社內先入者有如是上生行願追後叅社者亦同其心口
設有道力未成者乘斯願力上生兜率內院叅聽彌勒尊佛無
上玄音速證大覺還度衆生豈不暢哉快哉願諸道者幸勿以
重古輕今發願同叅而深結善緣也其於日用散行具載黃卷
可效可師不必條分縷析古人云萬行備修唯以無念爲宗修
行之要定在斯焉幸無至有失於偏倚過不及之地也嗟夫一
失人身萬劫難復自昔英雄而今安在故古德自誡頌云不求
名利不求榮只麼隨緣度此生三寸氣消誰是主百年身後漫

虛名衣裳破處重重補糧食無時旋旋營一個幻軀能幾日爲
他閑事長無明又古德歎世詩云細推今舊事堪愁貴賤同故
一古邱漢武玉堂坐已沒石崇金谷水空流光陰乍曉仍還夕
草木才春卽到秋在世若無毫末善死將何物答冥侯又古德
勸修文云一息不回便是來生縱使妻兒相惜無計留君假饒
骨肉滿前有誰替汝催促付一堆野火斷送埋萬里荒山荒草
畔漫留石碑綠楊中空掛紙錢淚雨洒時空寂寂悲風動處冷
颼颼下梢頭難免如斯到這裏怎生不醒佛言不信何言可信
人道不修他道難修實爲可歎惜者哉應是此稧社文三復披
究銘箴心腑精進也如救頭燃莫使此生空過也至扣若見聞
如此懇切規戒而視之尋常如隔靴搔痒越視秦瘠小無觀感
興起之心者如病不求藥飢不就食吾實末如之何也已矣若
有眞實欲行此綱領淵源之道發上生兜率內院之心者切須
勤叅知識文短智淺書不能盡其言意謹此仗此勝緣仰祝皇
帝陛下聖壽萬歲次願歲稔時和烟塵永絶正法流通於無窮
法界含識同證妙覺結社比丘惺牛等故依一代教主釋迦牟
尼佛歸依當來教主彌勒尊佛故依十方三世常遍常住佛法
僧仰仗憐愍加被之力使我等所願勿浪失速成就伏祝

　大韓光武三年十一月一日

　結社盟主比丘惺牛焚香再拜謹識

◉해인사海印寺 정혜定慧의 결사문楔社文[186]

『화엄경華嚴經』에 이르기를 "마땅히 법계法界의 성품性品을 관하라."라고 하였고 『법화경法華經』에 이르기를 "항상 스스로 적멸의 모양이로다."라고 하였으니 그 적멸의 모양과 더불어 법계法界의 성품이 어찌 중생이 보고(見) 듣고(聞) 느껴서(覺) 아는(知) 성품이 아니겠는가. 『금강경金剛經』에 이르기를 "무릇 형상 있는 바 모양이란 것은 모두 허망함이로다."라고 했으며, 『열반경涅槃經』에 이르기를 "모든 행위는 다 무상無常하니 이것이 생멸生滅의 법法이로다."라고 하였으니 어찌 중생의 몸에 육근六根의 장기藏器와 더불어 선악善惡이 부동不動의 업행業行이 아니겠는가. 이런 경전經典의 게송은 우리 불법 문중의 삼척동자三尺童子와 죽과 밥(공양)을 먹는 사미승沙彌僧들도 익히 보고 듣는데 익숙한 것이로다. 비록 오랫동안 경전을 보고 참선한 대덕大德이라고 하더라도 이것을 들으면 조금이라도 능히 관하여 얻지 못하고 범연泛然을 지나쳐 버리고 일찍이 '이것이 무슨 도리인가?'라고 생각해보지 아니하거늘 하물며 반조返照하여 밝게 보고 깨달음으로써 그것을 수행하는 사람이 있겠는가. 아아! 슬프고 슬픔이로다. 이 몸이 허망虛妄하기가 물거품과 같아서 건장한 젊음이

---

186 楔社文: 경허선사께서 1899년 해인사에서 '함께 정혜를 닦아 도솔천에 태어나 성불하기 위한 결사문(結同修定慧同生兜率同成佛果楔社文)'을 써서 발표하였다. 해인사지海印寺誌 114쪽에 있다.

오래 머물러 있지 않음은 달리는 말과 같아서 잠깐 있다가 사라짐
이 풀잎의 이슬과 같고 문득 사라짐이 바람 앞의 등불과 같으며
온갖 더러운 피와 고름을 싸 가지고 있으며 아홉 구멍으로 부정不
淨한 것이 흘러내리니 그 추악함과 무상無常함이 이와 같으니
가히 두렵고 가히 싫증날 만함이로다. 그리고 무명無明의 독주毒
酒에 빠져 취하고 알음알이 경계와 풍파에 흔들려서 가만히 온갖
정신으로 계교를 써서 오랜 세월에 허물을 받아 오면서도 마침내
자기를 성찰省察하지 못하니 아아! 슬프고 슬픔인져! 우리 석가
세존釋迦世尊께서 그것을 불쌍히 여기고 애민하게 여겨서 신통과
지혜와 방편의 힘으로써 세 가지 교법教法[187]의 그물을 펼쳐서
인천人天의 고기를 건지시고 그런 후에 정법안장正法眼藏과 열반
묘심涅槃妙心으로 가섭존자迦葉尊者에게 부촉하셔서 서로 전수
하고 이어받아서 달마조사達磨祖師에 이르러 당나라에 와서 중생
을 교화하며 그윽한 선풍禪風[188]을 크게 떨치면서 "문자를 세우지
말고(不立文字) 바로 사람의 마음을 가르쳐서(直指人心) 자성自性
을 보아 성불成佛함이로다."라고 한 것은 도道의 강령綱領을 보이
신 것이로다.

---

187 三教: 부처님 일대의 설교를 세 가지로 나누는데 각각 다르다. ① 점교漸教·
② 돈교頓教·③ 부정교不定教 또는 ③ 원교圓教요, 또 ① 경經·② 율律·③
논論이요, 또 ① 성문聲聞·② 연각緣覺·③ 보살菩薩 등에 대한 세 가지
교법教法이다.

188 玄風: 선풍禪風이다.

또 이르기를 "밖으로 모든 인연을 쉬고 안으로 번뇌 망상을 쉬어서 마음이 마치 담벼락과 같아야 가히 도道에 들어감이로다." 라고 한 것은 도道의 지름길을 보이신 것이고, 또 이르기를 "마음은 일법一法을 관觀하면 모든 행을 섭수함이로다."라고 한 것은 도道의 본체本體를 보이신 것이며, 또 이르기를 "너그러울 때는 법계를 두루 하고 좁을 때는 바늘도 용납하지 못함이로다."라고 한 것은 도道의 큰 작용을 보이신 것이로다. 또 이르기를 "삼배三拜 하고 제자리에 앉으니 인가印可하기를 너는 골수를 얻었음이로 다."라고 한 것은 도의 연원淵源을 보이신 것이며 나머지 모든 부처님이나 조사祖師로부터 백천 가지 방편들을 모두 상세히 타이르고 타일러서 말세의 중생들이 바른 길로 수행하도록 지도 하신 것이로다. 혹 어떤 사람이 이르기를 "영산회상靈山會上에서 부처님이 꽃을 들어 보이자 백만 대중들이 모두 어찌할 줄을 몰라 하는데 오직 가섭존자 한 사람이 알아차리고 빙그레 웃음을 지었다고 하는데 그런데 말세 중생들이 자기의 그릇이 작은 줄을 헤아리지 못하고 모두 이르기를 '조사祖師의 문하에 참선심 구參禪尋究하라.'라고 했으니 이 어찌 성공할 진리眞理가 있을 것인가." 하니 이와 같은 삿된 말은 가히 다 들먹일 수가 없음이로 다. 이것이 대개 지혜의 눈이 없고 또한 눈 밝은 종장宗匠 문하에 참여하지 못함으로써 이와 같은 경솔함을 얻어오게 되었으니 족히 괴이할 것도 아님이로다. 그러나 만약 이와 같이 생각하고 지나쳐 버리면서 그 잘못됨을 반성하지 않는다면 스스로 앞길을 그르칠 뿐만 아니라 또한 이에 다른 사람들의 안목까지도 멀게 할 것이니 한 마디 질문을 청함이로다.

대개 불법佛法을 전할 때에 모든 제자들이 화현化現[189]으로 거듭하여 왔으니 가섭존자[190]와 아난존자阿蘭尊者와 같은 이들의 수가 한량없음이로다. 어찌 가히 도道에 참여할 근기가 없다 하겠는가마는 그러나 조사들이 한 사람에게 전한 까닭은 부처님께서 열반하신 뒤에 한 사람을 들어서 일대교주一代敎主로 삼기 위함이니 마치 하늘에는 해가 둘이 있을 수 없고 나라에는 두 임금이 있을 수 없는 것과 같음이로다.

그 한 사람밖에 득도得道한 사람이[191] 없다고 말한 것은 아님이로다. 그러므로 인도(西天)의 모든 조사祖師로부터 당나라의 모든 성현에 이르기까지 또한 모두 이와 같음이로다. 그러므로 우바국다優波鞠多존자[192]와 같은 사람은 사람을 제도한 수의 줏대(籌枚)[193]가 돌집 30척을 가득 채웠다고 하였으며, 마조도일馬祖道

---

189 化現: 응화應化. 이미 도를 이룬 옛 성현이 말세 불법을 위하여 나타난다고 한다.
190 迦葉尊者: 부처님 십대제자 중 한 사람이며 바라문 니그루다칼파의 아들로 항상 엄격한 두타행頭陀行을 하였다.
191 得道者: 가섭존자迦葉尊者를 말한다.
192 優波鞠多: 불법을 전해 받은 제4조로서 아소카왕의 스승이다.
193 籌枚: 많은 살대와 산가지와 서까래를 말한다.

一의 문하에서도 88인八十八人의 종사宗師가 나왔으며 다음에 1,500선지식善知識[194]이 동시 도량에 주석하여 드디어 종파를 나누어 5개종을 이루었으니 한 분의 선지식 아래 도를 이룬 사람이 많은 것은 천 명 백 명이요, 적은 것도 또 십수十數 명 이상은 됨이로다.

만약 또한 확인하면 백만 대중이 모두 어쩔 줄 몰랐는데 오직 가섭존자만이 부처님의 미소를 알아차리니 그것을 잘못 보는 이는 비방하고 집착해서 말세 사람들이 조사祖師의 문하에 참방參 榜하여 공부하는 것을 분수 밖이라 한다면 위와 같은 모든 도사들이 교화하는 바, 많은 사람들이 모두 전수傳授하는 것이 잘못됨이라 하겠는가. 또한 이 모두 허망하고 근거 없이 말을 날조하여 설하고 그리고 전하였다고 할 수 있겠는가. 그러나 분명하게 모든 방편의 경전에 갖추어 있으니 가히 속일 수가 없음이로다.

만약 그렇지 않다면 말세에 제도制度를 받을 사람은 많고 영산 회상靈山會上[195]에서는 법을 전하고 부촉付囑한 사람은 한 사람뿐 이니 어찌 말세 사람들의 근기가 영산회상의 대중들보다 수승殊 勝해서 그렇게 했겠는가. 천만 번 이런 진리는 없음이로다.

그러나 오직 가섭존자 한 사람에게만 부촉하여 전하였다는

---

194 한암 중원선사 필사본에는 없는데 수덕사 발행본에는 선지식善知識 아래 '同時坐道場遂成分宗五派一位善知識' 16자字가 더 기록되어 있다.

195 靈山會上: 영취산에서 석가여래께서 『법화경法華經』을 말씀하시던 자리 를 말한다.

것은 무엇 때문인가? 또한 그대와 같은 소견을 가진다면 반드시 오직 가섭존자 한 사람 외에는 가히 전하여 줄 만한 사람이 없어서 그러함인가. 대저 이와 같다면 설혹 불행하게도 가섭존자 라는 사람이 없으므로 하여금 이 정법안장正法眼藏을 진실로 전하지 못하였을 것이 아니겠는가. 또한 만일 말세에 깨달은 바가 저 영산회상에서 부촉한 바에 미치지 못한다고 해서 비방한 다면 또한 이것은 더욱 옳지 못함이로다. 세상에 어찌 천상에 나면서 미륵불彌勒佛과 자연으로 된 석가세존이 따로 있겠는가. 다만 모든 도사들이 남을 가르쳐 마음을 밝히고 견성하도록 하라는 말은 들었지만 말세 사람들이 정혜定慧[196]를 배우고 훈습하 는 것을 금지하는 것은 보지 못했음이로다. 곧 억지로 분석을 해도 모든 진리를 이룰 수 없는 것이로다. 그러므로 이르기를 스승이 한 사람에게 전하였다는 까닭은 부처님께서 멸도滅度하 신 뒤에 한 사람을 천거하여 일대교주一代敎主로 삼기 위함이니 마치 하늘에는 해가 둘이 없고 나라에는 임금이 둘이 없는 것과 같음이요, 그 외에는 제도制度할 사람이 없다고 말하는 것은 아님이로다. 만약 이러한 견해를 가지고 있는 사람이 있다면 청하건댄 지금부터라도 고치기를 바람이로다.

세존께서 이르기를 "법에 의지하고 사람에게 의지하지 말며,

---

196 定慧: 선정禪定과 지혜智慧를 말한다. 정정은 곧 선정禪定이요, 혜慧는 지혜智慧이다.

요의법了義法¹⁹⁷에 의지하고 불요의법不了義法에 의지하지 말라." 라고 하였으니 지금까지 열람해 본 『화엄경華嚴經』, 『법화경法華經』, 『능엄경楞嚴經』, 『원각경圓覺經』, 『유마경維摩經』, 『열반경涅槃經』 등의 대승경전大乘經典과 마명馬鳴¹⁹⁸, 용수龍樹¹⁹⁹, 무착無着²⁰⁰, 천친天親 등²⁰¹의 대승론大乘論과 전등傳燈, 종경宗鏡, 염송拈頌 등의 선문어록禪門語錄 가운데 어느 곳에 말세의 중생들이 참으로 정도正道를 참학參學하는 것을 허락하지 않은 문구文句가 있는가. 다만 허락하지 않음이 없을 뿐만 아니라 특별히 모두 깨우쳐 주며 권장하여 은근히 안쓰러워하면서 오직 이 도에 들어오지 않을까 두려워하였을 뿐이로다.

이것은 우리들이 심상하게 말하고 들은 것이로다. 어찌 가히 한 마디, 한 문자인들 서로 속일 수 있겠는가.

오호라! 슬프고 슬픔이로다. 정법正法이 침체되고 미약하며 삿된 도道는 치성熾盛하니 "특별히 한 잔의 물로써 수레의 불을

---

197 了義: 불법의 도리가 현요顯了하게 다 서술되어 있는 교를 요의교了義教라 하고, 이를 설한 경전을 『요의경了義經』이라 한다. 중생의 뜻에 맞추기 위하여 진실한 교를 방편으로 유인하는 것을 불요의不了義라 한다.
198 馬鳴: 생몰연대 미상. 인도 마갈타국 사람이다.
199 龍樹: 생몰연대 미상. 인도 사람으로 대승불교를 크게 선양하였다.
200 無着: 생몰연대 미상. 인도 사람으로 부처님 불멸 후 1천 년경 북인도 바라문 출신이다.
201 天親: 생몰연대 미상. 북인도 건타라국 사람으로 학승學僧이다. 일명 세친世親이라고도 한다.

끄겠는가." 하고 한탄함은 이미 청허대사清虛[202]의 교화教化가 융성하던 시절에도 있었거늘 하물며 오늘에 있어서는 어떠함인가. 대저 착한 마음으로 인천人天에 태어나며 그리고 악한 마음으로 아귀와 지옥에 태어난다고 하니 이 조사문祖師門에 활구법문活句法問은 옛 부처님이 미생전未生前의 소식을 관관觀하고 타파(破)해서 저 대적광명大寂光明의 도량에 안신입명安身立命으로 염화拈華하여 오면 삼라만물森羅萬物이 청정한 불국토佛國土가 아님이 없고 모두 이것이 해인삼매海印三昧가 됨이로다. 그 수승殊勝한 상근기上根機란 사람은 한 번에 뛰어넘어 곧바로 들어서 요긴한 법을 잡아 끊고 나라를 안정하게 할 것이니 어찌 다른 곳에 있겠는가. 그러나 하근기下根機란 사람은 능히 몰록 깨달을 수 없으므로 옛 고인古人께서 이르기를 "죽순이 필경에 대나무가 되지만 마치 지금 뗏목을 만들어야 하는 것과 같다면 어떻게 하겠는가?"라고 하였으니 곧 하근기下根機란 사람은 오래도록 익혀야 필경에는 증득할 수 있음이로다. 그러므로 대혜선사大慧禪師[203]께서 이르기를 "날이 오래고 달이 깊어지면 자연히 대쪽이 맞듯 맷돌이 서로 맞듯 한다."라고 하셨고, 조주화상趙州和尙[204]께서 이르기를 "너희들이 20년이나 30년이나 총림叢林을 떠나지

---

202 淸虛: 1520~1604. 서산대사의 법호가 청허당淸虛堂이다.

203 大慧: 주註 4 참고.

204 趙州: 778~897. 주註 122 참고.

않고 진실하게 참구參究하고서도 만약 이 도道를 알지 못한다면
이 노승老僧의 머리를 잘라 가거라.”라고 하였으니 고인古人의
이와 같은 가르침이 어찌 헛된 거짓말로써 후생들을 유혹하는
것이 될 수 있겠는가. 대개 미혹한 사람은 이러한 진리를 알지
못함이로다.

　만약 조종祖宗의 말씀을 견문見聞하면 그것은 성인들의 높은
경계라고 밀쳐버리고 다만 현실적인 유위법有爲法만 힘쓰고 혹은
입으로 경전만 독송하고 손으로 염주만 돌리며 혹은 사찰을
짓고 불상佛像을 조성하면서 공덕만을 바라면서 보리菩提를 구한
다면 그릇되고 도道에도 멀어지는 것이로다. 그러므로 양무제梁
武帝[205]가 불상을 조성하고 탑塔을 세우며 재齋를 베풀고 승려를
득도시켜 무한한 불사를 하였으나 달마대사께서 이르기를 “조그
마한 공덕功德도 없다.”라고 하였고, 또 육조六祖 혜능대사慧能大
師[206]께서 이르기를 “미혹한 사람은 복福을 닦고 도道를 닦지 않으
면서 다만 복을 닦는 것이 곧 도라 말한다.”라고 하셨으며, 또한
영가永嘉화상[207]께서 이르기를 “상相에 집착하는 보시布施는 하늘

---

205 梁武帝: 중국 양梁나라 무제武帝로 제위帝位 기간은 502년부터 549년까지
　　이다.
206 六祖: 638~713. 주註 165 참고.
207 永嘉: 속성은 대씨戴氏, 온주溫州 사람으로 현각玄覺선사를 말한다. 천태天
　　台의 지관止觀에 통달하고 후에 육조六祖를 뵙고 깨달으니 일숙각一宿覺이
　　요, 진각眞覺대사라 불렸으며, 712년에 입적하였다고 한다.

에 태어나는 복을 받았으나 마치 허공을 향하여 화살을 쏘았으나 올라가던 화살이 도리어 땅에 떨어지는 법과 같으니 내생來生의 과보果報는 뜻대로 되지 않는다."라고 하였고, 또한 규봉선사圭峰禪師[208]께서 이르기를 "문자만을 알아서 경전을 보는 것은 원래 증득하여 깨닫지 못함이며, 문자와 뜻을 해석함은 오직 탐진貪瞋의 사견私見만 더할 뿐이로다."라고 하였으며, 또한 홍인弘忍대사께서 이르기를 "본래의 진실한 마음을 지키는 것이 시방十方의 모든 부처님을 생각하는 것보다 수승殊勝함이로다."라고 하였으니 이와 같은 설화는 모두 정혜定慧의 근본을 통달하지 못하면서 잘못 수행함을 꾸짖는 것이로다. 대저 중생들이 삼계[209]에 빠진 것은 어린아이가 물이나 불에 들어가는 것과 같아서 모든 부처님이 대자비大慈悲로 구제해 주심은 어머니가 어린 아기를 가엾게 여기는 것보다 수승함이로다. 그러므로 세존께서 이르기를 "중생들을 평등하게 보기를 라후라羅睺羅[210]와 같이 함이로다."라고 하셨음이로다. 그러나 우리들이 아직 뛰어오르지 못한 것은 어찌

---

208 圭峰: 주註 112 참고.

209 三界: ① 욕계欲界는 육천六天이고, ② 색계色界는 십팔천十八天이고, ③ 무색계無色界는 사천四天이다.

210 羅睺羅: 석가세존의 친자親子이다. 석가세존이 태자로 있을 때 결혼하여 낳은 아들이나 도를 배우려고 발심하였으니 그 아들이 장애로 여겨져 라후라라 이름하였다. 석가세존이 성도한 후에 출가하여 제자가 되었으며 밀행제일密行第一 라후라羅睺羅라는 이름을 얻게 되었다.

부처님의 자비가 없어서 그러하겠는가. 그렇지 않음이로다.

부처님 회상會上에 아나율존자阿那律尊者[211]는 잠이 많은 수면
睡眠의 장애로 부처님에게 꾸지람을 듣고서 7일 동안 잠을 자지
않고 수행 정진하다가 천안天眼을 얻었으나 장님이 되었고, 아난
존자阿難尊者는 가섭존자에게 꾸지람을 듣고 비사리성毘舍離城
에 홀로 거처하면서 수행 정진하다가 심신心身이 지극히 피로한
연후에 아라한과阿羅漢果[212]를 얻었다라고 함이로다.

만약 또한 부처님께서 신통력神通力을 써서 능히 강제로 중생
으로 하여금 도를 이루게 하였다면 마치 입을 벌리고 약을 부어서
병을 치료하는 것과 같을 것이니 어찌 두 분의 존자尊者가 이와
같이 정진精進하여 매우 깊은 고행으로 장님이 된 연후에 천안통
天眼通을 얻고 아라한과阿羅漢果를 이루는 번거로운 폐단이 있었
을 것인가. 그러하다면 어찌 귀하게 여길 부처님의 말씀과 가르침
을 빌어서 스스로 수행하고 스스로 깨달으려 함에 있지 않겠는가.
가히 옳은 말씀이로다. 그러므로 대저 스스로 수행修行하고 스스
로 깨닫고자 한다면 또한 그 말씀과 가르침을 빌리지 않고서는
안 될 것이니 마치 씨앗이 생장生長하는 데 실로 물과 흙을 필요로
하고 보배가 어두운 방에 있음에 반드시 등불을 밝혀야 빛이

---

211 阿那律尊者: 부처님의 십대제자十代弟子 중 한 사람으로 천안제일존자天眼
    第一尊者이다.
212 阿羅漢果: 깨달은 자리를 과果라고 한다. 수행의 원인에 대한 결과를
    말한다.

남과 같이 모든 경론經論 가운데에 밝혀 놓은 교훈教訓은 선지식善
知識을 참방해서 도업道業을 결택함에 급히 힘쓸 것이로다. 비유
컨대 대저 사찰寺刹과 푸줏간 옆에 사는 사람들이 한 모양이나
그러나 선악善惡이 때에 따라 달랐고, 향香을 쌌던 종이와 생선을
쌌던 종이를 만진 것은 한 사람이지만 또한 비린내와 향내가
때에 따라 변함이로다. 그러므로 고인古人께서 이르기를 "어진
이를 좋아하기를 여색女色과 바꿔라."라고 하셨고, 고덕古德께서
이르기를 "좋은 도반 섬기기에 신명身名을 아끼지 말라."라고
하셨으니 어찌 그 소중함이 저와 같거늘 어찌 이것을 가벼이
하기를 이와 같이 하겠는가. 내가 지난 기묘년(1879년) 겨울에
계룡산鷄龍山 동학사東鶴寺 조사당祖師堂에 주석하면서 조사선
祖師禪의 활구活句를 참구하다가 홀연히 뜻을 얻은 곳이 있었음이
로다. 뜻이 같은 이들과 더불어 공부할 생각이 있었으나 그때에
돌림병(風痾)이 아직 그치지 않았고 마음의 의지도 또한 용렬庸劣
하여 드디어 여유 있게 노닐면서 세월 속에만 쌓아 두고 어촌과
주막으로 방광放曠하고 또는 그윽한 골짜기와 깊은 숲을 찾아
쉬면서 자연과 더불어 스스로 잊어 버렸음이로다.

그 후 소요사태騷擾事態[213]가 잇달아 분분이 일어났으며 세상일

---

213 騷擾事態: ① 1862년 농민항쟁, ② 1866년 병인양요(프랑스함대의 강화도
공격), ③ 1867년 남연군묘 도굴사건(독일), ④ 1871년 신미양요(미국),
⑤ 1884년 갑신정변(개화파), ⑥ 1894년 갑오농민전쟁(동학혁명), ⑦ 1895년
을미사변(일본의 명성황후 시해사건) 및 단발령 사건, ⑧ 1897년 8월 대한제

이 어지러워 이 한 몸조차 감출 겨를이 없었거늘 어찌 또한
다른 데 생각이 미칠 수 있었겠는가. 어영부영 보내다가 몰란결에
세월만 수차례 바뀌어 지금 20여 년이 흘렀음이로다. 스스로
부처님의 은혜가 막대함을 생각하고 티끌 같은 세상에 만분의
일이라도 갚고자 하여 바랑과 주장자를 가로 메고 합천 해인사에
방문 도착하였더니 때마침 수선정사修禪精舍를 새로 건축하여
여러 선덕禪德과 함께 황양목선黃楊木禪²¹⁴을 하며 동안거冬安居
한 철을 머물게 되었음이로다. 하루는 화롯가에 둘러 머리를
맞대고 앉아 덕담德談을 하다가 고인古人께서 결사結社하여 수도
修道하던 말이 언급됨이로다. 곧 여러 선덕은 모두가 잊었던
것을 문득 생각해 낸 것과 같고 그 뜻의 발원과 신심의 힘이
샘물이 솟듯 산이 우뚝 솟은 것과 같아서 그 서로 만남이 늦음을
한탄하면서 또한 곧 결사를 동맹하고자 의논하여 나(鏡虛)를
맹주盟主²¹⁵로 추대함이로다. 나(鏡虛)는 지난날을 소회所懷하여
생각하건대 불은佛恩이 막대莫大하였으나 그 재주가 용렬함과
성품이 단정하지 못함과 도道에 충실하지 못함을 돌아보지 않고
한 마디도 사양辭讓하지 않고 허락함이로다.

국성립과 광무개혁(고종) 등인데 경허선사께서는 이러한 어지러운 세상임
에도 불구하고 전국에 선원을 개설 중흥中興하셨다.

214 黃楊木禪: 나태한 사람이 수행하는 데 정진함이 없음을 꾸짖어 말한
것이다.

215 盟主: 동맹의 주재자主宰者를 말한다. 맹수盟首라고도 한다.

그 동맹同盟으로 약속한 까닭은 무엇인가? 함께 정혜定慧를 닦고 함께 도솔천兜率天에 태어나며 세세생생에 도반道伴이 되어 구경에는 함께 정각正覺을 이루며 도력道力을 먼저 성불한 사람이 있다면 그 이루지 못한 사람을 인도引導해 주기로 서원하며 동맹한 바를 어기지 않는 것이로다.

만약 견해見解가 같고 수행을 같이하려는 사람이 있으면 승속僧俗과 남녀男女 노소老少와 어진 사람이나 어리석은 사람이나 귀천貴賤을 묻지 않으며 또한 친하거나 성글거나 떠났거나 합했거나 멀고 가깝고 선후先後를 따지지 않고 모두 동참하기를 허락하기로 하였으니 이러한 까닭으로 사람마다 모두 무량한 보배장(寶藏)이 있어서 부처님과 더불어 다를 바가 없거늘 다만 오랜 세월을 지내면서 좋은 도반의 개시開示함을[216] 만나지 못하고 삼계三界에 포복匍匐하며 사생四生에 부침浮沈하기 때문이로다.

마치 비유하건대 그뿐만 아니라 연야演若[217]가 미혹하여 머리를 흔들면서 곤궁한 아이가 고향을 떠나 풍랑에 윤회하며 정처 없이 떠돌아다니며 허다한 고생을 겪으며 하룻밤에도 만 번이나 생사生死의 고통을 겪을 적에 매양 한 생각에 심장이 찢어질 듯이 아프며 몰란결에(아마도) 짧은 탄식과 긴 한숨이 나오니

---

216 開示: 개시오입開示悟入의 준말인데, 세존은 중생으로 하여금 선지식을 개시오입하기 위하여 이 세상에 나셨다고 한다.

217 演若: 『능엄경』에 나오는 연야달다演若達多로 본다.

어찌 가히 다반사茶飯事로 여겨서 벗어나기를 구하지 않겠는가.
이와 같은 정사를 상세히 살피고 장수長壽하고 또한 극락에 태어
나기를 두루 발원함이로다. 또한 고인古人께서 이르기를 "취미가
다르면 또한 얼굴을 대하고 있어도 초楚나라와 월越나라와 같을
것이요, 도道가 계합하면 하늘과 땅이 같은 곳이로다."라고 하였
으니 같은 처소에 또한 있으므로 만상이 비록 펼쳐졌으나 공한
성품은 그대로 있고 온갖 물이 함께 흘러 들어가도 바닷물은
넘치지 않는 것과 같음이니 다행히 바라건대 용맹심勇猛心을
경책하고 분발해서 허망하고 무상한 업행業行을 밝게 관조觀照하
고 적멸寂滅한 법계의 성품을 깨달아서 그 견해와 아는 바를
초월하여 다 잊어버리고 정법안장正法眼藏과 반묘심涅槃妙心을
증득함이로다. 대저 이와 같이 하면 그 누가 불가능하다고 또한
말하겠으며 누구인들 이 즐거움을 원하지 않을 것인가.

『인행경因行經』에 이르기를 "석가세존께서 과거세過去世에 선
혜선인善慧仙人이 되어 연등불燃燈佛이 가시는 길에 머리털을
땅에 깔았으므로 백만 천인天人 대중들이 기뻐하고 찬탄함에
그 인연으로 다 함께 영산회상에서 만나 도道를 이루었다."라고
하였으며, 『천불인연경千佛因緣經』에 이르기를 "현겁천불賢劫千
佛[218]이 과거 보등염왕여래寶燈焰王如來의 상법像法시대에 학당學

---

218 賢劫千佛: 현재 대겁大劫의 구세불인 ① 구류손불拘留孫佛, ② 구나함모니
불拘那含牟尼佛, ③ 가섭불迦葉佛, ④ 석가모니불釋迦牟尼佛의 부처님(四尊)

堂의 동자童子가 되어 삼보三寶의 이름을 듣고 불상에 예배하며
원대한 서원誓願을 발원하며 최상의 보리심菩提心을 발하고 이후
로 함께 천불千佛을 이루었다."라고 함이로다. 그 외에 모든 불보
살佛菩薩이 함께 발원하고 도를 이루었다는 것은 경전經典에
그 내용이 없는 곳이 없으니 근래 고덕古德이신 혜원법사慧遠法
師[219]께서 여산廬山에서 결사하고, 백낙천白樂天은 향산香山에서
결사하고, 목우자牧牛子는 팔공산八公山에서 결사한 것이 모두
이와 같은 뜻이로다. 현장법사玄奘法師[220]께서 이르기를 "서역西
域의 사람들은 모두 도솔천에 태어나는 업을 지었음이로다."라고
하였으니 대체로 이 욕계欲界 안에서 성기가 서로 합하여 그
행을 이루기 쉬우므로 대승大乘과 소승小乘의 법사들이 모두
이 법을 허락하였다."라고 함이로다.

　미타정토彌陀淨土는 아마도 범부凡夫가 사바세계에서 수행하
기 어려우므로 신역新譯이나 구역舊譯이나 경론經論에서 모두

을 말한다.

219 慧遠: 523~592. 수隨나라 출신 승려. 13세에 출가, 16세에 경률론經律論
　　삼장三藏을 배웠다. 577년 북주北周의 무제武帝가 불교를 폐지하자 은신하
　　여 수행 정진하였는데 후에 문제文帝가 중국을 통일하고 불교를 중흥하여
　　혜원慧遠을 위하여 정양사를 짓고 강설을 열도록 하였다고 한다.

220 玄奘: 600~664. 당唐나라 승려로 불경 신역新譯의 대가였다. 13세에 출가,
　　15년간 정진, 635년에 중인도 나란타사에서 공부하고 657년에 장안에
　　돌아와 태종太宗의 영접을 받았다. 646년부터 번역을 하였다고 한다.

이르기를 "십지十地 이상[221]의 보살이 되어야 분수에 따라 보불정
토報佛淨土를 볼 수 있음이로다."라고 하였으니 어찌 하품下品의
범부로서 곧 왕생往生을 얻는다고 용납하겠는가. 대승大乘에서
는 허락하고 소승小乘에서는 허락하지 않으므로 현장玄奘법사는
일생 동안 항상 도솔천에 왕생往生하기를 업으로 짓다가 임종할
때에 왕생하여 미륵불彌勒佛을 친견하기를 발원하고 대중들을
청하여 게송으로 읊기를

"미륵여래彌勒如來와 응정등각應正等覺께 귀의하옵고

모든 중생과 더불어 속히 자비스런 용안을 뵙기 발원하옴이
로다.

미륵여래와 함께 거처하는 바 대중들에게 귀의하옵나니

이 목숨을 다한 뒤에 반드시 그 가운데 왕생하여지이다."
라고 하였음이로다.

대개 현장법사는 법을 아는 고승高僧이라 반드시 스스로 그르
치거나 다른 사람을 속이지 않았을 것이거늘 하물며 고금古今의
전기前記에 도솔천에 왕생한 사람을 어찌 가히 다 기록할 것인가.
그리고 무착無着 스님[222]과 천친天親보살과 같은 이들도 또한
함께 도솔천에 왕생하기를 발원하였으니 이제 다만 법을 취할

---

221 己上: 한암 중원선사 필사본에는 '已上'으로 기록되었으나 현재 통용하는
'以上'으로 본다.

222 無着: 북인도 건타라국 출신. 아버지는 교시가憍尸迦이고, 아우는 세친사자
각世親師子覺이다. 무착 스님은 왕사성에서 75세에 입적하였다.

뿐이로다.

비록 이와 같으나 그 정토와 도솔천은 또한 그 수행하는 사람마다 때에 따라서 뜻과 발원에 따라 다름이 있을 뿐이니 어찌 도솔천에 왕생하려는 이가 미타여래를 친견하기를 발원하지 않으며 미타정토彌陀淨土에 왕생往生하려는 이가 미륵존불彌勒尊佛을 받들어 섬기길 발원하지 않겠는가. 마치 백옥白玉과 황금黃金이 각각 참된 보물이 되며 봄 난蘭과 가을 국화가 함께 맑은 향기를 풍기는 것과 같은 것이니 우열과 어렵고 쉬움으로써 옳다 그르다 하여 너와 나의 견해를 일으켜 다투지 말 것이로다.

지금 이 결사禊社 안에 먼저 들어온 사람은 이와 같은 상생上生의 행과 발원이 있어야 하고 추후 결사에 참여할 사람들은 또한 마음과 말이 같아야 할 것이로다. 설사 도력道力을 아직 이루지 못한 사람이 있더라도 이러한 원력에 의지하여 도솔천 내원궁內院宮에 상생上生하여 미륵존불의 최상의 현음玄音 법문을 들어 속히 대각大覺을 증득하고 도리어 중생을 제도하면 어찌 유쾌하고 즐겁지 않겠는가. 발원하건대 모든 수행자는 다행히 옛것을 소중하게 생각하면서 지금 것을 가벼이 생각하지 말고 발원하고 동참하여 좋은 인연을 깊이 맺을 것을 발원함이로다. 그밖의 일상생활에 관한 여러 행위는 경전에 자세히 실려 있으니 가히 스승으로 삼아 본받으면 되겠기에 반드시 조목조목 분석하지 않음이로다.

고인古人께서 이르기를 "만행을 갖추어 수행하더라도 오직 무념無念으로써 종宗을 삼음이로다."라고 하였으니 수행자의 요긴함이 결정코 여기에 있음이로다. 치우치거나 의지하거나 지나치거나 모자라는 실수가 있지 않도록 하여야 할 것이로다.

아아! 슬픔이로다. 대저 사람의 몸을 한번 잃으면 만겁萬劫토록 다시 회복하기 어렵나니 옛날부터 영웅들이 있었으나 지금은 어디에 있는고. 그러므로 고덕古德께서 스스로 경계한 게송에 이르기를 "명리名利도 구하지 않고 영화도 구하지 않고 다만 인연을 따라 한 생을 제도함이로다. 세 치 혀의 기운이 떨어지면 누가 이 몸의 주인인가 백 년 후에 이 몸은 헛된 이름뿐이로다. 의복이 해지면 누덕누덕 기워 입고 양식이 떨어지면 그때마다 주선하려니 한낱 헛된 몸이 며칠이나 능히 살겠다고 남을 위하여 부질없는 일로써 무명만 기르는가."라고 하였고, 또한 고덕古德께서 세상을 탄식한 게송에 이르기를

細推今舊事堪愁　자세히 오늘 일과 옛일을 생각하니 근심이 그지없고

貴賤同做一古邱　귀한 이든 천한 이든 함께 한 줌의 흙이 됨이로다

漢武玉堂塵已沒　한무제의 옥당玉堂은 티끌에 묻혀 없어지고

石崇金谷水空流　석숭石崇의 금곡金谷에는 물만 공연히 흐름

　　　　　　　이로다

光陰乍曉仍還夕　세월(光陰)은 문득 새벽인 듯 곧 어느덧 저녁
　　　　　　　이요

草木才春卽到秋　초목은 겨우 봄이더니 잠깐 뒤 가을이 돌아옴
　　　　　　　이로다

在世若無毫末善　세상에 살았을 때 만약 털끝만한 착한 일이
　　　　　　　없으면

死將何物答冥侯　사후에 무슨 물건으로 명부(冥侯)에 보답할
　　　　　　　것인가

라고 하였으며 또한 고덕古德의 권수문勸修文에 이르기를 "숨
한번 돌리지 못하면 곧 내생이로다. 비록 처자妻子가 서로 애석하
게 생각하더라도 그대를 머무르게 할 계책이 없고 골육骨肉 친척
들이 앞에 가득한들 누가 너를 대신할 수 있겠는가. 그리고 한
무더기 모닥불 태우기를 재촉하여 만 리 밖 황산荒山에 묻어
버리고 거친 풀이 거침없이 가득한 숲 속에 비석만이 머물고
푸른 버들가지에 종이돈을 공연히 걸어둠이로다. 눈물을 뿌릴
때 속절없이 적적하고 슬픈 바람 부는 곳에 찬 기운만 쓸쓸함이로
다. 인생 노을 내리는 곳(梢頭)[223]에 이와 같음을 면하기 어렵나니
이 속에 이르러서 어찌 반성하지 않겠는가. 부처님 말씀을 믿지

---

223 梢頭: 찬 나뭇가지의 끝을 말한다.

않으면 어떤 말을 가히 믿을 것인가. 사람이 도道를 닦지 않으면 다른 생애도 도를 닦기 어려우니 실로 가히 한스럽고 애석하도다."라고 함이로다. 마땅히 이와 같은 결사문稧社文을 세 번 거듭 읽고 생각하여 마음에 새겨 두고 정진하기를 또한 머리에 붙은 불을 끄듯이 하여 이 생애로 하여금 헛되이 보내지 말 것이로다. 만약 이와 같이 보고 듣는 데 이르면 간절히 경계할 것이로다.

만약 심상하게 생각해서 가려움에 신발 위를 긁듯 하거나 월越나라 사람이 진秦나라 사람 보듯 하여 조금도 감흥이나 발심發心이 없는 사람은 병든 이가 약을 구하지 않는 것과 같고 굶주린 사람이 공양(밥)을 먹지 않음과 같으니 나(鏡虛)도 참으로 그와 같이 또한 어찌 할 수 없을 뿐이로다. 만약 진실로 이 강령綱領과 연원淵源의 도를 행하여 도솔천 내원궁內院宮에 상생하려는 마음을 발원하는 사람은 모름지기 부지런히 간절하게 선지식善知識을 참방할 것이로다. 문장은 짧고 지혜는 옅어서 그 말과 뜻을 글로써 능히 다 표현하지 못함이로다.[224] 삼가 이 수승殊勝한 인연으로 앙축仰祝하노니 황제폐하皇帝陛下는 성수만세聖壽萬歲하며 다음의 발원은 해마다 풍년이 들어 시절이 평화스러우며 전쟁은

---

[224] 한암 중원선사 필사본과 극락암 발행본에는 '謹此伏此勝緣仰祝皇帝陛下聖壽萬歲次願歲稔時和烟塵永絶正法流通於無窮法界含識同證妙覺結社比丘惺牛等故依一代教主釋迦牟尼佛歸依當來教主彌勒尊佛故依十方三世常遍常住佛法僧仰伏憐愍加被之力使我等所願勿浪失速成就伏祝' 103자字가 있는데 수덕사 발행본에는 빠져 있다.

영원히 끊어지며 정법이 유통되어 저 무궁한 법계의 중생들이 다 함께 묘각妙覺을 증득할 것이로다.

결사結社 비구比丘 성우惺牛 등은 일대교주 석가모니불께 귀의하오며, 당대교주 미륵존불께 귀의하옵고, 시방삼세 항상 두루하고 항상 머무는 불법승佛法僧께 우러러 엎드려 청하옵나니 연민憐愍의 가피력加被力으로 하여금 우리들의 소원이 헛되지 않게 하고 속히 성취되기를 엎드려 발원함이로다.

대한大韓 광무光武 3년(己亥, 1899) 11월 1일

결사맹주稧社盟主 비구比丘 성우惺牛 분향재배焚香再拜 근식謹識[225]

○海印寺定慧稧社規例

一. 當念無常迅速生死事大勤修定慧若不勤修定慧而求佛果者如却行求前適越北轅切勿執着有爲幻法以誤平生事事

一. 若勤修定慧能決擇行業而後不枉用功應須㕘尋知識事

一. 自古成佛作菩薩必具行願然後得辦所以行定慧願上生兜率內院同成佛果事

---

225 한암 중원선사 필사본과 극락암 발행본에는 '大韓光武三年十一月一日結社盟主比丘惺牛焚香再拜謹識' 25자字가 있는데 수덕사 발행본에는 빠져 있다.

一. 旣叅稧社者以定慧爲急務不可但願上生兜率也有願
無行則其願歸虛事

一. 能眞修定慧者不願生兜率亦許叅社能眞修定慧者願
往生極樂亦許叅社事

一. 本結社之意要在同社琢磨若無事故必同會一處做工事

一. 若決擇分明能於定慧用眞修行者不會一處亦不妨事

一. 無論道之生熟勢不可者不必來會事

一. 追後叅社之者居住姓名與發願等事分明記錄於稧冊事

一. 此稧誼初創未布於他處今且以海印禪社定結社所則
其居住姓名等事乘便記送於結社所輪照於稧中諸人也不
必專爲此事來往以作煩獘事

一. 叅稧之人各發勇猛心志其先成道力度其未逮之人也
不可專恃於他人而放逸也若如此者不如不入結社設或欺
心而入者欺心者何道可辦則不入結社爲宜事

一. 心行凶惡者被重罪者惡疾惡瘡者切不許叅入以減損
風化有妨行道事

一. 若非同見同行之人勿許叅社事

一. 發願同盟此非小事稧中之人若墮三途或流入魔外者
其先成道力之人克意拯濟不違同盟推此而言恩逾父母誼
過兄弟其父母與兄弟烏能相救於身後耶故同心和護救其

病者周其貧者勿爲等閑如路人事

一. 旣有上生兜率親見彌勒如來之願當如世之有大孝之
心者忽因王事違於父母流離他鄉歸覲之心靈慧心目不能
自忘如此則不數珠誦念其念常切又非特常切而自然憶持
不忘也此是眞實念佛也切勿執數珠和雜念念誦千百其他
禮拜供養之規亦應推此自設一香一茶至於一飯鉢一禮拜
要在誠心不可多多煩亂事

一. 隨其稧人之各在諸處或多或小因其處住課要務其同
會不得獨處山林若痛苦或死亡者未成道力而無道伴之開
導後路則悉有失其前功自誤大事又不可不自稧中相扶助
矣恐飄然一衲隨意南北則此等病死之人亦不爲不多也若
不廢個個救助則南渡長江北登疊嶂艱辛道路無月無之一
來其勢不及一來有妨勞於做課一來林下之人有何錢財可
以救助於遠外病死之人哉若不救助者有違於同盟又被謗
於眾人故隨其多少因其處同做詳此一條有大關事必期於
遵守也若有獨處之心者不入結社事

一. 大限難逃而有致病欲殞者在傍稧伴當用意看病爲說
無常法爲說定慧理爲說上生兜率願使其亡者不昧精神不
昧道力不昧上生兜率之願事

一. 死亡之處在傍稧伴辦供禱祝彌勒如來與十方三寶而

止於至誠而已幸勿勞力大其設辦事

一. 死亡事與日字當分明書着擇信便卽達於結社所自結
社所輪照於諸稧伴又不應專爲此事來往遠程若稧會中聞
此消息者雖遠在千里之外者二三人一會或四五六人一會
或十人二十人一會或百餘人一會等自其會中念同盟之約
發至誠心爲其亡人隨其豊儉爲設多少供養具愍懃供養彌
勒如來與十方三寶雖一會百餘人書列各人名字又各同叅
跪拜禱祝使亡人上生兜率內院宮此奠施于亡靈其大小祥
日亦遵此事

一. 問曰今結定慧社而兼上生兜率者何以耶答曰爲其未
得力於定慧者設也其能得力者隨意自在豈有假其願力而
後來往耶然大力菩薩亦有誓願其得力者何妨有願所以願
上生兜率內院也問曰旣以上生兜率爲同社又何以許其叅
入往生淨土者耶答曰結社乎定慧以其修定慧而願極樂者
亦可以同社故許其叅入若能眞修定慧者豈有以其兜率與
淨土之不同指歸而成異見耶問曰然則稧文中只願上生兜
率而不言往生淨土者又是何以耶答曰生淨土難而業兜率
易以其同是欲界之內而聲氣相合也問曰他勸修文中有言
生兜率難而業淨土易今胡以言之相反有其若是耶答曰此
有深意偏檢經論與古人語錄非特淨土與兜率之難易也以

偏讚或云成道莫如持呪或云學佛莫如誦經或云造佛造塔
布施供養其功甚大乃至散擧萬行偏讚其法此不是謂其一
法是可而餘法是不可也只在當時主化之人之用善權而作
利益衆生也故經云無有定法名阿耨多羅三藐三菩提又云
佛不妄語而有利益衆生事有時用妄語問曰旣然則當願往
生淨土耶當願上生兜率耶答曰當願乎上生兜率也問曰此
規例中之所許同社淨土者 是爲妄也答曰爲其多年願生淨
土堅持不移者從以許之也何如今之上生兜率成其道力而
後任運往生於淨土而親見彌陀如來之事之萬不失一也只
恐願淨土者不得徑往若能徑往者希有哉有何不可哉吾亦
當從君接武而往也雖然幸須十分仔細當最後一念眼光落
地之時莫自悔之事

一. 在世做小分善業回向於同叅稧人同成佛果事

一. 問曰只有願於同稧人之成佛者豈不缺漏於回向衆生
之大願耶 答曰此同稧人之所以願同成佛果者是其實欲度
一切衆生而爲之也故古人云自未解縛能解他縛無有是處
若離此法別無回向衆生事事

一. 此結社文其有力能勸化者各持一軸以廣化叅社而其
謄寫此文時十分用意不漏落書字倒誤文句使語義失理或
絶其脉絡不得便於閱覽亦有妨於勸化事

一. 夫人命無常今日雖存明亦難保其創設稧誼者豈能長時住着於斯世耶敬望後賢幸須克意相傳不廢此結定慧之稧誼傳於久遠廣度迷倫事

一. 若欲叅社者此規例與稧文也幸須祥覽先入社者幸須仔細教悟發眞正信心辦其正道業也切莫隨風氣變幻不定事

一. 此規例與稧社文也當熱際與寒際同課之中或常時同會做課使善於文辭而知宗趣者爲其會衆生仔細演說開導初發心人與不識文字稧伴使無忘失顚倒事

一. 此規例與稧社文之中設有不合於他脩行之事此是祇可規例於叅稧之人者則稧外人之看過者幸勿抵捂而起是非事

一. 此規例者只是規例於稧社之關係者也其餘散行具載黃卷不必蔓引以成煩屑事

一. 此規例之外更有詳定事目而有未便於稧誼初創之日者故姑不錄示以待日後盛行更爲之裁定也然而輒不許擅自裁定與盟主與知事理稧伴會議詳盡而後書於稧冊分布施行事

一. 如上規例各宜遵守勿爲放墮喪失於自利利他事

◉해인사 정혜 계사[226] 규례(定慧稧社規)

① 마땅히 무상無常이 신속하고 생사의 일이 중대함을 생각하여 정혜定慧를 부지런히 닦아야 할 것이니 만약 정혜를 부지런히 닦지 않고 불과佛果를 구하고자 하는 자는 행하지 않고서 앞으로 가려는 것과 월나라로 가려고 하면서 북쪽으로 수레를 향하는 것과 같음이로다. 간절히 헛된 유위법有爲法에 집착해서 평생의 일을 그르치지 말 것이로다.

② 만약 정혜定慧를 부지런히 닦고 능히 행업行業을 결택한 연후에 공덕功德을 허비하지 말고 마땅히 모름지기 선지식善知識을 찾아 참구參究할 것이로다.

③ 예로부터 성불成佛하고 보살행菩薩行을 하려면 반드시 행업行業을 갖춘 연후에야 판단할 수 있으니 이런 까닭으로 정혜를 닦아 도솔천 내원궁에 상생上生하여 불과를 함께 이루기를 발원함이로다.

④ 이미 계사稧社에 참여한 사람은 정혜를 위해 급히 힘쓸지언정 가히 도솔천에 상생하기만을 발원하지 말 것이로다. 발원만 있고 정혜를 닦지 않으면 곧 그 발원은 헛될 뿐이로다.

⑤ 능히 참으로 정혜를 닦는 사람은 도솔천에 태어나기를 발원하지 않더라도 또한 계사稧社에 참여하기를 허락할 것이며 능히 참으로 정혜를 닦는 사람은 극락에 왕생하기를 발원하

---

226 稧社: 뜻을 같이하는 모임. '계稧'는 '계契'와 같은 의미로 쓰인다.

더라도 또한 계사에 참여시킬 것이로다.

⑥ 본 결사結社의 뜻은 요컨대 함께 계사한 도반과 탁마琢磨하는 데 있으니 만약 특별한 일이 없으면 반드시 함께 한 곳에 모여 공부할 것이로다.

⑦ 만약 분명하게 결택하여 능히 정혜를 참되게 수행하는 사람은 한곳에 모이지 않더라도 또한 방해가 되지 않음이로다.

⑧ 도道가 미숙하고 성숙함을 논할 것 없이 형세가 옳지 못한 사람은 반드시 이 모임에 오지 않아도 될 것이로다.

⑨ 추후에 계사禊社에 참여하는 사람은 주소住所와 성명姓名과 더불어 발원 등의 일을 분명히 계사책禊社冊에 기록할 것이로다.

⑩ 이 계사의 처음 시작은 다른 곳에 선포하지 않았는데 지금 또한 해인선사海印禪社로써 정혜소定慧所를 정하였으니 그 주소와 성명 등을 편의대로 기록하여 결사結社한 곳으로 보내어 계사禊社 대중이 돌려 보도록 할 것이며 반드시 이런 일 때문에 왕래하여 번거롭게 하지 말 것이로다.

⑪ 이 계사禊社에 참여한 사람은 각기 용맹심을 발하되 그 도력道力을 먼저 성취하여 그 아직 도력을 이루지 못한 사람을 제도할 것이며 오로지 다른 사람만 믿고 방일하는 사람이 있으면 불가함이로다. 이런 사람들은 결사結社에 들어오지 않음만 같지 못함이니 설혹 기만하는 마음으로

들어온다면 기만하는 마음이 있는 자가 어찌 도를 기려 성취할 것인가. 곧 이런 사람은 결사結社[227]에 들어오지 않는 것이 마땅함이로다.

⑫ 마음과 언행言行이 흉악한 사람과 중죄자重罪者와 나쁜 병이 있는 사람은 일체의 참여를 허락하지 말 것이니 부처님 등화를 손상시키고 도를 닦는 대중에게 방해가 되기 때문이로다.

⑬ 만약 견해見解가 같지 않고 행행行이 같지 않는 사람이라면 이 계사稧社에 참여하는데 허락하지 말 것이로다.

⑭ 발원하고 동맹하는 것은 작은 일이 아니라 계사稧社한 사람 가운데 만약 삼악도三惡道에 떨어졌다거나 혹은 마구니와 외도에 흘러 들어가는 사람이 있다면 먼저 도력을 이룬 사람이 결단코 제도하여 동맹한 뜻을 어기지 말게 할 것이니 이것을 미루어 말한다면 그 은혜가 부모와 더불어 형제보다 더함이니 그 부모형제가 어찌 이 몸 죽은 연후에 제도할 수 있을 것인가. 그러므로 한마음으로 화합하고 보호하여 병든 사람을 구제하고 가난한 이를 두루 구호하되 마치 노상에서 만난 사람처럼 등한히 하지 말 것이로다.

⑮ 이미 도솔천에 상생上生하여 미륵여래를 친견하겠다는 원력

---

227 結社: 여러 사람이 공동의 목적을 이루기 위하여 단체를 조직함 또는 그렇게 조직된 단체.

이 있다면 마땅히 나라일로 큰 효심이 있는 사람이 홀연히
나라일로 인하여 부모와 떨어져 타향으로 유력하더라도
돌아가서 뵙고 싶은 그 마음으로 능히 스스로 잊지 않는
것과 같이 할 것이로다. 이와 같이 염주를 굴리지 않더라도
그 생각은 항상 간절함이니 또한 간절한 때 항상 간절하며
자연히 생각하고 지녀서 잊지 않을 것이니 이것이 진실한
염불이로다.

간절히 염주를 잡아 굴리더라도 잡념 속에서 염불을 백천
번 염송하지 말 것이로다. 그 밖에 예불하고 공양하는 법규
도 또한 이를 미루어 생각하면 한 대의 향과 차 한 잔을
올리고 한 발우공양과 한 번 예배하는 데 이르는 것이 요컨대
정성스러운 마음에 있음이니 가히 다다익선多多益善으로
번잡하게 하지 말 것이로다.

⑯ 계사禊社한 사람들이 그때마다 각각 모든 처소에 따라 모이
되 혹 많거나 혹 적거나 그 처소에 인연해서 공부를 하되
함께 모여서 공부에 힘쓸 것이요 홀로 산속에서 거처하지
말 것이로다. 만약 고통을 당하다가 혹 죽게 되면 도력道力을
성취하지 못하고 죽은 연후에 길을 열어 인도해 줄 도반이
없다면 곧 이전의 공덕을 잃어버리고 대사를 스스로 그르칠
까 염려됨이니 또한 스스로 계사禊社한 사람들끼리 서로
구제하고 도와주지 않으면 옳지 못함이로다. 두려운 것은

아마도 가볍게 나부끼는 한 납승이 뜻에 따라 남북으로 다니다가 이와 같이 병들어 죽는 사람들이 또한 적지 않을 것이로다. 만약 그러한 이들을 모두 도와 구제하자면 남으로 장강을 건너고 북으로 첩첩산에 올라서는 거리의 고통이 없지 않으리니 한 번 오고 감도 그 세력이 미치지 못하고 한 번 가고 옴도 공부에 방해가 있음이요, 한 번 오고 가려해도 산에 사는 사람이 무슨 돈과 재물이 있어 가히 먼 지방의 병들고 죽는 사람을 도와 구제할 것인가. 만약 도와 구제하지 못한다면 동맹에 어긋남이 있을 것이요, 또한 대중들의 비방을 받을 것이로다. 그러므로 많고 적음을 따라 그 처소로 인하여 함께 공부해야 할 것이로다. 이 조항을 자세히 하는 것은 크게 관계되는 일이 있으니 반드시 준수하고 약속할 것이며 만약 홀로 거처할 마음이 있는 사람은 이 결사結社에 들어오지 말 것이로다.

⑰ 사람의 수명壽命이 다함은 피할 수가 없으니 병들어 죽어가는 사람이 곁에 있으면 계사禊社의 도반이 마땅히 성의껏 간병하면서 그를 위해 무상법無常法을 설해 주고 위로할 것이며, 정혜定慧의 진리를 설해 주고 도솔천에 상생上生하는 서원을 설해 줄 것이며, 죽는 사람으로 하여금 정신이 어둡지 않게 하고 도력이 어둡지 않게 해 도솔천에 상생하는 원력을 어둡지 않게 해야 할 것이로다.

⑱ 사망死亡한 처소에 계사稧社의 도반이 있다면 공양을 갖추어 미륵여래와 더불어 시방삼보十方三寶께 명복冥福을 발원하되 정성껏 할 일이지 힘들여서 재를 크게 베풀지 말 것이로다.

⑲ 사망한 사유와 더불어 날짜를 분명히 적어 결사結社한 처소에 보내면 결사한 장소에서는 모든 계사稧社한 대중에게 통보하며 또한 오로지 이 일만을 위하여 먼 길을 왕래하지 말 일이며, 만약 계사稧社에 동참한 가운데 이 소식을 들은 이는 비록 천리 밖에 있더라도 두세 사람이 모이거나 혹 네다섯 사람이 모이거나 혹 열 명이나 스무 명이 모이거나 혹 백여 명이 모이거나 스스로 그 모임은 동맹의 서약을 생각하여 정성껏 망인亡人을 위하여 풍부하고 검소함을 따라 다소의 공양구供養具를 베풀고 미륵여래와 시방삼보께 공양을 올릴 것이요, 비록 함께 화합한 대중이 백여 명이 될지라도 각각 사람의 이름을 열거하여 쓸 것이며 또한 각각 동참하여 예배하고 축원하여 망인으로 하여금 도솔천 내원궁에 상생하게 할 것이며 그 다음에 망령을 위해 시식을 하며 대소상大小祥의 날에도 또한 이것을 준수하여야 할 것이로다.

⑳ 물어 이르기를 "지금 정혜계사定慧稧社를 맺고 겸하여 도솔천에 상생上生하기를 발원하는 까닭은 무엇인가?"

답하여 이르기를 "그 정혜定慧의 힘을 얻지 못한 사람을

위하여 시설한 것이나 능히 득력得力을 얻은 사람은 뜻대로
자재하거니와 어찌 원력에 의하여 왕래할 것인가. 그러나
큰 원력을 갖춘 보살도 또한 서원誓願이 있거늘 그 득력을
얻은 사람이라도 발원을 세우는 것이 무엇이 방해될 것인가.
그러므로 도솔천 내원궁에 상생하기를 발원發願함이로다."
물어 이르기를 "이미 도솔천에 상생하기를 계사禊社하는데
또 어찌하여 미타정토彌陀淨土에 왕생하는 발원을 허락하
는 것인가?"
답하여 이르기를 "정혜로 결사結社하고 그 정혜를 닦음으로
극락을 발원하는 이도 또한 같이 계사禊社할 수 있기 때문에
참여하기를 허락하였음이로다. 만약 참으로 정혜를 닦는
사람이라면 어찌 도솔천과 정토가 돌아가는 곳이 같지 않다
고 다른 지견知見을 일으킬 것인가."
물어 이르기를 "그러면 계사禊社 취지문 가운데 다만 도솔천
에 상생하기만 발원하였고 정토에 왕생往生하는 것은 말하
지 않았는데 또한 이것은 무슨 까닭인가?"
답하여 이르기를 "정토에 나기는 어렵고 도솔천에 상생하기
는 쉬움이로다. 같은 욕계欲界 안에 있음이요, 소리와 기운이
서로 합하기 때문이로다."
물어 이르기를 "다른 권수문勸修文[228] 가운데에도 도솔천에

---

228 勸修文: 승려들에게 불도에 전진할 것을 권하는 글이다.

나기는 어렵지만 정토에 나기는 쉽다고 하였는데 지금의 말은 어찌하여 상반相反되는 것이 이와 같을 수 있겠는가?" 답하여 이르기를 "이것은 깊은 뜻이 있으니 두루 경론經論과 더불어 고인古人의 어록語錄을 열람하여 보면 특히 정토와 더불어 도솔천이 쉽고 어렵다는 것이 아니라 두루 치우쳐 찬탄한 것이니 혹은 '도道를 이루는 것이 주력에 비교할 것이 없다.'라고 하였고 혹은 '부처님의 뜻을 배움이 경전을 독송함에 비유할 수 없다.'라고 하였으며 혹은 '부처님을 조성하고 탑을 조성하고 공양을 보시하는 그 공덕이 심히 크도다.'라고 하였으며 내지 만행萬行을 들어서 그 법을 두루 찬탄하였으니 이것은 한 가지 법만이 가히 옳고 나머지 법은 불가하다고 말한 것이 아님이로다. 다만 당시에 교화하는 사람이 좋은 방편을 써서 중생을 이익 되게 하기 위함이로다. 그러므로 경經에 이르기를 '일정한 법이 있을 수 없음이 곧 아뇩다라삼먁삼보리阿耨多羅三藐三菩提라[229] 이름한다.'라고 하였고 또한 이르기를 '부처님이 거짓말을 하시지 않았지만 중생을 위하여 때에 따라서 망어妄語도 쓴다.'라고 하였음이로다."

물어 이르기를 "그렇다면 여기 정토에 왕생하기를 발원하는

---

229 阿耨多羅三藐三菩提: 무상無上, 정등正等, 정각正覺이라 한다. 불타가 지혜를 깨달음을 말한다.

가, 마땅히 도솔천에 태어나기를 서원하는가?"

답하여 이르기를 "마땅히 도솔천兜率天에 상생하기를 원함이로다."

물어 이르기를 "이 규례規例 가운데 정토왕생淨土往生을 허락함은 이에 거짓이 됨인가?"

답하여 이르기를 "다년간 정토에 나기를 발원하여 원력을 바꾸지 않는 이를 위하여 허락하였는데 어찌 지금 도솔천에 상생하여 그 도력道力을 이룬 연후에 마음대로 정토에 왕생하는 것과 같을 것인가. 미륵彌勒이나 여래如來를 친견하는데 만에 하나라도 실수할 것이 없음이로다. 다만 정토왕생淨土往生을 발원하면서 바로 왕생往生하지 못함을 염려함이니 만약 바로 왕생한다면 어찌 희유希有한 일이 아니겠는가. 또한 무엇이 옳지 못할 것인가. 나도 또한 마땅히 그대의 자취를 쫓아갈 것이로다. 비록 그러나 다행히 십분 자세히 하여 마땅히 최후 일념의 눈빛이 땅에 떨어질 때에 스스로 후회되는 일이 없도록 할 것이로다."

㉑ 세상에 살아 있을 때에 작은 선업善業을 지었더라도 동참한 계사稧社의 사람들에게 회향하여 함께 불과佛果를 이루도록 할 것이로다.

㉒ 물어 이르기를 "다만 원력 있는 동참한 계사稧社의 사람들에게 성불한 사람이 어찌 중생들의 큰 원력에 결례缺禮되지

않게 회향하겠는가?"

답하여 이르기를 "이 계사에 동참한 사람은 함께 불과佛果를 이루기를 발원하는 것은 실로 일체 중생을 제도하기 위함이로다. 그래서 고인古人께서 이르기를 '스스로 결박을 풀지 못하고 능히 다른 사람의 결박을 풀어줄 수 없다.' 하였으니 '만약 이 법을 떠나 버린다면 별다르게 중생들에게 회향廻向하는 일은 있을 수 없다.'라고 함이로다."

㉓ 이 결사문結社文은 그 능력이 있고 부지런히 교화할 수 있는 사람이 각각 한 통씩 가지고 계사稧社에 동참하도록 인도하여야 할 것이로다. 이 글을 등사할 적에는 십분 주의해야 할 것이니 누락된 문자와 잘못된 문구文句가 있어 말의 뜻이 통하지 않거나 혹 맥락脉絡이 끊어져서 열람하는 데 편리함과 또한 권화勸化하는데 방해되지 않도록 할 것이로다.

㉔ 대저 사람의 목숨은 무상無常하여 오늘은 비록 보존하오나 내일은 또한 보존하기 어렵나니 그 계사稧社를 창설하는 사람인들 어찌 능히 오랫동안 세상에 머물 것인가. 바라건대 후인들은 명심하여 다행히 모름지기 지극한 뜻을 서로 전수傳授하여 이 정혜定慧의 뜻(稧)을 맺은 것을 잊지 말고 오래도록 전하여 미혹한 중생들을 널리 제도할 것이로다.

㉕ 만약 계사稧社에 동참하고자 하는 사람은 이 규례와 계사문稧

社文을 모름지기 자세히 보아야 할 것이며 먼저 결사한
사람은 모름지기 자세히 가르쳐 깨닫게 하여 진정한 신심信
心을 내게 하고 정도正道의 업業을 닦게 할 것이며 바람을
따라 부정不定하는 일이 없게 할 것이로다.

㉖ 이 규례規例와 더불어 계사문稧社文은 하안거와 더불어
동안거에 함께 공부하는 가운데 혹은 항상 같이 모여 공부할
때 문사文辭를 잘하고 그리고 종취宗趣를 아는 사람으로
하여금 그 회중會衆을 위하여 자세히 연설하게 하여 처음
발심한 사람과 더불어 문자를 알지 못하는 계사稧社의 도반
들에게 잊어버려 잘못하는 일이 없도록 할 것이로다.

㉗ 이 규례와 더불어 계사문 가운데 설사 합당하지 않음이
있더라도 다른 수행자의 일이요, 이것이 가히 규례의 계사稧
社에 동참한 사람들을 위함인즉 계사한 사람 이외의 사람을
보고 맞지 않다 하더라도 시비是非를 일으키는 일이 없도록
할 것이로다.

㉘ 이 규례라는 것은 다만 계사稧社에 관계되는 일이로다.
그 나머지 여러 행行은 경전에 갖추어져 있으니 불필요한
것을 인용하여 번거롭게 하지 말 것이로다.

㉙ 이 규례 밖에 다시 자세히 일의 세목細目을 정하였으나
처음 계사稧社하는데 불편함이 있을까 하므로 여기서는
제시하지 않고 후일에 선풍禪風이 크게 성행盛行할 때를

기다려 다시 재정裁定하기로 함이로다. 그러나 마음대로
재정裁定하지 않고 반드시 맹주盟主와 더불어 사리事理를
잘 아는 계사禊社한 도반에게 자세히 논의한 연후에 계사문
책을 써서 분포分布 시행할 것이로다.

③⓪ 위와 같은 규례를 각각 마땅히 준수할 것이며 절대로 방일放
逸하지 말고 자리이타自利利他의 행行을 상실喪失하지 말
것이로다.

대한大韓 광무光武 3년(己亥, 1899) 11월 1일

계사맹주禊社盟主 비구比丘 성우惺牛 분향재배焚香再拜 근식謹識[230]

22. 海印寺喪布禊序

余己亥之冬寓海印禪社下修多羅藏之香閣捫膝擁爐老驗
雨晴病驗寒暄而七分死灰十分枯木而已慮其幾乎辜負於
名山採藥之期也已有沙彌名斗正持一卷冊謂余曰某甲等
各爲師傳設喪禊也願和尚爲之序之也余嘉其意謂之曰古
人云生事之以禮死葬之以禮又云喪止乎哀而已然而其能
知禮而哀之者寔有幾人而至于近日以空門事觀之爲嗣佐

---

[230] 한암 중원선사 필사본과 극락암 발행본에는 '大韓光武三年十一月一日結
社盟主比丘惺牛焚香再拜謹識' 25자字가 있는데 수덕사 발행본에는 빠져
있다.

者於其爲師傳草忽不盡意者何可勝數而甚者或至於路人
吾每於此事未甞不見聞嗟嘆者有年矣夫父母雖生得吾身
若非師傳之模而範之烏能成人乎其師傳之功大矣生而禮
之死而哀之當盡意之可也古人云禮之本敬而已而非玉帛
之末無以爲用此設稧而相賻儀者實深得乎其古人大中之
一節也可不美哉然有一未盡於此者盖生而來者是甚麼物
作何形段者死而去者又是甚麼物作何形段者噫夫其終日
禮哀而未甞禮哀終日生死而未曾生死之本來面目其孰能
觀得於生死禮之之中而不誤着一生耶故古人云死生亦大
矣嗚呼其不大矣乎哉斗正合掌而起曰從今日以後當究得
其能禮哀能生之本來面目則其庶無未盡之歎乎余曰當如
是則中邊俱甜事理無憾豈不盡善也哉於是乎序異贈之且
問其稧規開錄于後

大韓光武三年己亥之臘之望病釋鏡虛書于遊戲三昧中

◉해인사 상포계喪布稧[231] 서序

내(鏡虛)가 기해년(己亥, 1899) 겨울 해인사 선원에 내려와 장경각
藏經閣[232]의 향각香閣에서 머물면서 무릎을 만지며 화로를 안고

---

231 喪布稧序: 상포계 서문의 내용을 보니 해인사에서 한 기록이다.
232 藏經閣: 대장경을 안치해 둔 당사堂舍를 말한다. 현재 해인사에 장경각이
   있다.

있었으니 늙으면 비 오고 개임을 징험하고 병들면 춥고 더운
데 민감하니 7푼쯤은 죽은 아궁이 재요, 10푼쯤은 마른 나뭇잎일
뿐이로다. 다시 무엇을 생각할 것인가? 명산名山에 가서 약을
캘 기약마저 저버렸음이로다.

　마침 시봉하던 사미沙彌의 이름이 두정斗正[233]이었는데 책을
한 권 가지고 와서 나(鏡虛)에게 말하기를 "저희들이 각각 모여
스승을 위하여 상포계喪布稧를 만들려 합니다. 원하옵건대 화상
(鏡虛)께서 서문序文을 지어주시옵소서."라고 청請하거늘 내가
그 뜻을 가상히 생각하여 이르기를 "고인古人께서 이르기를 '살아
계신 어른들은 공경恭敬을 다하여 섬기고 돌아가시면 장사 지내
기를 예로써 할 것이로다'라고 하였고 또한 이르기를 '상사喪事에
는 슬픔이 지극해야 할 것이로다'라고 하였다." 함이로다. 그러나
능히 예를 알고 슬퍼하는 사람이 몇 사람이나 되겠는가. 또한
근일에 이르러 사찰의 일을 관찰해 보면 상좌는 그 스승을 위함에
소홀히 하고 성의誠意를 다하지 않는 사람이 가히 헤아릴 수
없으며 혹 심지어 길가는 나그네와 같이 생각하니 내(鏡虛)가
매양 이와 같은 일을 보고 듣고 일찍이 탄식하여 온 지 이미
오래됨이로다.

　대저 부모가 비록 내 몸을 낳았더라도 만약 스승의 가르침이

---

233 斗正沙彌: 인명 미상. 공주 갑사甲寺 아래 마을 사람인데 부모가 경허
　　스님을 시봉하게 하여 항상 경허 스님을 따라다녔다.

아니라면 어찌 능히 사람이 되었다고 말할 것인가. 그 스승의 공덕功德이 매우 크다고 할 것이로다. 살아계실 때는 예의로써 잘 모시고 돌아가시면 애통하여 마땅히 그 뜻을 다하는 것이 옳을 것이로다. 고인古人께서 이르기를 "예의 근본은 공경이요, 옥玉과 비단은 형식이므로 쓸데가 없음이로다."라고 하였으니 이 상포계喪布稧를 모아 서로 도와주는 것은 실로 깊은 뜻이 있음이로다. 그 고인古人들의 중용지도中庸之道의 한 부분이니 가히 아름답지 아니하겠는가. 그러나 한 가지 미진未盡한 것이 있으니 대개 태어나 온 것은 이 무슨 물건이며 또한 어떤 모양을 지었는가. 죽어갈 때는 또한 이 무슨 물건이며 또한 어떤 형상을 지었는가.

오호라! 슬픔이로다. 대저 종일토록 예배하고 애통하게 생각하지만 겸손하게[234] 예배하고 애통하게 여김이 없으며 종일토록 나고 죽음에 일찍이 생사生死의 본래면목本來面目이 없으며 그 누가 능히 저 생사에 예배하며 애통해하는 가운데서 그리고 관찰하여 일생을 그르치지 않을 것인가. 그러므로 고인古人께서 이르기를 "생사生死가 또한 크도다."라고 함이로다.

오호라! 슬픔이로다. 그 일이 크지 않겠는가.

시봉하던 두정斗正 스님이 합장하고 일어나서 말하기를 "오늘 이후로 마땅히 그 능히 예경하고 애통하게 생각하며 능히 생사의

---

234 嘆: 嗛과 같은 뜻의 글자이다.

본래면목本來面目을 참구하면 미진未盡하다는 탄식이 없겠습니
까?"라고 하니 내(鏡虛)가 이르기를 "마땅히 이와 같이 하면 중심
과 가장자리가 함께 맛이 달고 이사理事가 유감된 것이 없으리니
어찌 지극히 선善을 다함이 아니겠는가."라고 함이로다.

서문序文을 써서 주었고 또한 그것을 물어 계규稧規를 후인들
에게 개장하면서 기록함이로다.[235]

대한大韓 광무光武 3년(己亥, 1899)

납월臘月을 바라보면서

병든 석경허釋鏡虛 성우惺牛 유희삼매중遊戲三昧中[236]

23. 南原泉隱寺佛粮契序

夫佛者覺也能覺悟其性地鍊淨明妙至於神化無盡德用恒
沙者也若人能至誠祈願其感應也如水之印月谷之傳聲焉
而能普濟含生竟臻壽域樂國也本寺也自來有名勝區而佛
像神塑之靈異異於他刹則其慈雲慧雨將霑潤於無窮也居
本邑兩廳諸員發大願心各出若干錢設供佛粮稧添香設供

---

235 한암 중원선사 필사본에는 '且問其稧規開錄于後'가 있는데, 수덕사와
극락암 발행본에는 빠져 있다.

236 한암 중원선사 필사본과 극락암 발행본에는 '大韓光武三年己亥之臘之望
病釋鏡虛書于遊戲三昧中' 23자字가 있는데, 수덕사 발행본에는 기록이
빠져 있다.

月日禱祝除其災厄迎其吉慶子孫定繁富貴連綿則感應道
交理也必將護蔭祐於冥冥之中不待智者而後知也而其壽
域樂國竟臻也無惑矣余南遊過是寺春溟長老請余一言爲
弁余景慕隨喜爲之序其事而聞其規例于後
　　大韓光武四年仲冬上澣湖西衲釋鏡虛謹識

●남원南原 천은사泉隱寺 불량계佛粮契 서序[237]

대저 부처란 것은 깨달음을 말함이니 능히 성품性品의 본지本地를
깨달아 밝고도 오묘함을 청정淸淨하게 단련하여 신화神化가 문진
無盡의 경지에 이르면 공덕功德의 작용이 항하사恒河沙의 모래와
같음이로다. 만약 어떤 사람이 능히 지극정성으로 기도祈禱하고
발원하면 그 감응이 또한 물에 달이 비추는 것과 같이 온 골짜기에
메아리 울리듯 하여 능히 중생(含生)을 널리 제도濟度하고 필경에
는 부처님이 계시는 극락세계極樂世界에 이르게 함이로다.

　본 사찰은 고래古來로부터[238] 명승지名勝地이니 불상과 화엄신
중華嚴神衆이 기이하고 다른 사찰과 달라서 곧 자비慈悲의 구름과
지혜의 비가 장차 윤택하게 적셔서 다함이 없을 것이로다. 본

---

237 泉隱寺: 전라남도 구례군 광의면 방광리에 있는 화엄사의 말사이며,
　　한때는 감로사甘露寺로 불렸다. 1592년 임진왜란으로 전소되었으나 1678
　　년 중건하여 천은사泉隱寺라고 하였다. 1774년에 다시 중건하였다.
238 自來: 自古以來로부터 유래, 자진自進해서 온다는 등의 말이다.

남원읍南源邑 고을에 두 관청의 모든 관리官吏가 대원심大願心을
발하여 각각 약간의 보시금布施金을 내어서 부처님께 올리는
불량계佛糧禊를 신설하고 향을 사르고 공양을 올리며 달마다
혹은 날마다 기도하고 축원하며 재앙을 없게 하고 그 경사로움을
맞이하여 자손子孫이 번창하고 부귀富貴를 누리게 함은 곧 감응의
도가 이어지는 진리眞理이로다.

　반드시 장차 어둡고 어두운 그 가운데[239] 도움을 얻게 되는
것이니 지혜로운 사람은 후일에 알기를 기다리지 않음이로다.
극락세계에 가서 필경에 태어남도 또한 의심할 것도 없음이로다.
내(鏡虛)가 남쪽지방을 유력遊歷하다가 이 사찰을 지날 때 춘명천
식春溟天軾장로께서 나에게 한마디 서문을 청하기에 내가 경모景
慕하여 따르고 그 즐겁게 들은 연후에 서문을 근식謹識함이로다.[240]

　　대한大韓 광무光武 4년(庚子, 1900) 11월 하순
　　호서湖西로 돌아가는 석경허釋鏡虛 삼가 쓰노라[241]

---

239 冥冥: ① 어두운 모양, ② 드러나지 아니하고 은미隱微한 모양, ③ 조용하고
　　정성스러운 모양을 말한다.
240 한암 중원선사 필사본에는 '其事而開其規例于後' 9자字가 있는데, 수덕사
　　발행본에는 빠져 있다.
241 한암 중원선사 필사본에는 '大韓光武四年仲冬上澣湖西旳釋鏡虛謹識'
　　18자字가 있는데, 수덕사 발행본에는 빠져 있다.

24. 華嚴寺上院庵復設禪室定完規文

夫禪者其理直截高遠逈出三乘故學禪者悟徹本地風光則
與古佛齊肩其法之要妙也孰過於是故達磨大師入唐土以
來至于我東土得其道徑登佛地者其數無限至於近世其道
廢而不傳設有發跡者初不無決擇其叅究法竟渾沌於昏掉
之中過了一生而未能小分虛見得其理故凡他行業者或外
護者不擇善否例皆悲嘆嗚呼不可以救得也此蘭若創始華
嚴時早爲禪室其地靈勝故得道者亦多而中間廢絶其業者
非特運之否泰也亦未有主化之人也光武四年暮春淸霞丈
老來住設禪會于此以長老之淸淨道心廣大願力定議於山
中僉員而完就者也而第恐後之住持于此庵者不念佛化之
關重古人創始之本懷今長老復設之勤懇或從其私欲或循
其便宜癈乎禪室不承接其禪者此是斷佛種人謗般若人因
果歷然可不畏哉儒典云爾愛其羊我愛其禮經云一念淨心
勝造恒沙寶塔又云聞最上乘誹謗墮三惡途者勝於供養恒
沙佛者又古人云聞而不信尙結佛種之因學而未成猶盖人
天之福以於一切道法般若力爲勝故也由此觀之禪人雖沉
綿昏掉而未得意者猶勝於三乘學人善成就道業者也願諸
後之住持斯庵者三復斯文繼揚禪化可也夫爲佛子而不務
行乎佛化擅用其私癈其勝會自有天地神祗之冥誅顯罰可

不懼哉夫有如是之可懼也而不惕然遵奉者已矣吾末如
之何也已矣.

光武四年庚子臘月上澣 湖西歸 釋鏡虛謹識

◉화엄사 상원암上院庵 선실禪室을 복설하는 완규문完規文[242]
대저 참선이란 것은 그 진리가 곧 바른 지름길로서 높고도 멀어서
삼승三乘을 멀리 벗어나는 연고로 참선을 배우는 사람은 본지풍
광本地風光을 깨달아 사무치면 옛 부처님과 더불어 어깨를 나란히
할 것이니 그 법이 긴요하고 오묘함이로다. 누가 이것에 허물을
말할 것인가. 그러므로 달마대사께서 당나라에 들어온 이래 우리
동토東土에 이르기까지 그 도道를 얻어서 불지佛地에 오른 고승高
僧이 그 수가 무량無量함이로다.

근세에 이르러 그 도가 황폐하여 전수되지 않고 설사 발심한
사람이 있다할지라도 처음부터 혼침昏沈하여 참구參究하는 법法
을 결택하는 데 힘쓰지 아니하고 마침내 혼탁과 망상 가운데
떨어져서 일생을 헛되게 보내면서 능히 조금이라도 그 진리를
체득하려 하지 않음이로다. 그러므로 무릇 다른 행업行業하는
사람[243]과 혹 외호하는[244] 사람들이 잘하고 못하는 것은 가리지

---

242 完規文: 완전하게 공부하기 위한 규칙, 청규를 말한다.
243 行業者: 참선이 아닌 염불·주력·간경·포교 등을 하는 것을 말한다.
244 外護者: 절 살림을 하는 사판승을 말한다.

않고 관례로 모두 슬퍼하고 탄식할 뿐이로다. 오호라! 슬프고 슬픔이로다. 가히 구제함을 얻지 못함이로다.

이 사찰寺刹 상원암은 화엄사를 창건할 때 일찍이 선원(禪室)을 운영하여 왔는데 그 땅이 신령스럽고 수승殊勝하므로 도를 얻는 사람이 또한 많았음이로다. 그리고 중간에 폐사廢寺가 된 것은 특별한 운수소관으로 부정否定할 것이 아니라 또한 화주하는 사람이 있지 않았기 때문이로다.

광무光武 4년(庚子, 1900) 늦은 봄에 청하淸霞장로[245]께서 오셔 주석하면서 여기에 선회禪會를 개설하고 청하장로의 청정한 도심道心과 광대한 원력으로 산중 대중들이 모여 뜻을 결의하고 완전하게 성취함이로다. 그런데 두려운 것은 이후에 상원암上院庵의 주지住持가 부처님 교회敎化에 관하여 지중한 것과 고인古人께서 사찰을 처음 창건한 본래 뜻과 지금 청하장로께서 다시 시설하였으나 은근한 뜻을 생각하지 않고 혹은 그 사욕私慾에 따르며 혹은 그의 편의에 따라서 선원禪院을 폐지하거나 그 선객禪客을 받들어 제접하지 않는 것은 이것은 불종자佛種子를 끊는 사람이며 반야般若를 비방하는 사람이니 인과因果가 분명한 것이니 가히 두렵지 않겠는가.

---

245 淸霞彈靜長老: 1841~1912. 전라남도 구례 사람으로 속성은 정씨鄭氏. 장성하여 수봉繡峰 스님에게 출가, 법명은 탄정彈靜이요, 호는 청하淸霞이다. 23년 동안 사문출입을 삼가고 수행하였으며 당대 화엄학의 대가로 알려졌다. 1912년 72세로 입적하였다.

유교儒敎 경전에 이르기를 '그대는 그 양羊을 사랑하고 나는 그 예의를 사랑한다.'라고 하였으며, 또한 경전에 이르기를 '일념으로 마음을 맑히면 항하수恒河水 모래와 같은 보탑寶塔을 조성하는 것보다 수승殊勝하다.'라고 하였으며, 또한 이르기를 '최상승最上乘의 법문을 듣고 비방하여 삼악도三惡道에 떨어질지라도 항하수 모래와 같은 많은 부처님께 공양 올리는 것보다 수승하다.'라고 하였으며, 또한 고인古人께서 이르기를 "듣기만 하고 믿지 않더라도 오히려 불종자佛種子의 인연을 맺고 배우기만 하고 이루지 못하더라도 오히려 인천人天의 복을 덮는다."라고 하였으니 일체의 도법道法에서 반야般若의 힘이 수승하기 때문이로다. 이로 말미암아 미루어 살펴보건대 참선하는 사람이 비록 혼침과 망상에 빠져 뜻을 얻지 못하더라도 오히려 삼승三乘의 학인學人들이 도업道業을 훌륭하게 성취하는 것보다 수승한 것이로다.

원하건대 후에 이 상원암의 주지 소임을 맡는 암주庵主는 이 글을 세 번 거듭 읽어서 선풍禪風의 교화를 계승하여 선양宣揚하는 것이 당연히 옳을 것이로다. 대저 불자가 되어 부처님의 교화를 힘써 행하지 않고 자기의 사심私心으로 시주물施主物을 사용하고 그 수승한 선원禪院의 모임을 폐지하는 사람은 스스로 천신天神과 지신地神의 숨은 벌(罪)과 드러난 벌(罪)이 있을 것이니 가히 두렵지 않겠는가. 대저 이와 같은 가히 두려움이 있음에도 불구하고 또한 정신 차려 존중히 봉행하고 선양하지 않는다면 더할 말이 없음이로다. 또한 어찌할 것인가.

　　　　대한大韓 광무光武 4년(庚子, 1900) 섣달 상순

　　　　호서湖西로 돌아가는 석경허釋鏡虛 삼가 쓰노라[246]

25. 梵魚寺總攝芳啣錄序

余踈慵無用於世而且病久廢湖西而寓蟄矣有遊方者言其
遊必曰金剛頭流迦耶五臺之勝甲於遊翫余笑曰所遊者豈
在山水之如何耶言者昧然余厭患乎塵緣日增而道業莫就
於光武三年暮春孤笻短褐揮擲萬累做得乎賤賣風流欲其
適於自適過寒熱之際於佛明迦耶之山其翌年夏逶迤到于
梵魚寺有晦玄長老住淸風堂操履淸高文章(博雅優遊數
月論心事甚相得一日謂余曰寺有重任曰總攝此是御勅而
翼宗大王神貞王后兩位仙龕奉安于本寺以其誕辰使總攝
奉亨祭事遵行萬代若非金井之靈淑梵魚之名藍豈有如是
特爲勅定也所以下資憲大夫扶宗樹敎十六宗主僧風糾正
大覺登階都摠攝資啣限二年廷遞而稟下其爲總攝之職之
鄭重寔非凡刹例號可知也況舊號僧統名位卑寺事不得自
擅稟衆長老指揮任亦不甚擇人今職總攝也異於前凡事皆

托周旋有所誤失禮且損害不少且寺臨雄州巨關非特來往
僧俗之煩多也車蓋相連絡于松門非其任不可以爲任所以
僉議擇其知事能文學堂重者以代其任而欲敍其事爲規而
成冊書列乎其任人名字傳於久遠子幸爲我序之余曰然且
以吾之所遊者言之夫以一林一巒一木一石之自得於天者
論之何必取於伽倻五臺金剛頭流之勝妙也而小巘淺麓亦
有勝妙者存焉則金剛頭流伽倻五臺以小巘淺麓而已夫以
小巘淺麓無處無之則伽倻五臺金剛頭流亦無處無之何必
裹粮趼足而疲弊追逐於百里千里之外哉故曩時遊方者之
所以遊者非吾所以遊也遊方者之所)謂勝妙者非吾所謂
勝妙也吾所謂勝妙與所以遊者何也人也在於人而有賢且
能者也今寺之擇人遞代其任奉亨仙廟守護常住可不宜哉
故古人云謀事在人又云道由人弘誠哉言乎晦玄長老曰余
曾讀司馬氏諫院記曰書其諫員名刻于石而後之人指其名
而議之曰某也忠某也詐某也直某也曲今書列任人名字傳
於久遠後之人亦指其名而評之曰某爲總攝也亨廟護寺賢
且以禮某爲總攝也失禮且損害常住芳臭俱傳於久遠其爲
任者可不愼哉其擇任也又豈可泛忽也哉而其爲序而規之
也豈非扶護伽藍之大段關係者耶余聞其言而思之自有不
謀而溜合於心者曰不亦善夫而記其言爲之規戒而敍之

謹識

　大韓光武四年庚子四月上澣

　湖西歸禿鏡虛惺牛謹識

○御下教旨

資憲大夫祝聖願堂守護扶宗樹教國一大禪師僧風糾正八
道都摠攝大覺登階禮峰堂洪燁(自癸巳八月一日行職至丁酉
元月二日清旦遞等 下皆倣此)
資憲大夫祝聖願堂守護國一大禪師八道都摠攝大覺登階
晦晦玄堂錫佺(自丁酉元月清旦至戊戌八月一日)
資憲大夫祝聖願堂守護國一大禪師八道都摠攝大覺登階
湛海堂德基(自戊戌八月一日至庚子清旦)
資憲大夫祝聖願堂守護國一大禪師八道都摠攝大覺登階
龍谷堂典昕(自庚子八月一日至辛丑八月一日)
資憲大夫祝聖願堂守護國一大禪師八道大摠攝大覺登階
鶴庵堂聖箴(自辛丑八月一日至癸卯清旦)
資憲大夫祝聖願堂守護國一大禪師八道都摠攝大覺登階
普明堂智讚(癸卯清旦至甲辰清旦)
資憲大夫祝聖願堂守護國一大禪師八道都摠攝大覺登階
一淡堂桂煥(甲辰清旦至乙巳清旦)

資憲大夫祝聖願堂守護國一大禪師八道大總攝大覺登階
春谷堂玟悟(乙巳清旦至丙午清旦)

資憲大夫祝聖願堂守護國一大禪師八道都摠攝大覺登階
九潭堂奉蓮(丙午清旦至丁未七月晦日)

隆熙元年丁未七月晦日大韓十三道寺刹都總督宗務院大
宗正下囑托

九郡寺刹總督梵魚寺攝理金擎山(己酉七月晦日交遞)

六郡寺刹總督攝理吳惺月(己酉七月晦日至辛亥元月清旦)

六郡寺刹總督攝理秋一淡(辛亥清旦 至十月十七日)

◉범어사梵魚寺 총섭방함록總攝芳啣錄 서序[247]

내(鏡虛)가 성글고 게을러 세상에서 쓸모가 없고 또한 병들어서
호서湖西에 오랫동안 우거寓居하였음이로다. 제방諸方을 유람하
던 어떤 이가 말하기를 "유람하려면 반드시 금강산金剛山과 두류
산頭流山과 가야산伽倻山과 오대산五臺山의 승지를 유람함이 제
일 좋을 것이다."라고 함이로다. 내가 웃으면서 말하기를 "소위
유람한다면서 어찌 산과 물이 어떠한가를 말하는가."라고 하니
말한 이가 망연히 아무 말도 못했음이로다.

내(鏡虛)가 속세(俗塵)의 인연은 날로 많아지고 도업道業에

---

247 梵魚寺總攝芳啣錄序: 통도사通度寺 박물관에 있으며, 1990년 극락암선원
에서 발행한 경허집 125쪽에 기록이 있다.

나아가지 못함을 싫어하고 근심하여 광무光武 3년(己亥, 1899)
늦은 봄에 외로운 주장자와 짧은 적삼차림으로 이런저런 걸려
있는 속박을 떨쳐 버리고 풍류風流로 유유자적하여 유력하려고
겨울과 여름을 불명산佛明山[248]과 가야산에서 주석하고 그 이듬해
여름에 제방을 돌아 범어사梵魚寺에 도착했음이로다. 그때에
회현 석전晦玄錫佺장로[249]께서 청풍당淸風堂에 주석하고 계셨는
데 품행(操履)이 맑고 높으며 문장이 박식博識하고 단아端雅하여
여러 달을 함께 즐겁게 지내면서 심법心法의 일을 논하였는데
서로 얻는 것이 컸음이로다.

하루는 내(鏡虛)가 이르기를 "사중寺中에 중임重任이 있음인
가?"라고 하니 "총섭總攝인데 이것은 나라의 칙명으로 정합니
다."라고 함이로다.

익종대왕翼宗大王[250]과 신정황후神貞皇后[251] 양위兩位의 선감仙

---

248 佛明山: 전라북도 완주군 경천면 가천리 불명산佛明山에 고찰古刹인 화암
사花岩寺가 있다. 화암사 극락전은 국내에서는 유일하게 하앙식 처마구조
의 실물을 볼 수 있는 보물이다. 산내 암자로 원효대元曉臺와 의상암義相庵
과 윤필암尹弼庵이 있었으나 지금 터만 남아 있다.

249 晦玄錫佺長老: 생몰연대 미상. 회현석전晦玄錫佺장로는 1897년도에 범어
사 총섭總攝, 즉 주지住持를 맡은 분이다. 금봉상문金峰尙文노장의 제자弟
子인데 범어사지梵魚寺誌 434쪽 영축靈祝에 기록이 있다.

250 翼宗大王: 1809~1830. 조선 순조純祖의 세자로 휘는 영旻이요, 자는 덕인德
寅이며, 호는 경헌敬軒이다. 순원왕후純元王后 김씨金氏 소생으로 1812년
세자로 책봉, 풍양조씨豊壤趙氏 만영萬永의 딸인 협천대왕대비協天大王大

龕을 본사에 봉안奉安하고 그 탄신誕辰과 향사享祀를 총섭總攝으로 하여금 그 일을 만대萬代토록 준행遵行하게 하니 만약 금정산金井山의 맑고 신령한 땅과 범어사의 이름난 가람伽藍이 아니면 이와 같은 특별한 칙명勅命을 정할 일이 있을 것인가. 자헌대부資憲大夫 부종수교扶宗樹教 십육종十六宗 주승풍규정主僧風糾正 대각등계大覺登階 도총섭都摠攝을 하교下敎하였는데 기한은 2년으로 한정한다 함이로다. 나라에서 내린 도총섭의 직책은 정중할 뿐 아니라 보통 사찰의 호칭으로도 가히 알 것이거늘 하물며 구호舊號로 승통僧統이란 명위名位도 낮은 사찰에서는 가히 얻지 못해서 대중들이 스스로 품수稟受하면 장로長老²⁵²의 지휘에 맡겨서 하나 또한 사람을 가리지 못하거늘 지금 총섭總攝 직책은 또한 앞의 일과 무릇 달라서 모두 주선周旋하는데 그르치는 바가 있어 실례를 하면 또한 손해가 적지 않고 또한 사찰이 큰 고을에 있어서 승속 간僧俗間의 왕래가 번잡함이 많음이로다. 거마車馬가 서로 사찰 문門까지 줄지어 있으니 그 적당한 사람이 아니면 가히 소임을 맡길 바가 아님이로다. 그래서 대중들의 의논을

妃를 맞아 헌종憲宗을 낳았다. 1827년 대리청정을 하였으나 4년 만에 죽었다.

251 神貞皇后: 1808~1890. 1819년 세자빈에 책봉되어 헌종憲宗이 즉위하자 왕대비가 되었다.

252 長老: 상좌上座, 상수上首, 수좌首座라고 한다. 학덕學德이 높고 불문佛門에 들어온 지 오래되어 대중에게 존경받는 이를 존칭尊稱하는 말이다.

모아 사리도 알고 문학文學도 능한 당당하고 정중한 사람을 택하여 그 소임을 맡기고자 하는데 그 일과 예규例規를 서술함이 책의 글처럼 길었으나 방함록芳啣錄의 예를 들어 쓸 것이로다.

그 소임자所任者의 이름을 오래 전하고자 함인데 다행히 내(鏡虛)가 서문序文을 쓰며 말하기를 그러나 또한 내(鏡虛)가 유람하는 바를 말하자면 대저 한 숲과 한 산봉우리와 나무 하나와 돌 하나에라도 스스로 저 하늘을 논할 수 있으니 하필이면 가야산과 오대산과 금강산과 두류산을 수승殊勝하고 오묘奧妙한 곳이라 들먹일 것인가. 작은 산봉우리 얕은 산기슭에도 또한 수승하고 오묘함이 있거늘 금강산과 두류산과 가야산과 오대산에도 작은 산봉우리 얕은 산기슭이 있어 작은 산봉우리 얕은 산기슭이 없는 곳이 없으니 가야산과 오대산과 금강산과 두류산이 또한 없는 곳이 없는데 하필이면 양식을 싸서 짊어지고 발이 부르터 가며 피곤하게 백 리百里 천 리千里 밖으로 쫓아다닐 것인가. 따라서 옛날에 유람하는 이는 그렇기 때문에 내(鏡虛)가 유람하는 방식이 아님이로다. 유람하는 이가 말한 바 수승하고 오묘한 곳을 찾는다면 내(鏡虛)가 이른 곳은 수승하고 오묘함이 아님이로다. 내(鏡虛)가 이른 곳의 수승하고 오묘함과 더불어 유람하는 곳을 어떤 사람이 할 수 있을 것인가. 또한 그런 사람이 있다면 현명한 사람이며 또한 능히 지금 사찰에서 사람을 선택하여 소임을 맡겨 향사享祀를 지내며 선묘仙廟를 수호하며 상주할 수 있는 것이 가히 마땅하지 않음인가. 그러므로 옛사람이 이르기를 "일을 도모함은 그 사람에게 있다." 하였으며, 또한 이르기를 "도道는 사람으로 말미암아 널리 퍼진다."라고 했으니 진실한 말이 아니겠는가.

회현晦玄장로께서 이르기를 "내가 일찍이 사마씨司馬氏의 간원기諫院記를 읽었는데 그에 이르기를 '간원諫院의 이름을 써서 돌에다 새기면 훗날 사람들이 그 이름을 가리키며 의논하기를 누구는 충실하였으며 누구는 또한 속였으며(詐) 누구는 또한 바르며 누구는 또한 편벽되었다고 하리니 이제 소임자의 명자名字를 써서 놓으면 오래도록 후세에 전하여서 사람들이 또한 그 이름을 가리키며 평하여 말하기를 누구는 총섭總攝을 지낼 때 또한 신묘에 향사享祀를 지내며 또한 사찰을 보호하며 어질게 예절禮節을 지었으며 누구는 총섭總攝을 지낼 때 또한 예절을 잃고 또한 상주물에 손해를 끼쳤으며 항상 머물렀던 대중과 더불어 좋지 못한 냄새를 함께 전하니 그 소임을 맡은 자는 어찌 가히 삼가지 않을 수 있으며 그 소임을 맡을 자를 선택하는 것도 또한 어찌 소홀히 할 수 있겠는가. 그 서문序文을 써서 청규淸規를 제정함이 어찌 가람伽藍을 수호하는 데 크게 관계되는 일이 아니겠는가.'라고 하였다. 내(鏡虛)가 그 말을 듣고 생각하다가 길게 생각하지도 않아서 마음에 흡족하여 이르기를 "잘 알지 못하더라도 대저 그 말이 바로 규계規戒가 됨이라." 하여 이에 술함이로다.

　　　　대한大韓 광무光武 4년(庚子, 1900) 4월 상순
　　　　호서湖西로 돌아가는 경허鏡虛 성우惺牛 근식謹識

○어하교지御下敎旨[253]

① 자헌대부축성원당수호부종수교국일대선사승풍규정팔도
　　도총섭대각등계예봉당홍엽資憲大夫祝聖願堂守護扶宗樹敎
　　國一大禪師僧風糾正八道都摠攝大覺登階禮峰堂洪燁
　　〔自癸巳(1893)八月一日行職至丁酉元月二日淸旦遞等　下皆倣
　　此〕

② 자헌대부축성원당수호국일대선사팔도도총섭대각등계회
　　회현당석전資憲大夫祝聖願堂守護國一大禪師八道都摠攝大覺
　　登階晦晦玄堂錫佺
　　〔自丁酉(1897)元月淸旦至戊戌八月一日〕

③ 자헌대부축성원당수호국일대선사팔도도총섭대각등계담
　　해당덕기資憲大夫祝聖願堂守護國一大禪師八道都摠攝大覺登
　　階湛海堂德基
　　〔自戊戌(1898)八月一日至庚子淸旦〕

④ 자헌대부축성원당수호국일대선사팔도도총섭대각등계용

---

253 梵魚寺 : 『한국근세불교백년사』에 1865~1932년 역대 주지歷代住持 열람과
　　조금 차이가 있다.

곡당전흔資憲大夫祝聖願堂守護國一大禪師八道都摠攝大覺登
階龍谷堂典昕

〔自庚子(1900)八月一日至辛丑八月一日〕

⑤ 자헌대부축성원당수호국일대선사팔도대총섭대각등계학
암당성잠資憲大夫祝聖願堂守護國一大禪師八道大總攝大覺登
階鶴庵堂聖箴

〔自辛丑(1901)八月一日至癸卯淸旦〕

⑥ 자헌대부축성원당수호국일대선사팔도도총섭대각등계보
명당지찬資憲大夫祝聖願堂守護國一大禪師八道都總攝大覺登
階普明堂智讚

〔癸卯(1903)淸旦至甲辰淸旦〕

⑦ 자헌대부축성원당수호국일대선사팔도도총섭대각등계일
담당계환資憲大夫祝聖願堂守護國一大禪師八道都摠攝大覺登
階一淡堂桂煥

〔甲辰(1904)淸旦至乙巳淸旦〕

⑧ 자헌대부축성원당수호국일대선사팔도대총섭대각등계춘
곡당민오資憲大夫祝聖願堂守護國一大禪師八道大總攝大覺登
階春谷堂玫悟

〔乙巳(1905)淸旦至丙午淸旦〕

⑨ 자헌대부축성원당수호국일대선사팔도도총섭대각등계구
담당봉연資憲大夫祝聖願堂守護國一大禪師八道都摠攝大覺登

階九潭堂奉蓮

〔丙午(1906)淸旦至丁未七月晦日〕

⑩ 융희원년정미칠월회일대한십삼도사찰도총독종무원대종정하촉탁구군사찰총독범어사섭리김경산隆熙元年丁未七月晦日大韓十三道寺剎都總督宗務院大宗正下囑托九郡寺剎總督梵魚寺攝理金擎山

〔己酉(1907)七月晦日交遞〕

⑪ 육군사찰총독섭리오성월六郡寺剎總督攝理吳惺月

〔己酉(1909)七月晦日至辛亥元月淸旦〕

⑫ 육군사찰총독섭리추일담六郡寺剎總督攝理秋一淡

〔辛亥(1911)淸旦至十月十七日〕

26. 梵魚寺修禪社芳啣淸規合隨筆

盖身叅禪社名載禪冊一段因緣然不是傳芳于後使之有所思處當人根微劣正法澆漓使正法眼藏扶護流通實賴有力量兄弟況無常迅速生死事大豈可因緣空過一生乎若能實叅實悟貪嗔煩惱心心解脫蒲花柳絮物物現露自他利濟有何未了乎夫眞正叅學者不是尋常儱侗設得脫盡情累翛然淸虛未免淨潔勞神且得心光烜爀廓達靈根始是半提古云柱杖橫擔不顧人却立千峰萬峰去設得如是秖是祗知恁麼

去不解恁麼來又古云珍重善財何處去淸宵風撼碧琅玕雖
然如是甚麼處得遮消息來嗚呼人身難得正法難聞身叅禪
社名載禪冊當自深思乎諸上座攝衆淸規建化門中不可無
者故提說若干此是與大衆商確不易常法也幸望一遵奉
行流通法化乎

　　大韓光武六年陽月結寒日湖西㪣衲鏡虛惺牛謹識

○淸規

一.　此禪室旣是英親王殿下爲祝願堂則凡居此社者當脫
却塵累長養道胎上報國恩下濟群品事

一.　演法宗師悅衆禪和其任不輕當擇其高識遠鑑者以充
其任事

一.　夫禪社者四海衲子捿身硏道之所其爲主社者不可不
擇當其相傳授時十分詳察不得妄任昏庸其昏庸者又不得
濫求冒進事

一. 結制後不得受榜又不得入榜後中退事

一.　悖逆雜亂者或身罹重病者不得受榜恐有損傷法化致
勞渾衆事

一.　叢林行道不可不有領辦事務規例則其爲所任者禪和
當另已所任勿墮緩以安淸衆事

一. 眞正叅學者無間於動靜以無間於動靜故究竟不被生
死涅盤之所羅籠不得下床後戱笑喧亂以廢叅究事

一. 付榜之後有違亂淸衆不和者三次曉喩而不從打犍椎
逐出事

一. 當普請時不得關目又不得落後而當並力相濟事

一. 飮酒行淫先佛深戒斷當逐出又衣服非六日不得洗浣事

一. 祖堂·悅衆·禪伯·知殿·知客·園頭·看病·飯頭·淨人
·書記·煎茶·菜頭·柴頭·別佐·都監·院主·化主

◉범어사 수선사 방함청규芳啣淸規[254]

대개 몸이 수선사修禪社에 참례하고 이름을 방함록(禪冊)[255]에
올리게 되는 것은 하나의 큰 인연이로다. 그러나 이 방함록芳啣錄
의 이름을 후세에까지 전하려는 것이 아니고 그들로 하여금
생각하게 하는 바가 있게 하려는 것이로다. 당사자의 근기가
나약하고 정법正法이 혼탁하니 정법안장正法眼藏으로 하여금 잘
보호하고 유통하게 하여 실로 수승殊勝한 도반들에게 힘을 청하
는 것이거늘 하물며 무상無常함이 신속하고 생사의 일이 중대한

---

254 한암 중원선사 필사본에는 제목이 '梵魚寺修禪社芳啣淸規合隨筆'인데,
　　수덕사와 극락암 발행본에는 '梵魚寺鷄鳴庵修禪社芳啣淸規文'이라 기
　　록되어 있다. 범어사지梵魚寺誌 596쪽에 있다.

255 禪冊: 선방에서 명단을 수록하는 책을 방함록芳啣錄이라 한다.

데 어찌 가히 어영부영 일생을 헛되이 보낼 것인가. 만약 능히 실답게 참구參究하고 실답게 깨달았다면 탐진貪瞋과 온갖 번뇌의 마음도 해탈이요 창포꽃菖蒲花과 버들가지와 어떤 물건마다 다 드러날 것이로다. 나와 남을 이롭게 하고 구제함에 어찌 요달了達 하지 못함이 있겠는가.

대저 진정眞正하게 참학參學하는 사람은 뒤떨어지고 참됨이 예사롭지 않으면 설사 인정人情에[256] 얽매이지 않고 다 벗어남을 얻어서 맑고 텅 비더라도 정결淨潔하려는 수고로움을 면하지 못할 것이며 또한 마음의 광명이 항상 빛나고 신령스러움의 근원을 확연하게 통달하였더라도 이것은 겨우 반제半提[257]일 뿐이로다.

고인古人께서 이르기를 "주장자拄杖子를 가로로 메고 사람들을 돌아보지 않고 문득 천 봉우리 만 봉우리로 들어간다."라고 하였는데 설사 이와 같은 경지를 얻었다 하더라도 다만 이렇게 갈 줄은 알아도 이렇게 올 줄은 알지 못함이로다. 또한 고인古人께서 이르기를 "진중珍重하여라 선재동자善財童子여! 어디로 가는가?" 하니 "맑은 밤바람이 푸른 낭간琅玕을 흔든다."라고 하였으니 이것이 비록 이와 같으나 어느 곳에서 이런 소식을 얻어

---

256 情累: 인정에 이끌린다는 말이다.
257 半提: 근본진리를 남김없이 모두 제시한 전제全提에 대하여 전체의 반만 드러낸 것을 말한다.

오겠는가.

오호라! 슬프고 슬픔이로다! 사람의 몸을 받기 어렵고 정법正
法을 듣기 어렵고 몸뚱이가 선사禪社에 참례하여 방함록芳啣錄에
이름을 올리기 어려운 줄을 마땅히 스스로 깊이 생각할 것인저!
모든 상좌上座들이여! 대중들을 포섭하는 청규淸規[258]는 건화문建
化門[259] 가운데서 가히 없어서는 안 될 것이므로 약간의 조항條項을
들어 설명하노니 이것은 대중과 더불어 헤아려 확정해서 바꾸어
서는 안 될 일상의 법이로다. 바라노니 한결같이 따라 봉행奉行하
여 정법안장의 교화敎化가 유통되게 할 것인저!

대한大韓 광무光武 6년(壬寅, 1902) 10월

동안거冬安居 결제일結制日

호서湖西로 돌아가는 납자衲子 경허鏡虛 성우惺牛 근식謹識[260]

○**청규**淸規

① 이 선실禪室은 이미 영친왕전하英親王殿下를 위하여 하되

258 淸規: 사찰에서 대중 생활하는 데 불편함을 해소하기 위한 여러 가지
규칙을 말한다. 중국 승려 백장회해百丈懷海선사가 총림에서 시행할 규칙
을 정한 것이다.
259 建化門: 법당을 세워서 교화문을 넓게 편다는 뜻이다. 또한 수행정진
하다가 중생을 교화하는 문을 열었다는 뜻이다.
260 한암 중원선사 필사본과 극락암 발행본에는 '大韓光武六年陽月結寒日湖
西故衲鏡虛惺牛謹識'이란 19자字가 있는데, 수덕사 발행본에는 기록이
빠져 있다.

당내에 있는 범부와 결사자는 마땅히 진루塵累를 탈각脫却하고 도道를 장양長養해서 위로는 나라의 은혜를 보답하고 아래로는 여러 중생을 구제할 것이로다.[261]

② 법法을 연설하는 종사宗師와 열중悅衆 유나(禪和)는 그 소임이 가볍지 않으니 마땅히 그 식견이 높고 널리 살펴 거울이 될 만한 이를 선택하여 그 소임을 맡길 것이로다.

③ 대저 수선사修禪社라는 것은 사방의 납자들이 몸을 깃들어 도를 연마硏磨하는 처소이니 그 수선사를 주관하는 이를 가히 가려 선택하지 않을 수 없으니 마땅히 서로 전할 때에 십분 자세히 살펴서 택할 것이요 망령되이 어둡고 용렬庸劣한 사람에게 소임을 맡기지 말 것이니 어둡고 용렬한 사람은 또한 외람되게 그 소임을 맡으려 해서도 안 될 것이로다.

④ 결제結制한 후에는 방부榜付를 받지 말 것이며 또한 입방 후 중간에는 퇴방退榜하지 말 것이로다.

⑤ 성질이 사납거나 난잡한 사람과 혹은 몸에 중병重病이 있는 사람은 방부를 받지 말 것이니 법화法化를 손상시키거나 대중을 수고롭게 할까 두렵기 때문이로다.

⑥ 총림叢林에서 도를 수행함에 있어 사무와 규례를 분담하고

---

261 한암 중원선사 필사본에는 '此禪室旣是英親王殿下爲祝願堂則凡居此社者當脫却塵累長養道胎上報國恩下濟群品事'란 38자字가 있는데, 수덕사와 극락암 발행본에는 빠져 있다.

일을 맡아보는 사람이 불가불 있어야 하나니 그 소임에 종사하는 유나(禪和) 스님은 마땅히 자신의 소임에 힘을 다하여 나태하지 말고 맑은 대중(淸衆)들이 편안히 공부하도록 해야 할 것이로다.

⑦ 진정한 참학자參學者는 동정動靜에 틈이 없어야 하는데 동정에 틈이 없음으로써 필경에 생사열반生死涅槃에 얽매이는 바가 없기 때문이로다. 선상禪床에서 방선放禪한 후에도 희롱戲弄하거나 웃거나 난잡하지 말 것이로다. 참구參究하는 일에 폐가 되기 때문이로다.

⑧ 입방入榜한 후 맑은 대중(淸衆)을 산란하게 하거나 불화합不和合하는 사람은 세 번을 가르치되 이로써 따르지 않을 때에는 대중공사에 의하여 추방推榜할 것이로다.

⑨ 대중이 울력할 때를 당함에 대중에서 빠지거나 처지지 말고 항상 서로 힘을 합쳐서 도와주어야 할 것이로다.

⑩ 음주와 음행은 먼저 부처님께서 깊이 경계하시어 끊은 것이니 마땅히 엄단하여 스스로 퇴방하게 할 것이요, 또한 6일이 아니면 의복을 세탁하지 말 것이로다.

⑪ 선원禪院의 대중을 위하여 아래와 같은 소임 17명을 둔다.

(1) 조실祖室　　(2) 열중悅衆[262]　(3) 선백禪伯

(4) 지전知殿[263]　(5) 지객知客[264]　(6) 원두園頭[265]

---

262 悅衆: 선원의 사물을 맡고 모든 일을 지휘한다.

(7) 간병看病[266]　　(8) 반두飯頭[267]　　(9) 정인淨人[268]

(10) 서기書記[269]　　(11) 전다煎茶[270]　　(12) 채두菜頭[271]

(13) 시두柴頭[272]　　(14) 별좌別座[273]　　(15) 도감都監[274]

(16) 원주院主[275]　　(17) 화주化主[276]

27. 梵魚寺設禪社稧誼序

釋迦氏以正法眼藏涅槃妙心付囑摩訶迦葉轉轉相授其道
直截其原妙逈絶之理如百僚阿衡之於天子不可以三乘教
法比擬髣髴具在方策校量功理一似仙丹刀圭而起死若能

---

263 知殿: 불전의 소임으로 일명 부전이라고도 한다.

264 知客: 사찰에서 손님을 영접하는 소임이다.

265 園頭: 사찰의 채소밭을 관리하는 소임이다.

266 看病: 스님이 아프면 곁에서 시중드는 소임이다.

267 飯頭: 대중들이 먹을 공양을 준비하는 소임이다.

268 淨人: 사찰에서 스님을 시중드는 소임이다.

269 書記: 사찰에서 사무를 취급 처리하는 소임이다.

270 煎茶: 차를 맡아 달이는 소임으로 채공이라고도 한다.

271 菜頭: 사찰의 부식물 중 채소를 맡은 소임이다.

272 柴頭: 땔나무를 맡은 소임으로 부목이라고도 한다.

273 別座: 사찰에서 공양을 준비하는 소임이다.

274 都監: 사찰에서 재물이나 곡식을 맡은 소임이다.

275 院主: 사찰의 살림을 맡은 소임이다.

276 化主: 사찰 밖으로 나가 탁발하여 시물을 얻어오는 소임이다.

實參實悟一念回光與古佛齊肩何用三祇枉功縱未有實溷
沌於昏掉亦非他因果行門所到佛說一代藏教有半而未圓
者權而未實者故佛自說依了義不依不了義其半也權也不
可以依之也其理彰著而今觀修行者擧皆迷半滯權誤了一
生悲夫昔姑射仙人其心凝而萬物不疵淮南王安登仙而鷄
犬乘雲鷄犬被其道化況其最靈於物者乎仙亦能使物不疵
況佛無上正道乎故云聞而不信尚結佛種之因學而未成猶
蓋人天之福故設同祭契誼使共結最上因緣同臻壽域夫壽
域者何也靑山巇嶷碧海蒼蒼片雲展張松聲蕭瑟無物非自
己常光匝天匝地亘古亘今雖妙用恒沙能堅固如金剛故古
德云般若上無虛棄之工夫若有成佛願者應發深心大願
也哉

◉범어사 선원禪院을 신설한 결의楔誼 서序[277]
석가세존께서 정법안장正法眼藏과 열반묘심涅槃妙心을 마하가
섭摩訶迦葉[278]에게 부촉咐囑하시어 전전轉轉히[279] 서로 전수하였으
니 그 도道가 바르고 그 원래 깊고 오묘하여 아득한 진리眞理가

277 선원禪院 서문序文은 범어사지梵漁寺誌 593쪽에 있다.
278 摩訶迦葉: 주註 190 참고.
279 轉轉: 다음에서 다음으로 바뀌어 변하여 가는 것이며 또 점점 전하는
   것을 말한다.

마치 백관의 대신과 그 천자天子와 같아서 가히 삼승三乘의 교법이 방불髣髴하여 비유할 수 없으나 방편의 계교와 공력의 오묘한 진리가 갖추어져 있으니 마치 신선神仙의 환단을 써서 죽은 이를 살려 내는 것과 같음이로다. 만약 능히 진실하게 참구參究하여 실로 깨달아 한 생각의 빛을 돌이키면 옛 부처님과 더불어 어깨를 나란히 할 것이니 어찌 삼아승지겁三阿僧祇劫[280]의 공력功力을 허비할 것인가. 비록 실답게 참구하지 못하여 혼침과 망상妄想에 혼탁함이 있더라도 또한 다른 인과因果의 수행문修行門에 이를 바가 아님이로다.

부처님께서 설하신 일대장교一代藏敎 가운데[281] 절반 정도가 원만하지 못한 것은 방편설로서 실답지 못함이로다. 그러므로 부처님 스스로 말씀하시기를 "요의법了義法[282]에 의지하고 불요의법不了義法에 의지하지 말라."라고 하셨으니 그 반半과 또한 방편설에 의지함이 불가不可함이로다. 그 진리가 명백하더라도 요즘 수행자들을 바라보건대 대부분이 반半에 미혹하고 방편설에 막혀서 일생을 그르치니 아! 대저 슬픔이로다!

---

280 三阿僧祇劫: 보살이 부처님 직위에 오르기까지의 수행을 말한다. 보살의 계위는 50위가 있고, 십신十信·십행十行·십주十住·십회향十廻向의 40위는 제1아승지겁이요, 십지十地 가운데 초지로부터 제7지까지는 제2아승지겁이요, 제8지부터 제10지까지는 제3아승지겁이다.

281 一代藏敎: 경전에 설명된 부처님의 가르침을 말한다.

282 了義經: 진실하고 극진한 구경의 진리를 말씀한 경전을 말한다.

옛날에 고야선인姑射仙人[283]이 "그 마음을 한곳으로 집중함에 만물이 병들지 않았다."라고 하였고, 회남왕안淮南王安[284]이 "신선이 되니 닭과 개가 구름을 타고 올라갔다."라고 하였으니 닭과 개도 그 도의 교화敎化를 입었거늘 하물며 만물 중에 가장 신령스러운 인간이 아니겠는가. 신선神仙도 또한 능히 만물로 하여금 병들지 않게 하거늘 하물며 부처님의 무상정도無上正道가 그러할 것인가. 그러므로 이르기를 "듣고 믿지 않더라도 오히려 성불成佛할 인연을 맺고 배워서 이루지 못하더라도 오히려 인천人天의 복福을 덮는다."라고 함이로다. 그러므로 결사結社에 동참한 뜻을 설해서 그로 하여금 최상의 인연을 맺어서 다 함께 극락세계(壽域)에 이른다고 함이로다.

"대저 수역壽域이란 것은 어떠한 곳인가?"라고 하니 "청산靑山은 높이 솟고 벽해碧海는 창창蒼蒼하며 조각구름은 펼쳐 있고 솔바람은 소슬蕭瑟하며 만물이 자기 아님이 없으며 항상 광명光明이 하늘을 두르고 땅을 두르게 하였으며 예와 지금을 두루 꿰뚫음이로다. 비록 묘용妙用이 항하수 모래와 같으나 능히 견고함은 금강과 같도다."라고 함이로다. 그러므로 고덕古德께서 이르기

---

283 姑射仙人: 해하주海河洲라는 바다 속에 있다는 전설의 인물로 선인仙人과 성인을 거느리고 산다고 한다.

284 淮南王安: 전한前漢시대 회남왕淮南王 유안劉安이 학자들에게 명하여 각각 그 도를 강론시켜 만든 책명을 『회남홍렬淮南鴻烈』이라 했다가 후에 『회남자淮南子』라 고쳤다 한다.

를 "반야般若 위에 헛되이 버리는 공부가 없다."라고 하였으니 만약 성불하려는 원력願力이 있는 사람은 응당히 깊은 마음으로 대원력大願力을 발심할진저!

호서인湖西人 경허鏡虛 성우惺牛 삼가 쓰노라

28. 德裕山松溪庵回錄後成造勸化文

余仲春下澣於景德實相寺造百丈庵回錄成造序今又此松溪庵南來久矣爲文亦多所遇於文者或優興也或落拓也或慷慨也或.景慕也幽閑淸深憂愁窮縮也其事固非一二也而其所遇未有此二庵之如是慘怛也佛云無常之火燒諸世間又云三界無安猶如火宅人孰能戒悟於此重有所傷悼古德云心有生住異滅故身有生老病死春夏秋冬成住壞空亦由是而有若能心住實地蛇跗蟬翼之待自不遷變也漢武帝鑿昆明池得劫灰天地亦不免爲火豈有瓊宮瑤臺金鳳玉龍之足恃乎比之蚌黏蟻蛭焉况乎山龕村落之微乎推此則得失興亡也不可以憂喜焉此庵也無蹟可考而土人之傳創於羅代盖古也前有文谷櫟庵諸丈老執塵演經于斯聽徒盈室挽近運否其保殘如綫而終入八人天運之準量固如是耶抑物極則返將兆於大盛先有其衰之極如是耶于天高遠莫之

究焉善餘慶福施生人天儒釋之典其理昭彰間不容髮此主
化釋之所以焚香廣告于樂善大施之門者此也而擔荷成造
事之當矣其誰曰不可依依上方春睡閑夢要圓因剝啄欠申
而寤栩栩者蝶杳入前塵蘧蘧者身宛是幻化墻角紅杏風落
庭心碧草雨肥時政暮春矣裊裊一柱香半入軟蘿青嵐嗚呼
天下得失古今興亡也

◉덕유산 송계암松溪庵[285] 화재(回錄)[286] 후 성조成造 권선문勸善文

내(鏡虛)가 2월 하순경 경덕景德 실상사實相寺에서 백장암百丈
庵[287]을 복원하는 서문序文을 지었고 이제 또한 이 송계암松溪庵으
로 온 지 오래됨이로다. 글 짓는 일이 또한 많은데 소위 글이란
혹은 기쁘고 슬플 때나 혹은 낙척落拓할[288] 때나 혹은 강개慷慨할[289]

---

285 松溪庵: 경상남도 거창군 북상면 소정리 덕유산 남쪽 기슭 수유동 골짜기에
　　해인사 말사로 있다. 원효대사와 의상대사가 652년에 영취사靈鷲寺를
　　창건한 뒤 5개 암자를 세웠을 때 송계암松溪庵도 창건하였다. 1592년
　　임진왜란으로 전소되었으나 숙종 때(1674~1720) 진명眞溟 스님이 중건하
　　였고, 1950년 한국전쟁으로 전소된 것을 1969년 중건하였다.

286 回錄: 회록은 화신火神이나 화재火災란 말이다.

287 百丈庵: 전라남도 남원시 산내면 대정리 지리산에 있는 실상사實相寺
　　부속 암자이다.

288 落拓: 역경逆境에 빠짐을 말한다.

289 慷慨: 의분에 북받쳐 슬퍼하고 한탄할 때나 또 뜻을 얻지 못할 때를
　　말한다.

때나 혹은 우러러 경모景慕할[290] 때도 있음이로다. 그윽하고 한가로움이 맑고도 깊을 때나 근심할 때나 움츠릴 때나 그 일이 실로 한두 가지가 아님이로다. 그러나 그 경우가 이 두 암자와 같이 참달慘怛한 적은 있지 않음이로다. 부처님께서 이르기를 "무상無常이라는 그 불(火)이 세간을 다 태운다."라고 하셨고, 또한 이르기를 "삼계三界가 편안함이 없는 것이 저 불타는 집과 같도다."라고 하셨으니 사람들이 누가 능히 경계하고 깨달아서 이것을 슬퍼하고 애통하게 생각할 바가 있겠는가.

고덕古德께서 이르기를 "마음에는 생주이멸生住異滅[291]이 있으므로 몸에는 생로병사生老病死가 있고 자연에는 춘하추동春夏秋冬이 있고 생명체에는 성주괴공成住壞空[292]이 있으니 또한 이것으로 말미암아 그리고 있는 것이로다. 만약 능히 마음이 실지實地에 머문다고 한다면 뱀의 허물과 매미(蟬)의 날개를 기다리는 것처럼 스스로 변천하지 않는다."라고 함이로다.

한무제漢武帝가 곤명지昆明池[293]를 파다가 겁회劫灰[294]를 얻었

---

290 敬慕: 우러러 사모할 때를 말한다.

291 生住異滅: 사상四相과 같다. 만유萬有의 모든 법이 생멸변이生滅變異하는 모양이다. 즉 ① 生(나고), ② 住(머물고), ③ 異(달라지고), ④ 滅(멸하고)이다.

292 成住壞空: 생주이멸生住異滅과 같은 뜻이다.

293 昆明池: 한漢 무제武帝가 만든 연못인데 여기에서 수전水戰을 익히게 하였다고 한다.

294 劫灰: 우주가 멸망할 때 일어난다는 큰불의 재. 곧 겁화劫火 때의 재를 말한다.

으니 천지天地도 또한 화재火災를 면免하지 못하였거늘 어찌
경궁요대瓊宮瑤臺[295]와 금봉옥룡金鳳玉龍이 만족하게 믿을 수가
있겠는가. 이것은 조개집이나 개미무덤에 비유하거나 하물며
산골 움집과 촌락의 미미한 것이로다. 이것으로 미루어 보면
득실得失과 흥망興亡을 또한 가히 근심하거나 기뻐할 일이 아님이
로다.

이 송계암松溪庵은 옛 자취를 가히 상고詳考할 자료가 없으나
이 지방 사람들이 전하는 구전에는 신라시대新羅時代에 창건했다
고 대개 전하니 이것은 고찰古刹이로다. 전날 문곡文谷장로[296]와
역암이성櫟菴貽成장로 등 모든 장로가 여기에서 경전을 강의할
시절에는 청중聽衆이 방에 가득 찼다는데 최근에 운運이 좋지
않아서 근근이 보존해 오던 중 마침내 화재火災를 당했으니 천운
天運의 돌아감이 진실로 이와 같을까. 억압抑壓이 지극함에 도달
하면 도리어 크게 왕성할 조짐으로써 먼저 쇠운衰運의 극함이
이와 같음인가. 하늘은 멀고 높아서 참구할 수 없지만 선한 일을
하면 경사와 복이 있다 하고 보시布施하는 사람은 인천人天에
태어난다고 하는 것은 유교와 불교의 경전에 그 진리를 소상히
밝혔으니 털끝만큼도 의심할 바가 없음이로다.

---

295 瓊宮瑤臺: 옥으로 장식한 아름답고 화려한 궁전을 말한다.

296 文谷長老: 생몰연대 미상. 한암 중원선사 필사본에 장로丈老로 기록되었으
나 고려대장경과 신수대장경에 장로長老로 기록되었으니 장로長老라고
사용한다.

그러므로 이제 화주 석지釋之 스님이 분향하고 널리 선업을 즐기는 큰 시주집에 고告하는 것은 또한 이것이니 사찰을 조성造成하는 일을 열심히 하는데 그 누가 불가하다고 말할 것인가.

조용한 조실방에서 봄 한가한 낮잠 꿈이 깊었는데
새들 소리 요란함에 기지개를 펴고 깨어 일어남이로다.
훨훨 날던 나비는 아득히 눈앞 경계에 잦아들고
이 몸은 완연히 환화幻化 공신空身이로다.
담장모퉁이 붉은 살구꽃은 바람에 날려 뜰에 떨어지고
푸른 풀은 봄비에 살찌우니 때는 바로 저물어가는 봄이로다.
일주一炷로 향 연기는 부드러운 넝쿨처럼 푸르게 휘감으며
반은 푸른 아지랑이와 같이 피어오름이로다.
오호라! 슬프고 슬픔이로다.
천하天下에 득실得失은 고금의 흥망興亡이로다.[297]

29. 正法眼藏序

圭峰禪師云佛經開張羅大千八部之衆禪偈撮略就此方一
類之機羅衆則莽蕩難依就機則指的易用其指的易用也思

---

297 한암 중원선사 필사본에는 '嗚呼天下得失古今興亡也'인데, 선학원과 극락암 발행본에는 빠져 있고 수덕사 발행본에는 '隨緣如此而書勸善文'으로 되어 있다.

與同志共之付同行染禪和書集語錄十篇及拈頌諸導師直
截法門爲一秩五冊以爲入道正眼其爲書也雖隻言片語無
非切勤勸勉分明指陳其成佛路頭廓朗無纖毫疑翳若於此
書研究玩味歸照於心源用功專精雖不用看過藏敎藏敎在
焉又不啻在也其於行門指的寔有勝於難依者也如有志於
道者應有神思察焉然傳寫多誤脫又有錯其句讀吐語讀者
失其本意不揆不才爲之詳定如有傳寫者當十分用意寫後
又再三校正勿誤錯普施於衆生界中其結光明種子不失成
佛之正因深願在玆焉

◉ 정법안장正法眼藏 서序²⁹⁸

규봉선사圭峰禪師²⁹⁹께서 이르기를 "부처님 경전經典은 대천세계
大千世界 팔부八部 대중들을³⁰⁰ 위하여 열어 펼쳐 놓은 것이요,
선사禪師의 게송偈頌은 간략히 발췌하여 이것은 선종禪宗의 기틀
에 취향한 것이로다."라고 함이로다.

대중에게 펼쳐 놓으면 곧 망망대해茫茫大海와 같아서 의지하기

---

298 正法眼藏: 선가에서 교외별전敎外別傳의 심인心印으로 삼는 조사의 정안正
眼을 말한다.

299 圭峰: 주註 112 참고.

300 八部大衆: 부처님의 한 권속으로 설법하는 자리를 수호하는 ① 천天,
② 용龍, ③ 야차夜叉, ④ 아수라阿修羅, ⑤ 건달바乾闥婆, ⑥ 가루라迦樓羅,
⑦ 긴나라緊那羅, ⑧ 마후라가摩喉羅伽 등 팔부신장을 말한다.

어렵고 기틀에 취향하면 즉 지적指的하기가 용이用易하므로 그것을 지적하기가 용이하다는 것이로다.

생각과 더불어 뜻을 같이한 행염선화行染禪和와 함께 서집어록書集語錄 10편篇과 염송拈頌과 모든 도사導師들의 직절법문直截法門[301]을 발취하여 모아 5책으로 한 질의 책을 만들어서 입도정안入道正眼을 삼을까 하여 그 책을 만들었음이로다.

비록 한마디 말과 한 조각 글이라도 간절하고 힘써 권면勤勉하고 분명하게 지시하지 않음이 없어서 성불하는 길머리를 확실하고 분명하게 일러줌이 털끝만큼이라도 의심스럽거나 가림이 없으니 만약 이 책을 연구하고 감상해서 마음의 근원을 반조하는 공부를 오로지 정진한다면 비록 부처님의 장교藏敎[302]를 보지 않았다 하더라도 부처님 장교가 이 속에 있음이로다. 또한 그뿐만 아니라 저 수행문修行門까지도 지적指的하여 놓았으니 이것이 의지하기가 더욱 어려우나 수승殊勝함이 있음이로다. 만일 도道에 뜻이 있는 사람은 응당히 정신을 차려 생각을 살펴야 할 것이로다. 그러나 전하고 사경하는 과정에서 오자誤字와 탈자脫字가 많이 생겼고 또한 그 구독句讀과 현토懸吐를 잘못 달아 독송하는 사람으로 하여금 그 본뜻을 잃게 함이 있어서 재주가

301 直截法門: 직각적直覺的으로 분별하여 앎, 바로 끊음을 말한다.
302 藏敎: 삼장교三藏敎의 준말로 소승교小乘敎『사아함경』에 의하면 단공但空의 도리를 밝혀 절공관折空觀에 의해 무여열반無餘涅槃의 깨달음에 이르게 하는 소승교를 가리키는 말이다.

없음을 자세히 헤아리고 교정하였으니 사경해서 전할 사람이
있으면 마땅히 십분 주의하여 사경寫經한 연후에 또 재삼再三
교정해서 그릇됨이 없도록 하여 중생계에 널리 보시布施하면
광명光明의 종자種子를 맺어서 성불할 수 있는 정인正因을 잃지
않을 것이니 깊은 발원은 여기에 다 있음이로다.

五. 記文: 5首

30. 陜川郡伽倻山海印寺修禪社創建記

余嗜好遊山水者也遊得偏仙人尸解祖師創大伽藍幽顯之
王以大願力助成大藏經板者陜州之伽倻海印也而未得遊
爲缺然歲己亥秋訪到閱其經繞其宇紅流洞裡探仙人之靈
蹤放曠然忘其形骸矣一日有一禪和子謂余曰今天子聖神
至仁洽而惠曁乎禪林印經修宇又勅建修禪社居心學者倣
前聖資福國祐世化士梵雲與一山雲水服勤勞忘身宰始是
歲五月過五個月而落之其爲樹玄功之偉且大者有若是者
也而師其文者也幸記之以垂示不朽也余曰毋爲是也禪和
子曰昔釋迦氏以正法眼藏付囑迦葉傳至達磨來震旦又傳
至石屋而我東國太古傳得石屋又傳至清虛清虛於釋迦氏
爲六十三代孫也當是時也非特山林衲子見其性而作導師

也上自天子下至王公鉅人施及于草野賢達莫不徹證無生
坐脫立亡故叅尋決擇如飢就食渴赴飮然勢莫得以遏之也
而降于今視正法如土塊持續慧命者爲兒戲甚者相目憎嫉
之而至於靡所不至也嗚呼後之人雖欲聞正法眼藏之說孰
從而聽之乎於斯時也創修禪社也者寔爲火中蓮花也此尤
不可不以記之而垂示不朽者也余曰毋爲是也禪和子曰正
法眼藏者先佛之慧命也建修禪社者今天子之勅命也若不
一遵終始而廢之也或革之也者此非特蒙譴罰於神祇抑亦
犯罪逆於彝倫也孰敢不戒懼而爲是之爲哉雖然若不昭示
後人後之人安能知此社之嚴重也有其若是而一遵之哉此
又不敢不以記之而垂示不朽者也師其無得固止而可從事
之也余正色曰鄙夫子之見解也而子知其有記之爲有記也
而不知其無記之爲有記之爲愈者也安知夫未有一人修禪
而十類群生已是一時見性了也未擧一則公案而山河大地
明暗空色以至麻線竹針已是一時皆放大光明了也又安知
夫未開基也已是一時成禪社了也未具根闌材也已是一時
記其事詳悉了也夫如是則豈可以爲紙墨之而贅疣脂粉於
叅正法眼藏之禪社也哉禪和子悚然避席曰能師之言未敢
自許聞道百也然敢問正法眼藏是個甚麼曰祗是又問曰云
是者是個甚麼曰伽倻山色揷天碧良久云直下言前薦得未

免觸途狂見縱饒句下精通也是箭過西天恁麼也頭上安頭
不恁麼也斬頭覓活且道到這裡禪却如何㘞喝是日爲閑話
移晷妨却忘形骸之趣味禪和子請次第書着打葛藤一絡索
以爲修禪社記記之

　大韓光武三年己亥九月下澣湖西的釋鏡虛和尚南識

◉합천陜川 가야산 해인사海印寺 수선사修禪社 창건기創建記[303]
나(鏡虛)는 산수山水에 노닐기를 좋아하는 사람이로다. 선인仙人
이 두루 놀다가 몸을 해탈하여 벗어 버리고 조사祖師께서 대가람
大伽藍을 창건하고 그윽이 지난날의 애장왕哀莊王이 대원력大願
力을 세워 대장경大藏經 판각을 조성한 곳이 바로 합천군 가야산
해인사이로다. 그리고 아직 유력하지 못하다가 결연히 기해년(己
亥, 1899년) 가을에 방문해서 경판經板을 열람하고 그 당우堂宇를
돌아보고 홍류동紅流洞[304] 속에서 선인仙人의 신령스러운 발자취
를 더듬어 보다가 방광放曠[305]하니 그 몸까지 잊음이로다.

---

303 海印寺: 경상남도 합천군 가야면 치인리 가야산 남서쪽 기슭에 있는
　　　사찰. 신라 순응順應과 이정利貞의 가르침으로 왕후의 병환이 나았으므로
　　　802년 애장왕哀莊王이 두 승려에게 명하여 창건하였다. 해인사지海印寺誌
　　　160쪽에 있다.

304 紅流洞: 가야산 해인사 아래 가야면 구원리 609번지 주위인데 최고운의
　　　사당이 있다.

305 放曠: 언행言行의 구속을 받지 않음을 말한다.

하루는 어떤 한 선화자禪和子[306]가 나에게 이르기를 "지금 천자
天子의 성신聖神이 지극히 인자하여 그 혜택이 넉넉하여 은혜가
선림禪林에 미쳐서 장경藏經을 인쇄하고 전각殿閣을 수리하며
또한 칙명勅命으로 수선사修禪社를 세우게 하여 마음 공부하는
이들을 안거安居하게 하였으니 옛날의 성인聖人이 나라를 복福되
게 하고 세상을 돕는 것을 본받은 것이로다. 화주化主 범운梵雲
스님[307]과 더불어 산중 여러 운수납자雲水衲子들이 힘든 고달픔을
감내하고 몸 잊음을 무릅쓰고 금년 5월에 시작하여 5개월이
지나서 낙성식落成式을 올리게 되었으니 그 뜻을 이룬 공덕이
또한 위대함이 이와 같음이로다. 그리고 "경허鏡虛선사께서는
문장에 밝은 분이라 다행히 이것을 기록하여 썩지 않고 오래도록
보존하여 후세에 보이도록 하여 주십시오."라고 청請함이로다.[308]

내(鏡虛)가 이르기를 "이것은 옳은 일이 아님이로다." 하니
선화자禪和子가 이르기를 "옛날에 석가세존께서 정법안장正法眼
藏을 마하가섭摩訶迦葉에게 부촉하여 달마達磨에 이르러 중국(辰
旦)[309]에 전하여 왔고, 또 전하여 석실청공石室淸珙[310]에 이르렀으

---

306 禪和子: 和는 화상和尙의 약자이며, 子는 남자의 미칭美稱이요, 선승禪
    僧의 호칭과 수행자의 호칭이다.
307 梵雲: 인명 미상. 해인사에 범운당梵雲堂대선사 비碑와 공덕비功德碑가
    있다. 『한국근세불교백년사』 18쪽을 참고.
308 不朽: 썩지 않음, 또 영원히 전하여 나아감을 뜻한다.
309 震旦: 중국의 다른 이름이다.

며, 우리 동국 태고보우太古普愚화상[311]이 석옥石屋에서 전수함을
받았고, 또 전하여 청허清虛 휴정休靜에 이르렀으니 서산西山대사
는 석가釋迦의 63대 법손法孫이로다. 이러한 때를 당하여 특별히
산림山林의 운수납자雲水衲子들만이 견성見性하여 도사導師가
될 뿐만 아니라 위로는 천자로부터 아래로 왕공王公과 귀족에
이르렀으며 초야草野에 묻혀 사는 백성들과 현인과 달사達士는
무생無生을 사무쳐 증득하지 않은 사람과 좌탈입망坐脫立亡하지
않음이 없음이로다.

그러므로 선지식善知識을 찾아 정법正法을 결택하는 이가 마치
굶주린 이가 공양을 찾는 듯, 목마른 이가 물을 찾는 듯 간절히
하였으니 그러나 그 형세를 막을 이가 없음이로다.

요즘은 정법안장正法眼藏 보기를 흙덩어리같이 하며 불조혜명
佛祖慧命을 계승하기를 아이들의 장난처럼 여기고 심한 자는
서로 반목反目하고 질투嫉妬하며 그리고 더 나아가서는 못할
것이 없음이로다. 오호라! 슬프고 슬픔이로다!

후인들이 비록 정법안장의 설법說法을 듣고자 하나 누구에게

---

310 石屋清珙: 1272~1352. 원나라 사람으로 21세에 출가, 급암종신及菴宗信의
   법을 이었고 태고보우太古普愚에게 법을 전하고 81세에 입적하였다.
311 太古普愚: 1301~1382. 고려시대의 승려. 13세에 양주 회암사檜巖寺에
   출가, 26세에 화엄선華嚴選에 합격하고, 1346년 중국에 가서 하무산 석실청
   공石室清珙의 법을 받고 귀국하여 용문산 소설암小雪庵에 주석하였다.
   후에 공민왕의 왕사王師가 되었다.

들을 수 있겠는가. 이러한 때에 수선사修禪社를 창건하는 것은 실로 불(火) 속에서 연꽃이 피는 것과 같음이로다. 더욱이 이것을 기록하여 후세에 보이지 않을 수 없음이로다."라고 청하기에 내(鏡虛)가 이르기를 "이것은 옳은 일이 아니로다." 하니 선화자禪 和子가 이르기를 "정법안장이라 함은 먼저 부처님의 혜명慧命이요, 수선사를 건립한 것은 지금 천자의 칙명이로다.[312] 만약 한결같이 따르지 않으면 마침내 그것을 폐지하거나 혹은 개혁을 하게 되는 것이니 이것은 팔부신장八部神將에게 꾸지람과 벌을 받을 뿐만 아니라 또한 죄를 온 인륜人倫에 범하는 것이니 누가 감히 경계하고 두려워하여 이것을 위하여 이것을 하지 않겠는가.

비록 그러나 만약 후인에게 밝게 보이지 않으면 뒷사람이 어찌 능히 이 수선사修禪社의 엄중함이 이와 같은 줄 알고 또한 그것이 옳을 것 같으면 한결같이 따를 수 있지 않겠는가. 이것을 또한 감히 기록함으로써 후인들에게 오래도록 보이지 않으면 썩어 없어지는 것이니 경허鏡虛화상께서 사양하지 마시고 따라 주시는 것이 옳을 것이로다."라고 함이로다.

내(鏡虛)가 정색을 하고 이르기를 "그대들의 견해見解가 비루鄙 陋함이로다. 그대들은 사실을 기록하여 기문記文을 만드는 것만 알고 그 기록함이 없는 것이 기록이 있는 것보다 나은 것을 알지 못함이로다. 어찌 대저 한 사람이라도 참선參禪하지 않았는

---

312 勅命: 임금의 명령을 말한다.

데 십류十類의 중생들이 이미 일시에 견성見性하여 마친 것을
알겠으며 한 가지 공안公案도 들지 않았는데 산하대지山河大地와
명암색공明暗色空과 삼실(麻線)과 대바늘(竹針)에 이름으로써
이미 일시에 모두 대광명大光明을 요달了達하여 놓는다는 것을
또한 어찌 알겠으며 대저 터를 닦지도 않았는데 이미 일시에
수선사修禪社를 이루어 마쳤으며 나무 간판을 갖추기도 전에
이미 일시에 이 일을 자세히 기록하여 마친 것을 알겠는가. 대저
이와 같으면 어찌 가히 종이와 먹으로 군더더기를 붙여 써서
정법안장正法眼藏을 참구參究하는 수선사修禪社에 연지 찍고 분
을 바르겠는가."라고 함이로다.

선화자禪和子가 두려워(悚然)³¹³ 자리를 피하면서 이르기를 "경
허鏡虛선사의 말씀을 들으니 감히 스스로 도道를 수백 번이나
들었다고 할 수 없음이로다. 그러나 감히 묻노니 정법안장이
무엇인가?" 하니 내(鏡虛)가 이르기를 "다만 이놈이니라."라고
하였으며, 다시 묻기를 "이놈이라는 이것이 무엇인가?" 하니
내가 이르기를 "가야산 빛이 하늘에 꽂혀 푸르도다."라고 하였으
며 조금 있다(良久)³¹⁴가 이르기를 "바로 말하기 전에 알았다 하더
라도 부딪치는 곳마다 미친 소견은 면免하지 못함이로다. 가령
문구文句 아래에 정진하여 통달할지라도 이것은 화살이 벌써

313 悚然: 두려워 몸을 웅숭그리는 모양을 말한다.
314 良久: 한 물건도 없는 도리를 보인 것이다.

서천西天으로 지나감이로다. 만약 그렇다면 머리 위에 또 머리를 얹음이요, 만약 그렇지 않다면 머리를 자르고 살길을 찾음이로다. 또한 이르노라! 여기 이 속에 이르러서 선禪을 어떻게 참구參究해야 하는가. 할! 오늘은 부질없는 말을 하다가 해(日)의 그림자만 옮겼으니 내 형체를 잊어버리는 취미에 방해妨害만 됨이로다." 하니 선화자禪和子가 차례로 써 주기를 청請하므로 갈등을 타파하고 수선사修禪社의 기문記文을 만들어 기록함이로다.

대한大韓 광무光武 3년(己亥, 1899) 9월 하순

호서湖西로 돌아가는 석경허화상釋鏡虛和尙

예배하고 식識하노라[315]

31. 桐裏山泰安寺萬日會梵鍾買献檀那芳啣記

曰鍾曰鼓曰雲版曰木魚皆有表有用此是招提四物也鍾爲緊焉凡上堂普請焚修齋粥靡此皆不可以事之況清凉之息苦楞嚴之指性以至歇了地獄中恒沙衆生之苦惱者其功用也實不可以思議焉居本寺之有暎月大師者行業錬精識學淵廣念佛化之否塞含生之伶俜爲設萬日念佛會于此庵而庵舊無鍾如有缺焉因此慨念有年矣有完山府居檀那宋柱

---

315 한암 중원선사 필사본과 극락암 발행본에는 '大韓光武三年己亥九月下澣湖西皈釋鏡虛和尙南識' 22자字가 있는데, 수덕사 발행본에는 빠져 있다.

商霈其化發清淨信出阿堵千餘金買献梵鍾願生貴子盖亂
山盃盃長夜沉沉聲聲吽吼發韻清暢渾元一關氣生萬彙其
感應道交得其貴子也必矣勸後傳芳不可以泯少略此數語
　庚子臘月上澣湖西㕙釋鏡虛謹識

◉동리산桐裏山 태안사 범종 시주(檀那) 방함록기芳啣錄記[316]
범종梵鍾과 북(鼓) 그리고 운판雲版과 목어木魚는 모두 사표師表
가 있고 용도가 있으니 이것을 가리켜 사찰의 사물四物이라고
말하며 이 중에 범종이 가장 긴요한 것이로다.

　무릇 상당법문上堂法門을 청할 때나 예불하고 공양할 때나
이것이 아니면 모든 일을 가히 할 수가 없으며, 더욱이 맑고
깨끗한 그 소리를 듣고 중생들의 고통을 쉬게 하니『능엄경』에
말씀하신 성품性品을 가리키며 내지 지옥地獄 가운데 한량없는
중생의 고통을 쉬게 하고 깨닫게 하는 것은 그 공덕功德이니
실로 가히 생각으로써 헤아릴 수 없음이로다.

　본사에 거주하는 영월暎月대사[317]는 행업行業과 정진에 단련하
여 학식이 넓은 분으로 염불念佛의 교화에 주력하여 힘들게 살아

---

316 桐裡山: 현재 태안사泰安寺는 전라남도 곡성군 죽곡면 원담리 동리산桐裡山
　　에 있다. 742년 창건한 구산선문九山禪門 중의 하나다. 개조 적인혜철(寂忍
　　惠哲, 785~861)이 주석하였다.
317 暎月: 인명 미상. 당시 태안사에 주석한 주지로 본다. 한글 진언집을
　　발간한 분으로 범어사에 영정이 있다.

가는 중생들의 의지처로서 생각하고 만일염불회萬日念佛會를 이 암자에 설치하였음이로다. 이러한 태안사泰安寺에 고래로부터 범종이 없으니 그 부족함이 있었음이로다. 이로 인하여 이미 다년간 생각하여 오던 중 마침 완산부完山府에 사는 시주자인 송주상宋柱商이 감화感化를 받고 청정한 신심信心을 발하여 천여 금千餘金을 보시하여 범종을 조성해서 헌공하고 귀한 자식子息 낳기를 발원함이로다.

대개 풍류風流의 산이 울창하고 긴 밤이 침침한데 우렁찬 범종 소리가 맑게 울려 퍼지니 홀연히 새벽 기운을 열어 주며 만물을 소생하게 하여 주는 그 감응感應의 도가 통하게 되었으니 반드시 귀한 자식을 얻게 됨이 필연이로다. 이 아름다운 일을 후세에 전하고자 하며 가히 없어지지 않기를 바라면서 간략히 몇 마디 기록함이로다.

대한大韓 광무光武 4년(庚子, 1900) 12월 상순

호서湖西로 돌아가는 석경허釋鏡虛 근식謹識하노라[318]

32. 梵魚寺金剛庵七星閣創建記

夫大地之物堅牢爲金剛也周天之耀樞要爲北辰焉以北辰

---

[318] 한암 중원선사 필사본과 극락암 발행본에는 '庚子臘月上澣湖西故釋鏡虛 謹識' 14자字가 있는데, 수덕사 발행본에는 기록이 빠져 있다.

樞要之造化增長人間壽福以金剛堅牢之三昧開拓出世津
梁則金剛庵之有北辰殿可謂如膠漆然如岑崟然不可以闕
一而又爲繪像一爲人天福田之獨聖尊而安之是緣也將得
以普利群品如魁伽沙不可量也本邑草梁居淸信女滿願華
金氏爲其子裵正憲之吉慶成滿而其僉檀那之施財相成者
又豈可以不成就其願耶況乎献供養畚具日用四物其功德
如海而幷是化士月松之法力也余二十年前遊四佛山諸刹
聞金井山之爲勝區而金剛庵爲要妙焉將欲一遊而錯落未
嘗今巳老矣閱盡榮枯百慮灰冷自伽倻山荷衲訪到適月松
大師住持而成造畢焉大師素是出塵禪德扁其軒曰綠蘿者
盖志其松蘿幽閑之趣也面晤未了而心相契焉有相期於形
骸之外之趣味也其大師之服勤勞與檀那之成就佛事也僉
曰子文者也幸爲之記之也余曰嗒然有一忡然於此者夫北
辰也在天成像建閣設像者此也而其金剛三昧者果何物而
作何相耶嗚呼去聖愈遠出家之人專不體知自家之事吾佛
金剛正定斯絶壽命莫傳余因作金剛庵記而百感俱發也

◉범어사 금강암金剛庵 칠성각七星閣 창건기[319]

대저 대지大地 위의 사물 가운데 가장 견고한 것은 금강金剛이요,

하늘에 빛나는 별 가운데 가장 중요한 것은 북두칠성北斗七星이로
다. 북두칠성의 중요한 조화는 인간人間의 수명受命과 복덕福德을
증장增長시켜 주는 것이요, 금강金剛과 같이 견고한 삼매三昧는
이 출세간出世間의 고해苦海를 건네주는 나룻배인 즉 금강암에
칠성전七星殿을 창건하는 것은 가히 말하자면 아교阿膠풀[320]의
채색과 같으며 그리고 산봉우리(쏙)의 이끼와 같아서 가히 하나도
빠지게 할 수 없음이로다. 또한 회상繪像[321]으로 인천人天의 복전福
田이 되는 독성존자獨聖尊子를 봉안奉安하였으니 이 인연으로
장차 일체 중생을 널리 이롭게 함은 마치 항하수恒河水의 모래와
같이 가히 헤아릴 수가 없을 것이로다.

　부산 동래읍 초량草梁에 거처하는 청신녀淸信女 김씨만원화金
氏滿願華가 그 아들 배정헌裵正憲[322]의 길경吉慶의 원만 성취를
위하여 시주施主의 재물을 보시布施하여 서로 이루었으니 또한
어찌 가히 그 발원을 성취하지 못하겠는가. 하물며 공양답供養畓
과 일용품과 사물四物[323]을 헌납하고 공양하였으니 그 공덕이
바다와 같을 뿐이요, 아울러 화주 월송月松 스님[324]의 법력法力이

---

320 阿膠: 동물의 가죽이나 뼈를 고아 굳힌 접착제를 말한다.
321 繪像: 화상畫像으로 사람의 얼굴을 그림으로 그린 형상을 말한다.
322 한암 중원선사 필사본에는 없는데 수덕사 발행본에는 裵正憲 아래 '刱七星
　閣設其像而供養之知其宜乎其子正憲' 19자가 기록되어 있다.
323 四物: 선방禪房의 사물四物은 곧 ① 선량禪糧, ② 의류衣類, ③ 약藥, ④
　차(茶)이다.

로다.

내(鏡虛)가 20년 전에 사불산四佛山의 모든 사찰을 유람하다가 금정산金井山의 경치가 수승殊勝한 지역地域이라 하고, 금강암金剛庵이 더욱 오묘하다는 소식을 듣고 장차 한번 유력遊歷하고자 하였으나 길이 어긋나서 오지 못했는데 이제 이미 늙었음이라 영고성쇠榮枯盛衰[325]를 다 맛보니 온갖 생각이 찬 재(灰)처럼 식어져 버렸음이로다.

가야산伽倻山으로부터 납자衲子가 걸망을 메고 찾아 왔더니 마침 월송月松대사가 주지로 주석하면서 사찰 조성造成의 불사를 마쳤음이로다.

월송대사가 본래 티끌 같은 세상을 벗어난 선덕禪德으로 자기 처소의 편액扁額을 녹라綠蘿[326]라고 한 것은 대개 그 뜻이 소나무와 칡넝쿨이 그윽하고 한가로운 취미이기 때문이로다. 인사를 마치고 얼마 되지 않아 마음이 서로 계합해서 모습이 있는 육신六身 밖의 취미가 서로 통하게 됨이로다. 그 월송대사의 근로勤勞와 더불어 단나檀那가 불사를 성취함이로다.

이에 대중들이 이르기를 "그대는 문자文字를 잘하는 분이니

324 月松: 생몰연대 미상. 당시 범어사 금강암 주지로 주석하였다.
325 榮枯盛衰: 성함과 쇠함인데, 개인이나 사회 등의 성쇠盛衰가 일정하지 않음을 말한다.
326 綠蘿: 녹색의 얇은 비단을 말한다. 또 소나무와 칡넝쿨이 우거져 그윽하고 한가롭다는 말이다.

기문記文을 지어 주시면 다행한 일이로다."라고 하였거늘 내(鏡
虛)가 허락하여 이르기를 "그러나 여기에 한 가지 근심스러운
것이 있으니 대저 북두칠성은 또한 하늘에 있어서 형상을 이루나
니 전각殿閣을 세우고 형상形象을 조성하여 이와 같이 하였으나
금강삼매金剛三昧라 함은 과연 무슨 물건이며 무슨 모양으로
생겼는가.

오호라! 슬프고 슬픔이로다!

부처님(聖賢)이 가신 지 더욱 멀어져서 출가한 사람들이 오로지
자기 집안일을 체득하여 알지 못하니 우리 부처님의 금강삼매金
剛三昧의 정정正定[327]이 여기에 끊어지고 혜명慧命을 전하지 못함
이로다.

내가 금강암 기문記文을 짓게 됨으로 인하여 온갖 감회가 함께
일어남이로다."라고 함이로다.

임인년(壬寅, 1902) 경허鏡虛 성우惺牛 찬술하다

33. 東萊郡金井山梵魚寺鷄鳴庵創設修禪社記

華嚴經曰菩薩摩訶薩以大慈大悲大喜大捨爲所住處乃至
一切法平等爲所住處這裡是住處心聞貴禪師曰潙山和尚

---

327 正定: 팔정도八正道의 하나로 사제四諦의 진리眞理를 바로 본 정견正見을
  가지고 바른 선정禪定을 닦는 것이다.

云以思無思之妙返思靈燄之無窮思盡還源是個什麼這裡
脫得去有什麼淨潔旣無思底復無淨底直得一絲不掛和自
家本體都盧不見恁麼入囂塵逆順敎誰嗔喜染着然後打徹
明暗兩頭向不明不暗處看大悲院裏有齋話方知來由與落
處恁麼以一隻眼照破山河大地如倚天長釖誰敢當頭覰着
有如是筋骨方能向列聖叢中入作而己他兼利法門祇從玆
一條路去別無道理這裡又是住處混海丈老請惺月禪伯住
持鷄鳴庵而渾寺僉議設禪社于此自各房與庵收納畓三十
八斗土于禪社又混海惺月湛海華月諸上士與居本府李氏
普賢華居草梁金氏智明華募緣山野得錢四千餘金買得畓
四十二斗土付于禪社又居本寺土窟金氏覺心華納畓二斗
土付于禪社已上合畓八十二租落斷盡供養禪衆不爲他用
者也以此永久一遵盖渾寺僉位與在俗檀那之功行信願俱
不可思議而惺月禪伯爲住持開導勸化其功大焉自後八表
禪衲入此社開單圍爐這裏又是個住處如上三般住處是同
耶是異耶若云異也何曾是同若云同也何曾是異且夫牛角
不用有兎角不用無也則且道畢竟如何古人云道眼未明滴
水難消凡叅究于此社者當念光陰飄忽四恩重大以慈明圓
之刺股歸宗權之展脚以哭爲則可也

　　光武七年癸卯暮春下澣駐錫本寺金剛庵鏡虛惺牛謹識

◉동래 금정산金井山 범어사梵漁寺 계명암鷄鳴庵 수선사修禪社 창설기創設記[328]

『화엄경』에 이르기를 '보살마하살菩薩摩訶薩은 대자대비와 대희대사大喜大捨로 머무는 곳을 삼는다.'라고 하였고, '내지 일체법一切法이 평등함으로써 머물 곳을 삼느니라.'라고 하였으니 이 속이 바로 머무는 곳이로다.

심문분心聞賁선사께서 말하기를 "위산潙山화상이 이르기를 생각으로써 생각할 수 없는 오묘함이 도리어 영염靈焰의 무궁함으로 생각을 반조하고 생각을 다하여 근원으로 돌아간다고 하셨으니 이것이 무엇인가? 이 속에서 해탈解脫을 얻어 벗어나면 다시 무슨 정결淨潔함이 있으리오." 하셨으니 이미 생각할 것도 없으면 또한 정결淨潔할 것도 없어서 바로 한 오라기도 걸칠 것이 없나니 자기의 본래면목마저도 모두 보이지 않으니 이렇게 시끄러운 세상 속에 역순逆順하여 들어가면 누구로 하여금 성내고 기뻐함에 물들게 함을 가리킬 것이요 함이로다.

그러한 연후에야 밝거나 어두운 두 갈래를 타파하리니 어찌 밝지도 않고 어둡지도 않은 곳을 향하여 있겠는가. 대비원大悲院에 재齋가 있다는 말씀(話頭)을 살펴보면 비로소 유래由來와 더불어 귀결처歸結處가 어느 곳인지 알게 될 것이로다.

이렇게 한쪽 눈으로써 산하대지山河大地를 타파하여 반조返照

---

328 鷄鳴庵創設禪社記: 범어사지梵魚寺誌 595쪽에 수록되어 있다.

하면 마치 하늘을 찌르는 장검長劍과 같음이거늘 누가 감히 당처에서 엿볼 것인가? 이와 같은 골격이 있음을 엿보겠는가? 바야흐로 능히 열성총림列聖叢林 속을 향하여 들어가서 자기와 다른 사람을 이롭게 하는 법문法門을 듣고 다만 그 한 가닥의 길로 달려갈 뿐이며 특별한 다른 도리란 없음이로다."라고 하셨으니 이 속이 또한 머물 곳이로다. 혼해混海장로께서 성월惺月선백에게 계명암鷄鳴庵 주지住持를 하라고 청청請請하였고 범어사 대덕 스님들이 수선사修禪社를 이곳에 설치하기로 의논하였고 각 방과 산내 암자로부터 논(畓) 38두락斗落을 거두어들여서 수선사修禪社에 붙이도록 하였다. 또 혼해混海·성월性月·담해湛海·화월華月 등 모든 대덕 스님과 더불어 동래에 거처하는 이씨보현화李氏普賢華와 초량草梁에 거처하는 김씨지명화金氏智明華와 산야山野에서 모연募緣하여 전錢 4,000여 금을 시주받아 논 42두락을 매입하여 선원에 붙였고 또 본사 토굴에 거처하는 김씨각심화金氏覺心華가 논 2두락을 헌납獻納하여 선원에 붙였으니 이상 논을 합하면 82두락이 됨이로다. 이것은 당연코 선원대중에게 공양 올리는 데 사용하여야지 다른 곳에 사용해서는 안 될 것이니 영구히 한결같이 준수하여야 할 것이로다. 대개 모든 사찰 대중들과 세속에 있는 단나檀那의 공행功行과 신심의 원력이 모두 불가사의不可思議하고 그리고 성월性月선백이 주지가 되어서 개도開導하고 부지런히 교화하니 그의 공행功行이 더욱 크다 할 것이로다. 이후로부터 팔도의 선원 납자衲子들이 이 결사에 동참하여 들어와 개단開單에 정진하게 되었으니 이 속이 또한 하나의 머물 곳이로다.

위와 같은 세 가지 머무를 곳이 같은 것인가 다른 것인가. 만약 다르다고 말한다면 또한 무엇이 일찍이 같을 것인가? 만약 같다고 말한다면 또한 무엇이 일찍이 다른 것인가? 또한 대저 소뿔이 있어도 쓸모가 없고 토끼뿔은 없어서 쓸모가 없으니 또한 일러보아라. 필경에 어떻게 하겠는가?

고인古人께서 이르기를 "도안道眼을 밝히지 못한다면 한 방울의 물이라도 또한 소화하기 어렵다."라고 하였으니 무릇 이 수선사修禪社에서 참구參究하는 사람은 마땅히 세월은 홀연히 지나가고 사은四恩[329]이 진중珍重하고 크다는 것을 생각할 것이로다. 자명慈明 초원楚圓선사[330]가 허벅지를 찌른 것과 귀종권歸宗權선사가 다리 펴고 통곡한 것과 같이 법칙을 삼는다면 가히 옳을 것이로다.

대한大韓 광무光武 7년(癸卯, 1903) 3월 하순 본사本寺 금강암金剛庵에서 경허鏡虛 성우惺牛 근식謹識[331]하노라.

---

329 四恩: 부모와 나라와 스승과 단나(시주)에 대한 은혜이다.

330 慈明楚圓: 인명 미상. 조송趙宋 담주潭州 석상산의 자명慈明선사이다. 속성은 이씨李氏요, 이름은 초원楚圓이며, 22세에 출가하였고 임제臨濟 6세손이다.

331 한암 중원선사 필사본과 극락암 발행본에는 '光武七年癸卯暮春下澣駐錫

34. 梵魚寺鷄鳴庵創建記

謹案本寺記蹟云知時鷄鳴房五間置之東嶺又俗傳云鷄鳴
于此而見庵東岾有鷄化石與鷄足痕文庵號鷄鳴志此也前
十年癸巳三月雨華丈老與其嗣混海講伯同金峰老師發大
願力於古鷄鳴庵基起五間精舍閱八個月而落之畵之檀幀
奉安越四年丙申又起七星閣三間與別寮四間畵七星獨聖
山靈等幀奉安而因庵務倥傯過八年于今未有以文記其事
余南遊住金剛庵主本庵惺月禪伯請余其事不朽曰諾夫吾
儕家風拈乾屎片破木頭活眼打照神釗指揮古佛刹海浩浩
寶網雲坮重重何用苦苦累甎纍架汗漫丹膔喧聒鐘鼓以爲
能事哉嗚呼此塔寺之所以牢固蠻觸乃吾佛正法化之所以
耗散寢廢也書到此感歎再三或者在傍怫然曰屎片木頭讚
以寶網雲坮班宮蓮房譏以牢固蠻觸何言之乖戾若是耶曰
然子之見解之陋也何以葉公之好惡衆狙之喜怒也祇恨無
神釗活眼屎片木頭亦能法海無窮況建淸淨法宇於天鷄勝
區繪畵聖像設香燈鳴鐘鼓與諸善男子善女人奉施三寶供
養三寶作出世眞緣耶宜其諸上士之德海與僉檀那之善根
如恒河沙不可量而能原始要終勤勤成辦者混海講伯也非

本寺金剛庵鏡虛惺牛謹識' 22자字가 있는데, 수덕사 발행본에는 빠져
있다.

特作惠施無窮而圓就先傳之志又可尚也或者欣愜而謝曰
善哉提說也自不覺趣味津津投筆點茶了更提一偈
拈來何事政堪嬴 不托端宜土椀成
穿入鷄岩藏一笑 他年天畔化雷聲
　大韓光武七年癸卯暮春下澣 鏡虛星牛謹識

◉범어사梵魚寺 계명암鷄鳴庵 창건기創建記[332]

삼가 살펴보건대 범어사 사적史蹟에 이르기를 '닭이 울어 때를
알리는 곳에 방 다섯 칸을 동쪽 산마루턱에 설치하였다.'라고
하였으며, 또한 세속 전설에 이르기를 '닭이 여기서 울었다.'라고
전하고, 그리고 '암자 동쪽 산마루턱을 바라보니 닭의 화석化石과
더불어 닭의 발자국이 있어서 암자 이름을 계명암鷄鳴庵이라
하였다.'라고 하니 이러한 뜻에서 내려온 사찰이로다.

　10년 전 계사년(1893) 3월에 우화장로雨華長老[333]께서 그 제자
혼해混海 찬윤讚允강백[334]과 더불어 금봉金鋒 상문尙文노사老師[335]

332　鷄鳴庵創建記: 범어사지梵魚寺誌 594쪽에 수록되어 있다.

333　雨華長老: 생몰연대 미상. 법명은 성규晟奎이며, 호는 우화雨華이다. 법제
　　자法弟子는 혼해강백混海講伯이다.

334　混海講伯: 생몰연대 미상. 법명은 찬윤讚允이고, 호는 혼해混海이다. 14세
　　에 출가, 우화雨華로부터 수법受法하고 범어사 청련암에 처음 강원을
　　개설하고 개강하였다. 1912년 6월 12일 입적하였다. 이상하게도 법사法師
　　인 우화雨華 스님과 기일忌日이 같다. 제자로는 김구하金九河·최일해崔一

와 함께 대원력大願力을 발하여 옛날 계명암鷄鳴庵 터에 다섯 칸의 정사精舍를 기공하여 8개월이 지난 뒤에 낙성식을 하고 불단佛壇에 탱화幀畵를 그려서 봉안奉安함이로다.

4년 후 병신년(丙申, 1896)에는 또한 칠성각七星閣 세 칸과 더불어 요사채 네 칸을 세우고 칠성각 세 칸과 더불어 독성각獨聖閣과 산령각山靈閣 등에 탱화를 그려 봉안하였으나 암자의 일로 인하여 8년이 지난 오늘에 이르도록 그 일을 기록하지 못하였다고 함이로다.

내(鏡虛)가 남쪽으로 유람하여 금강암金剛庵에 머물고 있을 때 본 계명암을 맡고 있던 성월惺月선백[336]이 나(鏡虛)에게 그 일을 기록하여 없어지지 않도록 후세에 전하기를 청請하거늘 내가 허락하며 이르기를 "대저 우리 가풍家風은 마른 똥막대기(乾屎厥) 화두공안話頭公案을 잡아 타파하고 활안活眼으로 밝게 비추고 신검(神釰)으로 지휘하니 옛 부처님의 세계가 한량없이 넓고

海·박보륜朴寶輪이 있다.

335 金峰老師: 생몰연대 미상. 법명은 상문尙文이요, 법호는 금봉金峰이다. 1903년 범어사 계명암鷄鳴庵 창건기에 의하면 우화노사雨華老師·혼해강백混海講伯·금봉노사金峰老師 등이 계명암을 중창하였다고 되어 있다.

336 吳惺月: 1866~1943. 1866년 7월 15일 경상남도 울주군 온산면 우봉리에서 해주오씨海州吳氏의 후손으로 탄생하였다. 15세에 범어사 보암정호寶庵定浩화상에게 출가, 법명은 일전一奎, 호는 성월惺月이다. 성월惺月 스님과 남전南泉 스님은 경허선사를 범어사로 청請하여 모시고 선원禪院을 개설한 스님들이다. 1943년 8월 9일 세수 77세로 입적하였다.

넓으며 보망寶網의 운대蕓蕓에도 첩첩히 건립하였거늘 어찌 수고로이 돌을 쌓고 나무를 쌓으며 땀 흘려 울긋불긋하게 단청을 하고 범종梵鐘을 울리고 북을 두드리는 것으로 능사로 삼을 것인가. 오호라! 슬프고 슬픔이로다. 수고롭게 탑塔과 사찰寺刹의 건축만을 숭상하는 까닭은 곧 우리 부처님의 정법正法과 교화가 쇠퇴衰退하는 까닭이로다." 함이로다.

이 기문記文을 쓰면서 재삼 느끼고 감탄함이로다. 혹은 누가 곁에 있다가 성내며 말하기를 "마른 똥막대기나 목두木頭만 칭찬하고 실로 보배 그물과 구름 누각樓閣 언덕에 구슬 궁전宮殿, 연꽃 전당殿堂은 부질없는 말세의 짓이라고 비방하니 어찌 어긋남이 이와 같은가."라고 하였거늘 내(鏡虛)가 이에 답하여 이르기를 "그대의 견해가 비루함이로다. 어찌 엽공葉公[337]이 좋아하고 미워하는 것으로써 모든 원숭이의 희로애락喜怒哀樂을 삼을 것인가. 다만 신검(神釰)과 활안活眼이 없는 것을 한탄할지언정 마른 똥막대기와 목두木頭[338]에도 또한 능히 법해法海가 무궁함이거늘 하물며 청정한 법당法堂을 천계天鷄의 승지(勝區)에 세우고 성스러운 불상佛像을 그려 모시고 향香과 등燈을 시설하고 범종과 북을 울려 모든 선남자善男子와 더불어 선여인善女人과 삼보三寶

---

[337] 葉公: 엽공이란 사람은 용의 그림을 그리기 시작해서 물잔·벽·창문 등 곳곳에 용을 그려 사모했다고 한다.

[338] 한암 중원선사 필사본에는 없는데, 수덕사 발행본에는 活眼 아래 '集着', 屎 아래 '擬話', 頭 아래 '不讚' 6자字가 기록되어 있다.

를 받들고 공양하여 세속을 벗어나는 참된 인연을 지었으니
마땅히 모든 승려(上士)의 공덕과 더불어 단나檀那의 선근善根³³⁹
이 항하수의 모래와 같아서 헤아리지 못함이로다. 그리고 능히
시작과 마침을³⁴⁰ 근근이 성취한 분은 혼해강백混海講伯이시니
특별히 은혜의 보시가 무궁할 뿐만 아니라 스승에게서 전해
받은 뜻을 원만히 성취하였으니 또한 가상可尙함이로다." 하니
혹자는 흔연히 기뻐하며 감사하여 말하기를 "선재善哉라. 그
말씀이여."라고 하니 스스로 취미가 넘쳐흘러서³⁴¹ 깨닫지 못하고
붓을 놓고 차를 마시며 다시 한 게송을 읊음이로다.

拈來何事政堪嬴 무슨 일로 이곳에 아름다운 사찰을 지었는고
不托端宜土椀成 다듬지 않아도 단정한 흙사발이 생겼음이로다.
穿入鷄岩藏一笑 계명바위를 뚫어 한 웃음소리 감추었고
他年天畔化雷聲 훗날 하늘가에 우렛소리로 교화함이로다.

　　　　　대한大韓 광무光武 7년(癸卯, 1903) 3월 하순
　　　　　경허鏡虛 성우惺牛 근식謹識하노라³⁴²

---

339 한암 중원선사 필사본에는 없는데, 수덕사 발행본에는 善根 아래 '要終勤勤' 4자字가 기록되어 있다.

340 한암 중원선사 필사본에는 原始 아래에 '要終勤勤' 4자字가 있는데, 수덕사 발행본에는 기록이 빠져 있다.

341 津津: 넘쳐흐르는 모양, 맛이 아주 좋거나 퍽 재미가 있는 모양을 말한다.

342 한암 중원선사 필사본과 극락암 발행본에는 '大韓光武七年癸卯暮春下澣 鏡虛星牛謹識' 18자字가 있는데, 수덕사 발행본에는 기록이 빠져 있다.

六. 書簡: 5首

35. 上慈庵居士書

天藏庵好一面山一面海然雖如是非但翫景者不看到處通
人達士亦不交涉非但通人達士不交涉佛也祖也猶較些子
苦哉苦哉是豈可言處耶聞道候以病此乃修行人降伏魔軍
處也驚覺精神處也遊戲幻境處也何足以憂之喜之哉況病
從心生心如陽燄者乎鏡虛飢則言飢寒則言寒餘外睡而已
了無修行相狀而幸有二三禪侶共唱和山歌野曲幸何可益
達又聞有垂訪之意事何待明年冬候寒嚴往來難通則幸當
風日照和時不忘好因緣乎

◉자암거사慈庵居士에게 글을 올리면서

천장암天藏庵이 좋다고 하는 것은 일면一面은 산이요, 일면은

바다이기 때문이로다. 그러나 비록 이와 같이 다만 경치만 보려
한다면 이르는 곳마다 볼 수 없으며 통인通人이나 선비(達士)도
또한 교섭할 수 없으며 다만 통인通人이나 선비(達士)도 또한
교섭할 수 없을 뿐만 아니라 부처님과 더불어 조사祖師도 오히려
그러함이로다. 아아! 괴롭고 괴로움이로다. 이것을 어찌 가히
말할 곳이 있을 것인가. 들리는 소식에 의하면 병으로 체후體候[343]
가 평안치 않다 하니 이것은 바로 수행인이 마군魔軍에 항복
받는 곳이며, 정신을 차려서 정진할 곳이요, 몰록 깨달을 곳이며
허환虛幻의 경계에 유희遊戱하는 곳이니 무엇을 만족하고 근심하
고 기뻐할 것인가. 하물며 병이란 마음으로부터 생기는 것이니
마음이란 저 아지랑이와 태양빛과 같음이로다.

　산승(鏡虛)은 배고프면 배고프다고 말하고 추우면 춥다고 말하
고 그 밖에는 잠이나 잘 뿐이로다.

　수행하는 모습은 항상 전혀 없고 다행히 두세 명의 선승禪僧의
도반이 있어서 산가山歌나 야곡野曲을 함께 부르니 어찌 가히
다행한 일이 아님인가. 또한 듣자하니 방문할 의사가 있는 것
같은데 어찌 내년까지 기다릴까마는 겨울 날씨가 몹시 추워서
왕래하여 통하기가 어려울 것이니 날씨가 화창할 때를 기다려서
좋은 인연을 잊지 않도록 할 것이로다.

---

343 道候: 수도修道하는 사람의 건강 상태를 높여 이르는 말. 주로 편지 글에
　　사용한다.

36. 上張上舍金石頭書

靜居道候伏想玄裕鯽禿一味作吟病頭陀而已奈何前月日
附呈一札於實相藥水庵僧未知抵覽今有去龍門信便以數
字儒云君子推己足乎己不待於外之謂德此是斯文常談然
而叅證於學佛理甚緊好盖生死涅槃凡聖善惡等事以至禪
誦祈念等行無非是外外己早不是動靜云爲自不覺藍沮牽
惹於物如四郊之牛羊况生死禍福之際乎其不自由者必矣
肇公云至人無己此亦敎場芻狗却有味指故古德云照盡體
無依通身合大道又云打破鏡來與子相見夫一點靈臺廓然
淨盡絕廉纖勿痕縫於本有田地到其所到更不用支離塗糊
於己之外與己矣其自由二字亦是閑言語年前南來之日見
公學佛精苦因寒暄信筆及此不覺打煩蔓領情勿咎申企耳
相去杳隔臨紙惘然

◉장상사張上舍[344]와 김석두金石頭에게 글을 올리면서

조용히 머물러 지냄이 현유玄裕할 줄로 생각함이로다. 이 못난
산승(鏡虛)은 일미一味를 읊조리는 병에 걸린 나그네일 뿐이니

---

344 張上舍: 생몰연대 미상. '張上舍名 孝永 號淨蓮居士 上金碩名 炳先 號碩頭
居士也. 俱居 禮泉之生川洞' 장씨張氏의 이름은 효영孝永이요, 호는 정연
淨蓮이다. 김씨金氏의 이름은 병선炳先이요, 호는 석두碩頭인데 장상사와
함께 예천군禮泉郡 생천동生川洞에 살았다고 한다.

어찌할 것인가. 지난달에 서신書信 한 장을 실상사實相寺 약수암藥水庵의 스님 편으로 부쳤는데 받아 보았음인가. 이제 용문사龍門寺로 가는 인편이 있기에 몇 자 적어 보냄이로다.

유서儒書에 이르기를 '군자君子는 자기 자신을 미루어 자기에게 만족을 느끼고 밖의 것을 기다리지 않는 것을 미덕美德이라 한다.'라고 하였으니 여기 이 문장文章은 평범한 이야기일 뿐이로다. 그러나 불법佛法을 배우는 이가 참고해 보건대 그 진리가 매우 긴요하고도 좋은 말이로다. 대개 생사生死와 열반涅槃과 범부凡夫와 성인聖人과 선악善惡 등의 일과 내지 참선參禪과 주력呪力과 기도祈禱와 염불念佛 등의 수행이 밖의 것이 아님이 없음이로다.

이미 밖에는 일찍이 동정動靜이 없다고 이르기를 스스로 깨닫지 못하고 밖의 그 물질 형상形相에만 끄달리는 것은 마치 들판(四郊)³⁴⁵의 소나 염소와 같거늘 하물며 생사와 재화災禍와 복이야말로 자유롭지 못한 것은 필연이로다. 조공肇公이 이르기를 "지극한 사람은 자기가 없다."라고 하였는데 이것도 또한 교육도량이 불필요하오나 도리어 가리키는 맛이 있고 뜻이 있으므로 고덕古德께서 이르기를 "본체가 의지할 자리가 없음을 다 반조返照하고 통달하면 온몸이 대도大道에 합한다."라고 하였고, 또한 이르기를 "거울을 타파하면 그대와 더불어 서로 보리라."라고 하였으니

---

345 四郊: 도성都城 밖을 말한다.

대저 한 점 영대靈臺[346]가 확연히 다 깨끗하고 꿰맨 흔적도 없는 본래의 전지田地에 이른다 하였으니 그곳에 이른다면 다시 지루하게 자기 몸 밖의 것과 더불어 자기 몸에 장식할 것이 없음이로다.

그러나 그 자유라는 두 문자文字는 또한 부질없는 말일 뿐이로다. 지난해에 내가 남쪽으로 오던 날 여러분이 불법佛法을 배우고 정진하여 고행함을 보았기에 춥고 더움의 인사도 할 겸 이 서찰書札을 보내오니 너무 번거롭다고 허물하지 말 것이로다. 서로가 너무 멀리 떨어져 있기에 종이를 대하고 있으니 망연자실할 뿐이로다.

37. 上金碩士張上舍書

以般若三昧力安住金剛正定爲賀道體寧福鰥禿於道未進於人未度雖安何道就拱向惠拈二歌與二聯寫此筆此咏豈常世人所能哉清賞愛翫不覺墨渝紙弊陳尚書龐居士不意復有於斯世也古人云研窮至理以悟爲則大抵學佛者脚不踏實地文字知解盡是風力所轉終成敗壞自家點檢理會不得鹵莽相去稍遠未能面穩心月無間只得以此三昧相團適有信便以數字相候餘客腕代草不備和南

---

346 靈臺: 마음과 정신을 말한다.

◉김석사金碩士와 장상사張上舍에게 글을 올리면서

반야삼매般若三昧의 힘으로써 금강金剛의 바른 선정禪定에 편안
히 머문다 하니 하례하오며 도체道體가 편안하고 복되게 강령하
시기 바람이로다. 변변하지 못한 이 산승山僧은 도道에 정진精進
하지도 못하고 사람을 제도하지도 못하였으니 비록 편안한들
무슨 도道가 있겠는가? 나아가 합장合掌함이로다. 오히려 보내주
신 염송拈頌과 더불어 게송偈頌 두 수首를 받고 붓으로 써서
읊으니 어찌 세상 사람들이 능히 할 수 있는 것인가 하고 청정한
마음으로 감상하고 애완愛玩함에 먹물이 마르고 종이가 헤짐을
깨닫지 못하고 진상서陳尚書와 방거사龐居士[347]가 다시 이 세상에
있는 줄을 알지 못했음이로다. 고인古人께서 이르기를 "지극한
진리眞理를 연구하는 것은 깨달음으로써 법칙을 삼는 것이로다."
라고 하였으니 대저 불법佛法을 배우는 사람은 진실한 경지를
밟지 않고 문자文字와 지해知解가 많다한들 이것은 모두 허망한
바람의 힘에 전전轉轉하는 바이로다. 마침내 실패하고 무너지게

---

347 龐居士: 생몰연대 미상. 성은 방씨龐氏요, 이름은 온蘊이요, 자는 도현이다.
중국 당나라의 석두石頭에게 선지禪旨를 진작한 후에 마조馬祖에게 법을
거량하였고, 죽을 때를 미리 알아 딸 영조에게 오시午時가 되거든 알려
달라고 부탁하였다. 영조가 "지금 오시午時가 되어 일식을 합니다." 하니
방거사가 문밖에 나가 일식을 보는 순간 딸 영조가 방거사 자리에 먼저
올라 좌선으로 죽었다. 방거사는 "내 딸의 솜씨가 빠르구나." 하고 7일
후에 죽었다 한다.

될 것이니 자기 스스로 점검하고 이회理會하여 소홀히 하지 않기를 바라며 서로가 점점 거리가 멀어지면 은밀한 만남이 능히 대할 수 없음이니 심월心月이 틈이 없다면 다만 이로써 삼매三昧를 얻어 둥글게 될 것이로다. 마침 믿는 인편이 있어 두어 글자로 안부(安候)를 물으니 나머지는 나그네에게 대필시키는 처지라서 예禮를 갖추지 못하고 예배(和南)함이로다.[348]

38. 書錦峰堂八帖屛

萬事無非夢中忽然覺悟拈柱杖携甁鉢深入雲林遂處百鳥有聲泉石琮琤千尋老松百縈藤蘿築數間茅屋同知己友有時咏煙霞趣有時焚香靜坐更無塵事相侵一心虛靈萬理照彰便是世間第一等人酌中山仙人酒滿醉了乾坤森羅一印印之然後灰頭土面遊戲芳草岸頭一聲笛囉囉哩

　　青龍三月下澣 湖西衲衲 鏡虛書

◉금봉당錦峰堂에게 여덟 폭 병풍을 쓰면서[349]
만사萬事가 모두 꿈속 아님이 없음을 홀연히 깨달아 주장자를

___
348 和南: 불교용어로 두 손 모아 빌다. 즉 귀의하고 예배함을 말한다.
349 書錦峰堂八帖屛: 한암 중원선사 필사본과 극락암 발행본에는 '書錦峰堂八帖屛'인데, 수덕사 발행본에는 '土窟歌'로 되어 있다.

짚고 물병과 발우鉢盂를 둘러매고 깊은 구름 숲 속에 들어가니
온갖 새소리 지저귀고 돌 틈에 흐르는 샘물 소리 시원함이로다.
천 길이나 되는 노송老松에 첩첩이 얽힌 넝쿨 속에 두어 칸 초옥을
지으니 나를 알아주는 벗과 함께 때로는 노을과 안개의 정취情趣
로 읊조리고 때로는 향을 사르고 고요히 앉았으니 다시 티끌
같은 세상사 서로 침범함이 없음이로다. 일심一心으로 텅 비고
신령스러운 온갖 진리眞理를 밝게 드러내니 곧 이것이 세상에
제1등第一等의 사람이 되는 것이로다.

술잔 속에 산중 신선神仙의 술로 흠뻑 취하고 천지天地에 삼라
만상을 하나의 인印으로 그것을 인가印可함이로다.

그런 연후에 머리에는 재(灰)를 뒤집어쓰고 얼굴에는 흙을
묻힌 채로 방초芳草의 언덕에서 유희遊戲하면서 한 곡조 피리소리
라라라 리리리 함이로다.

청룡(靑龍. 甲辰年, 1904년)[350] 3월 하순
호서湖西로 돌아가는 납자衲子 경허鏡虛 삼가 쓰노라[351]

---

350 靑龍: 청룡은 고육갑古六甲으로 갑진년甲辰年이므로 서기 1904년이다.
351 한암 중원선사 필사본과 극락암 발행본에는 '靑龍三月下澣湖西㖧衲鏡虛
書'란 13자字가 있는데, 수덕사 발행본에는 기록이 빠져 있다.

39. 寄贈無二堂(長谷寺普光庵比丘尼)

或差別商量未盡 或差別商量已盡 未是无二何也

四五百條花柳巷 二三千處管絃樓

且道 是无二耶 是二耶 會得 甚痴頑 不會 却相許

縱然到得恁麼田地 更須条三生六十劫 始得

　　鏡虛風流話中

◉ 무이당無二堂 장곡사 보광암 비구니에게[352]

혹 차별과 상량함이 다하지 못했거나

혹 차별과 상량함이 이미 다하였더라도

이것은 '무이無二'가 아님이니 무슨 까닭인가?

사오백 그루 꽃이 아름다운[353] 거리요

이삼천 곳곳에 관현의[354] 누각이로다.

또한 일러 보아라!

이것은 둘이 없는 것인가?

이것은 둘인 것인가?

안다고 한다면 매우 어리석고 완고한 놈이요

---

352 無二堂: 충청남도 청양군 장곡면 칠갑산 '長谷寺普光庵比丘尼寄贈'이란
　　주註가 한암 중원선사 필사본에 있다.

353 花柳: 붉은 꽃과 푸른 버들. 아름다움의 형용을 말한다.

354 管絃: 관악기와 현악기로 피리와 거문고이고 음악을 연주하는 것을 말한다.

모른다고 한다면 도리어 서로 승인함이로다.

비록 그러나 이러한 경지에[355] 이르렀다 하더라도

다시 모름지기 삼생三生 육십六十겁을

참구해야 비로소 옳을 것이로다.

경허鏡虛의 풍류화 중風流話中에서[356]

---

355 恁麼田地: 성불成佛의 경지를 말한다.

356 한암 중원선사 필사본과 극락암 발행본에는 '鏡虛風流話中'이란 6자字가
　　있는데, 수덕사 발행본에는 기록이 빠져 있다.

七. 行狀: 2首

40. 瑞龍和尚行狀

古德云佛法不怕爛却余却怕爛却不怕者有以也却怕者亦
有以也雖有本有不爛之理而非戒定慧三學之熏修則所云
不爛者未必期其保護至於不爛也今也青山之麓鵠鶴相望
者皆浮屠也梵樓之上綺紈間錯者皆寫照也寔未必其皆爲
之於可爲之事也而行狀也不然其不可爲之事則不可以爲
焉非修其三學之道者不可以爲狀焉余本才疎性懶不事文
章者有年矣然時則不免爲人所牽著述章句其事也亦不少
每臨行狀未嘗不停筆有感夫出家之人不修三學則道業不
成而道業不成則無行狀可爲盖不惜其無行狀可爲惜其道
業不成道業不成則佛之慧命莫得而寄焉其三學之爲綱領
而不爛却佛法也固若是也今之沙門莫之事焉可慨也已謹

按行錄和尚俗姓金貫光山諱詳玫瑞龍其號也春澤公爲曾
祖於沙溪先生爲八代孫也以仁宗嘉慶十九年甲戌生於京
城內幼而淸瀅粹然十七歲時遊鍾路見官人被刑忽厭世名
利之爲患發無常心投安城靑龍寺影月丈老落髮受具至年
十九也有訪名山之志入智異山時有龍岳丈老大開講席於
安國寺師攝衣請益其學漸進次叅龍 岩和尚知見淸瀅年二
十七入騎羊聖典丈老之室道価高標受其遺囑住錫于碧松
庵庵頹圮和尚重修得輪奐焉護惜常住中興寶坊又慮己事
未明數年面壁于七佛庵以和尚之高識應有得其禪奧而非
同道者未能知也以光緖十六年庚寅臘月二十七日得微疾
至九日欲入涅槃時衆以過歲佛供爲憂和尚曰余爲僧六十
年而臨遷化豈有仿碍於三寶事耶勿憂延至明年初二日又
欲涅槃時衆又以祭七星爲憂和尚又如前言延之至四日巳
時問于衆曰今日去庶無所妨碍乎衆曰唯付囑訖使時衆諷
經念佛奄然歸化經云以波羅提木叉爲師又云十方諸佛皆
依戒定慧而入涅槃和尚平時守戒孜孜兢兢精嚴玉立而學
識瞻富其入滅也能延促自在其自在也非定力固不能也雖
古之精鍊三學而成就道業者亦不可以過焉溯其法脈晦庵
傳之寒庵寒庵傳之秋波秋波傳之鏡巖鏡巖傳之中庵中庵
傳之騎羊而晦庵嗣于葆光葆光嗣于慕雲慕雲嗣于碧岩碧

岩嗣于浮休浮休嗣于芙蓉和尙於芙蓉爲十一代孫也而壽
七十八臘六十法門棟樑斯摧叢林皆傷其運否余光武四年
冬過花田之龍門寺有虎隱丈老盛言和尙時順間道行卓異
托余述行狀而不朽以不閑文辭辭之其數旬后過碧松庵有
嶺雲東雲二高德乃和尙之嗣足也又欲爲先師著其行狀其
請彌勤余回憶最少年時過寒際於碧松庵時見和尙道氣淸
肅盎然發外因年少寡識未能叅聽法慧以滌心塵餘恨可慨
今年光五十有五髮蒼凉而面皺縮於佛法無所開明二利俱
闕吁可勝言哉其於和尙道德大有慕悅望愛之心而二高德
之勤請與虎隱丈老之所托又不可以强辭不揣其文辭之拙
檗略如右而其停筆有感時復再三不已也

◉서룡화상瑞龍和尙의 행장行狀[357]

고덕古德께서 이르기를 "불법佛法이 무너질까 두려워하지 말라."
라고 하였으나 내(鏡虛)가 도리어 무너지는 것의 두려움을 도리어
두려워하지 않은 것도 이유가 있고 도리어 두려워하는 것도
또한 이유가 있음이로다. 비록 본래 갖고 있는 법성法性은 무너지

---

357 瑞龍: 1814~1890. 속성은 광산김씨로 서울에서 탄생하였다. 17세에 청룡사
    靑龍寺 영월影月에게 출가, 법명은 상민詳玟이요, 호는 서룡瑞龍이다. 1889
    년 12월 29일 입적하려다 연기하고 다음해 초이틀 입적하려다 연기하고
    초사일에 입적했다 한다. 제자는 영운嶺雲과 동운東雲 등이 있다.

지 않는 진리가 있으나 계戒·정定·혜慧 삼학三學으로 훈습하고
수행修行하지 않는다면 이르는 바 무너지지 않는다고 말하였지
만 반드시 불법을 보호하는 데 이르러 없어지지 않는다고 기약을
할 수 없음이로다.

　지금 또한 청산 기슭에 자고새나 학鶴이 서로 바라보는 것은
모두 부도浮屠요 누각樓閣 위 비단 폭에 그려진 것은 모두 영탱(影
幀)이로다. 이것은 반드시 모두 해야 하는 일은 아니지만 가히
해야 하는 일이로다. 그러나 행장行狀은 그렇지 않아서 가히
하지 않을 것이면 하지 말아야 하니 삼학三學의 도道를 닦지
않은 사람은 가히 행장을 엮을 수 없음이로다. 내(鏡虛)가 본래
재주가 성글고 성품이 게을러서 문장을 일삼지 않은지가 이미
오래됨이로다. 그러나 사람에게 끌리는 바가 있어서 문장文章을
저술하는 그 일을 면免하지 못함이로다. 또한 매양 행장에 대해서
는 일찍이 붓을 머물고 감개한 바가 있지 않음이 적지 않음이로다.
대저 출가한 사람이 삼학三學을 닦지 않으면 도업道業을 성취하지
못할 것이요, 도업道業을 이루지 못하였다면 곧 행장을 가히
만들 수 없기 때문이로다. 대개 행장을 만들 수 없음을 가히
애석하게 여기지 말고 그 도업道業을 이루지 못함을 가히 애석하
게 여길 것이니 도업을 이루지 못하면 불조佛祖의 혜명慧命을
얻더라도 계승할 수가 없지 않겠는가. 그 삼학三學의 강령은
불법佛法이 무너지지 않게 하기 위함이로다. 진실로 이와 같다

하거늘 지금 사문沙門이 이것을 일삼지 않으니 가히 슬픔뿐이로 다. 삼가 행장의 기록을 상고하여 살펴보건대 서룡화상瑞籠和尙 의 속성은 김씨金氏요, 본관은 광산光山이며, 휘諱는 상민詳玟이 요, 서룡瑞龍은 그의 호號이로다. 춘택공春澤公이 증조曾祖가 되고, 사계沙溪선생의 8대손八代孫이 되고 인종仁宗 가경嘉慶 19년(甲戌, 1814)에 경성京城 안에서 탄생함이로다. 어려서부터 맑고 총명하였으며 17세 때 종로에서 놀다가 관원官員이 형벌을 받는 것을 보고 홀연히 세상의 명리名利란 우환憂患의 근원이로구 나 하고는 무상심無常心을 발하여 안성 청룡사靑龍寺의 영월影月 장로[358]에게 귀의歸依하여 축발하고 구족계를 받았으며 19세에 명산대찰을 찾다가 뜻이 있어 지리산으로 들어가니 그때에 용악 龍岳장로[359]께서 안국사安國寺에서 강석講席을 크게 열었으니 그 강사를 스승으로 삼고 섭의攝衣하여 배우기를 청하여 그 학업이 점점 진취된 다음은 용암龍岩화상[360]을 참배하니 지견知見이 맑고 영롱玲瓏함이로다.

27세에 기양성전騎羊聖典장로[361]에게 입실入室하니 그때부터

---

358 影月長老: 생몰연대 미상. 서룡瑞龍 상민詳玟선사의 은사恩師이다.
359 龍岳長老: 생몰연대 미상. 용악龍岳 원변源卞 스님으로 본다.
360 龍岩和尙: 생몰연대 미상. 용암龍岩 대청大淸 스님으로 본다.
361 騎羊聖典: 생몰연대 미상. 기양성전騎羊聖典은 부휴선수浮休善修의 법맥으로 ① 벽암碧岩 각성覺性, ② 모운慕雲 진언震言, ③ 보광葆光 원민圓敏, ④ 회암晦菴 정취定翠, ⑤ 한암寒菴 성안性眼, ⑥ 추파秋波 홍유弘宥, ⑦

도道의 가치가 높게 나타남이로다. 그의 유촉遺囑을 받아 벽송암碧松庵에 주석하여 퇴락한 암자를 서룡화상瑞籠和尙이 중수하여 웅장하고 아름다운 건물을 얻었으며 모든 상주물常住物을 아끼고 수호하여 훌륭한 사찰을 중흥함이로다. 또한 자기 마음을 밝히지 못할까 염려하여 칠불암七佛庵에서 수년을 면벽面壁하였으니 화상의 높은 식견으로써 응당히 깊은 선지禪旨를 얻었으련만 도道가 같지 않은 경지에서는 능히 그분을 알 수가 없음이로다.

광서光緒[362] 16년(庚寅, 1890) 12월 27일에 미질微疾을 얻어 29일에 이르러 열반涅槃에 들고자 하거늘 대중들이 새해를 맞이하는 불공佛供을 걱정하니 화상이 이르기를 "내(瑞籠)가 승려가 된 지 어언 60년에 몸을 버리면서 어찌 삼보전三寶殿에 방해가 되겠는가. 걱정하지 말라 하고 내년 초이튿날(初二日)로 연기한다."라고 하시니 대중들이 또한 칠성전七星殿을 근심하니 화상이 또한 앞과 같이 말하고 연기하여 4일 사시巳時에 이르러서 대중에게 묻기를 "오늘 가면 방해되지 않는가?"라고 하니 대중들이 "그렇습니다."라고 대답하자 부촉할 말씀을 마치고 대중들에게 경전經典을 독송하고 염불하게 하고는 홀연히 열반에 드셨다 함이로다.

경암鏡岩 응윤應允, ⑧ 기양騎羊 성전聖典, ⑨ 서룡瑞籠 상민詳玫으로 벽송사에서 밝혔다.

362 光緒十六: 1890년(庚寅年)이다.

경전經典에 이르기를 '바라제목차波羅提木叉[363]로 스승을 삼으라.'라고 하였고 또한 이르기를 '시방제불十方諸佛이 모두 계戒·정定·혜慧를 의지하여 열반에 든다.''라고 하였으니 화상께서 평소에 계戒 지키기를 부지런히[364] 하였고 조심하여 엄정하기가 마치 옥을 깎아 세운 듯하였고 학식學識도 풍부하더니 또한 입멸入滅할 때에 능히 연장하고 빠르게 함을 자유자재하였으니 그 자재함은 정혜定慧가 아니면 진실로 능히 할 수가 없음이로다. 비록 고인古人들이 삼학三學[365]을 정진하여 익혀서 도업道業을 성취한 사람도 또한 가히 이에 지나지 않음이로다.

그 법맥法脈을 살펴보면 회암晦菴 정취定翠[366]는 한암寒菴 성안性眼에게 법을 전하였고, 한암은 추파秋波 홍유弘宥[367]에게 법을

---

363 波羅提木叉: 계법으로 스승을 삼으라는 해탈의 계율을 말하는데, 이것은 몸과 입으로 범한 허물을 따로따로 해탈하는 것으로 별해탈別解脫이라 한다.

364 孜孜: 부지런히 힘쓰는 모양을 말한다.

365 三學: 불교를 배우는 이가 반드시 닦아야 할 세 가지로 ① 계戒, ② 정定, ③ 혜慧를 말한다.

366 晦菴: 1685~1741. 속성은 김씨金氏로 1685년 5월 2일 탄생하였다. 9세에 범어사 자수自守에게 출가, 법명은 정혜定慧요, 호는 회암晦菴이다. 가야산 원민圓旻에게 법을 받았다. 1711년부터 강의를 했으나 "날마다 남의 돈만 세면 무슨 이익이 있으랴?" 하고 금강산에서 좌선을 하다가 다시 벽송사 등에서 강의를 하다가 1741년 5월 20일 청암사에서 세수 57세, 법랍 48년으로 입적하였다. 전주 불영산佛靈山 쌍계사에 탑비塔碑가 있다.

367 秋波: 1718~1774. 속성은 전주이씨로 1718년 5월 20일 광주廣州에서

전하였고, 추파는 경암鏡菴 응윤應允[368]에게 법을 전하였고, 경암
은 중암中菴 팔관八關에게 법을 전하였고, 중암은 기양騎羊 성전聖
典에게 법을 전하였으며, 회암晦菴 정취定翠는 보광葆光 원민圓敏
의 법을 이었고, 보광은 모운暮雲 진언震言[369]의 법을 이었고,
모운은 벽암碧菴 각성覺性[370]의 법을 이었고, 벽암은 부휴浮休[371]의

탄생하였다. 고창 방장산에서 출가, 법명은 홍유泓有요, 호는 추파秋波·경
암鏡巖이다. 성안性眼의 법을 받았고, 1774년 5월 13일 세수 57세로 입적하
였다.

368 鏡菴: 1743~1804. 속성은 여흥민씨驪興閔氏로 15세에 진희辰熙에게 출가하
였다. 법명은 관식慣拭이요, 호는 경암鏡巖이다. 추파秋波 홍유泓宥에게
공부하여 20여 년 동안 강의를 하다가 두류산 꼭대기에 초암을 지어
제자 몇 명과 정진하였다. 1804년 1월 13일 세수 62세, 법랍 47세로
입적하였다.

369 暮雲: 1622~1703. 진양에서 탄생. 법명은 진언辰言이요, 호는 한운寒雲이
다. 어려서 출가하여 벽암碧巖 각성覺性의 법을 받았고, 1686년 팔공산
은해사 운부암雲浮庵에서 교법을 떨쳤다. 1703년 3월 21일 세수 82세로
입적하였다.

370 碧岩: 1575~1660. 속성은 김해김씨로 보은에서 1575년 12월 23일 탄생하였
다. 14세에 설묵雪默에게 출가. 법명은 각성覺性이요, 호는 벽암碧巖이다.
부휴浮休 선수善修의 법을 받았고, 1592년 사명대사의 청請으로 명나라
이종성李宗城과 함께 해전海戰에서 큰 공적을 세웠다. 1660년 1월 12일
세수 86세, 법랍 72세로 입적하였다.

371 浮休: 1543~1615. 조선 중기 고승으로 부용芙蓉에게 득도, 법명은 선수善修
며 호는 부휴浮休이다. 1615년 제자 각성覺性에게 법을 전하고 같은 해
11월 1일 임종게를 남기고 세수 72세, 법랍 57세로 입적하였다.

법을 이었고, 부휴는 부용芙蓉 영관靈觀[372]의 법을 이었으니 서룡
瑞龍화상은 부용의 11대十一代법손이로다. 그리고 세수는 77세
요 법랍은 60세로 불법문중佛法門中의 대들보가 꺾였으니 총림叢
林이 모두 비운悲運이라며 슬퍼함이로다.

내(鏡虛)가 광무光武 4년(庚子, 1900) 겨울 화전花田 용문사龍
門寺를 지날 때 호은虎隱장로가 "화상이 생존 시에 도행道行이
탁월하였다."라고 말하면서 나(鏡虛)에게 부탁하기를 행장行狀
을 저술하여 썩지 않고 후세에 전하고자 한다 해서 문장文章에
익숙하지 못하다고 사양함이로다. 그리고 수십 일 후에 벽송암을
지날 때 이에 서룡瑞龍화상의 제자 영운嶺雲화상[373]과 동운東雲화
상 두 분의 고덕高德이 다시 선사先師를 위하여 행장을 짓고자
청請함이로다.

내(鏡虛)가 돌이켜 생각해 보니 아주 어린 시절 동안거를 벽송암
에서 지낼 때 서룡화상을 뵈오니 도기道氣가 맑고 엄숙하여 밖으
로 나타나 보이건만 내가 나이가 어리고 식견이 없었으므로
인하여 법혜法慧를 듣고 참구하여 마음의 때를 씻지 못하였음을

---

372 芙蓉: 1485~1571. 속명은 구언九彦이요, 진주 삼천포에서 1485년 7월
    7일 탄생하였으며, 부父은 원연袁演이다. 1498년 덕이산德異山에 출가,
    1530년 지리산 벽송碧松 지엄智嚴의 불법을 깨달아 청허淸虛 휴정休靜에게
    법을 전하였다.
373 嶺雲 東雲: 영운·동운 두 스님은 연대 미상의 인물이나 서룡상민瑞龍詳玟화
    상의 제자이다.

매우 한스럽게 생각함이로다.

지금 나의 나이가 55세[374]로서 털은 성글고 얼굴은 주름졌으나 불법에 개명開明한 것이 없고 자리이타自利利他 행으로 모두 이롭게 함이 없으니 아아, 가히 말로써 다할 수 있겠는가. 그 서룡화상의 도덕道德을 매우 사모하고 기뻐하며 바라는 마음이 있는 데다 두 스님의 간청과 더불어 호은虎隱장로의 부탁하는 바를 감히 사양하지 못하고 또 나의 문사文辭가 졸렬함을 헤아리지 못하고 간략히 위와 같이 적다가 붓을 멈춤이 유감有感이로다. 세월에 재삼 감흥할 뿐이로다.

광무光武 4년(庚子, 1900) 경허鏡虛 성우惺牛

41. 取隱和尚行狀

余廢棄湖西以養病懶二十有餘年矣聞取隱和尚之德馨遠
飄而因南北敻隔未得親扣而滌心塵而和尚奄然歾寂其用
恨特深焉光武四年冬有雲遊志過曹溪之松廣寺時適窮陰
雪擁風鳴仍以信宿禪摠有慈應金明慈城三兄弟謂余曰我
先傳取隱和尚之時順間出世道業雖非古祖師之可肩而於

---

374 五十五歲: 광무光武 4년 1900년에 찬술하셨으니 1900년-55세=1845년이
되므로 한국나이로는 1846년생生이 된다. 그래서 경허선사鏡虛禪師는
1846년 4월 24일생으로 역자譯者는 본다.

近世也罕有聞見焉以先傳之高行爲嗣資者宜其著其行狀
而傳後可也而今尚未焉者未暇焉而况高師文名素著禪奥
亦深而適臨于此願借高師之一言以芳我先傳之遺蹟夫如
是則非特我先傳之行業軒磊不朽而不佞等諸嗣足亦足以
無餘憾焉請高師之不吝緒餘可乎余再三推辭而其請彌勤
謹按其嗣足之所錄和尚諱旻旭法號取隱也俗姓崔氏海州
后人也以嘉慶二十年乙亥始寄宿於慶尚道奉化地而屋簷
下過來者其翌年九月焉幼而壯且點而焉有老成風度矣十
四歲忽然有出塵之趣北投太白山覺華寺秦珠長老祝髮受
戒隨世緣打幻妄亦有年所豈曾悟其菩提道法不離世間耶
年至不惑叅超隱長老于太白山彌勒庵攝衣染指決擇正眼
師資道契侍奉十秋應有得其玄奥之境而志在韜晦人莫得
以知焉後年至六十八癸未寓於般若峯下龍樹霭窩十年塊
坐百慮灰冷忽然有頓悟處古人云如人飲水冷暖自知者此
也清虛禪師云寧可千劫輪廻生死不慕諸聖解脫禪家之眼
也不見人之是非禪家之足也和尚之發心也期以頓悟而悟
之而悟後生涯如頑石一片則其於禪眼有其庶幾焉而青黃
黼黻管絃技操不用聲瞽而是非自絕禪家之角二字足也可
謂十分周圓也盖北入香山南入頭流半生行李如閑雲野鶴
而亦不以脫洒爲我所而自高其所蘊於中者得以偉旺鄭重

不待智者而後知也當七十九年甲午春住錫桐裏之彌陀庵
設禪會振玄風卓異其行至老不怠也越四年丁酉欲卜其終
老之所晏居于明寂蘭若之三年己亥正月初七日感微疾至
十四日申時入滅嗚呼有相必空世之所不免也而其奈道人
之乘化也山野皆痛悼不已何其臨滅也神識安閑端坐如平
日時有院主慧雲上座問曰和尚今欲入滅四山相逼其定慧
一念堅凝不昧乎和尚竪起枕子而已奄然坐逝俱胝和尚之
竪起一指終不以鹵莽故之而普天寒熱焦搏打凍亦是走殺
外邊也和尚竪起一枕也能殺能活有照有用底消息庵主之
對趙州也不必專美於古也其夜三鼓一道瑞光橫空如虹橋
經闍維後過五個月而其光增淨五色散合玲瓏又祥雲四合
綸輪間錯遠近緇白瞻慕敬歎如古道人入滅時也盖和尚生
於嘉慶二十一年丙子入滅於大韓光武三年己亥壽八十四
十四歲出家受戒臘七十一也和尚嗣超隱義宥超隱嗣淵月
以後而浮休傳之碧岩碧岩傳之翠薇翠薇傳之栢岩栢岩傳
之無用無用傳之影海影海傳之楓岩楓岩傳之碧潭碧潭傳
之詠月詠月傳之樂坡和尚於浮休爲十二代孫也於太古爲
十七世也佛化漸殘正法眼藏塗地而盡而和尚能專定慧大
整頹綱於斯世也可謂火中蓮也讚何可盡余以踈慵廢棄無
用於世而佛化之爲弊膜者百端俱發而道德不能濟得文章

亦何救焉因此感憤置其文墨亦有年矣况閱盡炎凉文辭衰
落無所用心於章句等事第因和尚之出世道業卓異其如斯
而其嗣足慈應金明慈城三兄弟之勤請又其如斯不可强止
於是乎槩略如右而寓叙乎其前日未得親扣之恨之萬一
云爾

　　大韓光武四年庚子臘月下澣湖西歸

　　釋鏡虛星牛焚香謹書于 曺溪山松廣寺 遮眼堂

◉취은화상取隱和尚의 행장行狀[375]

내(鏡虛)가 호서湖西에 묻혀서 이런저런 부질없는 생활로 병만
기르기 어언 20여 년이 됨이로다. 취은取隱 민욱旻旭화상의 법도
法道의 향기가 나부낌은 멀리서 들었지만 남북이 멀리 떨어짐으
로 인하여 친히 찾아뵙고 마음의 때를 씻지 못하였는데 화상께서
홀연히 입적하였으니 그 여한餘恨이 특히 깊음이로다.

　산승(鏡虛)이 광무光武 4년(庚子, 1900) 겨울에 구름처럼 유희
遊戲하다가 뜻이 있어서 조계산 송광사松廣寺를 지나는데 때마침

---

375 取隱: 1815~1899. 속성은 최씨崔氏요, 경상북도 봉화에서 탄생하였다.
　　법명은 민욱旻旭이며, 호는 취은取隱이다. 14세에 태백산 각화사 진주秦珠
　　에게 출가, 부모의 반대로 환속하였다가 40세에 다시 출가, 초은의유超隱義
　　宥의 선지禪旨를 얻고 반야봉 용수굴龍樹窟에서 10년 동안 정진하여 깨달
　　았으며, 1899년 1월 14일 세수 85세로 입적하였다. 제자는 자응慈應·금명
　　金明·자성慈城·혜운慧雲 등이 있다.

추운 겨울이라 눈보라와 찬바람에 막혀[376] 이에 이틀 동안이나[377] 객실(禪窓)에 머물러 있노라니 자웅慈應·금명金明·자성慈城 스님 세 분의 사제 간이 나(鏡虛)에게 말하기를 "우리 선사先師 취은取隱 민욱旻旭화상께서는 생존 시에 출세간出世間의 도업道業이 비록 옛 조사祖師와 견줄 수는 없어도 근세에 보고 듣기드문 분이니 선사先師의 높은 행으로 법을 이어가고자 자료를 발췌해서 마땅히 행장行狀을 저술하여 후인들에게 전함이 옳을 것이거늘 이제까지 선사先師를 숭상崇尙하지 못한 것은 기회가 없음이거늘 하물며 이름이 높으신 경허선사께서는 문장이 유명하시고 선지禪智가 또한 깊으신 어른이시니 마침 이곳에 오신 기회에 바라옵건대 고명한 스님의 한 말씀을 빌려서 우리 선사先師의 유적遺蹟을 빛나게 하여 주시기 바라오며 대저 이와 같이하면 우리 선사의 행업이 썩거나 없어지지 않을 뿐만 아니라 재주가 없는 우리 문도門徒도 또한 만족하여 남은 유감이 없을 것이로다. 청하옵건대 고명하신 스님께서는 문필文筆을 가히 아끼지 마소서." 하거늘 내(鏡虛)가 재삼 미루어 사양하였으나 그 청이 더욱 간절하여 삼가 그 문도門徒의 기록한 바를 살펴보니 화상和尚의 휘는 민욱旻旭이요, 법호는 취은取隱이며, 속성은 해주후인海州

---

376 한암 중원선사 필사본에는 없는데, 수덕사 발행본에는 '陰' 아래에 '滿地'란 글자가 더 있다.

377 信宿: 이틀이나 잠자는 것을 말한다.

后人으로 최씨崔氏이로다. 가경嘉慶 20년(乙亥, 1815) 비로소
경상도 봉화奉化땅을 의지하여 살기 시작하여 집짓고 살기는
그 이듬해 9월이로다. 어려서부터 장대하고 또한 영리하였으며
늙어서는 풍채와 절도가 있었음이로다.

14세에 홀연히 티끌 같은 세상을 벗어날 뜻이 있어서 북방
태백산 각화사覺華寺 진주秦珠장로[378]에게 축발祝髮하고 수계하
였으나 세상 인연을 따라 꼭두각시놀음을 한 것이 또한 수년이
됨이로다. 어찌 일찍이 보리菩提의 도법道法이 세간을 여의지
않은 줄을 깨달았을 것인가. 나이 40(不惑)[379]에 이르러서 초은超
隱 의유義宥장로[380]를 태백산 미륵암彌勒庵에서 참예하고 옷깃을
여미고 법을 물으니 정법안장正法眼藏을 결택하여 스승과 제자의
도道가 서로 계합하여 10여 년을 받들고 시봉하였으니 응당히
그윽한 뜻과 경지를 얻음이 있어도 뜻은 항상 자취를 감춤이
있어서 다른 사람들이 알 수가 없었음이로다.

그 후 나이가 68세인 계미년(癸未, 1883)에 이르러 지리산(頭流
山)[381] 반야봉般若峯 아래 용수龍樹 토굴에 우거寓居하여 10년을

---

378 秦珠長老: 인명 미상. 취은取隱 스님이 처음 진주秦珠 스님에게 출가하였으
나 환속하였다가 다시 초은超隱 스님을 은사로 출가하였다고 한다.
379 不惑: 나이 40세를 말한다.
380 超隱長老: 생몰연대 미상. 법명은 의유義宥이며 초은超隱이다. 취은取隱
스님의 법사이며 태백산 미륵암에서 10년 동안 수행하였다고 한다.
381 한암 중원선사 필사본에는 없는데, 수덕사 발행본에는 '於' 아래에 '頭流山'

흙덩이처럼 좌선坐禪하였으니 온갖 생각이 잿더미처럼 싸늘하게 식었고[382] 홀연히 돈오頓悟하신 바가 있었음이로다.

고인古人께서 이르기를 "마치 사람이 물을 마심에 차고 뜨거움을 스스로 아는 것과 같다."라고 하신 것이 이것이로다. 청허淸虛선사께서 이르기를 "차라리 천겁의 생사윤회生死輪廻를 할지언정 모든 성현의 해탈解脫을 사모하지 않는 것이 선가禪家의 눈이요, 남의 시비是非를 보지 않는 것이 선가의 발이다."라고 하였으니 화상의 발심은 돈오頓悟로 기약하였으니 깨달은 연후의 생애生涯가 마치 한 조각 견고한 돌과 같았으니[383] 그 선가禪家의 안목은 갖추어져 있고 청황靑皇으로 호사스럽게 치장하거나[384] 관현管絃의 풍악에 귀먹고 눈이 멀지 않았으니 시비가 저절로 끊어졌음이라 선가의 만족함이 가히 십분十分이나 두루 원만하다고 말함이로다. 대개 북으로 묘향산妙香山에 들어가고 남으로 지리산에 들어가 놀았으니 반평생의 행리처行李處[385]가 마치 한가로운 구름

이란 글자가 더 있다.

382 한암 중원선사 필사본에는 없는데, 수덕사 발행본에는 '冷' 아래에 '道智惺惺'이란 글자가 더 있다.

383 한암 중원선사 필사본에는 '頑石一片'인데, 수덕사 발행본에는 '長劍倚天'으로 되어 있다.

384 黼黻: 임금의 대례복大禮服으로 하의에 꾸며 놓은 수이다. 보黼는 반흑반백半黑半白의 색으로 자루가 없는 도끼의 모양을 수놓은 것이요, 불黻은 반흑반청半黑半靑의 색으로 아형亞形을 수놓은 것이다.

385 行李: ① 관청의 사자使者, ② 빈객을 맞이하는 벼슬, ③ 행리行里 또는

이나 들에 노는 학과 같았으며 또한 세속의 번거로움을 벗어나 자기를 스스로 높이는 바가 없으니 그 속에 거룩한 인품을 모르고 정중하고 지혜를 쌓은 이는 그런 연후라도 알아주기를 기다리지 않음이로다.

79세 되던 갑오년(甲午, 1894) 봄에 동리산桐裏山 미타암彌陀庵에 주석하며 선회禪會를 개설하여 현풍玄風을 떨치니 탁월한 행리는 늙었어도 게을리 하지 않았음이로다.

4년 뒤 정유년(丁酉, 1897년)[386]에 마지막 열반의 장소를 가려 명적난야明寂蘭若에 안거安居하신 지 3년(1899)이 되던 기해己亥년 정월 초이렛날에 미질微疾을 느끼더니 14일 신시申時에 이르러 입적함이로다.

오호라! 슬프고 슬픔이로다.

형상이 있는 것이 반드시 공空으로 돌아가는 것은 세상에 있는 것이라면 면免할 수 없는 것이로다. 그 도인道人이 열반하시니 또한 온 산야와 사람들이 모두 애통해 함이 그치지 않았으니 그 임종臨終으로 돌아가실 무렵에 어떠하였는가 하면 심식心識이 편안하고 고요하며[387] 단정히 앉기를 평시 때와 같이 하였다 함이

행장行裝으로 통한다.

386 한암 중원선사 필사본에는 '四年丁酉(1897)'인데, 수덕사 발행본에는 '三年己亥(1899)'로 되어 있다.

387 한암 중원선사 필사본에는 '神識安閑'인데, 수덕사 발행본에는 '身心閑安'으로 되어 있다.

로다. 그때에 원주院主 혜운慧雲상좌[388]가 묻기를 "화상께서 이제 열반涅槃에 들고자 하시니 사산四山[389]이 서로 핍박하리니 그 정혜定慧의 일념이 견고堅固하여 어둡지 않습니까?"라고 하였더니 취은화상께서 목침을 일으켜 세우더니 홀연히 앉아서 입적하셨다고 함이로다.

구지俱胝화상이 한 손가락을 일으켜 세운 것을 마침내 부질없는 짓으로 돌리지 말 것이로다.

넓은 하늘이 차고 더움에 타는 것을 얼음으로 쳤는데 이것도 또한 문밖의 소식일 뿐이로다.

화상和尙께서 목침 한 개를 일으켜 세움은 능히 죽이고 능히 살리며 비춤도 있고 쓰임도 있는 소식이로다. 암주庵主가 조주趙州를 대함이니 오로지 옛날에만 그런 아름다움이 있었던 것이 아님이로다. 그날 밤 삼경三更에 한 줄기 서광瑞光이 허공에 걸려 있는 무지개와 같았으며 다비茶毘를 한 후 5일이 지나도록 그 빛이 더욱 밝았으며 오색이 영롱하게 흩어졌다 합해졌다 하기를 수없이 하였으며[390] 또한 상서로운 구름이 사방에서 모여들어 이상한 모양으로 찬란하게 장엄莊嚴하니 원근遠近의 승속僧俗이 우러러 찬탄하기를 마치 옛날의 도인道人이 열반涅槃할 때와

---

388 慧雲長老: 생몰연대 미상. 취은取隱 스님의 상좌로 본다.

389 四山: ① 지地, ② 수水, ③ 화火, ④ 풍風을 말한다.

390 한암 중원선사 필사본에는 '玲瓏'인데, 수덕사 발행본에는 '隱照'로 되어 있다.

같았다고 함이로다.

대개 취은화상은 가경嘉慶 21년(丙子, 1816년)에 탄생하여 대한
大韓 광무光武 3년(己亥, 1899년)에 입멸入滅하시니 세수는 84세
요, 14세에 출가하여 수계하였으니 법랍은 71세이로다. 화상은
법法을 초은超隱 의유義宥에게 이어받았고, 초은 스님은 연월이
준淵月以俊[391]에게 이어받았고, 부휴浮休선사[392]는 벽암碧菴 각성
覺性[393]에게 전하고, 벽암은 취징翠徵 수초守初[394]에게 전하고, 취징
은 백암栢菴 성총性聰[395]에게 전하고, 백암은 무용無用 수연秀演[396]

---

391 淵月以俊: 생몰연대 미상. 취은取隱 스님의 노스님으로 본다.

392 浮休: 주註 371 참고.

393 碧巖覺性: 1575~1660. 자는 징원澄圓, 법명은 각성覺性, 호는 벽암碧巖이다.
1575년 12월 23일 보은에서 김씨 후예로 탄생, 10세에 화산암華山庵 설묵雪
默에게 출가, 부휴선수浮休善修의 법을 받았다. 1660년 1월 12일 화엄사에
서 세수 86세, 법랍 72세로 입적하였다. 법제자에는 취징翠徵 수초守初
등이 있다.

394 翠徵守初: 1590~1668. 스님의 자는 태혼太昏이요 법명은 수초守初며,
호는 취징翠徵이다. 속성은 성씨 후예로 서울에서 탄생, 벽암각성의 제자
이다. 1668년 6월 오봉산五峰山 삼장암三藏庵에서 세수 79세로 입적하였
다. 법제자에는 백암栢菴 성총性聰과 취암翠巖 해란海瀾 등이 있다.

395 栢菴性聰: 1631~1700. 법명은 성총性聰, 호는 백암栢菴이다. 속성은 이씨로
1631년 11월 15일 남원에서 탄생하였다. 16세에 순창 취암翠巖에게 득도,
1660년 송광사·쌍계사에서 강의를 하고, 1692년 선암사 창파각滄波閣에서
주석하였으며, 1700년 7월 25일 쌍계사 신흥암新興庵에서 세수 70세,
법랍 54세로 입적하였다. 법제자에는 무용無用 수연秀演과 석실石室 명안

에게 전하고, 무용은 영해影海 약탄若坦³⁹⁷에게 전하고, 영해는
풍암楓巖 세찰世察³⁹⁸에게 전하고, 풍암은 벽담碧潭 행인幸仁³⁹⁹에
게 전하고, 벽담은 영월詠月 엽홍曄洪⁴⁰⁰에게 전하고, 영월은 낙파

明眼 등이 있다.

396 無用秀演: 1651~1719. 속성은 오씨吳氏요, 전라북도 익산군 용안龍安에서
　　1651년 3월 13일 탄생하였다. 법명은 수연秀演이요, 호는 무용無用이다.
　　19세에 송광사 혜관惠寬에게 출가, 1719년 10월 17일 세수 69세, 법랍
　　50세로 입적하였다. 법제자에는 영해影海 약탄若坦과 보응普應 위정偉鼎과
　　완화玩華 처해處解 등이 있다.

397 影海若坦: 1668~1754. 자는 수눌守訥이요, 법명은 약탄若坦이며, 호는
　　영해影海이다. 속성은 광산김씨로 전라남도 고흥에서 1668년 10월 1일에
　　탄생하였다. 10세에 능가사楞伽寺에 출가, 무용無用에게 법을 받았다.
　　1754년 1월 3일에 세수 87세, 법랍 77세로 입적하였다. 법제자로 풍암楓巖
　　세찰世察 등이 있다.

398 楓巖世察: 1688~1767. 법명은 세찰世察이요, 호는 풍암楓巖이다. 속성은
　　박씨로 전라남도 순천에서 탄생, 어려서 동화사 철웅哲雄에게 득도하였다.
　　영해影海 약탄若坦의 법을 받았으며 부휴선사의 6세손이다. 1767년 세수
　　80세로 입적하였다.

399 碧潭幸仁: 1721년 2월 16일 경상남도 가지면加地面 삼거리三巨里에서
　　장씨張氏로 탄생하였다. 풍암楓巖장로에게 출가, 법을 받았다. 법명은
　　행인幸仁이요, 호는 벽담碧潭이다. 대흥사의 12강사 중 처음 참여하였다.
　　사암채영獅巖采永이 1764년 인도·중국·한국 스님들의 법맥을 정리한 「서
　　역중화해동불조원류西域中華海東佛祖源流」를 간행했는데 청허淸盧 휴정
　　休靜 법맥이 편중되었음에 분개하여 전주 송광사의 판목板木을 소각燒却해
　　버렸다고 한다. 1798년 9월 29일 보조암普照庵에서 세수 78세, 법랍 65세로
　　입적하였다.

樂坡 각훈覺訓[401]에게 전하였으니[402] 화상은 부휴浮休선사의 12대 법손法孫이 되고 태고보우太古普愚의 17세손이 됨이로다.

부처님의 교화가 점점 쇠잔하여 정법안장正法眼藏이 땅에 떨어졌다고 하였으나 화상이 능히 정혜定慧를 오로지 닦아 전해서 무너진 강령을 이 세상에 크게 바로 세우니 가히 불속의 꽃이라고 말하겠으니 어찌 가히 다 찬탄할 수 있겠는가.

내(鏡虛)가 쓸모없는 존재로서 세상에 쓰임이 없고 부처님 교화에 폐단이 되어 백 가지 잘못이 함께 일어나니 도덕으로도 능히 구함을 얻지 못하거늘 문장으로 또한 어찌 구제救濟하겠는가. 이로 인하여 또한 분개하여 그 문묵文墨을 놓아버린 지도 또한 여러 해가 되었거늘[403] 하물며 세월을 지내면서 문사文辭도 쇠락衰落하였고 문장을 짓는 등의 일에도 용심用心한 바가 없음이로다. 화상께서 오히려 출세간의 도업이 탁월하여 이와 같음으로 인하여 그 상좌 자응慈應 스님과 금명金明 스님과 자성慈城 스님

---

400 詠月: 1570~1654. 속성은 홍씨洪氏이며, 부는 광명光明, 모는 강씨姜氏로 전라남도 장흥에서 탄생하였다. 13세에 보림사에 출가, 법명은 청학淸學이요 호는 영월詠月이다. 청허淸虛선사의 법을 받았고, 1654년 세수 85세, 법랍 72세로 입적하였다.

401 樂坡覺訓: 인명 미상. 취은 스님의 노스님으로 본다.

402 한암 중원선사 필사본에는 없는데, 수덕사 발행본에는 樂坡 아래 '樂坡傳之 淵月'이란 글자가 더 있다.

403 한암 중원선사 필사본에는 '亦有年'인데 수덕사 발행본에는 '已十餘欀'으로 되어 있다.

등 삼형제[404]의 간청이 또한 이와 같으니 가히 억지로 사양할 수가 없음이로다.[405] 이제야 대략 간략히 위와 같이 서술하여 놓았으니 그 전날의 친견하여 묻지 못한 한을 만분의 일이라도 이르게 할 뿐이로다.

대한大韓 광무光武 4년(庚子, 1900) 12월 하순

호서湖西로 돌아가는 석경허釋鏡虛 성우惺牛는

분향焚香 근서謹書하노라

조계산曹溪山 송광사松廣寺 차안당遮眼堂에서[406]

---

404 한암 중원선사 필사본에는 '慈城三'인데 수덕사 발행본에는 '等語'로 기록되어 있다.

405 한암 중원선사 필사본에는 없는데 수덕사 발행본에는 强止 아래 '辭而歸焉'이란 글자가 더 있다.

406 한암 중원선사 필사본과 극락암 발행본에는 '大韓光武四年庚子臘月下澣湖西歸釋鏡虛星牛焚香謹書于曹溪山松廣寺遮眼堂' 34자字가 있는데, 선학원 발행본에는 빠져 있다.

八. 影讚: 8首

42. 大覺登階金峰堂尙文之眞影

金峰長老 大願唯深 扶護梵刹 供佛其心

依稀淸範 傳神于中 死生無二 一晴淸空

忽悟卽是 物物頭頭 靑山日晩 碧海長洲

門末 鏡虛惺牛 焚香 謹撰

◉대각등계大覺登階 금봉상문金峰尙文[407] 진영眞影

금봉장로金峰長老는 큰 원력이 오직 깊었으니

범찰梵刹을 보호하며 부처님을 받드는 그 마음이로다

---

[407] 金峰尙文: 생몰연대 미상. 범어사박물관에서 진영眞影을 확인한 바 '大覺
登階金峰和尙尙文之眞影'과 '門末鏡虛惺牛焚香謹讚'이란 기록이 있다.
금봉 스님은 1893년에 우화雨華장로와 혼해찬윤混海讚允강사와 금봉상문
金峰尙文의 원력으로 계명암터에 정사精舍와 칠성각·요사를 중창하였다.

희유한 맑은 법도를 의지하여 신비로움을 그 가운데 전하니
생사生死는 둘이 아니라 한결같이 청공淸空을 깨침이로다
홀연히 깨닫고 보니 곧 두두물물頭頭物物이 바로 이것이니
청산에 해가 기우니 푸른 바다 긴 나루터이로다

문말門末 경허鏡虛 성우惺牛 분향 근찬謹讚

43. 東谷堂大禪師之眞影

得其旨也 街中閑談 常轉正法 失於言也
龍宮寶詮 一場囈語 雖然如是 衣錦雖榮
道人不貴 然則指歸 如何任看 繡出鴛鴦
莫把金針與人東谷長老也
咦! 而不妨按雲頭做世諦 偈云
奉佛護法 維德孔揚 性相常住 萬古神光
月白川印 花發春風 一幅寫照 高掛雲堂
惟卓其道 山高水長

　　湖西歸衲 鏡虛惺牛 焚香謹頌

◉동곡당東谷堂대선사[408] 진영眞影

---

[408] 東谷堂: 생몰연대 미상. 1863년 8월에 범어사 병자생丙子生 갑계甲契
　　26명이 원효元曉·의상義湘 두 성사의 영정影幀을 조성하여 범어사 경내에

그 뜻을 얻으면 또한 길거리의 잡담도 항상 정법이 됨이요

그 말뜻을 잃으면 용궁의 보배경전도 한바탕 잠꼬대이로다

비록 이와 같으나 비단옷을 입으면 비록 영화스럽더라도

도인은 귀하게 여기지 않으니 그렇다면 돌아갈 곳은 어디인가

원앙새로 수놓은 것은 보여 줄지언정 금바늘을 쥐어주지 않음

이로다

동곡장로東谷長老이시여

억! 운두雲頭를 살핌에 방해되지 않은 분이니 세속의 게송으로

이르시되

부처님을 받들고 법을 수호함에 오직 덕을 높이 드날리니

성상性相이 항상 머물러 만고에 신령스러운 광명이로다

달은 맑은 냇물에 비추고 꽃은 봄바람에 만발하고

한 폭의 초상을 운당雲堂에 높이 봉안奉安하니

오직 그 도道의 높음이 산은 높고 물은 길게 흐름이로다

　　　　호서湖西로 돌아가는 납자衲子 경허鏡虛 성우惺牛

　　　　　　　　　　분향 근송謹頌[409]

　봉안하였다고 한다.

409 한암 중원선사 필사본과 극락암 발행본에 '湖西歸衲 鏡虛惺牛 焚香謹頌'이

　란 기록이 있다.

44. 扶宗樹教龍岩直傳錦雨堂弼基大禪師眞影

虎隱之父 華雲之子 能文而賢 有德之士

非佛之言不敢譔 非佛之心不敢理

智者之知物無己 無己之己無終始

肅寫傳神 永留千示異 稽首拈香 敬贊其美

　辛丑年 三月 日

　湖西敀 門弟 惺牛 盥手 謹讚

◉금우당필기錦雨堂弼基대선사 진영眞影[410]

호은의 아버지요 화운의 아들이라

문장은 능하고 성품도 어진 덕이 높은 스님이로다

부처님의 말씀이 아니면 감히 말을 하지 않고

부처님의 마음이 아니면 감히 마음 내지 않음이로다

지혜로운 사람은 만물에 자기가 없음을 아노니

자기가 따로 없는 그곳에는 시종始終도 없음이로다

엄숙히 영정을 그려 정신을 전하고 영원토록 받들 것이니

머리 조아려 향을 사르고 그 아름다움을 삼가 찬함이로다

신축년(辛丑, 1901) 3月 日

---

410 錦雨堂: 해인사지海印寺誌 775쪽과 해인사박물관의 진영眞影을 확인한
　　바 '錦雨堂弼基: 扶宗樹教龍岩直傳錦雨堂弼基大禪師眞影'과 '辛丑年
　　(1901) 三月 日 湖西敀門弟惺牛盥手謹讚'이란 기록이 있다.

호서湖西로 돌아가는

문제門弟 경허鏡虛 성우惺牛 관수盥手 근찬謹讚

45. 傳佛心印扶宗樹敎茵峯堂大禪師之眞

豊厚其貌 其心則賢 一念之佛 覺路如絃

常誦貝葉 做道又玄 眞儀儼爾 中堂高懸

生佛不二 凝然一圈 景慕深讚 拜手擎卷

門姪 惺牛 焚香 謹讚

◉인봉茵峯대선사 진영眞影[411]

풍부하고 후한 그 모습과 그 마음이 어진이여

일념 속 부처님의 깨달음은 거문고 줄과 같음이로다

항상 불경을 독송하고 도를 닦음에 또한 그윽하니

진실한 위의는 엄숙하여 영각 가운데 높이 모셨음이로다

중생과 부처가 둘이 아니고 분명한 한 권속이니

경모하고 깊이 찬탄하며 예배하고 받들어 봉안함이로다

문질門姪 경허鏡虛 성우惺牛 분향焚香 근찬謹讚

---

411 茵峯: 해인사지海印寺誌 772쪽과 해인사박물관의 진영眞影을 확인한 바
'茵峯大師: 傳佛心印扶宗樹敎茵峯堂大禪師之眞'과 '門姪惺牛焚香謹讚'
이란 기록이 있다.

46. 扶宗樹敎華嚴講主大淵堂正添大禪師眞影

居龍門大淵長老 講貝葉大振玄風

歸寂後無門徒 虎隱上座報 其敎投納

享需設影幀于 伽倻海印之中

長老之德 固是巍巍 虎隱之報

尤爲希有 以有差別 入不二門

箇是 彌勒樓閣 極樂欄軒

　鏡虛惺牛 讚

◉대연당정첨大淵堂正添대선사 진영眞影[412]

용문사에 주석하셨던 대연大淵장로이시여

경전을 강석하여 현풍玄風을 크게 떨침이로다

입적 후 문도인 호은虎隱상좌가 그 가르침에 보답하고자

공양구를 베풀고 영정을 그려 가야산 해인사 영각에 봉안함이

로다

장로長老의 덕德은 참으로 높고 높으며

호은虎隱의 보답은 더욱 희유함이 됨이로다

차별 있는 법으로써 불이문不二門에 들어가니

---

412 大淵正添: 해인사지海印寺誌 772쪽과 해인사박물관의 진영眞影을 확인한
　　바 '扶宗樹敎華嚴講主大淵堂正添大禪師眞影'과 '鏡虛惺牛讚'이란 기록
　　이 있다.

이것이 바로 미륵의 누각이요 극락의 난간이로다

경허鏡虛 성우惺牛 찬讚

47. 歸庵堂大禪師大昕眞影

裵公問黃檗老高僧眞儀在此高僧安在老人召公

公諾老云卽今在甚麼處此是古人底如今看來却

不恁麼歸庵老師平居護佛法僧至心無二其心淸其貌古

一幅寫照祇 這○是不必

更問在甚麼 處無第二人

小衲鏡虛惺牛拜手謹讚

◉귀암당대흔歸庵堂大昕대선사 진영眞影[413]

배공裵公이 황벽장로黃檗長老[414]에게 묻기를

"고승의 진영은 여기에 있는데 고승은 어디에 계심인가"

장로가 배공을 부르거늘 배공裵公이 대답하니

---

413 歸庵堂: 생몰연대 미상. 법명은 대흔大昕이며, 호는 귀암당歸庵堂이다.
직지사박물관의 진영眞影을 확인한 바 '歸庵堂大禪師大昕眞影'과 '小衲
鏡虛惺牛拜手謹讚'이란 기록이 있다.

414 黃檗: 중국의 희운希運선사를 말한다. 당나라의 단제희운斷際希運선사가
어려서 황벽산에 출가, 후에 강서江西 백장산百丈山 백장회해百丈懷海선사
의 법을 받았다. 850년 8월에 황벽산黃檗山에서 입적하였다.

장로가 이르기를 "지금 어느 곳에 있는가."라고 함이로다

이것이 고인의 본보기가 되오나 요즘은 그렇지 않음이로다

귀암歸庵노사는 평소에 불법승佛法僧을 무이無二의 지극한 마음으로 수호하였으니

그 마음은 맑고 그 모습은 고통스러우니

한 폭 영정이 바로 공(○)의 모습이로다

다시 어느 곳에 있느냐고 묻지를 말 것이니

또한 다른(第二) 사람이 없음이로다

소납小衲 경허鏡虛 성우惺牛 예배하고 근찬謹撰

48. 古庵堂大禪師太順之眞影

高提祖令 星北水東 物無是非 非私非公

六度心化 大冶其功 勞生而息 歸元玄功

戌削其皃 飾以靑紅 任變任住 邃古蒼空

湖西敀衲鏡虛惺牛焚香槿讚

◉고암당古庵堂 태순太順대선사 진영眞影[415]

---

[415] 古庵堂: 법명은 태순太順이요, 호는 고암당古庵堂이다. 직지사박물관의 진영眞影을 확인한 바 '古庵堂大禪師太順眞影'과 '湖西敀衲鏡虛惺牛焚香謹讚'이란 기록이 있고, 또한 진영 원문에서 '戌削其皃飾以靑紅任變任

조사祖師의 법령法令을 높이 올리니

별은 북쪽을 향하고 물은 동해로 흐름이로다

사물에는 시비도 없고 공公도 없고 사私도 없으니

육바라밀로 마음을 교화하니 큰 장인의 그 공적이로다

그해의 삶이 쉼이여 현묘한 공을 닦아서 근원으로 돌아감이로다

몹시 여윈 그 모습을 청홍青紅으로써 꾸미고

오고 가고 머무는 변화에 맡겼으니

만고에 변함없는 창공이로다

호서湖西로 돌아가는

납자衲子 경허鏡虛 성우惺牛 분향 근찬謹讚

49. 龍隱堂大和尙眞影

性行正大 道何外求 師之來也

龍兆夢幽 師之去也 聖示接遊

祝喜護佛 誠丹意流 夙欽山斗

叟戚蟄丹 敬讀寫照 末祀千秋

湖西旳 釋鏡虛惺牛 和南

●용은당龍隱堂 대화상 진영眞影[416]

住邃古蒼空'이란 기록이 있다.

성행性行이 올바르고 훌륭한데

도道를 어찌 밖에서 구하랴

조사가 온 뜻을 알겠는가

용조龍兆의 꿈이 그윽하도다

조사가 가는 뜻을 알겠는가

성인을 보고 제접하고 노닐 것이니

부처님을 기쁘게 즐기며 수호하니

정성으로 모시는 뜻이 흐르네

일찍이 흠산欽山은 푸르고

늙은이는 슬퍼하고 골짜기는 붉도다

공경히 영정을 그려

끝까지 천추에 모실지어다

　　　호서湖西로 돌아가는 석경허釋鏡虛 성우惺牛 화남和南

---

416 龍隱: 해인사지海印寺誌 778쪽과 해인사박물관의 진영眞影을 확인한 바
　'龍隱堂大和尙眞影 湖西故 釋鏡虛惺牛 和南'이란 기록을 발견하여 추가
　로 수록한다.

九. 偈頌: 259首

50. 遊隱仙洞

　　山與人無語　雲隨鳥共飛

　　水流花發處　淡淡欲忘歸

◉은선동隱仙洞에 노닐며

　　산과 더불어 사람은 말이 없는데

　　구름 따라 새들은 함께 날아감이로다

　　물이 흐르고 꽃이 만발한 곳에

　　담담히 돌아가고자 함을 잊음이로다

51. 題通度寺白蓮庵謹次喚惺先師韻

宕情收未了 長袖拂千岑

深院聽鵑語 江山萬古心

庚子七月下澥湖西歸門○牛鏡虛謹稿

◉통도사 백련암 환성선사[417]의 글을 차운하면서

호탕한 마음 가눌 길 없으니

긴 소매로 천산千山에 떨침이로다

깊은 산속 암자에서 두견새소리 들으니

강산江山은 만고萬古의 진리로다

경자년(庚子, 1900) 7월 하순

호서湖西로 돌아가는 문손門孫 경허鏡虛 성우惺牛 근고謹稿[418]

52. 震應講伯答頌

頓悟雖同佛 多生習氣生

風靜波尙湧 理顯念猶侵

---

[417] 白蓮庵: 통도사 산내 암자이다. 통도사지通度寺誌 718쪽에 보면 '謹次喚惺先師韻'으로 되어 있다.

[418] 통도사지通度寺誌 720쪽에서 '庚子七月下澥湖西歸門○牛鏡虛謹稿' 16자字를 발견, 추가로 수록한다.

◉진응강백震應講伯[419]에게 답송答頌

　돈오하여 진리를 깨달음은 부처님과 같으나

　다생으로 익혀온 습기는 오히려 생생할 뿐이로다

　바람은 잠잠하나 파도는 오히려 솟구치듯

　진리는 밝혀도 생각은 오히려 어긋남이로다

53. 華嚴海中

　將爲至人隱 靑山深復深

　挑杏還無事 吐紅古佛心

◉화엄의 바다 속에(華嚴海中)[420]

　장차 지인至人을 숨겨 주기 위하여

---

419 震應: 1873~1941. 속성은 진씨陳氏로 전라남도 구례군 광의면에서 1873년 탄생하였다. 1887년 15세에 화엄사 응암화상應庵和尙에게 출가, 법명은 혜찬慧燦이며 호는 진응震應이다. 1896년 응암화상의 법을 받았다. 1910년 회광사선晦光師璿이 일본의 조동종과 연합하려 하자 영호映湖 박한영朴漢永과 만해萬海 한용운韓龍雲과 함께 반대운동을 일으켰다. 1941년 화엄사에서 세수 69세, 법랍 54세로 입적하였다. 진응震應강백이 경허선사에게 곡차를 올리면서 질문하니 즉석에서 대답한 게송이다.

420 將爲至人隱: 이 게송은 관응 스님의 『화엄의 바다』란 책 표지에 있는 것을 발견, 추가追加로 수록한다.

청산青山은 깊고도 또한 깊음이로다
복사꽃 살구꽃은 도리어 아무 일 없어
옛 부처님의 마음을 붉게 토해냄이로다

54. 偶吟

可惜香山仙 恨未聞獅吼
但能了一物 何論佛前後

◉우연히 읊음(偶吟)

가히 애석타 묘향산의 선객仙客[421]이여
사자후[422]를 듣지 못함이 한스러움이로다
다만 한 물건을 능히 요달했음인댄
부처님 전후를[423] 어찌 논하려 함인가

① 又

燕頷雪衣下 白花日已曛

---

[421] 香山仙: 시인 백낙천을 '향산거사'라고 하였다.

[422] 獅子吼: 부처님이 낭랑한 범음성梵音聲으로 설법하는 것을 사자獅子가
포효咆哮하는 소리에 비유한다.

[423] 佛前佛後: 이미 간 과거불過去佛과 아직 오지 않은 미래불未來佛이다.

書童來我告 飯鼓已鳴云

연함燕頷산[424] 설의雪衣 아래에

흰 눈꽃에 날은 이미 석양빛이로다

서동書童이 와서 나에게 고하기를

공양을 알리는 북은 이미 울렸다 함이로다

② 又

緣知生死大 萬事一風飛

今日隨雲坐 四峰鶴舞歸

생사가 큰 인연임을 알았으니

세상만사 바람결에 날려 보냄이로다

오늘도 구름 따라 홀로 앉았으니

사방에서 학이 춤추며 돌아옴이로다

③ 又

打算年前事 總總野馬飛

不離飛野馬 天外一鵬歸

지난 일들을 헤아려 보니

총총[425] 아지랑이[426] 날아감이로다

---

424 燕頷: 한암 중원선사 필사본이나 선학원禪學院·보련각寶蓮閣·극락선원極
    樂禪院 발행본에는 '燕頷'인데, 수덕사 발행본에는 '鳶巖'으로 되어 있다.

아지랑이처럼 날아가지 않는다면

하늘 밖에서 한 마리 붕새가 돌아옴이로다

④ 又

白雲因底事 日日向山飛

似嫌塵世惡 隨我個中歸

흰 구름아 너는 무슨 일로 인하여

날마다 산을 향하여 날아가는가

마치 티끌 같은 세상의 악이 싫거든

나를 따라 대중으로[427] 돌아올 것이로다

⑤ 又

孰非無二法 秋日鴈南飛

這個眞消息 春應向北歸.

누구인들 무이법無二法[428]이 없겠는가

가을이 되면 기러기 떼 남으로 날아감이로다

---

425 總總: ① 많은 모양, ② 많이 모인 모양, ③ 어지러운 모양을 말한다.

426 野馬: ① 아지랑이, ② 도의심이 없는 사람을 말한다.

427 個中: 여럿이 있는 그 가운데를 말한다. 또 불교의 선도禪道 범위範圍를 말한다.

428 無二法: 부처와 중생이 둘이 아니고, 생사 열반이 둘이 아님을 나타내는 법法이다.

이 가운데 한낱 참된 소식이니

봄에는 응당히 북쪽을 향하여 돌아감이로다

⑥ 又

是非名利路 心識狂紛飛

所稱英雄漢 彷徨未定故

시비是非와 명리名利의 길에서

심식心識이 광분狂紛하여 날림이로다

소위 영웅이라고 칭하는 놈들이여

방황하다 돌아갈 곳 정하지 못할 것이로다

⑦ 又

人心如猛虎 毒惡徹天飛

伴鶴隨雲外 此身孰與歸

사람의 마음이 맹호猛虎와 같으니

독악毒惡은 하늘까지 뚫고 날아감이로다

짝지은 학은 구름 따라 밖으로 나는데

이 몸은 누구와 더불어 돌아갈 것인가

⑧ 又

風飄霜葉落 落地便成飛

因此心難定 遊人久未歸

회오리바람에 단풍잎 떨어지고

땅 위에 떨어진 잎 다시 날아감이로다

이로 인한 마음 선정禪定들기 어려우니

나그네는 오래도록 돌아갈 줄 모름이로다

⑨ 又

鐵樹花開一 根株勿處尋

草堂春睡稔 百鳥費淸音

무쇠나무에 꽃 한 송이 피었으니

뿌리와 가지 부디 찾지를 말 것이로다

초당草堂의 봄날에 잠이 깊었으니

온갖 새는 맑은 음성으로 지저귐이로다

⑩ 又

當處殞空虛 空花方結實

知此亦春光 幽香吹我室

당처429에 공허함이 사라졌으니

공화空花는 바야흐로 열매 맺음이로다

이 또한 봄 풍경임을 알겠으니

---

429 當處: 본분이란 뜻이며, 시종始終이 없는 본래면목本來面目이란 뜻이다.

그윽한 향기 내 방에 불어옴이로다

⑪ 又

斜陽空寺裡 抱膝打閑眠

蕭蕭驚覺了 霜葉滿階前

노을 진 텅 빈 사원 속에서

무릎을 끌어안고 한가로이 졸다가

가랑잎 소리에 놀라 깨어보니

서리 맞은 단풍잎이 뜰 앞에 가득함이로다

⑫ 又

秋風凄復凄 深夜不能眠

胡以虫悲語 使吾淚枕前

가을바람은 처량하고 쓸쓸하니

밤이 깊도록 능히 잠들지 못함이로다

어찌하여 벌레는 그리 슬피 울어

나로 하여금 베갯머리 적시게 함인가

⑬ 又

喧喧寧似黙 攘攘不如眠

永夜空山月 光明一枕前

시끄러움이 어찌 고요함과 같겠는가
소란스러움이 마치 잠보다 못함이로다
긴 밤 공산空山의 밝은 달빛이여!
밝은 빛으로 한 베갯머리 비춤이로다

⑭ 又

無事猶成事 掩關白日眠
幽禽知我獨 影影過窓前

무사함이 오히려 일을 만들거늘
사립문 닫고 대낮에 잠을 청함이로다
그윽한 새조차 나 혼자임을 알고
그림자 드리우며 창 앞을 지나감이로다

⑮ 又

那山幽寂處 寄我枕雲眠
如得其中趣 放狂十路前

어느 산이나 깊고 고요한 곳이니
구름을 베개 삼아 나는 졸고 있음이로다
만일 그 가운데 취향趣向을 얻는다면
온 세상 앞에 방광放狂하고 살 것이로다

⑯ 又

有事心難測 困事卽打眠
古今傳底句 祇在此門前

마음으로 측량키 어려운 일이 있으나
일이 곤하면 그저 잠이나 자려함이로다
고금古今으로 전해져 온 구절이여
이 문전門前에 자리하고 있음이로다

⑰ 又

喝水和聲絶 灜山並影非
聲影通身活 金烏夜半飛

할喝하니 물소리가 끊어지고
적灜하니 산은 그림자와 사라짐이로다
소리와 그림자 온몸이[430] 움직이니
금오金烏[431]는 깊은 밤에 날아다님이로다

⑱ 又

眼裏江聲急 耳畔電光閃
古今無限事 石人心自點

---

430 通身: ① 온몸, ② 전신全身의 뜻이다.
431 金烏: 금오는 태양을 비유한 것이다.

눈 속에는 강물 소리 급하고
귓전에는 번개불빛 번쩍임이로다
고금古今에 무한한 일들이여
돌사람이 마음에 스스로 점두함이로다

⑲ 又

山光水色裏 面目自端的
欲識箇中意 八兩是半斤
산빛과 더불어 물빛 속에
본래면목이 바로 이것이로다
이 한낱의 뜻을 알고자 한다면
여덟 냥이 원래 반 근[432]이로다

⑳ 又

低頭常睡眠 睡外更無事
睡外更無事 低頭常睡眠
머리 숙이고 항상 졸고 있으니
조는 것 외는 다른 일이 없음이로다
조는 것 외는 다른 일이 없으니

---

432 半斤: 엽전의 여덟 냥이 반 근이니 곧 있는 그대로가 바로 부처라는
의미이다.

머리 숙이고 항상 졸고 있음이로다

㉑ 又

靑松白石上 何事獨沉吟

一杖還歸庵 鳥飛亦無心

푸른 소나무 흰 바위 위에서

무슨 일로 홀로 시상詩想에 잠겼는가

지팡이 하나 의지하여 돌아가는 암자에

나는 새들도 또한 무심無心함이로다

㉒ 又

打垂粥飯事 此外夢幻吟

山庵何寥寂 霜葉滿庭心

잠이 깨면 공양 먹는 일이여

이것 말고 꿈과 환상을 읊음이로다

산속 암자는 어찌 이다지도 적막한가

단풍잎만 휘날리는 뜰에 마음이 가득함이로다

㉓ 又

古路非動容 悄然事已違

少林門下事 不意生是非

옛 길[433]은 움직이지 않는 것이요
초연한 일들은 이미 어긋난 일이로다
소림굴[434] 문하門下의 일에
뜻밖의 시비是非가 생겼음이로다

㉔ 又

遊翫未歸路 悠然憩石林
洛花流逝水 明月上孤岑

노닐다 보니 돌아가는 길을 모르고
한가롭게 석림石林에서 쉼이로다
낙화落花는 유수에 흘러가고
명월은 외로운 산봉우리에 떠오름이로다

---

433 古路: 본분사의 자리를 뜻한다.
434 少林: 달마대사가 면벽관심面壁觀心하던 곳이다.

五言律

55. 雲達山途中口號

横擔一节竹 濶步嶺湖中

面前飛白月 袖裏捲長風

日暖千郊稔 霜侵萬木紅

獅王雖晦跡 衆獸豈能同

◉운달산雲達山 도중途中에 읊음

대나무 지팡이 하나 어깨에 메고

영호남嶺湖南을 활보함이로다

얼굴에 밝은 달빛 날아가고

소매 속에는 거센 바람이 펄럭임이로다

날이 따뜻하니 온갖 들에 곡식은 익어가고

서리 내리니 나무마다 붉게 물들었음이로다

사자왕이 비록 자취를 감추었다 하나

뭇 짐승과 어찌 능히 같을 수 있겠는가

56. 贈別

爲君賦遠遊 使我涕先流

百歲如逆旅 何方竟首邱

片雲生遠岫 落日下長洲

屈指人間事 悠悠摠是愁

◉이별로 주면서(贈別)[435]

멀리 떠나는 그대를 위해 글을 지으려니

그대로 하여금 내가 눈물이 먼저 흐름이로다

인생 백년 세월 나그네와 같으니

어느 곳이 마침내 내 머리 둘 곳인가

먼 산에 조각구름 피어나고 있으니

저무는 해는 긴 물가 모래밭으로 떨어짐이로다

인간사人間事 손꼽아 헤아려 보니

멀고 아득함은 모두 시름일 뿐이로다

57. 使書童咏水自吟

斡旋成一六 樂處智還深

影影涵天像 聲聲徹海心

市朝俄變替 歲月暗侵尋

---

435 贈別: ① 송별함, ② 사람이 멀리 떠날 때 시문을 지어 주거나 물품을
주어 석별의 정을 표하는 말이다.

做得魚龍窟 風雷自古今

◉서동書童과 읊음[436]

돌아보니 물[437]로 시제가 되고

즐겁게 머물러 지혜가 더욱 깊어짐이로다

자취마다 천상天像을 담았고

소리마다 바다의 마음과 통하였음이로다

세상일은 변하기 잠깐이고

세월은 홀연히 흘러감이로다

어룡굴魚龍窟을 얻어 지어 놓았으니

고금古今에 변함없는 풍뢰風雷가 될 것이로다

58. 題梵魚寺普濟樓

神光谿如客 金井做淸遊

破袖藏天極 短筇劈地頭

孤雲生遠岫 白鳥下長洲

---

436 書童: 서동으로 하여금 물을 읊게 하고 스스로 읊은 시詩이다.

437 一六: 오행五行에 ① 1과 6(一六)은 물(水)로써 북쪽이요, ② 2와 7(二七)은
불(火)로써 남쪽이요, ③ 3과 8(三八)은 나무(木)로써 동쪽이요, ④ 4와
9(四九)는 쇠(金)로써 서쪽이요, ⑤ 5와 10(五十)은 흙(土)으로써 중앙을
표시하는데, 여기서 일육(一六: 1과 6)은 물이다.

大塊誰非夢 憑欄謾自悠
庚子梧月下澥湖西 的衲鏡虛謹

◉범어사梵魚寺 보제루普濟樓

신광神光이 확 트인[438] 나그네여
금정산에서 청정하게 머물고 있음이로다
해진 소맷자락으로 하늘 끝을 감추고
짧은 지팡이로 땅을[439] 갈랐음이로다
외로운 구름은 먼 산에서 피어오르고
백조 떼는 긴 물가에 내려앉음이로다
온 세상 꿈이 아니라 누가 말했던가
난간을 의지하여 느긋이 유유자적함이로다

　　　　　　　　　　경자년(庚子, 1900) 5월 하순

　　　　호서湖西로 돌아가는 납자衲子 경허鏡虛 근식謹識[440]

---

438 豁如: 사방이 확 트인 모양, 도량이 넓음을 말한다.

439 地頭: ① 지위地位, ② 장소場所, ③ 위치位置를 말한다.

440 普濟樓: 범어사지梵魚寺誌 318쪽에서 '庚子梧月下澥湖西的衲鏡虛謹識' 14자字를 발견, 추가로 수록한다.

59. 島飛山浮石寺

平生無固必 萬事付因緣

燕頷留道士 浮石送炎天

漁歌何處晚 山月向人圓

來坐高樓上 醯鷄亂一邊

◉도비산島飛山 부석사浮石寺[441] 안양루에서

한평생 오로지 정한 바 없으니

만사萬事를 인연에 맡겼음이로다

연함산燕頷山에서 머물던 도사가

도비산島飛山 부석사에서 더운 여름을 보냄이로다

해질 무렵 어디선가 어부 노래하고

산에 걸린 달이 나를 향해 밝게 비춤이로다

높은 안양루安養樓에 올라앉으니

초파리떼가 주변을 어지럽게 맴돌고 있음이로다

60. 偶吟

鐺前九節草 病者之所須

---

441 浮石寺: 수덕사 발행본에는 '高樓上'이라고 제목을 달았으나 도비산島飛山
부석사浮石寺라고 제목을 붙였다.

不知諸小兒　無病欲相求
居然還自思　不病其有誰
可惜百年來　爾我同一丘

◉우연히 읊음(偶吟)
　가마솥에 달이는 구절초는
　환자에게 반드시 필요한 것이로다
　어린아이들은 알지 못하고
　병도 없는데 서로 구하려 함이로다
　가만히 돌이켜 스스로 생각해 보니
　병이 없는 사람은 그 누가 있겠는가
　가히 애석함이로다 백년 인생이여!
　너와 내가 모두 한 무덤이 될 뿐이로다

① 又
　山中樵客遇　暫語亦因緣
　近間居土洞　下去夕陽天
　柳魂飛欲盡　蝶夢杳難圓
　回頭人不見　鴉噪遠村邊
　산중에서 나무꾼을 만나니
　잠시 대화하는 것도 또한 인연이로다

요사이 사동士洞에서 머물다가

석양빛이 물들면 내려감이로다

버들가지의 솜은 벌써 다 날아가고

나비 꿈은 아득하여 어지러움이로다

돌아보아도 사람은 볼 수 없고

먼 강촌에 갈가마귀 소리만 요란함이로다

② 又

鳥飛去空天 望之不盡乎

欲將有相物 難窮去無餘

半途絶樹林 困疲沒休居

不識經營誤 憮然且躊躇

새가 먼 하늘로 날아가니

바라보아도 끝이 없지 않은가

장차 형상과 사물이 있으니

무여열반에 이르기 어려움이로다

절반도 못 가 숲이 끊어졌으니

피곤해도 쉬어갈 곳이 없음이로다

계획이 잘못된 것을 알지 못하고

부질없이[442] 또한 망설일 뿐이로다

---

442 憮然: 멍한 모양, 뜻을 얻지 못한 모양, 괴이하여 놀라는 모양을 말한다.

③ 又

　天地如是廣　此生可笑乎

　半生已過了　餘年復幾餘

　憂愁長侵汨　幾時得安居

　如醉不覺悟　空然得躊躇

　천지가 이와 같이 넓은데

　이 인생이 가소로울 뿐이로다

　반평생은 이미 지나갔으니

　남은 생은 다시 얼마나 남았는가

　수심에 오래도록 빠져 있으니

　어느 때나 편안함을 얻을 수 있을까

　마치 취한 듯 깨지 못하였으니

　공연히 머뭇거리고 망설일 뿐이로다

④ 又

　人生不足恃　張趙爲化乎

　屈指念知者　存者得幾餘

　無論少與老　黃泉是歸居

　身施早覺悟　火急莫躊躇

　인생이란 믿을 수 없는 것이거늘

　장씨와 조씨는 벌써 죽어 없어짐이로다

안다는 사람들을 손꼽아 헤아려 보니
살아남은 사람들은 그 얼마나 됨인가
젊었다고 또 늙었다고 말하지 말라
황천으로 돌아가는 길은 같음이로다
몸으로 행하여 일찍 깨달아서
급히 서두르거나 주저하지 말 것이로다

⑤ 又

病者問乎爾 胡病不起乎
方丈有神藥 服者壽有餘
人生如草露 又未得安居
病者歔悕道 難得故躊躇

병든 이가 나에게 묻기를
어찌하여 병이 차도가 없는가
방장실에 신비한 약藥이 있으니
복용하는 이는 장수할 수 있음이로다
인생이란 풀잎의 이슬과 같으니
또한 편안한 곳을 얻을 수 없음이로다
병든 이가 흐느껴 울며[443] 말하기를
얻기 어려우니 짐짓 망설일 뿐이로다

---

443 歔悕: 흐느껴 울다, 흐느끼고 무서워하는 모양을 말한다.

⑥ 又

十載空門裏 自然忘世緣

好花開滿地 明月上靑天

衆流歸海一 萬像至空圓

興至今行日 鏡心照遠邊

십년을 공문空門 속에 지내니

자연히 세상의 인연을 잊음이로다

아름다운 꽃은 땅에 가득 피었고

밝은 달은 푸른 하늘에 떴음이로다

모든 강물은 한결같이 바다로 돌아가고

만상은 공空으로 이름이로다

흥취興趣로 행함이 오늘에 이르니

거울 같은 마음 멀리까지 비춤이로다

⑦ 又

虫聲來喞喞 枕榻月明秋

葉下深院裏 風驚古澗頭

有思空自感 無聊轉添愁

顧此蜉蝣寄 亦當一氣收

벌레소리 요란하게 들려오고

침상에는 달이 가을을 밝힘이로다

잎은 떨어져 사찰 안에 쌓이고

바람은 옛 냇가를 놀라게 함이로다

공연한 생각에 스스로 감상하니

무료無聊한 근심만 더욱 더함이로다

하루살이 같은 인생사 돌아보니

또한 마땅히 한 기운을 거둘 뿐이로다

⑧ 又

奇哉是何處　來坐更炎空

床同青天月　襟淸大海風

始成先佛手　重建久師功

荷捏賢人力　此棲與子同

기이하구나 여기가 어느 곳인가

와서 앉으니 더위도 속절없이 지남이로다

평상과 푸른 하늘의 달빛은 같고

옷깃에는 맑은 바닷바람이 시원함이로다

처음 이루어진 것은 부처님 손길이고

중건은 오래도록 사신 스님들의 공덕이로다

어진 사람들의 공덕력을 등에 메고[444]

---

444 荷捏: 한암 중원선사 필사본에는 '荷捏'인데 수덕사 발행본에는 '荷擔'으로
되어 있다.

이 누각에 그대와 더불어 함께함이로다

⑨ 又

風吹庭畔葉 動蠢三分鼠

痴猫不能辨 涎取欲吞咀

今日虛用心 明朝又如許

將世比於猫 虛枉相躊躇

바람 부니 뜰에 낙엽이 떨어지고

세 마리 쥐가 꿈틀거리며 돌아다님이로다

병든 고양이 능히 분별하지 못하고

날마다 잡아 삼키고자 입맛만 봄이로다

오늘의 마음을 씀이 헛된 것이라

내일 아침이면 또한 이와 같음이로다

장차 이 세상을 고양이에 비유한다면

헛된 것과 굽은 것이 서로 주저함이로다

⑩ 又

書童來我告 今日願登山

藥草堪搜取 鵲巢可引攀

松琴風瑟瑟 林語鳥喧喧

風景眞如許 奇哉一賞還

학동(書童)이 와서 나에게 고하기를
오늘은 등산登山하기를 원함이로다
약초藥草도 능히 찾아서 캐고
까치집도 가히 끌어 당겨볼 것이로다
솔솔 부는 솔바람 거문고 소리 같고
숲 속의 새들은 요란하게 지저귐이로다
풍경이 참으로 이와 같으니
한번 감상하고 돌아보니 기이함이로다

⑪ 又

熙熙太平春 看看百草新
鷄龍山上雨 昨夜浥輕塵
何處青山好 携笻與汗巾分
十年忘世界 今日訪仙君
밝고 화창하고 태평한 봄날이여
바라볼수록 백초百草가 새로움이로다
계룡산에 내리는 보슬비여!
지난밤 티끌은 모두 씻었음이로다
어느 곳이든 청산은 좋으니
지팡이 짚고 수건으로 땀 닦으며 다녔음이로다
십 년 동안 온 세상을 잊었더니

오늘에야 그대 신선을 찾았음이로다

⑫ 又

書到紙面空 酉得一線通
一線還不盡 紅日禪窓東
驥兒見此頌 我指碧山層
諦信卽無疑 何處非燃燈

서찰은 왔는데 지면이 텅 비었으니
한 가닥이 통하여 그림을 얻음[445]이로다
한 가닥이 도리어 다하지 못하니
붉은 해가 선창禪窓에 솟음이로다
뛰어난 놈이여! 이 게송을 보아라
내가 가리키는 첩첩의 푸른 산이로다
진리眞理를 믿어 의심이 없으면
어느 곳인들 연등불[446] 계신 곳이 아니겠는가

⑬ 又

春光正値三 百鳥語喃喃

---

445 酉得: 한암 중원선사 필사본에는 '酉得'인데 선학원본과 수덕사 발행본에는
'盡得'으로 되어 있다.
446 燃燈佛: 석가여래 이전의 부처님이다.

花朵般般錦 柳絲處處藍

風景雖云樂 羈懷實不甘

悠悠還自詠 誰識賦江南

봄빛은 바로 춘삼월春三月이라

온갖 새가 재잘거리며 노래함이로다

꽃은 가지마다 알록달록[447] 비단 같고

실버들은 곳곳에 쪽빛과 같음이로다

풍경이 비록 즐겁다고 말하나

맺힌 회포는 실로 달갑지 않음이로다

유유히 돌아와 나 혼자 읊조리니

강남부江南賦[448]인줄 그 누가 알겠는가

⑭ 又

信宿新香閣 淸緣此地深

庭空來怡鳥 溪午轉淸陰

大界誰非夢 玄門祗在心

有思多感慨 臨發又沉吟

숙세의 인연으로 향각을 신축하니

---

447 般般: 알록달록한 모양을 말한다.

448 江南賦: 중국 육조六朝 때 유신庾信의 작作인 「애강남부哀江南賦」로 망국亡
國의 한恨을 읊은 것이다.

맑은 인연 이 땅에 깊음이로다

빈 뜰에는 기이한 새가 날아오고

한낮 계곡에 시원한 그늘을 전轉함이로다

온 세상 누가 꿈 아니라 했음인가

현문玄門은 다만 마음에 있음이로다

생각해 보니 감개感慨가 무량하니

떠나려함에 또한 시상詩想에 잠김이로다

⑮ 又

故人來此地 共坐白雲深

高暻開晴景 流鶯哢綠陰

宿緣難別處 遠客欲歸心

爲惜相分年 總岐又一吟

옛 친구가 이곳을 찾아와

함께 앉으니 백운白雲도 깊음이로다

맑은 경치 밝은 경치 환하게 펼쳐졌고

꾀꼬리 소리가 녹음 속에 노래함이로다

숙세의 인연은 헤어지기 어려운데

멀리서 온 객은 돌아가려는 마음뿐이로다

애석하게 서로 때를 기약하고

헤어지는 갈림길에서 또 한 번 읊음이로다

61. 海印寺 堆雪堂

春秋多佳日 義理爲豐年

靜聽魚讀月 笑對鳥談天

雲衣不特蠶 禪室寧須稼

石鉢收雲淚.

◉해인사 퇴설당堆雪堂[449]

춘추春秋로 아름다운 날이 많으니

의리義理로써 풍년豐年이 됨이로다

고요한 밤 물고기가 달빛에 정진하노니

웃으며 새와 천문天文을 담소함이로다

승려(雲衣)가 누에 실 기다리지 않으니

선방에 편안함을 모름지기 삼지 않음이로다

돌 발우로 승려는 눈물을 거둠이니[450]

---

449 堆雪堂: 해인사 방장실 당우堂宇이다. 해인사를 방문하니 퇴설당堆雪堂
　　　주련柱聯에 '春秋多佳日 義理爲豐年 靜聽魚讀月 笑對鳥談天 雲衣不特
　　　蠶 禪室寧須稼 石鉢收雲淚'란 글이 있어 추가로 수록한다. 오언율시五言
　　　律詩인 듯한데 한 구절이 분실된 것 같다. 해인사지海印寺誌 1,165쪽에
　　　있다.

450 淚: '淚(루)'는 해인사지海印寺誌에는 '液(액)'으로 되어 있다.

七言絶

62. 海印寺九光樓

依依經閣對仙巒 往事無非一夢間
適有乾坤吞吐客 九光樓上秤千山

◉해인사海印寺 구광루九光樓[451]

장엄한 장경각과 신선봉을 대하니
지난 일들이 한바탕 꿈 아님이 없음이로다
마침내 건곤乾坤을 삼키고 토하는 객이 있으니
구광루에 올라 천산千山을 저울질[452]함이로다

① 又

枕雲高臥萬重山 下界蒼生一望門
前頭年旱無人識 盤壑神龍棄等閑

해인사海印寺 구광루九光樓[453]

---

451 九光樓: 이 게송은 해인사지海印寺誌 178쪽에 있는데, 수덕사 발행본에는 343쪽과 391쪽에 중복이다.
452 秤千山: 선지식의 안목을 헤아려 보는 종사宗師의 가풍이다.
453 九光樓: 수덕사본 율시를 해인사지를 참고하여 절구로 나누었다.

구름으로 베개하고 만중산에 높이 누우니

하계[454] 억조창생을 한번 엿보는 문이로다

전일의 역사歷史를 아는 사람이 없으니

골짜기에 신령스런 용이 한가로이 날려함이로다

② 又

水月水兮巒自巒 天眞物物自閒閒

幾年謾作他鄕客 今日伽倻是故山

해인사海印寺 구광루九光樓[455]

물은 달빛을 물에 담고 산은 산을 쫓으니

천진은 두두물물이 스스로 한가함이로다

몇 해인가 타향의 나그네 세상을 속임이

오늘의 가야산이 옛 고향 산 그대로이로다

63. 智異山靈源寺

不是物兮早騈拇 許多名相復何爲

---

454 下界: 천상계天上界의 대對로 하계下界라 말한다. 한암 필사본에는 '下界'인
데, 수덕사본에는 '下異'로 되어 있다.

455 九光樓: 해인사지 178쪽의 기록을 발견, 추가로 수록한다.

慣看疊嶂烟蘿裏 無數猢猻倒上枝

◉지리산智異山 영원사靈源寺[456]

이 물건이여 일찍이 쓸모가[457] 없는데

허다한 명상名相이 대체 무엇인가

늘 보는 구름 낀 산봉우리 칡넝쿨 속에

무수한 원숭이 나뭇가지에 거꾸로 오름이로다

64. 題洪州天藏庵

世與靑山何者是 春光無處不開花

傍人若問惺牛事 石女心中劫外歌

◉홍주洪州 천장암天藏庵[458]

---

456 靈源寺: 경상남도 함양군 마천면 삼정리 지리산 중턱에 해인사 말사로
있다. 신라 진덕여왕 때 영원靈源 스님이 창건하였다. 영원사사적靈源寺事
蹟에 의하면 부용영관芙蓉靈觀과 서산휴정西山休靜·청매인오靑梅印悟·사
명유정四溟惟政·설파상언雪坡尙彦이 조실방안록에 기록되어 있다. 또 '有
南坡高弟在傍哂笑曰師兄恁麼道也未免弄巧成拙余拍膝大笑命侍者揭
題'를 추가로 발견, 물외잡영物外雜咏에 수록하였다.

457 騈拇: ① 육손이니 쓸모없다는 뜻, ② 군더더기의 뜻이다.

458 天藏庵: 충청남도 서산시 고북면 장요리 연암산 아래에 633년 담화曇和가

세속과 더불어 청산 어느 것이 옳은가

봄이 오면 꽃 피지 않는 곳이 없음이로다

어떤 사람이 나(惺牛)의 경계를 묻는다면

석녀石女의 마음속 겁외가劫外歌라 함이로다

65. 題麻谷寺

啞却爾耳聾我口 一句普應大千機

莫言金剛棒不起 蚯蚓唫雨下淸池

◉마곡사(題麻谷寺)[459]

나는 귀먹고 너는 말을 못하였으나

일구는 대천세계의 중생에 두루 응함이로다

금강봉을 일으키지 않는다고 말하지 말라

지렁이 울음소리에 맑은 못에 비내림이로다

제자와 함께 창건하였다. 조선 말기에 경허선사가 20여 년을 천장암을
비롯한 주위에서 주석하였다.

459 麻谷寺: 충청남도 공주 마곡사로 본다. 한암 중원선사 필사본에는 '題麻谷
寺'란 제목이 있으나 수덕사 발행본에는 빠져 있다.

① 又

塞却眼兮塞却耳 大千沙界沒滲漏

莫言蜜室人不覷 不通風處卽十路

눈을 가림이여 귀가 막혔음이여

대천세계가 모두 두루 빠졌음이로다

밀실이라 엿보지 않는다고 말하지 말라

바람 통하지 않는 곳이 곧 사방 저잣거리로다

66. 與永明堂行佛靈途中謹次明眞堂韻

摘何爲妄指何眞 眞妄由來總不眞

霞飛葉下秋容潔 依舊靑山対面眞

◉영명당永明堂[460]과 불령사佛靈寺 가는 도중

무엇을 지적해 망상이라 하고 무엇을 진眞이라 하는가[461]

진망眞妄이 모두 참되지 못함에서 유래되어 왔음이로다

안개가 날리고 낙엽이 떨어지는 맑은 가을에

옛것을 의지하여 청산의 진면목眞面目을 대하니 진실이로다[462]

---

460 永明堂: 생몰연대 미상. 한때 범어사에 주석하셨다고 한다.
461 初句와 第二句을 相換之可也라. 첫째 문장과 둘째 문장을 서로 바꾸면
    '옳다'란 말이다.

① 又

任是妄兮任是眞 張顚醉打李翁眞
懸羊賣狗年來事 識得分明認得眞

망상은 망상에 맡기고 진여는 진여에 맡김인데
장씨 노인은 취했는데 이씨 노인은 멀쩡함이로다
양고기 달아 놓고 개고기 파는 것은 전부터 하였으니
분명하게 알아 얻으면 진여의 소식을 얻을 것이로다

② 又

高士文明意亦眞 塵中無累最淸眞
直須覷破威音外 莫把儱侗以認眞

높은 선비 밝은[463] 문장의 뜻이 또한 참되니
속세에서는 물들지 않음이 청진淸眞이로다
바로 모름지기 위음왕불[464] 이전 소식을 알아 깨치면
영리하고 어리석음 취하지 말고 진여를 알 것이로다

---

[462] 수덕사 발행본에는 이 문장을 『경허법어집鏡虛法語集』349쪽과 365쪽에
중복으로 기록하고 있다.

[463] 文明: 한암 중원선사 필사본에는 '文明'인데, 수덕사와 극락암 발행본에는
'文朋'으로 되어 있다.

[464] 威音王佛: 과거 옛 부처님 나시기 전 최초의 부처님이다.

67. 過佛明山尹弼庵偶吟

酒或放光色復然 貪嗔煩惱送驢年

杖屨無端化獅子 等閑一踢孰能前

◉ 불명산佛明山 윤필암尹弼庵[465]을 지나면서

술도 혹 방광하고 여색도 또한 그러하니

탐食·진瞋·치痴 번뇌 속에 나귀의 해를[466] 보냄이로다

주장자와 짚신이 무단히 사자獅子로 변하여

등한히 한번 차고 달리니 누가 능히 앞서겠는가

68. 尹弼庵解夏後偶吟

不爲參玄不爲遊 佛明山裏又淸秋

不知明月一笻竹 去上嶺南幾佛樓

◉ 윤필암尹弼庵 하안거夏安居 후 우연히 읊음

현묘한 진리를 참구하지 않고 놀지도 않았는데

불명산佛明山 속에는 벌써 맑은 가을이로다

밝은 달은 알 수 없으니 짧은 대지팡이 짚고서

---

465 佛明山尹弼庵: 주註 68 참고.

466 送驢: 나귀해라는 뜻인데 본래 없다는 뜻이다.

영남의 불루佛樓[467]를 몇 곳 오를 것인가

69. 過錦山寶石寺

蕭瑟一碑傍寺門 青山影裏幾朝昏
圭師往跡無人問 落日牛羊下遠村

◉금산錦山 보석사寶石寺[468]를 지나면서

가을바람 쓸쓸한 일주문 옆 외로운 비석
청산의 그늘 속에서 얼마나 세월을 보냈던가
영규대사의 가신 행적을 물을 사람도 없는데
석양 녘 들판에 소와 양 떼 먼 마을로 내려감이로다

---

467 佛樓: 한암 중원선사 필사본에는 '佛樓'인데, 수덕사와 극락암 발행본에는 '箇樓'로 되어 있다.

468 寶石寺: 충청남도 금산군 남이면 석동리 진락산眞樂山에 있다. 885년 조구祖丘가 창건하였다. 당시 앞산에서 채굴한 금으로 불상을 조성하였기 때문에 보석사寶石寺라고 했다 한다. 1592년 임진왜란 때 전소되었던 것을 명성황후明城皇后가 중창하였다. 현재 영규대사靈圭大師 사당에 영정影幀이 있다.

70. 遊伽倻山紅流洞

孰云是水孰云巒 巒入雲中水石間
大光明體無邊外 披腹點看水與山

⦿가야산伽倻山 홍류동紅流洞에서 노닐며[469]
누가 이것을 물이라 말하고 누가 산이라 말했는가
산은 구름 속에 묻혔고 물은 석간에 흐름이로다
대광명의 본체本體는 변외邊外가 없으니
가슴을 헤치고 바라보니 물과 더불어 산이로다

71. 號妙光贈童子朴英勳

茫茫匠地諸含識 迷自靈光徒外塵
多爾妙年能究此 故書一號結緣新

⦿묘광동자妙光童子 박영훈朴英勳에게
망망한 가르침의 땅 모든 지식을 품고
외진外塵은 신령스러운 빛에 의해 미혹해짐이로다
마침 너는 젊었으니 능히 이것을 참구할 것이니

---

469 紅流洞: 가야산 홍류동은 해인사 일주문 안 가야면 구원리 609번지 주위로
최고운崔孤雲의 사당이 있다.

그러므로 결연신結緣新을 부르고 기록함이로다

72. 卽事

甘口時行蝎處深 蟻群蠅隊揔難禁

四物侵尋忙拂拭 仍忘庭栢歲寒心

◉즉사卽事

달게 먹는 좀(벌레) 깊이 파고들었으니

개미나 파리 떼도 모두 금하기 어려움이로다

사물이 침노하여 털어 내기 어려우니

이것은 뜰 앞의 잣나무 마음에 잊었음이로다

73. 應虛堂(南泉翰奎)

黙坐禪窓歲已闌 渾忘緣瘦帽圍寬

雖然渾忘非無驗 老驗雨晴病驗寒

◉응허당應虛堂 남전한규南泉翰奎470에게

---

470 한암 중원선사 필사본에는 '應虛堂'인데, 수덕사와 극락암 발행본에는
'南泉堂翰奎'라 기록되어 있다.

묵묵히 선창에 앉은 세월이 이미 오래니

모든 인연 잊고 몸마저 너그럽게 여윔이로다

비록 모두 잊었으나 증험 아님이 없으니

늙은이는 비 내리고 갬을 알고 병든 이는 추위를 앎이로다

① 又

黙坐禪窓歲已闌 鄕心寧有少分寬

忽憶故人音信絶 聊書一偈寄暄寒

묵묵히 선방에 앉은 세월이 이미 오래이니

고향 생각은 정녕 조금 너그러움이 있음이로다

홀연히 생각하니 고인의 편지조차 끊어졌으니

애오라지 게송 하나 적어 안부를 묻고 싶음이로다

남전(南泉, 1868~1935)의 법명은 한규翰奎, 호는 남전南泉이며, 속성은 안동김씨金氏이다. 1868년 9월 6일 경상남도 합천군 가야면 구도원에서 부父 김병용金炳鎔, 모母 경주김씨 사이에서 탄생. 18세에 가야산 신해信海에게 출가, 완허장섭翫虛伏涉에게 법을 이어받았고, 1904년 해인사 주지를 지내고, 1921년 선학원 창건에 동참하였다. 1936년 4월 28일 선학원에서 세수 68세, 법랍 54세로 입적하였다. 법제자에는 보봉寶峰·석주昔珠 등이 있다.

74. 題松廣寺六鑑亭(一說羽化閣)

靈境許多淸興慣 曠然遊戲付年年

喝開兎角風雷殷 無數魚龍上碧天

　辛丑鏡虛題

◉송광사松廣寺 육감정六鑑亭[471]

신령스런 경지에 허다히 청흥이 익숙하니

광연曠然한 유희 해마다 이어짐이로다

할喝하니 토끼 뿔나고 우렛소리 요란하니

무수한 어룡魚龍들 푸른 하늘로 오름이로다

　　　　　　신축년(辛丑, 1901) 경허鏡虛 제題[472]

75. 咏白雲庵

白雲庵裡白雲在 半掛層巖半掛空

千樹烟蘿多韻致 隨風搖曳白雲中

◉백운암白雲庵[473]에서 읊음

---

471 六鑑亭: 육감정六鑑亭을 일설에는 우화루羽化樓라고도 한다.
472 辛丑鏡虛題: 송광사松廣寺 박물관에서 판각을 확인한 바 '신축경허제辛丑
　鏡虛題'를 발견, 추가로 수록한다.

백운암이 흰 구름 속에 있으니
반은 절벽이요 반은 허공에 걸렸음이로다
숲의 엉클어진 칡넝쿨 운치가 좋아
바람 따라 백운 속을 지팡이 끌고 배회함이로다

76. 梵魚寺解夏日上元曉庵

祖師入滅傳皆妄 今日分明坐此臺
杖頭有眼明如漆 照破山河大地來

◉범어사 하안거 해제일 원효암元曉庵에 오르면서
조사가 입멸하고 전함은 모두 거짓이요
오늘날 분명히 이 원효대에 앉아 계심이로다
주장자 머리에 눈이 있어 밝기가 칠흑과 같아
산하대지山河大地 온 누리를 깨달아 비춤이로다

---

473 白雲庵: 경상남도 통도사 산내 암자로 652년 조일루日 스님이 창건하였고,
1810년 침허枕虛 스님이 중창하였다. 한암 중원선사 필사본에는 '咏白雲
庵'인데, 수덕사와 극락암 발행본에는 '通度寺白雲庵'으로 되어 있다.

77. 過甲山利水洞

利水洞前江勢急 青青黯黯吼中輕
孤雲曾有伽倻句 永絶是非到耳聲

◉갑산甲山 이수동利水洞[474]을 지나면서
이수동利水洞 앞 급히 흐르는 강물에
시퍼런 물이 빠르고 우렁차게 흐름이로다
최고운[475]이 일찍이 가야산[476]에서 읊기를
세간 시비가 귀에 들릴까 영원히 끊는다 함이로다

78. 咏蓮隱種樹栽花

花滿墻垣葉滿枝 莫交荊棘箇中垂
蓮隱時遊隣老會 流鶯啼處好風吹

◉연은蓮隱[477]과 꽃 가꾸며 읊음
꽃은 담장에 만발하고 잎은 가지마다 무성하니

---

474 甲山利水洞: 함경남도 갑산군甲山郡에 있다고 한다.
475 孤雲: 신라 말 문인 최치원崔致遠을 말한다.
476 伽倻山: 해인사 가야산이 아니고 충청남도 가야산으로 보인다.
477 蓮隱: 인명 미상. 이름은 김윤종金允鍾이며, 호는 연은蓮隱이다. 김학장으로
　　알려졌으며 세상을 희롱(弄世)하는 숨은 도인道人이다.

가시덤불도 이 가운데 드리워 섞이지 말 것이로다
도인(蓮隱)이 이웃 노인들과 모여 거닐었으니
꾀꼬리 노랫소리 시원한 바람 불어 더욱 좋음이로다

① 又

培養靈根上達枝 疾風暴雨不須垂
他年高拂靑雲裏 倘有仙笛過此吹

신령스런 뿌리 잘 키워 가지가 무성하면
모진 바람과 폭우는 반드시 내리지 않음이로다
다른 해에 높이 자라 푸른 구름 속에 나부끼면
아마도 신선이 피리 불며 이곳을 지나갈 것이로다

② 又

淸流門植碧山枝 綠影紅香日夕垂
知君不是粧垣屋 恐或腥塵一點吹

청류문전에 푸른 산을 가지로 심었더니
푸른 나무 그림자 붉은 향기 석양에 나부낌이로다
이것이 누가 가꾼 집이 아님을 그대는 알겠는가
혹 비린내 하나라도 풍길까 두려울 뿐이로다

79. 次菜藥商趙氏韻

不顧功名但願山 山中採藥幾年間

深深松籟烟霞裏 一曲芝歌萬境閑

◉채약상採藥商 조씨趙氏에 차운하면서

공명도 돌아보지[478] 않고 다만 산을 원하니

산속에서 약초 캐는 것이 몇 해나 되었는가

깊은 숲 솔바람 소리 해질 녘 노을 속에 그윽하니

한 곡조 지초가芝草歌라 온 경계가 한가함이로다

80. 滿空問曰和尙歸去後衆生敎化何師答曰

雲月溪山處處同 叟山禪子大家風

慇懃分付無文印 一段奇權活眼中.

甲辰二月十一日天藏禪室中 鏡虛

◉만공 스님이 "화상께서 가신 후 중생을 어떻게 교화합니까?"

물음에 답함[479]

---

478 한암 중원선사 필사본에는 '不顧'인데, 수덕사와 극락암 발행본에는 '不願'
으로 되어 있다.

479 한암 중원선사 필사본에는 '滿空問曰和尙歸去後衆生敎化何師答曰'이라

구름과 달과 시내와 산이 처처에 같으니

수산선자曳山禪子[480]의 대가풍이로다

은근히 무문인無文印을 분부하노니

일단의 기권을[481] 활안 중에 드러냄이로다

갑진년(甲辰, 1904) 2월 11일

천장암天藏庵 선실禪室에서 경허鏡虛[482]

81. 寄虛舟長老

因筆及此心緒乱 遮個境界共誰伊

鵲白烏黑心言外 無生佛兮有山水

◉허주장로虛舟長老[483]에게 부치면서

되어 있고, 선학원과 극락암 발행본에는 '答滿空問和尙歸去後衆生如何
敎化'라 되어 있으며, 수덕사 발행본에는 '弟子滿空與傳法頌'으로 되어
있다.

480 曳山禪子: 만공(滿空, 1871~1946) 스님을 지칭한다.

481 奇權: 한암 중원선사 필사본에는 '寄權'인데, 수덕사 발행본에는 '機權'으로
되어 있다.

482 『경허법어집』 판각에는 묘증수산만공苗贈曳山滿空과 후미後尾에 '甲辰二
月十一日天藏禪室中鏡虛'로 되어 있는데, 만공滿空선사 행장行狀에 1904
년(甲辰年) 7월 보름날 전법게傳法偈를 내렸다고 되어 있다.

483 虛舟德眞: 1806~1888. 속성은 김씨로 1806년 3월 15일 탄생하였다. 법명은

붓을 잡으려니 마음이 비록 산란하지만

한낱 경계를 누구와 함께할 것인가

고니 희고 까마귀 검다함은 마음 밖의 말이니

부처와 중생은 없어도 산山과 물(水)은 있음이로다

82. 自梵魚寺往海印途中口號

識淺名高世危乱 不知何處可藏身

漁村酒肆豈無處 但恐匿名名益新

　癸卯年

◉범어사에서 해인사로 가는 도중에 읊음[484]

　지식은 얕고 이름만 높아 세상살이 어려우니

　어느 곳에 가히 이 몸을 숨겨야 할지 알 수 없음이로다

　어촌이나 술집이나 어느 곳엔들 없을까마는

　다만 이름을 감추려 하니 더욱 드러날까 두려움이로다[485]

　덕진德眞이요, 호는 허주虛舟이다. 당대 선지식이신 허주虛舟선사는 1888
　년 10월 13일 세수 83세로 입적하였다.

484　自梵漁寺往海印寺道中口號: 이 게송은 해인사지海印寺誌 88쪽에 기록되
　어 있다.

485　'自梵漁寺往海印寺途中'이란 게송은 범어사 오성월吳惺月대선사 어록語
　錄 373쪽에 소개되어 있다.

계묘년(癸卯, 1903) 경허鏡虛 근식謹識

83. 過通度寺白蓮庵謹次喚惺老師韻

擲金遺吀揭虛楹 道價千秋海嶽輕

悠悠曠感無人識 寒磬空笛劫外聲

　庚子七月下澣 湖西歸門下孫 鏡虛惺牛謹稿

◉통도사 백련암을 지나면서 환성노사에 삼가 차운[486]

황금과 유물 내던져 빈 기둥에 걸었으니

도가 천추에 빛나 산과 바다보다 가벼움이로다

유유한 광겁에 감히 알아주는 사람이 없으니

찬 경쇠 허공의 피리소리 겁외劫外의 소리뿐이로다

경자년(庚子, 1900) 7월 하순

호서湖西로 돌아가는 문하손門下孫 경허鏡虛 근고謹稿[487]

---

[486] 喚惺志安: 1664~1729. 속성은 정씨鄭氏요 춘천 사람으로 15세에 출가,
금강산 설제雪霽에게 심법心法을 얻었다. 화엄강백으로 이름을 떨치다가
66세에 금산사金山寺에서 1,400여 대중이 모인 화엄법회를 열었으나 그
일로 무고를 받아 제주도로 유배되어 도착 7일 만에 입적하였다.

[487] 통도사지通度寺誌 판각에서 확인하고 '庚子七月下澣湖西歸門孫○牛鏡虛
謹稿' 17자字를 추가로 수록한다.

84. 觀釣魚

百尺深淵胡不住 無端淸灘伴苔磯
沙禽時窺漁翁釣 可惜身殲自取機

◉고기(魚) 낚는(釣) 것을 보고

백 척의 깊은 연못에 어찌 머물지 않고
무단히 맑은 물가[488] 돌이끼와 벗함이로다
모래 위의 물새가 늙은 어부의 낚시질 엿보다가
가련함이여! 자신이 상할까 스스로 날아감이로다

85. 題釋王寺映月樓

上方春日花如霰 異鳥聲中午夢甘
萬德通光無證處 揷天晴嶂碧於藍

◉석왕사釋王寺[489] 영월루映月樓

---

[488] 淸灘: 한암 중원선사 필사본에는 '淸灘'인데 수덕사와 극락암 발행본에는
'淸淺'으로 되어 있다.

[489] 釋王寺: 강원도 고성군 설봉리 설봉산에 있으며 고려 말에 이성계가
창건하였다. 이성계李成桂는 조선을 건국하기 전에 무학자초(無學自超,
1327~1405)의 해몽을 듣고 석왕사를 세웠다고 한다. 1377년 이성계는
광적사廣積寺가 병화로 폐허가 되므로 대장경과 불상 법기를 중랑장 김남

봄날 해가 솟으니 꽃은 눈송이 같고
기이한 새소리 속에서 달게 낮잠을 즐김이로다
만덕이 광명과 통하였으나 증명할 수 없으니
맑은 하늘에 우뚝한[490] 산봉우리 쪽빛보다 푸름이로다

86. 坐熙川頭疊寺

僧胡不住名山是 谷谷烟霞轉轉浮
靈鶴不來人易老 倚樓怊悵夕陽西

◉희천熙川 두첩사頭疊寺에 앉아[491]
산승이 어찌 명산에 머물지 않을 것인가
골짜기마다 노을 속 여기저기 물들고 있음이로다
신령스런 학은 오지 않는데 사람은 늙었으니
누각에 기대어 석양만 시름없이 바라봄이로다

연金南蓮을 보내 석왕사에 봉안하였다. 서산대사(1520~1604)의 함경남도
연변군 설봉산 석왕사기문에 자세히 기록되어 있다.

490 한암 중원선사 필사본에는 '晴'인데, 수덕사 발행본에는 '曉'로 되어 있다.

491 頭疊寺: 평안북도 희천군熙川郡에 있다고 한다. 사찰보감寺刹寶鑑 101쪽과
사찰전서寺刹全書 337쪽 참고.

① 又

汲泉炊粟仍高枕 豐樂庵中一夜情

大道天眞忘語處 山童時有瀹香淸

샘물 길어 밥 짓고 베개를 높이 하니

풍락암[492]에서의 하룻밤 정겨움이로다

대도는 천진이라는 말도 잊고 있었는데

산동이 때마침 차를 달여 맑은 향기 전함이로다

87. 別友人

石州三月上山樓 桃杏花開挾澗流

一別天涯俱是客 眼前風物倍生愁

◉벗(友人)과 이별하면서

석주石州의 삼월 산속 누각에 오르니

복사꽃 살구꽃 만발하고 시냇물 졸졸 흐름이로다

한번 헤어지면 모두 하늘가 외로운 객이니

눈앞에 펼친 풍경은 슬픔에 더욱 젖게 함이로다

---

492 豐樂庵: 평안북도 희천군 동창면 두첩산頭疊山에 있다. 사찰보감寺刹寶鑑
439쪽에 있다.

88. 八公山桐華寺

桐華寺好八公山 講伯禪長幾度還
重囑居僧須記所 他遊英道八公間

◉팔공산八公山[493] 동화사桐華寺

팔공산 동화사가 좋은 곳에 있으니
강백講伯과 선장禪長을 여럿 제도함이로다
거듭 부촉하노니 스님들이 반드시 기억할 바는
다른 곳에서 놀다 팔공산 도량에서 정진할 것이로다

89. 泰華山麻谷寺

稱佛稱祖早謾語 著龜未兆鬼猶眠
松雲湛寂蘿月皎 泰華山下古今傳

◉태화산泰華山 마곡사麻谷寺

부처다 조사다 칭함이 일찍이 부질없는 말이요
점괘[494]는 나오지 않았는데 귀신이 오히려 잠듦이로다

---

493 八公山: 대구 동화사의 팔공산을 말한다. 그런데 수덕사 발행본에는
352쪽과 389쪽이 중복된다.
494 著龜: 점괘를 볼 때 젓가락을 뽑아 점괘율을 보았다고 한다.

송운松雲이 깊고 고요하며 달빛[495]은 기울었는데
태화산[496] 아래 마곡사는 고금古今을 전함이로다

90. 曦陽山 彩雲庵

大士曦陽住此間 生光百倍曦陽山
半千里外湖西客 玉磬聽中輤偸閑

◉희양산曦陽山 채운암彩雲庵[497]

큰 선비[498]가 희양산에 머물렀다 하니
희양산이 백배나 광명을 나툼이로다
반 천리 밖 호서의 나그네여![499]
옥돌 소리 속 한가로움 모두 훔치려 함이로다

---

495 蘿月: 담쟁이 잎 사이로 보이는 달을 말한다.

496 泰華山: 충청남도 마곡사麻谷寺 주위의 산 이름이다.

497 曦陽山 彩雲庵: 수덕사 발행본 364쪽에는 '湖西客'으로 되어 있으나
    '채운암彩雲庵'이라고 붙인다. 채운암은 충청북도 괴산군 희양리 도명산道
    明山 자락에 있다.

498 大士: 큰 선비는 송시열宋時烈을 칭한다.

499 湖西客: 경허선사 자신을 나타내는 말이다.

① 又

　家家豊穰入秋新 遊歷名山適此辰
　滿箔檀参皆活計 石村樗櫟老全身
　집집마다 풍년 드니 가을이 새로워라
　명산에 노닐다보니 마침 이런 시절이로다
　주렴한 단월⁵⁰⁰ 참여는 모두 살아갈 계책이라
　석촌石村의 자고새 나무는 온몸이 늙음이로다

② 又

　竺少林巒便去遊 幾廻復上彩雲樓
　華陽無限風流景 盡入萬東廟裡愁
　달마의 소림산에 오롯한 방랑자여
　몇 번이나 다시 채운루⁵⁰¹에 오름이로다
　화양리華陽里⁵⁰²의 무한한 풍류경에
　만동묘⁵⁰³ 속의 수심은 모두 다함이로다

---

500 檀越: 시주施主나 보시布施를 행하는 신도들을 말한다.
501 彩雲樓: 충청북도 괴산군 청천면 화양리 도명산道明山 아래에 채운암이
　　있었으나 1948년 홍수로 도괴하여 인근 청천면 초량리 환장사煥章寺에
　　이 사찰의 재목을 옮겨 요사를 세우고 채운사彩雲寺라고 하였다.
502 華陽: 충청북도 괴산군 청천면 화양리가 있다.
503 萬東廟: 1703년(숙종 23년) 임진왜란 때 구원병을 보낸 명나라 신종神宗과
　　마지막 황제인 의종毅宗을 제사지내기 위해 충청북도 괴산군 청천면

91. 載藥山 表忠祠

藥山三月上仙樓 桃杏花開挾澗流

一別天涯俱是客 眼前風物使人愁

◉재약산載藥山 표충사表忠祠[504]

재약산載藥山 3월에 신선루에 오르니

시냇물 흐르고 살구꽃 복사꽃 만발함이로다

먼 곳에서[505] 한번 이별한 이 나그네여

눈앞의 풍경은 사람으로 하여금 탄식케 함이로다

92. 偶吟

大施門開無擁塞 拈柴楞菜齋後眼

尋釰堂下信步立 今穗嘉禾上國傳

◉우연히 읊음(偶吟)

화양리華陽里에 세운 사당祠堂이다.

504 載藥山 表忠祠: 수덕사 발행본 346쪽에는 '一別'로 되어 있으나 '재약산載藥山 표충사表忠祠'로 제목을 붙였다. 추측컨대, 당시 표충사表忠寺에 주석住 錫하고 계시던 법제자인 침운枕雲 현주玄住 스님을 만나기 위해 오셨다가 남기신 게송偈頌으로 보인다.

505 天涯: ① 하늘의 끝, ② 아주 먼 곳을 말한다.

대시주 문이 열리니 옹색함이 없었고

사원을 반듯하게 건축하니 편안히 쉼이로다

심인당 아래에 요사를 세웠고

지금 아름다운 시주물은 상국에서 전함이로다

① 又

火裡蜘蟉卽不問 秋江烟澄鷗鷺眠

遮般展振無人會 槐國風光夢裏傳

불속의 지네[506]는 곧 묻지 않는데

가을 강 맑은 안개에 백구는 졸고 있음이로다

이러한 도리를 실로 아는 사람이 없으니

괴국槐國의 풍광을 꿈속에나 전함이로다

② 又

石人乘輿玩三春 不成虎畵更看新

林壑在天星月下 死鷄捕鼠祭亡人

석인을 타고 흥겨워 춘삼월을 희롱하니

범을 그리지는 못하였으나 다시 보니 새로움이로다

숲과 골짜기는 하늘의 별과 달 아래 있는데

죽은 닭이 쥐를 잡아 망인에게 제사지냄이로다

---

506 蜘蟉: 지네(벌레)란 뜻인데, 불속의 지네와 같다는 비유다.

③ 又

風埃蟬蛻雖已成 個中神蚌有誰擎

浮生如夢塵緣了 祖佛江山一髮明

티끌 바람에 매미 허물은 이미 벗었는데

이 가운데 신비로운 진주 누가 잡아 올렸는가

부평초 인생 꿈 같으니 티끌인연 대할 때

불조佛祖와 강산을 찾아 한 생각 밝힘이로다

④ 又

千峰一水勢中分 隱仙洞下晚復雲

若使烟霞分一半 從今消息斷相聞

천봉에 흐르는 물이 중간에 나누어지고

은선동 아래 구름은 해질 녘 다시 돌아옴이로다

만약 연하507가 반으로 나뉘지 않았다면

지금부터 소식이 서로 끊어졌을 것이로다

⑤ 又

龍汀江上野叟之 回首喟問路分岐

野叟無語山又晚 何處滄浪韻凄遲

---

507 烟霞: 인간과 대자연을 두고 한 말이다.

용정강 위에 들일 하는 그 늙은이여!

머리 돌려 탄식하며 갈림길을 물음이로다

늙은이는 말 없고 산도 또한 저무는데

어느 곳인지 맑은 물소리 처량하게 더딤이로다

⑥ 又

蕭條一榻滿山秋 大涅槃光不盡流

賴有性師終未會 熊津元不異公州

쓸쓸한 걸상 하나에 온 산속 가을이 가득하니

대열반의 광명이 다함없이 흘러감이로다

성사[508]가 있다 하나 마침내 만나지 못하고

웅진 땅은 원래 공주와 다르지 않음이로다

⑦ 又

欲烟應少盧貧女 虫語偏多感旅人

邂近田坪隱倫在 參聰高義滌塵心

굶주린 가난한 여인이 욕망에 불탐은 당연한데

벌레소리마저 번다하여 나그네 감상 애절함이로다

전원에 숨은 도인 우연히 만나

높은 뜻을 함께 들으니 마음의 티끌 씻김이로다

---

508 性師: 인명人名. 은거隱居하던 달인達人이다.

⑧ 又

祖師一去無消息 空爲荒基枕石頭
盡日徘徊還忘去 萬林蟬語動高秋

한번 떠난 조사祖師는 소식이 없고
부질없이 황폐한 터에 석두를 베개함이로다
하루 종일 배회하다 돌아갈 줄 잊었는데
우거진 숲 속 매미소리 요란하니 벌써 가을이로다

⑨ 又

渡水登山野亦難 無心無處不平安
誰知遊歷今年事 唯向人間作語端

물 건너 산 오르자니 광야 또한 어지러워
무심도 무처無處도 평안平安도 아님이로다
누가 알겠는가 방랑하는 금년의 일을
오직 누구를 향하여 바른 말을 할 것인가

⑩ 又

當年於此八仙遊 仙去不遊有慶樓
二十年來重到客 俯臨泉石倍生愁

당년에 이곳에서 팔선녀와 놀았는데
선녀는 가고 유경루에 노닐지 않음이로다

이십 년 만에 다시 돌아온 나그네가
허리 굽혀 천석에 다다르니 슬픔만 더함이로다

七言律

93. 德崇山定慧寺

德崇山頭定慧幽 婆娑歲月萬年秋
禪林情慣前身到 栢樹心空曠劫悠
富貴門前流水去 帝王都上白雲浮
清君莊蝶眞如事 我亦從今曳尾遊

◉ 덕숭산德崇山 정혜사定慧寺[509]

덕숭산 꼭대기에 정혜사가 그윽한데
사바세계의 세월은 만 년의 가을이로다
선림禪林의 정에 익숙하니 전생의 인연인가
잣나무 화두에 마음이 공해 광겁에 유유함이로다
부귀영화 문 앞의 물처럼 흘러가고

---

509 定慧寺: 근세 불교 선풍禪風의 요람지로 수덕사修德寺 산내 사찰이다. 경허선사와 만공선사가 선법을 선양宣揚하였다. 한암 중원선사 필사본에 는 제목이 없으나 문장의 내용에 따라 '덕숭산 정혜사德崇山定慧寺'로 제호를 붙였다.

제왕의 도성 위에 흰 구름만 떠 있음이로다

그대들이여! 장주[510]와 나비의 진여사를 밝히려는가

나 또한 지금부터 진흙탕에 꼬리 끌며[511] 노닐려 함이로다

94. 海印寺九光樓

避雨隱身藪石幽　蕭蕭寒氣夏亦秋

野老憐僧窮縮縮　書童笑我漫悠悠

伽倻山色雲中濕　羅朴川聲陌上浮

此行已暮衣巾浣　歸宿禪庵翌日遊

◉ 해인사 구광루九光樓[512]

비를 피해 석굴 속에 몸을 숨겼더니

서늘한 기운이 여름인데 또한 가을이로다

---

510 莊周: 전국시대의 훌륭한 학자로 벼슬을 마다한 은군자隱君子이다. 장자莊
子의 본래 이름이다.

511 曳尾途中: 거북이는 죽어서 귀하게 되는 것보다 살아서 꼬리를 진흙
속에서 끌고 다니기를 더 좋아한다는 것. 곧 벼슬아치가 되어 속박을
받기보다 필부匹夫로 편안하게 살기를 원한다는 말이다. 장주(莊周: 莊子)
가 재상 벼슬을 거절할 때 한 말이다.

512 해인사지海印寺誌 178쪽 구광루九光樓편에 칠언절구七言絶句 2수首와 칠언
율시七言律詩 2수首가 경허선사의 게송으로 수록되어 있다.

산골 늙은이 가련한 승려의 모습이 궁색하니
서동들이 나를 보고 웃으며 사라짐이로다
가야산[513] 맑은 빛은 구름 속에 젖어 있고
나박천 물소리는 논두렁에 넘쳐흐름이로다
이 날(行)은 이미 저물고 옷과 수건 더러우니
선방으로 돌아가 쉬고 내일 유희할 것이로다

① 又

已過榮枯等是辛 伽倻山裏討幽眞
鳥歌花笑心無限 月白風淸道未貧
況有維城莊寶界 應將皇極度迷淪
從今一衲重重補 不下雲岑老此身

이미 지난 영고성쇠는 모두 괴로운 것이니
가야산 속에서 그윽하고 깊은 진리를 참구함이로다
새는 노래하고 꽃은 활짝 피니 마음은 무한하고
밝은 달과 시원한 바람에 도는 부족함이 없음이로다
하물며 보계로 장엄한 부처님(維城)[514]이 계시니
마땅히 장차 법왕이 미혹에 빠진 중생을 제도함이로다
지금 납자衲子 한 벌 장삼을 누덕누덕 기워 입고

---

513 伽倻山: 경남 해인사 가야산인데, 충남 예산군에도 가야산이 있다.
514 維城: 황태자, 황족을 가리킨다.

구름 낀 산봉우리 아래서 이 몸 늙어만 갈 뿐이로다

95. 題浮石寺

唱出無生一曲歌 大千沙界湧金波

雖云大道不人遠 其奈浮生如夢何`

安養樓前滄海濶 島飛山上白雲多

拈來物物皆眞面 何必雌黃辨佛魔

◉도비산島飛山 부석사浮石寺[515]

무생無生의 일곡가를 소리 높여 부르니

대천세계가 찬란한 금빛물결에 솟아오름이로다

비록 대도는 사람을 멀리하지 않는다고 하였으나

부평초 인생 꿈과 같은 것을 어찌 말할 것인가

안양루 앞에 펼쳐진 푸른 바다는 광활하고

도비산島飛山 위의 흰 구름은 끝이 없음이로다[516]

세존께서[517] 두두물물이 모두 진면목이라 했는데

---

515 浮石寺: 한암선사 필사본에 충남 서산 도비산島飛山 '부석사浮石寺'인데
수덕사본과 극락암본에는 '坐熙川頭疊寺'로 되어 있다.

516 한암 중원선사 필사본에는 '安養樓前滄海濶 島飛山上白雲多'인데 수덕사
본과 극락암본에 '永日山光淸入座 遙忖林影亂連坡'로 되어 있다.

517 拈華微笑: 세존이 염화拈華함에 가섭이 미소를 지은 것, 곧 무언無言으로

하필이면 자황雌黃으로 부처와 마군을 가릴 것인가

96. 過沃川花日浦

幾經酒肆幾書樓 坐歇平沙謾自悠
山欲石高斬截立 水容魚大廣深流
靑烟亂作江村夕 爽籟來吹野樹秋
落影林泉俗離月 應嗟此釋暮年流

◉옥천沃川 화일포花日浦[518]를 지나면서

술자리는 몇 번이고 서루에는 몇 번인가
넓은 모래밭에 편안히 앉아 유유자적함이로다
산은 돌을 높이려고 깎아지른 듯 서 있고
물은 큰 고기 담으려고 넓고 깊게 흐름이로다
푸른 연기 어지러우니 강촌마을 저녁 짓고
들판 나무에 상쾌한 솔바람이 불어오니 가을이로다
임천에 떨어지는 그림자는 속리산의 달빛인가
이 석씨는 늙어서도 유람하니 탄식할 뿐이로다[519]

마음이 통하여 깨닫는 것을 말한다.
518 花日浦: 충청북도 옥천군 군북면 용호리 마을에 화일포花日浦가 있었으나
현재는 대청댐으로 인하여 수몰지구가 되었다.

97. 與松廣寺月和講伯同行華嚴路中口號

寓矚過聞景轉新 所期清興那嫌塵

石增嵐氣分光怳 村匿林心寫境眞

畝犬或蹲隨菜女 澗鳩時語傍畊人

樵歌一曲斜陽外 醞藉群山淡入雲

◉송광사 월화月和강백과[520] 화엄사 가는 도중에

보고 들을수록 풍광이 더욱 새로워지고

맑은 흥취가 기대되는데 어찌 속진을 싫어할 것인가

바위에 남기嵐氣가 더하여 기이한 광명 분명하고

숲 속의 가려진 아득한 마을 진경을 마음으로 그려봄이로다

밭이랑 강아지는 나물 캐는 아가씨 따라 춤추고

시냇가 비둘기는 밭을 가는 농부 곁에 구구 노래함이로다[521]

나무꾼 노랫가락 노을빛 밖에서 들려오고

우뚝한 산봉우리들 맑은 구름 속에 잠김이로다

---

519 流: 한암 중원선사 필사본에는 '流字'인데 수덕사 발행본에는 '遊字'로
되어 있다.

520 月和講伯: 생몰연대 미상. 송광사 승려로『한국불교전서』718쪽에 소개되
어 있다.

521 澗鳩: 한암 중원선사 필사본에는 '澗鳩'인데, 수덕사본에는 '磵鳩'로 되어
있다.

① 又

幾廻峻嶺又深川 窘步長程愧未前
喬木寒烟春景早 淡雲故鳥夕陽邊
浪遊無端身長老 醉棄何妨世外眠
樽酒又闌高士又 風流祗可任夫天

험한 고개와 또한 깊은 냇물 몇 번이나 건넜던가
궁색한 걸음 긴 여정 앞에 이르러[522] 부끄러움이로다
고목에 찬 안개[523] 서렸으니 봄 경치는 아직 이르고
옅은 구름 끼었으나 옛날[524] 새는 석양가로 날아감이로다
정처 없이 떠돌다가 무단히 몸만 늙었구나
술 취해 출세간의[525] 잠을 방해하여 어찌 버릴 것인가
술동이 마르기 전에[526] 덕德 높은 선비가 또 권하니
풍류는 다만 대저 맑고 높은 하늘에 맡길까 함이로다

② 又

隨足隨纓任濁淸 況乎春夢此浮生

---

522 来: 한암 중원선사 필사본에는 '耒'인데, 수덕사본에는 '未'로 되어 있다.

523 烟: 한암 중원선사 필사본에는 '烟'인데, 극락암본에는 '煙'으로 되어 있다.

524 故: 한암 중원선사 필사본에는 '故'인데, 수덕사본에는 '孤'로 되어 있다.

525 世外: 세속 밖의 별천지나 별세계를 말한다. 속세를 떠돌거나 또는 그곳을 말한다.

526 又: 한암 중원선사 필사본에는 '又'인데, 수덕사본에는 '未'로 되어 있다.

活水溪山多少景 閑雲落照古今情

野霞晴曳孤禽白 春竹森圍萬戶青

吟想無窮還取醉 隔林何處酒旗明

맑은 물로 갓끈 씻고 탁한 물로 발 씻으니

하물며 춘몽과 같은 이것이 부평초 인생이로다

온 골짜기[527] 시냇물소리 크고 작은 경치들이

한가로운 구름에 석양 비치니 고금에 정겨움이로다

들녘의 노을이 걷히면 하얀 새 외로이 날아들고

봄 대숲이 울창하여 에워싸니 집집마다 푸름이로다

한없는 시상을 읊조리다 보니 취하고 싶은데

숲이 막혔으니 어느 곳에 술집이 있을까 찾음이로다

98. 和松廣寺錦溟堂

厭面終慚御李遲 曹溪山月底窓時

索珠象岡元非實 入夢陳生竟是誰

來訪煙霞名勝地 擬看松栢歲寒枝

叢林自有古人在 隆化玄乘斷可期

---

527 溪山: 한암 중원선사 필사본에는 '溪山'인데, 수덕사본과 극락암본에는
'淡山'으로 되어 있다.

◉송광사松廣寺 금명당錦溟堂[528]에게 화답

아는 사이에 소식이 늦어 부끄러운데[529]

조계산 밝은 달이 때마침 창문에 걸렸음이로다

구슬을 찾으려는 망상이 원래 실답지 못하거늘

꿈속에 들어간 진생陳生[530]은 필경 누구인가

찾아온 곳이 연하烟霞 속의 명승지인데

추운 겨울 소나무 잣나무의 가지를 바라봄이로다

총림에는 예로부터[531] 고승이 머물렀으니

현묘한 대승大乘의 교화가 가히 융성함이로다

99. 上修道庵

平步已難上最遲 懍乎强壯不多時

去遺仙海探珠術 辜負名山採藥期

---

528 錦溟堂: 1861~1930. 송광사 강사로 법명은 보정寶鼎이며, 호는 금명錦溟이
다. 17세에 송광사 금연金蓮에게 득도, 법을 전수 받았고 1930년 송광사에
서 세수 70세, 법랍 53세로 입적하였다.

529 獅: 한암 중원선사 필사본에는 '獅御'인데, 수덕사본에는 '愧行'으로 되어
있다.

530 陳生: 꿈과 같고 환幻과 같이 인생이 허무함을 비유한 말이다.

531 古人: 한암 중원선사 필사본에는 '古人'인데, 수덕사본에는 '高人'으로
되어 있다.

邃谷雪騰雲轉石 古藤風吼月明枝
梵堂如畵僧無語 玉磬聲中篆影移

◉수도암修道庵[532]에 오르면서

평지 걷기 이미 어려우니 오르기 더욱 더딤이라
위태롭구나 젊음이 잠깐인 줄 다시 놀랐음이로다
신선의 바다에서 구슬 캐는 기술도 버리고
명산의 약초 캐는 시기마저 놓쳤음이로다
깊은 골짜기 눈은 구름 짙은 바위에 휘날리고
옛 넝쿨에 바람이 울고 명월은 나뭇가지에 걸렸음이로다
법당은 그림 같고 스님은 말이 없으니
경쇠 소리 속에 향연기만 피어오름이로다

100. 記修道庵贈玉果觀音寺修益師

天涯客意政堪傷 高士相尋此講堂
無間雖然心似月 做離其奈鬢添霜
憑目鵬圖千里遠 回頭蟻夢萬邦忙

---

[532] 上修道庵: 한암 중원선사 필사본은 '上修道庵'인데, 수덕사와 극락암 발행본에는 '上靑岩寺修道庵'으로 되어 있다. 장소는 옥과玉果 수도암修道庵인지 청암사 수도암修道庵인지 알 수 없다.

古桐三尺知音絶 折柳聲聲也不妨

◉수도암에서 옥과[533] 관음사 수익修益 스님에게

슬픔을 참고 뜻을 바로잡으려던 천애의 나그네여

뜻이 높은 선비들이 이 강당을 서로 찾았음이로다

비록 그러나 막힘없는 마음은 저 달과 같은데

이별하는 사이 어찌 귀밑머리에 서리만 더함인가

간직한 포부는 봉황처럼 머나먼 천 리를 도모하고

머리 돌리니 개미의 꿈으로 온 세상이 바쁠 뿐이로다

오래된 석 자 거문고가 지음知音[534]을 끊었으니

버들가지 꺾어 만든 피리소리 또한 방해되지 않음이로다

---

533 玉果修道庵: 전라남도 곡성군 오산면 선세리 2번지 성덕산聖德山에 있다. 송광사 말사였으나 현재는 화엄사 말사이다. 성덕聖德이 창건하였다. 옛날 충청도 대흥 땅에 장님 원량元良이 딸 홍장(洪莊: 심청)과 살았는데 용모가 수려하고 효성이 지극하였다. 진나라 혜제惠帝가 새 황후가 될 사람을 물색 중 사신이 동국에 원량元良의 집으로 인도되어 예물을 받았으며, 그 예물을 성공性空 스님에게 시주하여 수도사를 짓도록 하였다고 한다.

534 知音: 거문고 소리를 앎, 곧 자기의 마음을 알아주는 친한 벗을 말한다. 여기에서는 선禪의 안목과 경지를 말한다.

101. 訪武屹寺

蠅尋暑鬱足塵愁　遐想滄溟萬里洲
槐柳醫坪將望野　煙霞武屹轉登樓
草罨虛窓難辨晝　蛛封古塔幾經秋
許多淪落人間事　如得其情涕可流

●무흘사武屹寺[535]를 방문하면서

파리가 무더위를 찾으니 번뇌 근심을 더하여
머나먼 푸른 바다 만 리의 물가를 생각함이로다
홰나무 버드나무의 장평에서 벌판을 바라보고
안개 속 무흘사武屹寺의 누각에 올랐음이로다
풀에 덮인 빈 창은 밤낮을 분간키 어렵고
거미줄에 얽힌 옛 탑은 몇 해나 보냈는가
인간사人間事 몰락함이 허다하니[536]
마치 그 정을 생각하면 가히 눈물만 흐름이로다

102. 與諸益登九重山

松間一榻勝禪關　酤酒何妨去遠村

---

535 武屹寺: 지명 미상. 함경도 갑산군 갑산면 북부리에 있다고 한다.
536 沒落: 19세기 나라의 격동기를 암시하는 말이다.

石影空山同邃古 水聲今日又黃昏
萬波嚙囓還餘骨 百魁侵人竟有魂
吟想無窮況佳節 酣楓姸菊此堪論

◉제익諸益과 함께 구중산九重山에 올라

송림 사이에 앉았으니 선방보다 나은데
술 사러 마을이 멀다고 아니 가고 어찌하랴
빈산의 돌 그림자 먼 옛날과 같으니
흐르는 물소리에 오늘도 또한 저물어 감이로다
온갖 파도가 섬을 덮쳐도 도리어 뼈대는 남았으니
온갖 귀신이 사람을 침범해도 필경 넋은 남음이로다
무궁한 시상을 읊조리는데 시절마저 좋으니
붉은 단풍과 아름다운 국화 여기서 능히 이야기함이로다

103. 和暎湖堂

萬事悠悠此百年 還如逆旅暫留連
篆香深處將忘世 靑鳥飛來忽見仙
酣菊爛楓秋色晚 浮雲流水夕陽邊
曩緣已遽今重別 白髮層蠻共對憐

◉영호당映湖堂[537]에게 화답함

세상만사가 유유한 이것이 백년 인간살이

나그네 잠시 머물다 뒤돌아가는 것과 같음이로다

향 연기 피어오르는 깊은 곳에서 세상을 다 잊고

파랑새 날아오니 홀연히 신선을 보는 듯 함이로다

국화주는 익어가고 단풍잎은 가을색이 깊은데

뜬구름 흐르는 물 석양가 노을이 짙음이로다

지난 인연 이미 떠나고 이제 다시 이별이니

백발이 성성한 산을 함께 대하니 가련함이로다

104. 青巖祖堂夜與萬愚堂話別

蛩吟夜雨碧山樓 暗地鄕愁欲重頭

萬事是雲何者實 百年如水此生浮

團圓難强遲今日 契潤無端閱幾秋

---

537 映湖: 1870~1948. 법명은 정호鼎鎬이며, 호는 영호映湖·석두石頭·한영漢永
이다. 속성은 박씨朴氏며, 전라북도 완주에서 부 박성용朴聖鎔과 모 강씨姜
氏로 1870년 8월 18일 탄생하였다. 19세에 전주 태조암太祖庵 금산錦山에게
출가, 백양사 운문암 환응탄영幻應坦泳과 선암사 경운擎雲에게 수학하였
고, 순창 구암사龜岩寺에서 설유처명雪乳處明에게 법을 받았다. 1898년부
터 구암사·대흥사·법주사·화엄사·범어사에서 강사로 도제를 양성하다
가 정읍 내장사에서 1948년 2월 세수 79세, 법랍 60세로 입적하였다.

白首已飛飄梗又 那堪君去我仍留

◉청암사 조실[538] 만우당萬愚堂과 이별하면서

귀뚜라미 우는 비 내리는 밤 벽산루에 올라

어두운 곳에서 고향 생각하니 머리가 무거워짐이로다

세상만사가 다 뜬구름인데 어떤 것이 실다운가

백년 세월 흐르는 물과 같은 이 부평초 인생이로다

일부러 모이기도 어려운데 오늘도 늦었으니

무단히 모였다가 헤어진 지 몇 해나 되었던가

백발이 빠르게 달아나니[539] 이별 또한 근심인데

그대 가고나면 나 혼자 머물면서 어찌 견딜 것인가

105. 訪修道庵

登登復轉訪仙庭 靜裏眞人悟道靈

半戶江山分耳目 虛欄星漢上衣屛

龕松經劫龍將老 嵐石叅天鬼或靑

---

538 祖堂: 한암 중원선사 필사본에는 '祖堂'인데, 수덕사와 극락암 발행본에는
'祖室'로 되어 있다.

539 己飛: 한암 중원선사 필사본에는 '己飛'인데, 수덕사 발행본에는 '己悲'로
되어 있다

慘極亡僧還佇久 奔雲遏鳥隔林冥

◉수도암修道庵[540] 방문

오르고 다시 올라 신선의 뜰에 찾아드니

고요한 속에 진인이 신령스러운 도를 깨달음이로다

반 칸 집에 강산江山이 귀와 눈을 갈라놓고

빈 난간에 내린 별들이 옷자락에 펼쳐짐이로다

닫집이 오래되어 청룡과 신장이 퇴색하였고

남기의 바위는 하늘로 솟으니 귀신처럼 푸름이로다

슬프구나 망승亡僧이 돌아와 우두커니 서 있으니

달리는 구름과 새가[541] 어두운 숲으로 사라짐이로다

106. 長津路上

十逢人屋九逢虛 亂嶂啼禽古澗魚

塵笠如盤行赤脚 繩裙似網運長鋤

連竈飯牛柴或糞 編材成壁柵爲廬

窘艱生計言難盡 玉燭那能照此居

---

540 修道庵: 청암사 수도암修道庵인지 옥과玉果 수도암修道庵인지 알 수 없다.

541 遏鳥: 한암 중원선사 필사본에는 '遏鳥'인데 극락암 발행본에는 '過鳥'로
되어 있다.

◉장진長津[542]의 노상路上에서

열 집을 만났으나 아홉 집은 비었으니

산은 새소리 어지럽고 냇가 물고기만 있음이로다

때 묻은 삿갓은 마치 소반 같고 맨발로 다니며

그물같이 해진 옷에 밭을 매는 호미질 오래함이로다

아궁이 옆 여물통에는 섶나무 아니면 쇠똥이고

나무 엮어 벽 만들고 갈대로 지붕 덮었음이로다

궁색한 살림살이 말로는 다할 수 없으니

태평성대[543]가 어찌 능히 이곳을 비출 것인가

107. 過長津江(欲見三胎子)

六月風聲惟動金 長津江上冷衣襟

三胎眞個希時看 一杖不妨遠地尋

滿原有草皆黃色 盡日無人聽德音

四顧沉吟仍覓句 誰能知我此中心

◉장진강長津江을 지나면서(세쌍둥이를 보고)

---

542 長津江: 함경도 장진군과 삼수군을 거쳐 북쪽으로 흐르는 강이다.

543 玉燭: 사철의 기후가 고르고 화창하여 일월日月이 환히 비치는 일을
    말한다.

유월의 바람소리 가을인 듯 서늘한데

장진강 위에 오르니 옷깃이 차가움이로다

세쌍둥이 참으로 보기[544] 드문 일이니

주장자 하나로 거침없이 먼 길을 찾아감이로다

초원의 모든 풀이 황금빛으로[545] 가득한데

온종일 무인無人의 덕담(德音)만 들었음이로다

사방을 돌아보고 이에 한 구절을 찾으니

누가 능히 나의 마음속을 헤아릴 수 있겠는가

108. 呈似江界郡金主事儀仲

四朔夷山秋又聲 無題童蒙鬢絲生

故人信札千金重 關塞行裝一髮輕

明月穿林來客榻 白雲和水映書幪

紅楓搖落黃花老 幾望江州憶舊情

◉강계 김주사金主事 의중儀仲[546]에게 주면서[547]

---

544 看: 한암 중원선사 필사본에는 '看'인데, 수덕사와 극락암 발행본에는
   '見'으로 되어 있다.

545 黃: 한암 중원선사 필사본에는 '黃'인데, 수덕사와 극락암 발행본에는
   '荒'으로 되어 있다.

546 金儀仲: 생몰연대 미상. 평안북도 강계군의 김 주사金主事로 알려진 선비.

이산夷山에서 넉 달이 되니 또 가을소리 들려오고
제목 없는 글을 동자에게 가르치다 흰 터럭만 자랐음이로다
옛사람들의 소식 담은 서찰은 천금보다 소중하고
관서의 나그네 행장行裝은 머리털보다 가벼움이로다
명월은 숲을 헤치고 나그네의 앉은 자리를 비추고
백운白雲은 물과 어울려 서병書帿을 비춤이로다
붉은 단풍잎 나부끼고 황국은 시들었으니
강주 땅을 바라보며 옛정을 그렸던 것이 몇 번이었던가

109. 書懷

衣冠堪笑得儒名　新洞書堂歲又成
洛水靑雲千里夢　夷山黃葉半年聲
洪淺嚙石還餘髓　大冶鍊金詎損精
世事蒼涼鬚髮白　不禁盃悒感平生

◉감회의 글(書懷)[548]
의관이 감소堪笑하니 유생의 이름을 얻고

---

547 한암 중원선사 필사본에는 '呈似江界郡金主事儀仲'인데, 수덕사와 극락암
　　발행본에는 '寄金水長'으로 되어 있다.
548 書懷: 감회의 글은 수덕사 발행본에서는 빠져 있다.

새로운 마을에 서당을 열고 아침이 또 밝음이로다

낙수落水의 푸른 구름은 천 리 밖의 꿈이요

이산夷山의 황엽黃葉이 반년이 지난 소식이로다

큰 강물은 얕으나 돌을 치고 남은 생애 따르니

큰 장인이 금을 연마함에 어찌 정미하지 않겠는가

세상살이 창량蒼涼하여 백발만 성성하고

한잔 술로 근심을 달래니 평생의 감회 금할 수 없음이로다

① 又

邊城留滯誤經營 鄕思千般詎盡名

病衰難却苔岑契 文術誰求草芥輕

半天雲盡層峰色 邃壑風生落木聲

自是不敀敀便得 好看松菊滿園淸

변방에 머무는 것은 경영을 잘못한 것이요

천 가지 고향생각 어찌 다 이름을 거론할까

병들어 쇠약하니 이끼 낀 산봉우리 수행하기 어렵고

문사文事를 누가 초개[549]처럼 쉽게 구하는가

하늘에 구름 걷히니 산봉우리 층층이 드러내고

깊은 골짜기 바람 부니 낙엽 지는 소리 쓸쓸함이로다

돌아가지 못하는 것으로부터 문득 돌아가니

---

549 草芥: 지푸라기로 아무 소용이 없는 것을 말한다.

소나무 국화 만개한 푸른 뜰에 향기 가득함이로다

② 又

枯木死灰峽屋冥 譬之癈刹佛無靈
病如惡草除還在 愁若輕塵拂復停
風消忽落靑天葉 爲晴時圓白月星
情契自踈杖錢乏 那能酤酒慰衰齡

고목은 죽어 재가 되고 골짜기 집은 어두우니
비유컨대 절이 허물어지면 부처의 신령이 없어짐이로다
악초로 치료하려다 다시 자리 잡은 병과 같고
가벼운 티끌 털어내려다 다시 쌓이는 것과 같음이로다
바람이 그치자 문득 푸른 하늘에서 낙엽이 떨어지고
하늘이 맑게 개니 별은 반짝이고 달은 밝음이로다
정에 얽매인 궁핍함으로 지팡이가 스스로 성글고
어찌 능히 한잔 술로 몸이 쇠퇴함을 위로할 것인가

③ 又

酒婆商老與之班 韜晦元來好圓圈
未暮火行山豹下 深秋風搏塞鴻還
不貪金玉人間寶 亦忘煙霞物外閑
超脫無疑心自得 只緣曩日窺玄關

주모와 장사꾼 노인과 함께 섞여 지내니
자취를 감추는 데는 원래 원만함이 좋음이로다
저물기 전 불을 밝혀 산에 가니 표범이 내려오고
깊은 가을 찬바람에 기러기 떼 북에서 날아옴이로다
금옥을 탐내지 않는 것은 인간의 보배요
또한 운무 속에서 세상 밖의 한가로움 잊음이로다
초탈한 무의無疑의 마음 스스로 얻었거늘
다만 지난날 조사현관[550]을 궁구할 인연이로다

④ 又

鷗席萍蹤付一時 於何歷歷話心期
馬失安知非福語 鶴歸何不學仙詩
山氣鐵寒風滿壑 雪花綿白月千枝
魯連蹈海無難事 父母之鄉步步遲

갈매기나 부평초나 한때는 뜨내기 신세이니
마음의 기약 없이 떠도는 신세 어찌 말할 것인가
말 잃은 것이 어찌 복이란 말을 알지 못하고
학이 돌아오니 어찌 신선의 시 배우지 않겠는가
산기운 매섭게 차고 바람은 골짜기에 가득한데
눈꽃은 솜처럼 희고 달은 가지마다 걸렸음이로다

---

550 玄關: 현묘玄妙한 도道로 들어가는 문을 말한다.

노중련[551]처럼 바다를 밟는 것은 어렵지 않으나
부모님 계신 고향 길로 가는 걸음 더디기만 함이로다

110. 冬至日金學長允鍾號蓮隱寄之以詩故和之
日天涯百感深 故人詩好朗然吟
是非了斷吾行計 緣約重尋子有心
点易窓前梅菊譜 煎丹爐邊鶴鷰琴
也暫蕩曠支離客 整書帙裏麯米斟

⦿동짓날 연은蓮隱 김윤종金允鍾[552] 학장에게
먼 곳에서 동지를 맞으니 온갖 감회가 깊어
옛사람들의 아름다운 시를 낭랑하게 읊음이로다
시비를 끊고 깨달아야 할 나의 수행이니
인연의 약속 진중함은 그대의 마음에 있음이로다
창문 앞의 매화와 국화 꽃잎이 활짝 피었으니
붉게 달궈진 화롯가 학은 거문고를 연주함이로다

---

551 魯仲蓮: 전국시대 제齊나라 사람으로 일명 노련魯連이라고도 한다. 뛰어난
안목과 언변으로 풀기 어려운 문제를 해결하고도 개인의 입신양명을
위하기보다 사심 없이 천하를 주유하면서 어려운 사람을 도우면서 여생을
보냈다고 한다.

552 蓮隱: 주註 477 참고.

또한 잠시 이별하는 객에게 줄 것을 챙기니
책을 정리하고 익은 술을 따라 옮겨 담음이로다

111. 共蓮隱吟清夜之吟

良夜團囷興不微 四山如畵鐘中圍
但聞亂木和聲落 未見纖雲曳影歸
丹柱香飄靈隱月 冷落仙到赤城衣
不辭通曉從君話 只恐寒光逼○輝

◉연은蓮隱과 함께 청야清夜를 읊음

깊은 밤 곤함이 몰려와도 흥은 작지 않으니
종소리에 에워싸인 사방의 산은 그림 같음이로다
다만 나뭇잎이 어지럽게 떨어지는 소리 들리니
실구름 그림자 끌며 오는 것을 보지 못했음이로다
단청한 기둥에 영은靈隱의 달은 향내 나부끼고
적성의赤城衣 입고 적막한 신선에 이르렀음이로다
그대 말을 따라 깨달았다[553] 말할 수 없으니
다만 찬 빛에 막혀 빛나지 못할까 두려워함이로다

---

553 通曉: 깨달아서 환히 아는 것을 말한다.

112. 與蓮隱吟

蓮隱之天稟得陽 五洋雖盪一心彊
每携謝氏遊山履 時着蘇仙送客裳
深藪烟霞袖谷口 半汀鷗鷺濯滄浪
對君高蹈意醒我 垂老荒唐驀地忘

◉연은蓮隱과 함께 읊음

연은蓮隱은 기품과 천성[554]을 밝게 얻었으니

오대양이 요동친다 해도 강한 마음은 한결같음이로다

사씨謝氏는 늘 신발을 들고 산에서 노닐었고

소동파는 나그네를 보냄에 치마를 입었다 함이로다

운무는 깊은 숲 골짜기 어귀에 짙게 깔리고

물가의 갈매기와 백구 푸른 물빛[555]에 목욕함이로다

높은 뜻을 따르는 그대를 마주하니 내가 깨닫고

늙으니 언행이 황당하고[556] 맥없이[557] 잊음이로다

---

554 天稟: 타고난 기품氣稟. 천성天性.

555 滄浪: ① 푸른 물빛, ② 한수漢水의 하류 이름, ③ 창랑주(滄浪州: 동해
　　　중에 있어 신선이 산다는 곳)를 말한다.

556 荒唐: 언행이 거칠고 주책없음을 말한다.

557 驀地: 한눈팔지 않고 곧장이란 뜻이다.

113. 昌平居梁揓商過請韵故露拙

一穗靑燈與子同 爲憐桑海曩緣空

浮雲嶺外來遊客 落木聲中伴學童

山寒凍雪齊腰白 世亂腥塵滿目紅

千里行裝珍重去 愧吾關塞未歸翁

◉창평에 사는 양유상梁揓商이 운韻을 청하여

한 줄기 푸른 등불 자네와 함께하니

덧없는 지난 인연 공함이 가련함이로다

뜬구름 산마루 너머로 나그네와 함께 놀고

앙상한 나뭇가지 바람소리 학동과 짝했음이로다

추운 산에 얼어붙은 눈은 산허리까지 쌓이고

어지러운 세상 비린내 나는 붉은 눈 가득함이로다

천리 길 나그네의 행장은 조심스럽게 떠나는데

길이 막혀 못 가는 늙은 내(鏡虛)가 부끄러움이로다

114. 和送江界金儀仲

葛遷高木燕移簷 臘雪居然換伏炎

七男繼五家聲大 千里高車位望添

詞章春嶂花連馥 襟袍秋天月滿纖

嗟我窮山蹤跡困 浪遊何處去昏潛

●강계江界 김의중金儀仲에게 화답하여 보냄

칡은 고목을 휘감아 오르고 제비는 처마로 날아드니

섣달에는 눈 속에 머물지만 그러나 곧 삼복더위이로다[558]

칠남七男이 오가五家를 성대하게 계승하니

높은 수레를 타고 천 리에 지위와 명망이 더함이로다

사장詞章은 봄 동산에 꽃향기 퍼지듯 하고

마음속에는 가을 하늘 달빛이 스며들어 가득함이로다

아아 슬픔이로다! 나의 궁함으로 산의 자취도 곤궁하니

이리저리 노닐다 어느 곳에 가서 혼잠 할 것이로다

115. 和室平居孫錫範留江界時

江西詞伯復於今 珠玉文章擊節吟

風塵荏苒家鄉遠 歲月飄零老病尋

願同李白荊難識 慕若長卿藺在心

雪夜乘舟君語在 預將燋尾待知音

●강계의 손석범孫錫範 집에 머물면서 화답함

---

558 伏炎: 삼복더위를 말한다.

강서의 사백詞伯[559] 지금에 다시 왔으니

주옥같은 문장으로 시절을 마주하여 읊음이로다

풍진세상 더디 흐르니[560] 고향은 멀어지고

세월에 표류하다가[561] 노병은 깊이 침범함이로다

이태백과 같이 하길 원하나 알기는 어렵고

장경란長卿蘭과 같은 사모함만 마음에 있음이로다

눈 내리는 밤배에 오르니 그대의 시詩가 있어

청하건대 거문고[562]의 지음知音을 기다림이로다

116. 江界終南面和李敎師汝盛

風塵幸得此身支 放曠逍遙晚老時

千村日暖燕飛亂 太古山寒鶯語遲

江草自來遊客夢 村醪何妨故人期

多少榮枯今始悟 白雲深處訪君之

◉강계[563] 종남산 이여성李汝盛 교사와 화답[564]

---

559 詞伯: 걸출한 사객詞客, 시의 대가란 뜻이다.

560 荏苒: 세월이 천연하는 모양, 사물이 점진적으로 나아가는 모양을 말한다.

561 飄零: 나뭇잎이 바람에 날려 떨어지는 모양, 불행한 신세가 기박하여 이곳저곳 떠돌아다니는 것을 말한다.

562 焦眉琴: 거문고의 다른 이름이다.

풍진 같은 세상에 다행히 이 몸을 지탱하여
거침없이 노닐다보니 어느덧 늙었음이로다
마을마다 화창하니 제비들은 산란하게 날고
태고산 서늘해서 꾀꼬리 소리 늦어짐이로다
강변의 풀 나그네의 꿈에서 스스로 자라나니
강촌의 익은 옛 친구 기다리는데 어찌 방해될까
허다한 영고성쇠를 이제야 비로소 깨닫고
흰 구름 깊은 곳에 그대를 찾아 왔음이로다

117. 同李教師咏細雨

蒸成炭素漏天堂 細細纖纖萬樓長
沉濫凹泉添碧眼 綿蠻高柳湿黃裳
晴帶輕烟同體格 忽連宿霧作家鄉
如今世路多陰翳 煌赫何年似太陽

◉이교사李教師와 함께 가랑비를 읊음
　더위에 탄소의 비가 하늘에서 내려
　웅장한 누각에 가는 비가 젖게 함이로다

---

563 江界: 평안북도에 강계군江界郡이 있다.
564 李教師: 강계 종남산 이교사李教師는 이여성李汝盛이다.

오목한 샘물이 넘치니 벽안이 더하는 듯 하고
실버들나뭇가지 높으니 황상을 젖게 함이로다
맑게 갠 하늘 구름 가볍게 흘러가니
홀연히 고향 생각에 잠 못 이루게 함이로다
지금 세상 구름 끼고 바람 불어 고달픔이 많으니
어느 해에나 붉게 빛나는 태양과 같을 것인가

118. 與李敎師夜吟
　　蒼黃世事實難支　一醉一醒付一時
　　汀洲春夢相思久　藝榻終南此會遲
　　乱山寂寂青燈活　逝水悠悠白髮期
　　安得天門堪排擝　河東賦上一言之

◉이교사李敎師와 더불어 밤에 읊음
　　창황한[565] 세상살이 실로 따르기 어려우니
　　한 번 취하고 한 번 깸에 그대로 맡김이로다
　　정주 땅 춘몽은 서로 생각한 지 오래였는데
　　종남산終南山 서재에서 늦게나마 만났음이로다

---

565 한암 중원선사 필사본에는 '蒼黃'인데, 수덕사 발행본에는 '蒼皇'으로
　　되어 있다.

깊은 산 적막한데 푸른 등불만 활기차고
물이 유유히 흘러가듯 흰 머리만 기약함이로다
천문天門을 열고 들어감을 어찌 얻을 것인가
하동부[566]에 한마디 진언을 올리지 못함이로다

119. 新興場使書童咏蝶自亦吟之
　　愛爾翩翻向斗庵　染園夢化也相諳
　　古洞奇花紅勝錦　汎壁芳草碧如藍
　　形格天然成美好　生涯隨處採香甘
　　譬夫粧艶住人裏　跌宕男兒舞戲酣

◉신흥장新興場에서 서동書童과 함께 나비를 읊음
　　너는 두암을 향하여 나는[567] 것을 좋아하니
　　동산을 물들인 꿈이 되어 또한 서로 기억함이로다
　　옛 마을에 기이한 붉은 꽃은 비단보다 아름답고
　　푸른 물결 아름다운 풀은 푸르기가 쪽빛과 같음이로다
　　모습이 천연의 아름다움을 이루었고
　　생애는 감로의 향이 휘날리는 곳을 따름이로다

---

566 河東賦: 중국 전국시대에 위魏나라 황하黄河 동쪽의 땅이다.
567 翩翻: 새가 나는 모양을 말한다.

비유하건대 분단장 짙게 한 아름다운 여인 속에서

대장부가 방탕하게 춤추며 즐기고 있음이로다

120. 除夕

千緒暗懷詎以言 山深雪冷一書軒

去歲淸明江界邑 今年除夕甲山村

俄忽鄕關先入夢 不期旅抳暫忘痕

窓燈耿耿喧嘩絶 佇聽隣鷄幾倚門

◉설달 그믐밤(除夕)

천 갈래 남모를 그리움 어찌 말로 다할 것인가

깊은 산 차가운 눈 속에 글방 하나 쓸쓸함이로다

지난해 청명淸明은 강계 읍에서 보냈는데

금년 설달 그믐밤은 갑산 마을에서 맞음이로다

잠시 잊었던 고향생각 꿈속에서 먼저 보았는데

기약도 없는 나그넷길 슬픔 잠시나마 잊음이로다

창 밝힌 등불이 깜박이고 주위는 고요한데

인적마저 드물고 닭 우는 소리에 문에 의지함이로다[568]

---

568 倚門: 의문이망倚門而望의 약칭이다. 즉 부모가 자녀가 돌아오기를 몹시
   기다리는 마음을 뜻한다.

121. 元旦

天載無聲敢訴言 五雲何處打龍軒
自憐元日他鄉客 也幸夷山好禮村
首祚布陽宜養素 屠蘇治疫罄無痕
牧童不識邦家恨 簫鼓杵謠響裡門

◉설날(元旦)

소리 없는 하늘에 감히 호소하노니
오색구름은 어느 곳에서 용헌龍軒[569]을 침인가
설날 타향살이 나그네여 가련한 내 신세구나
또한 다행히 이산은 예절을 좋아하는 마을이로다
해는 밝은 복이 펴져 마땅히 즐겁게 지내고
질병을 도소주로 치료하니 흔적마저 없음이로다
목동들은 이 나라의 한恨을 알지 못하고
피리 불고 북 치고 노랫소리 온 마을에 울림이로다

122. 在空林寺(公林寺)

行到公林萬疊山 上方祇是別人間

---

569 龍軒: 임금이 계시는 마루이다.

玉峰層立青嵐下 古殿香深白日閑
短筇高掛吾將老 大事雖成孰與還
堪惜澗流流界外 愀然來坐石苔班

◉공림사空林寺[570]

만행을 일삼아 첩첩산중 공림사에 도착하니
산사山寺의 절경은 인간세상과 다른 곳이로다
옥봉玉峰은 층층인데 푸른 산 기운이 내리고
옛 법당 향기 그윽하니 한낮이 한가로움이로다
주장자 높이 걸었으니 내가 벌써 늙었구나
일대사를 비록 이루었으나 누구와 함께 돌아갈까
슬프도다! 시냇물은 유유히 흘러만 가니
돌이끼 긴 반석 위에 초연愀然히[571] 앉았음이로다

123. 辛亥至月上浣在都下里書塾寄江界

無心無事傍書欄 半世榮枯抱鏡看

---

570 空林寺: 충북 괴산군 청천면 사담리 낙영산落影山에 있다. 한암 선사
　　필사본에는 '空林寺'인데 임진왜란 때는 '公林寺'로 사용하기도 했다.
571 愀然: 근심하여 얼굴빛이 변하는 모양, 근심스럽고 슬픈 모양, 용모를
　　바르게 고치는 모양을 말한다.

三月未花春尚早 千岩藏雪夏猶寒
境不厭深知我老 書何頓絶念君安
丈夫自好無羈絆 乘興相尋也不難

◉신해년(1911) 동짓달 상순 강계 도하리 서당에서
　무심히 일 없이 글방 난간에 앉아 생각하니
　반평생의 영고성쇠 거울 안고 보듯 함이로다
　삼월인데 꽃이 피지 않으니 봄은 아직 이르고
　바위마다 눈 쌓이면 여름에도 오히려 차가움이로다
　경계를 싫어하지 않으니 내가 늙었음을 알겠고
　서찰이 갑자기 끊겼으니 그대의 안부가 염려됨이로다
　대장부란 스스로 얽매이지 않기를 좋아하니
　흥에 겨워 서로 찾음이 또한 어렵지 않을 것이로다

① 又
　遙想眄柯亭上欄 欄邊景致勝前看
　雨着薔薇紅頰濕 風生楊柳翠腰寒
　醉後有詩還誦咏 閒來無事不平安
　寄書莫說江城樂 蕩子心腸任峽難
　옛 추억을 알고 정자에 올라 난간에 기대어
　난간 주위 경치 수승하여 앞을 바라봄이로다

비에 젖은 붉은 장미 타는 듯 수줍고

바람에 흔들리는 푸른 버들가지 차갑게 감쌈이로다

술 취하니 시詩가 있고 다시 한 수 읊조리니

한가하여 일 없음이 공연히 편안하지 않음이로다

강성江城의 즐거움 글로써 말하지 말라

호탕한 그대들이여! 마음속 감당하기 어려움이로다

124. 入甲山路踰牙得浦嶺遇守備隊行軍

　世間何貴積南金 好是淸閑物外襟

　細看松栢深千谷 漸上烟霞亘萬尋

　奇花不變靑春色 恠鳥常傳太古音

　垂白長爲塵白客 那能接此靜身心

◉갑산甲山 아득포고개에서 수비대행군을 만남

　세간[572]은 어찌 남금南金[573]을 귀하다고 쌓아놓는가

　좋은 것은 맑고 한가로우니 물질 밖의 마음만 못함이로다

　소나무 잣나무 천 길 깊은 골짜기 자세히 바라보니

---

572 世間: 한암 중원선사 필사본에는 '世間'인데, 수덕사와 극락암 발행본에는
　'人間'으로 되어 있다.

573 南金: 중국 남쪽의 양주楊洲 등에서 산출産出되는 황금이다.

안개구름이 점점 피어올라 만 길이나 뻗혔음이로다

기이한 꽃들 청춘靑春의 빛깔은 변함이 없고

괴이한 새들이 태고太古의 소리 항상 전함이로다

흰머리 휘날리는 속세의 절구[574] 같은 나그네여

어찌 능히 여기에 머물면서 몸과 마음을 고요하게 할 것인가

125. 載藥山表忠祠(四溟大師 表忠書院 表忠祠)

表忠祠前敬夕菲 載藥山上白雲微

瘦影空庭孤寫睡 細香深院百花飛

財器如君今見脫 病衰於我囊時非

半千里外支離客 白笑經年未得歸

◉재약산載藥山 표충사表忠祠[575]

표충사당에 경배하니 석양이 깊었구나

재약산 위의 흰 구름은 미묘함이로다

수척한 영정이여! 빈 뜰에 홀로 잠을 쫓고

---

574 白: 절구(638~713)는 중국 승려 노행자盧行者이신 육조六祖 혜능惠能선사를
뜻한다.

575 載藥山表忠祠: 수덕사 발행본 390쪽에는 '自笑'로 되어 있으나 '재약산載藥
山 표충사表忠祠'로 제목을 붙였다. 주註 504 참고.

깊은 사원에 미세한 향기 백화처럼 휘날림이로다

그대(四溟)와 같이 재물과 명예를 벗어버리려 하나

병들고 쇠약한 나는 낭중지추[576]의 때가 아님이로다

오백 리 밖에서 그대를 보고 헤어져야 할 나그네여!

오랜 세월을 지나도 돌아갈 곳이 없어 혼자 웃음이로다

126. 遊午南寺

寰海榮枯散若風 午南寺路醉西東

三月蹉跎醒醉裏 諸天髣髴畵圖中

幾處曇雲經劫白 長年花雨上樓紅

那將幻海迷茫客 盡入玄門悟色空

◉오남사午南寺[577]에서 노닐면서

천하의 영고성쇠[578]는 흩어지는 바람과 같으니

오남사午南寺 가는 길 여기저기에서 취함이로다

삼월도 취했다 깼다 하는 속에 보냈으니

---

576 囊中之錐: 주머니 속의 송곳이 뾰족하여 숨겨도 밖으로 뚫고 나오듯이
뛰어난 사람은 그 재능이 저절로 드러난다는 말이다.

577 午南寺: 평안북도 강계군 공북면 공인동 천마산 아래에 있다.

578 榮枯盛衰: 성하고 쇠함이 서로 뒤바뀌는 것을 말한다.

온 천지⁵⁷⁹가 그림 속에 있는 것 같음이로다
여기저기 구름 낀 곳 영겁토록 밝게 하고
오랜 세월 내린 꽃비에 누각 위는 붉음이로다
어찌 장차 덧없는 바다를 헤매는 나그네가
불문에 모두 들어와 색이 공함을 깨달을 것인가

127. 與諸益上子北寺

　雨花實實釋門深　樵客仙踪分外斟
　杖掛嵓松餘解虎　衣垂蓮幌見捿禽
　淨界天然心月照　路歧胡以鬢霜侵
　沉淪苦海君如我　何日靈山悟法音

◉여러 벗과 자북사子北寺⁵⁸⁰에 올라
　견고한⁵⁸¹ 사찰 문 깊숙이 꽃은 비 오듯 떨어지고
　나무꾼 객이 신선의 자취 과분⁵⁸²을 헤아림이로다
　소나무 바위에 걸어둔 지팡이로 범을 능히 물리치고

---

579 髣髴: 매우 비슷한 모양, 흐리고 희미하게 보이는 모양을 말한다.
580 子北寺: 함경북도 강계군 강계면 고당리 천마산 아래에 있다.
581 實實: ① 견고한 모양, ② 친절한 모양, ③ 확실한 모양을 말한다.
582 分外: 분수分數의 밖. 과분過分을 말한다.

연꽃장막에 옷을 걸어두니 새들이 깃드는 봄이로다
청정한 세계에 천진한 마음달이 비추는데
인생의 갈림길에 어찌하여 백발이 침노하는가
그대와 내가 고통의 바다에 빠져 있으니
어느 날이나 영산회상에서 법음을 깨달을 것인가

① 又

衰老於山轉苦登 只緣仙客玉欄憑
留詩遼塞君疑鶴 尋社香山我亦僧
下界塵生誰悟夢 千江印月可傳燈
而今鰈域如炎夏 有願慈雲處處凝

노쇠한 몸으로 산에 힘들게 오르는 것은
다만 옥난간에 노는 객이 신선과 인연을 맺고자 함이로다
변방에서 머물러 시를 읊는 그대는 학인가 의심케 하고
묘향산을 찾아 결사함은 내가 또한 승려이기 때문이로다
사바세계 미혹한 중생들이여 누가 꿈을 깨게 하였는가
천강에 달이 비치니 가히 부처님 등불 전해짐이로다
지금 이 나라가[583] 불(炎)과 같은 여름이니
오직 원하건대 자비의 구름 곳곳마다 펼쳐짐이로다

---

583 鰈域: 한국의 별칭인데 동해에서 가자미를 산출하고 또 지형이 가자미와
같다고 붙인 이름이라 한다.

128. 與海岩夜坐

盆蘭砌葍伴書樓 半袂淸凉聽水幽

老驗人心危棧閣 學知聖化速乘郵

江山不盡文章感 天地難停歲月流

賴有先生多厚意 欲忘桑海客魂悠

◉해암海岩과 밤에 앉아서

화분 속의 난과 섬돌 아래 접시꽃 서루書樓와 짝하고

반소매에 시원하고 맑은 물소리 그윽하게 들림이로다

늙은이의 세상인심 증험해 보니 잔각[584]같이 위태롭고

성현의 법 배워 알지만 세월의 빠름은 우체부 같음이로다

강산의 감회 문장으로 어찌 다 말할 수 없으니

천지도 세월의 흐름을 멈추기 어려움이로다

선생에게 믿고 의지하며 많은 후의를 입었으니

상전벽해를 잊고자 하는 나그네의 혼이 유유함이로다

129. 與海岩坐草堂得仙字

茅屋淸凉細篆煙 腰魚肩鹿坐忘筵

---

584 棧客閣: 잔도棧道와 같은 말이다. 산골짜기에 높이 건너질러 놓은 다리를 말한다.

書釰如夢青雲際 醒醉何心白髮前
木末斜陽蒼疊峀 沙邊芳草迴廻川
窅然趺宕天涯客 數日林庄伴地仙

◉해암海岩과 초당草堂에서 선자仙字를 얻고

맑고 시원한 초가집 연기 가늘게 피어오르고
허리에 고기 차고 어깨에 사슴 멘 채 앉는 것도 잊음이로다
문무를 겸비하여 청운의 뜻을 펴고자 함은 꿈과 같은데
깨거나 취하거나 백발 앞의 마음은 어찌할 수 없음이로다
석양은 나뭇가지 끝에 기울고 청산은 첩첩이 푸른데
향기로운 풀 우거진 모랫가 시냇물을 굽이쳐 흐름이로다
걸림 없이 방랑하는 천애天涯의 나그네여!
며칠 동안 숲 속 한가한 곳에서 신선과 짝함이로다

① 又

能於詩畵行尤佳 竟見關西獨步家
流水門庭淸似鏡 浮雲世路薄如紗
盤宜藥菜何求肉 手掬寒泉不用茶
馴鶴盟猿餘外事 農談隣里緩當車

시화詩畵에 능한데 행은 더욱 아름다우니
필경엔 관서 땅의 독보적인 대가大家이로다

대문 앞에 흐르는 물은 맑기가 거울과 같고

뜬구름 같은 세상사 고운 비단처럼 가벼이 여김이로다

소반엔 향기로운 약채인데 어찌 고기를 구하는가

시원한 샘물 움켜 마시니 차 달일 물 필요가 없음이로다

학과 원숭이를 길들이는 일 외에는

이웃 마을 농사 이야기 주고받음이 마땅함이로다

② 又

色色景光管領難 壑巒磐沼並風湍

花明騷客來時壑 禽樂遊人去後巒

滌塵尋柳成絲沼 運屐緣蘿漏絡磐

碎玉風湍頻入耳 閑中趣味有多般

갖가지 풍광 어찌 다 표현하기 어려운데

깊은 골 산봉우리 늪과 바위 바람과 어울림이로다

고운 꽃이 활짝 피니 계곡에 묵객들이 요란하고

새는 묵객이 떠난 뒤 산봉우리에서 즐겁게 노래함이로다

실버들 늘어진 연못을 찾아 세상의 때를 씻고

발걸음 옮기니 칡넝쿨 휘감아 무늬로 수놓음이로다

옥을 부수는 듯한 바람소리 잇달아 귓전에 들려오고

한가로운 가운데 여러 가지 취미가 많이 있음이로다

130. 次時習齋板上韻

時習名奇一塾開 數飛如鳥戒將來.
妙香山月淸凉戶 鴨綠江雲斷續臺
書釰半生君抱玉 風塵萬國客停盃
聖賢事業遺方冊 嗟爾冠童可勉哉

◉시습재時習齋[585]의 현판에 차운하면서
시습이란 기이한 이름으로 학당을 열었으니
자주 날기를 좋아하는 새들은 장래를 경계함이로다
묘향산의 밝은 달은 집집마다 청량하게 비추고
압록강 구름은 돈대에 끊어졌다 이어졌다 함이로다
문무文武는 반평생 동안 그대가 품어온 보배인데
만국의 풍진이 나그네의 술잔 앞에 머무름이로다
옛 성현의 업적이 책 속에 남겨져 있으니
오호라! 어른과 아이는 가히 학업에 힘쓸 것이로다

---

585 時習齋: 김시습(金時習, 1435~1493)으로 본다. 생육사의 한 사람이다. 속명은 김시습金時習, 호는 동봉東峰·매월당每月堂이다. 1455년 세상을 비관하여 출가, 설잠雪岑이라 했으나 1481년에 환속하였다가 아내가 죽자 다시 출가, 두타행을 하였다. 1493년 무량사無量寺에서 나이 59세로 입적하였다. 유언에 따라 절 옆에 매장하였다고 한다.

131. 中庚日時習齋小酌

三庚小酌好晴欄 俗吏何論逸士團
偶得神交清似水 欲言心臭郁如蘭
瓷樽箋軸宜精舍 藥菜珍鷄上別盤
耕鑿倘能分一半 從君於此保平安

◉증복날 시습재時習齋에서 한잔하면서
삼복더위 한잔 하니 쾌청한 난간이 좋구나
세속의 관리가 어찌 선비의 모임을 논할 것인가
우연히 신교神交[586]를 얻으니 맑은 물과 같고
굳이 말하고자 하면 마음의 향기 난초와 같음이로다
술 단지에 시축을 넣는 것이 정사에 어울리고
진귀한 약채와 닭고기가 소반 위의 별미이로다
밭 갈고 도를 닦음이 아마도 그 하나는 능할 것이니
그대를 따라 여기에서 평안함을 보존할까 함이로다

132. 一海精舍小酌(一海金泊彦號也)

處世嶷然不讓峰 落花流水任形容

---

586 神交: 서로 의기가 상통하여 예의에 구애하지 않고 깊이 사귀는 일이다.

孤襟誰識埋塵寶 四座不妨侮雪松
市樽方至花香馥 書檻才憑雨滴濃
一海應知心許士 遊人相對意重重

◉일해정사—海精舍에서 한잔하면서[587]

의연한 처세는 산봉우리에 사양하지 않고
낙화가 흐르는 물을 따르는 유연함도 있음이로다
고요한 마음 티끌 속에 묻힌 보배를 누가 알겠는가
사계절 푸른 소나무 눈의 희롱이 방해되지 않음이로다
새로 사온 술 단지엔 꽃향기 바야흐로 이르고
서재에는 비에 흠뻑 젖은 듯한 재주를 증거함이로다
일해는 응당히 마음을 허락할 줄 아는 선비라
방랑객을 상대함에도 뜻을 거듭 소중히 함이로다

133. 寄金泊彦

天以好生稟則身 雖然坎坷敢言貧
風流應許傑魁士 性行眞知金玉人
海潤遊龍堪奮鬐 山靈藥草自深根
江州八載悠悠客 有願君家熙熙春

---

587 一海: 생몰연대 미상. 김박언金泊彦의 호가 일해一海이다.

◉일해一海 김박언金泊彦에게 부치면서

선천적으로 잘 태어난 성품과 몸인데

비록 때를 만나지 못했지만 어찌 가난을 말하는가

풍류는 응당히 호걸이니 수승한 선비들이여

성품과 행도 진실하여 금옥 같은 사람인 줄 알겠는가

넓은 바다에서 놀던 용은 어찌 옛 지느러미 감내하고

신령스런 산의 약초는 뿌리를 스스로 깊이 내림이로다

강주에서 8년이나 유유히 방랑하던 나그네여

그대의 가문 태평스런[588] 봄이 되길 서원함이로다

134. 訪雲坡林庄

邂逅一緣定亦天 香鬉隨后鶡冠前

陽臺雲雨憐朝暮 洛浦鴻龍杳婉翩

病葉荒林長夏晚 淡煙逝水古城邊

惜別依依樽酒了 浮生此席感餘年

◉운파雲坡 별장을 찾아서

우연히 한번 만난 인연은 또한 하늘이 정함이니

향기로운 결발은 황후를 따르고 앞은 할관이로다[589]

---

588 凞凞: 화목한 모양을 말한다.

구름과 비는 양대를 사랑하는지 조석으로 찾아들고
낙포의 기러기는 용이 된 듯 아득히 날아감이로다
잎에 병이 들어 황폐해진 숲 늦여름 깊어가고
옛 성터 옆으로 흐르는 물가는 안개가 자욱함이로다
이별이 아쉬워[590] 남은 술잔을 비우고
부평초 인생 이 자리에서 남은 생을 한탄함이로다

135. 冬至日碧潼暢明學校朴亨觀與諸益
　料外淸緣訪學堂 瓊章擊節頻生香
　松窓爲席堪憑倚 山菜登盤好淡黃
　閑屋營車君志遠 窮途荷錥客懷長
　同胞有愛朋交切 別意隨添共一觴

◉동짓날 벽동碧童 창명학교 박형관과 도반과 함께
　뜻밖의 맑은 인연으로 학당을 방문하니
　구슬 같은 글 읽는 소리 자못 향기가 나듯 함이로다
　솔바람 부는 창가에 기대어 자리하고 앉아

---

589 鶡冠: 할鶡새의 꽁지깃으로 장식한 관冠이다.
590 依依: 무성한 모양, 사모하는 모양, 차마 떨어지기 어려워하는 모양, 확실하지 않은 모양을 말한다.

소반에 오른 산나물 소찬을 담박하게 먹음이로다
문을 닫은 채 그대는 원대遠大한 뜻을 지녔으니
오솔길 삽을 메고 가는 나그네여 감회가 깊음이로다
동포의 사랑이 있고 벗과의 사귐이 간절하나
이제 이별의 뜻을 따라 술 한 잔 더 권함이로다

136. 坐仁風樓次板上韻

江城斜日坐江樓 江柳如煙江水流
酒半男兒何世界 琴中花月自春秋
岜雲曳雨飛簷角 汀鳥含魚上檻頭
浮世多難身又病 尋常羌笛動邊愁

◉인풍루591에 앉아 현판을 차운하면서
강성에 석양이 비낀 채 강루에 앉았으니
강가 버들 안개와 같고 강물은 흘러만592 감이로다
반쯤 취한 남아의 세계는 어떠함인가
거문고 소리 속에 꽃과 달을 쫓는 세월이로다
바위를 감싼 구름이 비를 몰고 처마 끝에 날고

---

591 仁風樓: 평안북도 강계군 충성동에 있다고 한다.

592 水流: 선학원본에는 '水流'인데, 극락암본에는 '水柳'로 되어 있다.

물가 새들은 고기를 물고 난간 위로 오름이로다

부평초 세상 어지러운데 몸은 또한 병이 깊으니

심상한 피리소리 변방의 근심을 동하게 함이로다

① 又

西藩雄鎭一高樓 往事悠悠歲幾流

散步星辰搖影夜 窮吟鶗鴃折芳秋

水連瀛海喧千曲 山入遼關矗萬頭

打下斜欄長嘯立 丈夫豈有等閑愁

서쪽 변방[593] 큰 마을에 높은 누각이 있으니

유유히 지난 일들로 세월은 얼마나 흘러갔음인가

별빛 반짝이는 밤에 산책을 하니

두견새 우는 소리 아름다운 가을을 전함이로다

바다로 흘러가는 물소리 굽이굽이 요란하고

요동을 가로지른 산에는 뾰족한 산봉우리가 가득함이로다

석양빛 스치는 난간에서 휘파람 길게 불고 섰으니

대장부가 어찌 한가롭게 수심에만 잠길 것인가

② 又

文章習氣老猶餘 擬作長虹貫太虛

---

593 雄鎭: 웅장하고 강성한 번진藩鎭으로 험한 요지를 말한다.

滄桑幾見歸來鶴 湖海曾尋活潑魚

嘉禾舖野年將稔 積雨和風日未舒

百步倚欄多慨感 蒼生何處可安居

문장을 배워 익힌 것이 늙어도 오히려 남았으니

하늘(太虛空)을 꿸만한 큰 무지개 만들고 싶음이로다

상전벽해[594]에 돌아온다는 학을 몇 번이나 보았다고

일찍이 호해湖海에서 펄펄 뛰는 고기를 찾음인가

들을 덮은 향기로운 벼는 알알이 익어 가는데

장맛비에 온화한 바람 부나 날은 개지 않음이로다

백 척의 난간에 기대니 감개[595]가 무량한데

창생들은 어느 곳에서 가히 편안히 거처할 수 있겠는가

③ 又

江樓秋景薄於羅 淸宦來遊幾度過

孤帆影邊楊柳細 短籬聲裏碧山多

古邑荒凉看氣像 一人憤嘯驗風波

珠還乳復祥非實 乃是治平頌且歌

강변 인풍루의 가을 풍경 비단처럼 고우니

---

594 桑田: 상전벽해桑田碧海를 말한다. 뽕나무 밭이 변하여 푸른 바다가 된다는 뜻이다.

595 慨感: 한암 필사본에는 '慨感'인데, 수덕사본에는 '瞻感'으로 되어 있다.

청관淸官들이 와서 자주 놀다 간 것 몇 번인가

외로운 돛단배 그림자 옆으로 실버들 늘어지고

단소소리 속 가락은 푸른 산 아름답게 함이로다

황량해진 옛 고을의 기상을 헤아려 보니

한 사람의 광분함이596 풍파를 일으킴이로다

보석을 두르고 맛있는 음식 실답지 않으니

이에 선정善政을 칭송하고 또한 노래함이로다

137. 與朴利淳敍懷

煙霞深處萬松寒 匝地淸光仔細看

貴富如雲非所願 漁樵忘世有何難

懷家雙鬢秋增白 憂國寸心老益丹

欲學仙方隨鶴去 念言君父太無端

◉박리순朴利淳과 더불어 회포를 펼치면서

연하煙霞 숲이 짙은 곳에 솔숲이 차가우니

땅에 가득한 맑은 광명 자세히 봄이로다

뜬구름 같은 부귀는 바라는 바가 없으니

어초597는 세상을 잊는데 무슨 어려움이 있겠는가

---

596 憤嚏: 정치권력을 전단하는 군주君主의 독재를 말한다.

고향을 생각하다가 수염[598]에 세월은 더욱 하얗고
나라를 근심하는 마음의 충정은 늙을수록 더함이로다
신선되는 법을 배우려면 학을 따라가야 하는데
그대와 부모님 말씀을 생각한다면 끝이 없음이로다

138. 和捕廳洞李先生

器範如君重若山 一堂清寂百忙間
鄕寒酒力難長醉 世亂詩聲倍舊閑
風打空江危局面 月流荒塞少屩顔
漢城杳爾千餘里 怊悵吾行不復還

◉포청동捕廳洞 이 선생李先生에게 화답
그릇과 규범이 군자와 같아 진중하기 산과 같고
집안은 몹시 분주한 가운데 청정하고 고요함이로다
가난한 고을이라 술기운은 오래 가기 어렵고
세상이 어지러우니 시 읊는 소리 옛날보다 한가함이로다
고요한 강을 치는 바람은 위태롭게 불어오고
거친 세월 속에 젊은 얼굴조차 펴기 어려움이로다

---

597 漁焦: 낚시하는 어부와 나무하는 사람을 말한다.
598 雙鬢: 귀밑에서 턱까지 잇따라 난 수염을 말한다.

한양은 아득하고 머나먼 천 리 길이니
내가 한번 가면 다시 돌아오지 못할까 슬픔이로다

139. 河淸洞與吳荷川團會

荷川高士枕山頭 五月窮村水自流
得失人間誰塞馬 浮沉十載我江鷗
懶雲飛屋閑將午 亂木翳牕爽欲秋
棋了而詩詩了酒 庶忘遊客暫時愁

◉하청동河淸洞 오하천吳荷川과 만남

선비 하천荷川이 산꼭대기를 베개 삼으니
오월이 궁벽한 마을에 물만 절로 흐름이로다
인간사 득실에서 누가 새옹지마[599]라 말했던가
십 년을 방황하는[600] 나는 강가의 갈매기이로다
한가로운 한낮에 지붕 위로 떠도는 구름이 날고
어지러운 나뭇가지 창을 가리니 상쾌한 가을이로다

---

599 塞翁之馬: 인생의 길흉화복吉凶禍福이 무상無常하여 예측할 수 없음을
이르는 말이다.

600 浮沈: 물 위에 떠올랐다 물속으로 가라앉았다 함을 비유하여 영고성쇠榮枯
盛衰를 말한 것이다.

거문고 퉁기다 시詩 읊고 또한 술 마시니
떠도는 나그네의 근심 잠시나마 잊은 듯 함이로다

① 又

静居學得聖賢功　百代狂塵未此中

設是塗糊心似月　無非和洽德如風

千群藉草蛙聲碧　永夜偸燈蝶翅紅

誤着朱門身已老　知心多謝主人翁

고요히 은거하며 성현의 공덕을 배우니
백대의 거친 광풍이 가운데 미치지 못함이로다
그릇된 주변을 손질하니 마음이 달과 같고
덕화의 바람과 같이 미치지 않음이 없음이로다
깊은 숲 속에는 개구리 울음소리마저 푸르구나
긴 밤 밝은 등불을 탐낸 불나비 날개가 붉음이로다
주문朱門601에 잘못 집착한 몸은 이미 늙었으니
내 마음 알아주는 주인옹이 감사하기 그지없음이로다

② 又

有友聯襟十里暉　河淸齋裡坐依微

---

601 朱門: 붉은 칠을 한 문으로 지위가 높고 지체가 높은 귀인의 집에는
　　붉은 칠을 한 데서 이르는 말이다.

花雖謝樹禽猶語 石或奔崖水欲飛

善軸深樽縱自得 壯心衰髮奈相違

聖時亦許畠耕士 何羨屠門大嚼肥

벗과 옷깃을 같이하여 십 리가 빛나고

하청동 서재에 앉으니 작은 데 의지함이로다

꽃은 비록 지려 하나 새들은 오히려 지저귀고

돌이 혹 벼랑에서 구르면 물이 먼저 날고자 함이로다

좋은 글과 술잔을 비록 스스로 탐하였으나

젊은이의 마음뿐이지 백발이 어찌 서로 다를까

성인의 시절 또한 선비는 밭 갈기를 바랄지언정

어찌 도살장 고기 먹고 살찐 것을 부러워하겠는가

③ 又

綠楊搖曳燕鶯遊 小屋淸凉不讓樓

天下奔忙皆夢外 樽前酩酊也心求

鵑啼籬角靑山邃 花落庭心白日幽

風光如許高朋又 不妨河淸暫地留

버들가지 늘어지고 제비와 꾀꼬리 노닐고

초옥이지만 청량함은 누각 못지않음이로다

천하에 분주한 일은 모두 꿈밖의 일인데

술통 앞에 만취하면 또한 마음을 구할 뿐이로다

두견새 우는 울타리 위에 청산은 멀리 보이고
꽃 지는 뜨락에 비추는 마음의 태양도 그윽함이로다
풍광도 이와 같고 또 뜻이 높은 벗이 있으니
하청동에 잠깐인들 머물다 가는 것 무방함이로다

④ 又

不覺鞦韆五五新 深山黃鳥與之隣
臥犢始醒芳草夢 啼禽猶訴落花春
大荒散步樽前住 浮世淸襟物外親
詩歌亹亹琴絃咽 塵海忙忙此日賓

어느덧 그네 뛰는 단오절 새롭기만 하구나
깊은 산 꾀꼬리와 더불어 이웃할까 함이로다
누운 송아지 비로소 풀밭에서 꿈을 깨는데
지저귀는 새들은 떨어지는 봄꽃에 호소함이로다
큰 흉년602에 거닐다 술통 앞에 머무니
뜬세상 맑은 마음은603 사물 밖에 친함이로다
시가詩歌와 거문고 연주 간드러지고
바쁘고 바쁘기만 한 티끌세상 오늘의 나그네이로다

---

602 大荒: 흉년凶年을 말한다.
603 襟度: 남을 받아들일 만한 도량(마음)으로 즉 능력을 말한다.

⑤ 又

荷翁精舍景光圓 詩酒絃歌五月天
黃鳥聲中來燕子 綠楊影裏又長川
心隨白日清如水 眼入靑山暖欲煙
兒女不知悲祭掃 粧奩娛戲各紛然

하옹의 정사精舍 경치도 아름다우니
오월의 하늘 시와 술과 거문고 가락이로다
꾀꼬리 노래 속으로 제비가 날아들고
버들 그림자 속으로 또한 긴 냇물 흐름이로다
마음이 한낮 해를 따르니 맑기가 물과 같고
온화한 청산이 눈에 드니 연기가 자욱함이로다
여인들이 슬프게도 제사 없어짐을 알지 못하고
부질없이 각각 어지럽게 분단장만 즐길 뿐이로다

140. 上院庵與荷川叙舊

鬢毛雖白眼能靑 且喜松門盡日扃
貝葉經眞曾梵刹 沙鷗盟慣更漁汀
對君此地清緣足 缺界何人大夢醒
溪柳漸舒山鳥語 與之携手短長亭

◉상원암上院庵에서 하천荷川과 회포

수염은 비록 백발이나 눈은 아직 푸르구나

온종일 소나무문을 닫아걸었으니 또한 기쁨이로다

패엽경[604]의 진의는 일찍 범찰[605]에 모셔두고

모래밭 갈매기와 물가 물고기와 벗하고 있음이로다

이곳에서 그대를 마주하니 맑은 인연 만족하고

사바세계 밖에서 그 누가 큰 꿈을 깨었든가 함이로다

산새들의 지저귐 시냇가 버들가지로 울려 퍼지고

그대와 더불어 지팡이를 손에 잡고 정자에 오름이로다

① 又

簪纓每入夢中驚　晚悟當年谷口耕

身心已學靑山重　歲月偏欺白髮輕

念荒玉食吞難下　憂國藤床臥未平

衰境云云多感慨　悠然相對一燈明

꿈꿀 때마다 높은 관직에 오르니 놀라울 뿐

뒤늦게 산골짜기에서 밭 갈던 일 깨달음이로다

심신心身은 이미 청산의 소중함을 배웠는데

---

604 貝葉經: 패다라 잎에 경문經文을 기록하므로 패엽경이라 한다.

605 梵刹: 범梵은 깨끗하다는 것이고, 찰刹은 번우幡竿란 뜻이다. 곧 부처님을
　　 모신 사찰이란 말이다.

세월의 편벽함에 백발이 경솔하게 속았음이로다

거친 생각으로 좋은 음식을 삼키기 어렵고

나라 근심으로 침상에 누워도 편하지 않음이로다

노년이라 쇠약하여 감개함이 많아 운운하니

밝은 등잔 아래서 하염없이 서로 마주 대함이로다

② 又

靜居眞是道之元 果欲珍香養在根

千禽啼樹叅詞客 百草偃風學聖門

掩關高枕君何夢 携軸題詩我亦魂

上院庵中聽眞諦 暫忘塵海百般喧

고요히 머무르는 이것이 진실로 도의 근원이고

과욕의 진향을 원한다면 근본을 잘 길러야 함이로다

온갖 새가 나무에서 지저귀며 묵객[606]이 동참하고

온갖 풀마다 바람에 성인의 도를 배우는 듯 함이로다

문빗장을 닫고 베개를 높이 베고 그대는 무슨 꿈꾸는가

두루마리 끌어당겨 시詩를 읊으니 또한 나의 넋이로다

상원암 속에서 진리眞理를 들으니

티끌 바다의 갖가지 시끄러운 소리 잠시나마 잊음이로다

---

606 詞客: 시와 문장을 짓는 사람을 말한다.

141. 與金淡如金小山吳荷川團會

特危身老兩難寬 偶得淸遊此日歡

半戶群山留面目 孤城深雪上衣冠

羨君鶴子梅妻隱 愧我風裳水佩寒

落日蒼蒼樽酒晩 醉將華軸再三看

◉김담여[607] 김소산[608] 오하천[609]과 함께

유달리[610] 몸도 늙어 둘 다 너그럽기 어려운데

우연히 맑게 노는 자리 마련한 이 날이 즐거움이로다

창문 너머로 여러 산이 진면목에 머무르고

---

607 金淡如: 생몰연대 미상. 평안북도 강계군 종남면從南面 한전동閑田洞에
살았던 선비로 속명은 김탁金鐸이며 호는 담여淡如이다. 경허선사보다
3살 아래로 후학을 가르치던 선비였다. 경허 스님은 박난주朴蘭舟로 행세
하면서 김탁 집의 훈장이 되어 머물렀다. 경허 스님 열반 후 1919년,
곧 기미년己未年 3·1운동으로 중국에 망명하여 상해上海 임시정부 요인要
人 중 한 사람이 되었다. 그의 부인은 박씨이고, 1945년 해방 후 장손
김홍국金鴻國의 가족들은 월남越南, 충청남도 보령保寧에서 최후를 마쳐
그곳에 묻혔다고 한다.

608 金小山: 인명 미상. 평안북도 강계군 종남면 한전리 김탁金鐸의 지인知人으
로 본다.

609 吳荷川: 인명 미상. 평안북도 강계군 종남면 한전리 김탁金鐸의 지인知人으
로 본다.

610 特危: 선학원과 수덕사 발행본에는 '特危'인데, 극락암 발행본에는 '時危'로
되어 있다.

눈 쌓인 외로운 성에 의관을 높이 걸었음이로다
그대의 학자[611]와 매처[612]가 은근히 부럽고
나의 풍상風裳과 초라한 행색이 부끄러움이로다
창창한 해는 떨어지고 술자리는 이미 늦었는데
장차 취하더라도 화축華軸을 거듭 감상함이로다

142. 和金淡如

三人情契百朋多 不妨聯襟唱醉歌
顔樂常希貧亦可 杞憂雖切老將何
堪憐桑梓天涯遠 又感淸明塞外過
如得東風花滿樹 願醅樽酒若江波

◉김담여金淡如에게 화답

뜻이 맞는 세 사람이 백 명의 벗보다 많으니
옷깃을 맞대고 술 취해 노래 불러도 무방함이로다
안회安回[613]는 가난해도 항상 희망이 있어 즐거웠고
기우杞憂[614]는 비록 간절하나 노장이니 어찌할 것인가

---

611 鶴子: 친구의 아들을 높여 부르는 말이다.
612 梅妻: 친구의 부인을 높여 부르는 말이다.
613 顔氏: 공자孔子의 수제자 안회顔回를 말한다.

가련하구나 고향생각[615] 하늘가가 멀고 아득한데
또한 감회에 젖음은 변방에서 보내는 청명이로다
마치 동풍이 분 듯이 꽃은 나무에 만발하니
일렁이는 저 강물도 술처럼 취하길 원함이로다

143. 和金英抗與金淡如

千年遼塞此城臺 散客襟懷一放開
舊契已深新志在 紅香雖謝綠陰回
靑山滿目堪爲句 白髮閑心更進杯
悠亮歌謠多緬邈 無何鄕裏去忘來

◉김영항金英抗[616]과 김담여金淡如에게 화답
천년 세월의 먼 변방 이 성대城臺에서
나그네는 흩어지고 스치는 회포 혼자 방개함이로다
옛 친구 이미 정들었는데 새로운 친구 있으니

---

614 杞憂: 쓸데없는 걱정이다. 기杞나라 사람이 하늘이 무너지지 않을까 걱정하
   였다는 고사故事에서 나온 말이다.
615 桑梓: 옛날 집 주위에 뽕나무, 가래나무를 심어 후손들에게 조상을 생각하
   게 했다고 한다.
616 金英抗: 인명 미상. 평안북도 강계군 종남면 한전리 김탁金鐸의 지인知人으
   로 본다.

붉은 꽃향기 비록 졌지만 녹음이 여전함이로다

눈에 가득한 청산을 감히 한 수 읊으려 하니

백발에 한가한 마음으로 다시 한잔 권함이로다

맑은 노랫소리 아득히 들려오고

아무것도 없는 고향 땅에 오고 감을 잊음이로다

144. 於金小山書幌

步步無端西復東　泮宮高處對秋風

生憎惡草除還碧　堪惜奇花落亦紅

一天雲影孤城上　盡日江聲亂岫中

也有月明酒醒夜　那能詩話與君同

◉ 서황書幌 김소산金小山에게

　무단히 걷다보니 서쪽이 다시 동쪽이고

　반궁617 높은 곳에서 가을바람 마주함이로다

　잡초를 뽑아 주니 다시 푸르게 살아나고

　가련하다 기이한 꽃 떨어져도 또한 붉음이로다

---

617 泮宮: 주周나라 시대에 제후諸侯의 도읍都邑에 설립한 대학大學. 향사례鄉射
　禮를 가르친 곳으로 동서東西의 문門 이남以南에 물로 둘려 있었다고
　한다.

하늘의 구름은 외로운 성 위에 그림자 드리우고
하루 종일 강물소리는 산속을 어지럽게 울림이로다
술 깬 밤에 또한 밝은 달도 있으니
어찌 그대와 함께 훌륭한 시詩를 읊지 않겠는가

145. 津坪里別崔文華

人生於世貴知心 旣去寒踪復幾尋
縱有浮雲朝暮變 豈无靑嶂古今深
萬林茂夏非松翠 百鳥喧春異鶴音
寂寂兩江江上夜 更將荒搆別仙襟

◉진평리[618]에서 최문화崔文華[619]와 작별하면서
인생살이 세상에서 마음 알아주는 이가 귀하니
이미 지나간 힘들었던 자취 다시 찾아 무엇할 것인가
비록 뜬구름도 조석朝夕으로 변하지만
어찌 푸른 산인들 고금에 변함이 없을 것인가
무성한 여름 숲도 소나무의 푸름만[620] 못하고

---

618 津坪里: 함경북도 갑산군 인동면 진평리로 본다.
619 崔文華: 함경북도 갑산군 인동면 진평리에 살았던 사람으로 본다.
620 松翠: 푸른빛으로 우국지사憂國之士를 일컫는 말이다.

온갖 새가 봄에 울지만 학의 울음만 못함이로다
외롭고 쓸쓸한 두 강의 강물 위로 밤은 깊은데
다시 거칠게 끌어당기는 신선의 옷자락과 이별함이로다

146. 和崔文華

傷時訪僻興難乘 履薄而今幾路氷
天下浮生終有數 樽前華髮惜無能
藪荒古郭新聲繞 崖立寒矼石照登
誰識此行成話木覇 淸香異日更添騰

◉최문화崔文華에게 화답

울적할 때 궁벽한 곳을 찾으니 흥을 내기 어렵고
살얼음 길 밟는 것같이 지금 얼마나 헤매었던가
천하의 부평초 인생 마침내 얼마나 남았을까
술잔 앞에 백발만 무성하니 가히 애석할 뿐이로다
황량한 옛 성터에 새로운 소리 퍼지고
벼랑에 징검다리 세우고 석조 등 높이 비춤이로다
누군가 이것을 알고 행동으로 옮길 줄 안다면
맑은 향기는 후일에 다시 더욱 진동할 것이로다

147. 黃麟里路中口號

黃麟路上復沉吟 塗炭生靈一樣今
機杼蓬頭霜織廡 爨炊龜手雨鎌林
誰無父母愁兵苦 設有田園見吏侵
欲忘難求千日酒 黯然心緖孰能禁

◉황린리黃麟里 노중路中에서 읊음

황린리 노상에서 다시 침울함을 읊으니
도탄의 민초들이 예나 지금이나 한 모양이로다
곁채에 베틀 북 엉클어진 머리 서리같이 하얗고
밥 짓는 손 갈라지고 나무와 쟁기 비에 젖음이로다
어느 부모가 병역의 고통을 근심하지 않으며
논밭이 있다 해도 벼슬아치 노략질 피할 수 없음이로다
천일주[621] 구하기 어려운 것을 잊으려 해도
가만히 이 마음속 생각을 능히 금할 길 없음이로다

148. 過寧邊新市場

詩聲酒力擬豪英 新市場中遣旅情

---

621 千日酒: 한 번 마셔서 취하면 천 일 동안이나 깨지 않는다는 술을 말한다.

大水淼茫千里走 雄峰巉屹萬崖傾

薰天道德誰能仰 量海文章不待鳴

桎梏榮名都棄拂 自饒雲鶴伴餘生

●영변寧邊[622] 신시장을 지나면서

술기운에 시를 읊으니 영웅호걸이라

신시장 안에서 여정旅情을 보낼까 함이로다

큰 강물은 한없이 흘러 천 리나 달려가고

웅장한 산봉우리 뾰족뾰족한 벼랑마다 절경이로다

하늘까지 훈습한 도덕 누가 능히 받들지 않는가

바다와 같은 문장은 울리기를 바라지도 않음이로다

영화로운 명예는 구속이니[623] 모두 다 떨쳐버리고

구름과 학을 벗하여 남은 생을 자유롭게 보낼까 함이로다

149. 烏首山下雪夜有感

烏山深雪復停行 親戚何年話舊情

西月亂山長夜曙 北風高樹大冬鳴

文章雖博黃金盡 經略无端白髮生

---

622 寧邊: 함경도 영변군寧邊郡에 있다.

623 桎梏: 자유를 몹시 속박하는 것. 즉 수갑을 말한다.

松燭已殘樽酒晚 推門長嘯意難平

◉오수산烏首山 아래 눈 내리는 밤의 유감

오수산에 깊은 눈이 쌓여 다시 길이 막히니

친척들과 어느 해에나 만나 옛정을 나눌까 함이로다

서쪽 밝은 달은 높고 낮은 산 밤새도록 비추고

북풍은 높은 나무에 불고 혹한은 겨울을 알림이로다

문장은 비록 넓다 해도 황금은 이미 다했고

경략[624]은 끝이 없는데 벌써 백발만 성성함이로다

관솔불은 이미 꺼져가고 술자리도 늦었는데

문을 밀치고 긴 한숨 쉬니 마음이 편하지 않음이로다

150. 新德齋與金日連咏懷

新德齋留唱醉歌 寒踪多謝款情多

百花胡以餘春夢 萬事由來搵劫波

迫窄蝸牛成石戶 團圓明月有煙簑

塞雲漠漠腥塵沸 知己如君此別何

◉신덕재新德齋에서 김일련金日連과 읊음

---

624 經略: 천하를 경영 통치하여 사방을 공략한다는 말이다.

신덕재에 머물면서 취하여 태평가를 부르니

어려울 때 다정히 베풀어 준 정성 감사함이로다

백화百花가 어찌 춘몽春夢을 남길 것인가

만사의 유래를 따져보면 모두 영겁의 파동이로다

좁은 구멍 뚫어 달팽이 뿔[625]로 돌집을 만들고

둥글고 밝은 달은 옅은 구름에 가려져 있음이로다

변방 구름은 막막하고 비린내 들끓는데

그대와 같은 벗[626]을 여기서 이별하니 어찌한단 말인가

151. 杜門洞和姜鳳軒

年來所學亂東西 大聖指歸見醉泥

幸對幽人心以遠 欲探靈境話難齊

浮雲影外滄洲近 杜宇聲中白髮催

黜陟不聞刀鉅絶 羨君靑笠釣煙溪

⦿두문동[627] 강봉헌姜鳳軒에게 화답

---

625 蝸牛: 달팽이 뿔이요, 본래 없는 것을 말한다.

626 知己: 자기의 진심과 정성을 알아주는 사람, 자기를 제대로 대우해 주는
사람을 말한다.

627 杜門洞: 경기도 개풍군 광덕면 광덕산 서쪽에 고려의 72현인들이 은둔했던
마을이다.

연래로 학문하는 바는 동서로 산란하니

대성인의 뜻도 술 취해 진흙탕에 갈팡질팡함이로다

다행히 도인을 마주하였으나 마음은 멀고

영경靈境을 탐구하나 말과 같이 하기 어려움이로다

뜬구름 그림자 밖으로 창주[628]가 가깝고

두견새 소리 속에 나그네의 백발만 재촉함이로다

출척[629]을 듣지 않고 칼로 베고 잘라 버리고

푸른 삿갓 쓴 채 안개 낀 냇가에 낚시하는 그대 부러움이로다

152. 松坪里書塾和金應

渺茫襟懷好放開　松坪眞簡畵中臺

日暖幽林晴靄細　春入荒山恠鳥來

短褐風霜知我誤　掩門絃誦感君才

有朋相慰多情理　憂世寸心暫忘摧

●송평리松坪里 서당[630] 김응삼金應三에게 화답

멀고 아득한 마음속 활짝 열어 기쁘구나

---

628 滄洲: 신선이 있는 곳을 말한다.

629 黜陟: 공이 있는 사람은 올려 쓰고 공이 없는 사람은 내쫓는다는 말이다.

630 書塾: 글방을 말한다.

송평리가 참으로 아름다우니 그림 속 마을이로다
화창한 날씨 깊은 숲에는 아지랑이 피어오르고
황산에 봄이 오니 기이한 새들이 날아옴이로다
짧은 소매와 모진 풍상이 나의 잘못을 알게 하니
문 닫아걸고 거문고 타는 그대의 재주 감탄함이로다
벗이 있어 서로 위로함이 다정한 이치이니
근심스러운 세상일 잠시라도 누르고 잊을까 함이로다

153. 公貴里和諸益

悠悠杖屨再軒門 賢雅文聲世絶群
一般坎坷家如國 百閱風霜我亦君
山寒岩竇經年雪 洞邃茅簷盡日雲
歲事翩翩衰且病 天涯情契最難分

◉공귀리公貴里[631] 제익諸益과 화답

지팡이에 짚신 신고 헌문軒門을 다시 찾으니
어질고 단아한 글소리 세상에서 수승한 벗이로다
험한 세상사 가정이나 나라가 같은 것이니
온갖 풍상 겪기는 나와 또한 그대도 같음이로다

───────────────

631 公貴里: 평안북도 강계군에 공귀리公貴里가 있다고 한다.

추운 산 바위굴에는 해묵은 눈 쌓여 있고
깊은 골짜기 초옥지붕 처마에는 온종일 구름이로다
세상사 종잡을 수 없고 또한 병까지 들었으니
하늘가에 맺은 연정을 나누기 정말 어려움이로다

① 又

話來襟抱與君同 半世炎凉萬慮空
數夜夢魂塵累外 孤村煙藪朗吟中
興亡有感思遼鶴 禍福難知懷塞翁
君子安心先聖戒 元無求達更何窮

마음속 품은 생각 그대와 함께 나누니
반평생 겪은 일들 생각하면 모두 헛됨이로다
며칠 밤 꿈에서 세속 번뇌 벗어나 노닐고
외로운 마을 안개 낀 숲에서 밝게 읊음이로다
흥망의 감회가 일어나니 먼 학이 생각나고
화복을 알기 어려우니 새옹지마[632]가 그리움이로다
군자의 안일한 마음은 옛 성현들의 경계이니
원래 구할 것 없는데 다시 무엇을 궁구하여 요달함인가

---

632 塞翁之馬: 주註 599 참고.

② 又

打坐何妨有小窓 淸冷也喜聽春江
一樽相對靑山萬 千里歸來白髮雙
病酒伊來將忘國 訪仙是處更爲邦
淸簞淡蔬堪足慰 欲忘京洛舊心腔

좌선하는데 작은 창이 있다고 어찌 방해로울까
맑고 시원한 강물소리 들려오니 또한 기쁨이로다
한잔 술로 온갖 청산을 마주 대하니
천 리 길 돌아오는데 백발만 더욱 휘날림이로다
병들고 술 취했다고 나라걱정 잊을까마는
신선이 찾아온 이곳에도 또한 내 나라가 됨이로다
소박한 대자리 담백한 산나물로 위안을 삼고
시끄러운 세속을 잊고자 함은 옛 마음 변함없음이로다

③ 又

沽酒題詩跌宕多 風塵鼎沸也將何
東風漸釋千山雪 異日竟成萬里波
政以神交今相別 如能乘興更相過
林屋淸凉塵累遠 賴忘桑海鬢絲加

고주沽酒[633]로 시제詩題하니 방탕함이 많구나
세상이 물 끓듯 소란하니 또한 장차 어찌할 것인가

동풍이 불어 온 천산의 눈이 점점 녹으니
후일에 필경 만 리의 파도를 이룰 것이로다
허물없던 사귐이 이제 서로 이별하려니
흥겨웠던 자리 다시 서로 만남과 같음이로다
숲 속의 집 청량하니 소란한 세상과 멀어지고
상전벽해 잊으려 하니 백발만 더욱 더함이로다

④ 又

新文舊式兩依微 痛飮一忘是或非
渴腸堪止輪輪轉 瘦腋怳如翼翼飛
爲傷病櫟經霜老 也喜靈芽得雨肥
誰識囊中藏寶訣 有時輕着六銖衣

새로운 문화나 구식 둘 다 의지해도 미비하니
만취해서 한번 잊으니 시비가 없음이로다
메말랐던 창자 속에 훈훈한 술기운 돌고
야윈 겨드랑이에 날개 돋아 날아갈 것 같음이로다
상한 마음병이 들고 몸은 어느덧 늙었으나
또한 신비로운 싹 비를 맞아 쑥쑥 자라니 기쁨이로다
주머니 속에 숨겨둔 보검의 비결을 누가 알 것인가
어느 때 살며시 가사袈裟 장삼[634]을 입음이로다

---

633 沽酒: 산 술, 시장에 파는 술을 말한다.

⑤ 又

氷布長江雪滿臺　公村二月客重來
白日將和春可詠　紅顏更借老宜盃
故人情契千金在　遼塞行裝一屐開
天惜吾人無樂事　也留煙月共徘徊

긴 강에 얼음 덮고 누대에는 눈이 가득한데
이월에 시골마을 나그네가 다시 찾아옴이로다
날씨도 화창하고 봄날 시詩나 읊을까 하는데
홍안을 다시 빌릴 수 있다면 늙어도 한잔함이로다
옛 벗과 맺은 정은 천금보다 귀중함이라
변방 먼 길 행장이란 나막신 한 켤레뿐이로다
하늘도 우리의 즐거운 일 없음을 애석하게 여기고
또한 구름과 밝은 달이 함께 배회하며 머무름이로다

⑥ 又

數日之過如暫時　聽君詩話忘悽遲
非無長渚盟鷗計　可負名山採藥期
幽壑晴雪雲轉石　古藤風吼月明枝
假使乘運爰榮達　何似而今愚不知

---

634 六銖: 가사袈裟 장삼長衫을 가리키는 말이다.

며칠이 지났는데 잠시인 듯 하고

그대의 시화를 듣자니 빠르고 더딤을 잊음이로다

긴 물가에 갈매기와 꾀한 맹서는 없지 않으나

명산의 약 캐러 갈 기약은 가히 잊어 버렸음이로다

그윽한 골짜기 날 개니 눈구름은 바위 굴리고

해묵은 등나무에 바람 불고 명월은 가지에 걸렸음이로다

가사 하늘 운이 좋아 영화를 누린다 하더라도

지금 어리석어 알지 못하는 것과 어찌 같다고 말하겠는가

⑦ 又

見君志節巖千峯　想子心腸大洪鐘

天意如何安泰少　世途元是險艱重

繞砌淸川鳴似玉　倒軒靑嶂揷如鋒

愛予政厚思予切　自愧叅承太半慵

그대의 지조와 절개는 높은 산보다 높고

그대의 마음은 생각하니 큰 범종과 같음이로다

하늘의 뜻은 어찌 편안하고 태평함을 적게 하고

세상살이는 원래 이렇듯 험난하기만 함인가

맑은 냇물 섬돌을 휘감으니 소리 옥과 같고

난간 밖에 푸른 산은 창검이 꽂힌 것과 같음이로다

그대를 사랑하고 생각하는 마음 갈수록 간절하니

스스로 게으른 것을 부끄럽게 생각할 뿐이로다

⑧ 又

百代聲塵永忘侵 靑松長奏沒絃琴
題詩宜是高高咏 沽酒何妨濺濺斟
析薪童子和春雪 汲水女兒帶夕岑
洞深俗古淸閑已 有願斯鄕養此心

백대의 소리도 침입함에 영영 잊혀지고
줄 없는 거문고를 푸른 소나무가 늘 연주함이로다
시제詩題가 있으니 마땅히 높은 소리로 읊조리고
사온 술이지만 넘치도록 따라 마심이 어찌 방해될까
나무하는 아이들은 봄눈과 어울려 놀고
물 긷는 여자아이들은 해질 무렵 산길 걸어감이로다
깊은 고을 옛 풍속 맑고 한가로울 뿐이니
원하건대 이 고을에 깃들까 하는 마음이로다

154. 遊奉天臺

嗒焉而忘訪釋門 深山遊鹿與之群
早行夫子忠君禮 晩悟瞿曇出世文
幽壑春生多怗鳥 虛汀日暖少歸雲

老僧炊飯慇懃待 喜捨餘風可尙云

●봉천대奉天臺[635]에서 노닐면서

모든 생각 다 잊고자 석문을 찾았더니
깊은 산 사슴과 더불어 무리와 놀고 있음이로다
일찍이 공자의 충성과 군신의 예를 배워 행했고
뒤늦게 불법[636]의 출세간 문법을 깨쳤음이로다
깊은 골짜기 봄이 되어 기이한 새들도 많고
빈 물가 햇살 따스하니 구름도 가기를 망설임이로다
노스님은 밥 짓기를 은근히 기다리니
보시하는 여유로운 풍속 가히 숭상할 만함이로다

155. 和林上舍

萬事悠悠雪映簪 不材於世病相侵
一樽幸對泉雲境 千語何妨金玉音
日暖江村軟柳曳 春生林嶂恠禽吟
與君同科情交切 怊悵關河去住心

---

635 奉天臺: 평안북도 후창군厚昌郡에 있다.
636 瞿曇: 범어梵語의 음역으로 석가여래의 속세에서의 성姓이다. 여기서는
    석가여래 부처님을 말한다.

◉임상사林上舍[637]에게 화답

세상사의 유유함이 눈이 내리는 듯하니

세상에 쓸모없는 병病도 서로 침노함이로다

한잔 술에 다행히 샘의 구름과 경계로 대하니

천 마디 말로 어찌 금옥 같은 진리를 방해함인가

날씨는 화창하니 강촌에 버들가지 늘어지고

봄이 오니 숲 속에는 기이한 새들이 지저귐이로다

그대와 더불어 근본이 같기에 사귄 정 간절한데

머나먼 타향살이 머물고 가는 마음 슬프기만 함이로다

156. 和林麟奎

孝能爲福福應回 俯聽卑於上帝臺

知子溟鵬將展翼 奈吾巷櫟半成灰

薄氷和水藍猶淺 殘雪連梢錦未開

泥途政滑江村暮 多謝故人遠引盃

◉임인규林麟奎에게 화답

효는 능히 복이 되고 복은 응당히 돌아오니

---

637 上舍: 상사는 조선시대에 성균관 유생으로서 생원生員·진사進士 시험에
합격한 사람의 존칭이다.

상제上帝라도 몸 낮추어 경청함이로다

그대는 붕새처럼 장차 날개를 펼칠 줄 알겠지만

나는 쓸모없는 나무처럼 반쯤 재가 될 것이로다

얕은 얼음물과 어울리니 쪽빛이 오히려 엷어지고

잔설638이 나무 끝에 있으니 아직 봄은 오지 않음이로다

진흙길 미끄럽고 강촌은 저물어 오는데

고마운 옛 친구 멀리 떠나니 다시 술잔을 당김이로다

157. 和金駱胃與其弟駞胃

鶯梭已斷燕巢連 肸蠁塵生蝶夢邊

隔柳新秧青嶂境 帶煙疎屋夕陽天

故人一去成千劫 遠客重來有二賢

滿目塞雲樽酒晚 登公里也浪吟憐

◉김낙위金駱胃와 김타위金駞胃에게 화답639

꾀꼬리 소리 사라지니 제비 한창 집을 짓고

초파리와 같은 인생 나비의 꿈에 맴돌고 있음이로다

---

638 殘雪: 녹아 없어지고 남은 눈. 지난해의 눈을 말한다.

639 註解: '與其父金亨益有舊而重來則已化' 부친 김형익과 더불어 친했는데
   다시 오니 이미 별세했다란 주註가 있다.

버드나무 숲 새로 심은 푸른 산봉우리가 파릇하고
안개 덮인 외딴 초가집이 석양 하늘에 비춤이로다
고인古人께서 한 번 가면 천겁千劫을 이루는데
멀리서 나그네가 오니 어진 이가 두 분 있음이로다
눈에 가득한 구름뿐 술잔은 이미 다했으니
공귀리에 올라 또한 낭인의 마음 슬프게 읊조림이로다

158. 興有村和金有根

雨聲虫語一江樓　千里歸懷欲重頭
萬事是雲何者實　百年如水此生浮
團圓難强遲今日　契濶无端閱幾秋
父母之鄉先聖重　早爲歸計莫長留

◉유촌有村 김유근金有根에게 화답[640]

빗소리 벌레소리 구슬픈 강가 누각에서
천 리 길 돌아갈 생각에 머리가 무거워짐이로다
세상만사가 부평초 인생인데 어찌 실다움이 있겠는가
백년이 흐르는 물과 같은 이것이 부평초 인생이로다

---

640 註解: '本居忠淸道洪州葛山而來留此地十年云有舊於京城' 충남 홍주군
　　갈산에 머문 지 10년 만에 옛 경성으로 갔다란 주註가 있다.

원만함이 강하지 못하여 오늘도 늦었으니
무단히 만났다 헤어진 것 얼마나 되었던가
부모님의 고향 소중하다고 옛 성현들도 말씀하셨으니
일찍이 돌아가야지 오래 머물 생각은 없음이로다

159. 渭原和京居劉震九

千里論交坐忘年　亂山秋日小亭邊
蚊囊政竭難留醉　鷗席有分悵各眠
無限林泉多隱逸　偶然筇屐亦因緣
那將世路滔滔客　盡卜斯鄕樂性天

◉위원渭原에서 서울 사는 유진구劉震九에게[641]
천 리 길 벗과 앉아 논하다가 세월을 잊고
난산亂山에 가을을 맞아 작은 정자에서 놀았음이로다
걸망이 텅 비었으니 머물러 취하기 어렵고
백구의 자리도 구분이 있으니 각기 슬픈 잠을 청함이로다
한량없는 숲 속 샘에는 세상을 은둔한 풍취가 많으나
우연히 지팡이와 짚신 신고 행각함도 또한 인연이로다
어찌 장차 세상길에 도도한[642] 것인가 나그네여

---

641 註解: '持三綱錄來云' 삼강록을 가져와 말했다란 주註가 있다.

모두 그만두고 고향에서⁶⁴³ 천성대로 즐김이로다

160. 渭原和宋儀徵

樵老連扉復釣翁 渭城歸客任西東
二年落魄知吾放 半日淸談與子同
曜高虛室閒生白 凍僻幽花發未紅
此別依依多悵缺 願言綠約願言豐

◉위원渭原에서 송의징宋儀徵에게 화답

나무꾼과 낚시꾼 노인이 싸리문에 줄지어 오니
위성으로 가는 나그네가 동서로 돌아감이로다
이 년 동안 침울한 나의 방랑생활 알고 보니
그대와 함께 반나절 맑은 담소를 나눔이로다
밝고 높은 빈집의 한낮에 한가로움이 더하고
후미진 벽촌에 붉은 꽃 아직 피지 않음이로다
차마 헤어지기 어려운 이별 슬픔이 많으니
원하여 말하기를 인연을 풍족하게 맺기를 서원함이로다

642 滔滔: 광대廣大한 모양, 큰물이 흘러가는 모양을 말한다.
643 卜居: 살 곳을 가려서 정함. 또 복지卜地라고도 한다.

161. 渭原和李澤龍

杖屨經年塞外城 男兒遊世愧無名
幾回滄浪沙鷗夢 又是深山杜宇聲
聖世桑麻皆雨露 幽人床榻好逢迎
風塵寂寂身無事 有菜登盤有酒盈

◉위원渭原에서 이택룡李澤龍에게 화답

주장자와 짚신으로 변방 성에서 지내기 몇 해인가
남아가 세상에 노닐며 이름 없음을 부끄러워함이로다
푸른 물결 모랫가 갈매기 꿈 몇 번이나 회고했나
또한 이 깊은 산 두견새 소리 얼마나 들었음인가
태평세월 삼라만상[644]에 비와 이슬 내리고
은둔한 사람이라도 자리에서 반갑게 영접함이로다
풍진세상이 고요하니 내 몸이 무사하고
향기로운 산나물 소반에 오르고 술잔도 가득함이로다

① 又

一床詩書攤西東 高士清閑世未同
孤鶴不知何歲老 狂塵未入此山紅

---

644 桑麻: 삼밭과 뽕밭을 말하는데, 여기는 삼라만상森羅萬象을 말한다.

照心是箇碧蘿月 吹面且宜楊柳風

盡日聯襟還坐忘 數聲漁笛夕陽中

상 위에 있는 시서詩書를 동서로 펼쳐 보니

높은 선비 맑고 한가한 세속과 같지 않음이로다

외로운 학은 어느 때에 늙을지 알 수 없으니

풍진세상 미친 이는 아름다운 산에 들어오지 못함이로다

푸른 칡넝쿨마다 밝은 달이 마음을 비추고

실버들가지에 스친 바람 마땅히 얼굴에도 스침이로다

종일토록 옷깃을 여미고 돌아갈 길 잊고 앉았는데

어부들의 피리소리 석양 속에 드문드문 들려옴이로다

162. 和韓鶴淳

崖柳輕姸澗靄流 倉坪歸客訪書樓

日晴高嶂長含雨 春晚窮林尚帶秋

好句詠來堪助興 淸樽雖乏足忘愁

那將嵒穴無聞士 去叩天門尺五留

◉한학순韓鶴淳에게 화답

언덕엔 버들잎 곱게 피어나고 계곡엔 아지랑이 피는데

창평으로 돌아가는 나그네 서루645를 방문함이로다

화창한 날씨인데 높은 산봉우리는 비를 머금고
늦은 봄 숲 속에는 오히려 가을인 듯 시원함이로다
좋은 구절 읊으니 흥興이 절로 더하고
맑은 술 비록 모자라나 근심 잊기에는 족함이로다
바위굴에서 듣지 못한 선비가 무슨 안목으로
천문646을 두드리며 가까운 곳647에 살고 있음인가

163. 和張士允

文術有名行亦佳 煙霞深處卽仙街
遊人已是風塵路 名士又何寂寞涯
撲地楊花迷澗壑 半天松韻爽林齋
相知雖晚交如舊 做別關山有所懷

◉장사윤張士允에게 화답

문장이 유명한데 실행도 또한 아름다우니
안개구름 깊은 곳에 신선이 머무는 곳이로다
방랑자들이야 이미 풍진세상 시달렸으나

---

645 書樓: 책을 층층으로 쌓아 둔 서재書齋를 말한다.
646 天門: 만물의 본질, 심성心性의 근본을 말한다.
647 尺五: 아주 작은 것, 아주 가까운 것을 말한다.

명사名士는 또한 어찌하여 적막한 생애인가

적막한 땅에 버들 꽃이 계곡에 어지럽게 피었고

반천半天의 솔바람소리 상쾌한 숲 속의 재실이로다

서로 안 지 비록 늦었지만 교분이 오래된 것 같아

이별하려 하니 관산關山[648]의 회포 잊을 수가 없음이로다

164. 和金守鎬

訪鶴尋雲物外還 聲塵捿屑隔千山

怳然靈境知何處 果是賢人在此間

窮林寂寞禽未語 衆澗奔忙鷺自閑

所詠詠懷咏惟苦 倚窓不覺夜將闌

◉김수호金守鎬에게 화답

학을 찾고 구름 찾아 사물 밖에 노니

풍진세상의 소리 속에 천산이 막혔음이로다

황홀하고 신령스러운 경계 어느 곳인 줄 아는가

과연 현인들이 이곳에 어울려 살고 있음이로다

궁벽한 숲 적막한데 새들도 울지 않고

냇물은 요란스러운데 백로는 스스로 한가함이로다

---

648 關山: 함경북도와 만주 간 국경이 연결되는 지방이다.

가슴속 품은 회포 풀려고 오직 괴롭게 읊으니
창가에 기대어 밤이 지새는 줄 알지 못함이로다

165. 和朴瑛祥

　客到新坪夕炊生　先生高倚白雲楹
　已於聖學深能得　況是詞家大有鳴
　傍溪田畝隨流反　跰石簷頭帶谷傾
　同志如君相對晚　一筇遼塞不勝情

◉박영상朴瑛祥에게 화답
　나그네가 신평에 이르니 저녁연기 피어나고
　선생의 거처는 백운을 기둥 삼아 높이 떠 있음이로다
　이미 성현의 학문에 깊은 뜻을 능히 얻었고
　하물며 사가의 대가로 크게 이름을 떨침이로다
　개울가 밭이랑 따라 물이 흐르고
　돌담이 처마 끝에 닿을 듯 계곡에 기울어짐이로다
　그대와 같은 동지同志들 이제서 만났는데
　주장자 짚고 변방으로 떠나려는 마음 가눌 길 없음이로다

166. 和諸益

子佩蕙蘭我亦垂 天涯情契復於誰

璞玉最良堪作器 谷鶯相喚更遷枝

歌笛晚汀來活畫 煙霞高閣有新詩

時局關心終是數 好乘晴景倒深巵

◉여러 도반(諸益)에게 화답

그대는 혜란[649]을 차고 나도 또한 그러하니

하늘가에 맺은 연정 누가 다시 이럴까 함이로다

훌륭한 옥 덩어리 능히 그릇을 만들 수 있고

산골짜기 꾀꼬리 옮겨 다니며 서로 화합함이로다

석양빛 물가에 피리소리 한 폭의 그림이니

노을 속 높은 누각에서 새로운 시가 떠 있음이로다

시국을 걱정한들 마침내 이것이 운수인데

풍광이 좋고 맑으니 익은 술잔을 기울여 즐김이로다

167. 和金用宣

狂塵未染碧蘿衣 惟有煙霞盡日歸

---

649 蕙蘭: 애국지사를 말한다.

知我不材終委翼 問君何事又關扉
深山携酒流鶯在 楊柳長程細雨飛
屈指榮枯皆幻夢 那能此地共淸暉

◉김용선金用宣에게 화답

풍진세상도 벽라의碧蘿衣로 물들이지 못하니
오직 노을 속에서 종일토록 있다가 돌아감이로다
내가 재목이 못됨을 알기에 날개를 접었지만
그대여 묻노니 무슨 일로 또 사립문 빗장을 걸었는가
술병 들고 깊은 산속에서 앵무새와 놀고 있으니
버드나무 우거지고 늘어진 길에 가랑비가 날림이로다
영고성쇠 손꼽아 헤아리니 모두 헛된 꿈인데
어찌 능히 이 땅에서 맑은 빛을 함께 비추지 않겠는가

168. 辛亥春偶逢宋南河

長安風日暗塵沙 落落邊城白髮斜
以我浮雲流水客 與君晴日碧山家
儀容挺特禽中鶴 詞格燦爛錦上花
屈指此生元是夢 何妨樽酒放詩歌

◉신해년 봄 송남하宋南河를 우연히 만남[650]

　장안의 황사로 먼지 모래 어둡게 이는데

　쓸쓸한[651] 변방 성터에서 백발이 기울어감이로다

　나는 뜬구름과 유수流水와 같은 나그네이지만

　그대는 맑은 날 푸른 산으로 집을 삼았음이로다

　특별하고 수승한 용모는 새 중의 학이요

　찬란한 문장의 격은 금상첨화錦上添花이로다

　인생살이 헤아려 보니 원래 일장춘몽인 것을

　술 단지 기울여 시를 읊고 노래함이 어찌 방해될까

① 又

　藍碧深江黛遠山 仙庄春景畵中顔

　樽酒仍勸吾當醉 文墨相從子亦閑

　千里思鄕雲漢外 一身爲客塞城間

　朗懷如月詩如玉 不意天人此地還

　쪽빛같이 푸른 강과 검푸른 먼 산

　신선의 초막에 봄 경치 한 폭의 그림이로다

　술잔을 연거푸 권하니 내가 마땅히 취하고

---

650 辛亥年: 신해년은 1911년이다. 경허선사가 열반하시기 1년 전에 이 게송을
　지으신 것으로 본다.

651 落落: 쓸쓸한 모양을 말한다.

문필이 서로 따르니 그대 또한 한가함이로다
천 리의 고향 생각 구름 밖의 나그네여
외로운 몸 객이 되어 변방 성 사이에 있음이로다
달처럼 맑은 회포 주옥같은 시詩이나
천인이 이 땅에 돌아오는 뜻은 알지 못함이로다

169. 清明日上東門樓

西醉東醒又咏東 幾般心思暗相通
蒼凉野色長川外 的歷村容細雨中
遠客登樓雙鬢白 萬家拜塚一樽紅
聊知聚散浮生事 半入於雲半入風

◉청명날 동문루東門樓에 올라
서에서 취해 동에서 깨고 또 동에서 읊으니
여러 가지 생각이 가만히 서로 통함이로다
푸르고 시원한 들빛은 장천의 밖이고
마을의 모습은 가랑비 속에 선명함이로다
누각에 오른 먼 나그네 귀밑머리 백발이고
만가의 무덤에 절하니 한잔 술에 취함이로다
애오라지 알겠노라 모였다 흩어지는 부평초 인생이여

반은 구름 속에 들어 있고 반은 바람 속에 들어 있음이로다

170. 南門樓

碧樹鶯聲日政遲 南門樓夏坐來時
短碑寂寂橫深草 衆蔓垂垂上幾枝
塞邑千年多感慨 浮生此日可襟期
江光如練山光暮 把酒相看不盡思

● 남문루南門樓에 올라

녹음 속 꾀꼬리 소리에 해는 저무니
남문루의 여름 앉아 노니는 시절이로다
초라한 비석돌 쓸쓸하게 풀 속에 가로누웠고
잡초 넝쿨만 얼기설기 가지 위로 얽혔음이로다
천년의 변방 요새이니 감개가 무량한데
부평초 같은 인생 오늘 따라 가히 생각이 깊음이로다
강물 빛은 비단652 같고 산 빛은 저물어 오는데
술잔 잡고 서로 바라보니 생각이 다함이 없음이로다

---

652 練: 무명·모시 따위를 잿물에 삶아 물에 빨아 말린 것으로, 표백하여 하얗게 된 명주를 말한다.

① 又

　長渚雲煙畵裡開 倚欄無事爽靈臺

　林深籬落家家隱 雨洗峰巒面面來

　事感風霜樓有韵 心期宕曠客連杯

　旅窓岑寂堪消遣 何處遊人奏落梅

긴 물가 구름과 안개 그림 속에 펼쳐졌고

한가로이 난간에 기대니 마음이[653] 상쾌함이로다

깊은 숲 속에는 초가집들이 울타리에 가려져 있고

비에 씻긴 뾰족한 산봉우리 면면히 나타남이로다

풍상 겪은 누각에 감회 깊은 운율이 있으니

마음이 호탕한 나그네여 술잔을 연이어 기울임이로다

고요한 나그네의 창가에 울적한 회포를 푸니

어디선지 나그네가 낙매곡[654] 부르는 소리 들려옴이로다

② 又

　荒吟最澁興難先 只得心機一一天

　衰眼遙村還隔樹 短筇殘堞半爲田

　樓晴燕尾依山遠 野晩煙光上樹懸

　前日香婆今更對 良緣於此欲無邊

---

653 靈臺: 마음과 정신精神이란 뜻이다.

654 落梅曲: 뜻이 통하는 사람이 그리워 부르는 노래이다.

거친 탄식에 목이 메어 흥이 나지 않으니
다만 마음 기틀 얻으면 낱낱이 천진불이로다
침침한 눈에 먼 마을은 나무에 가려져 있고
짧은 지팡이로 무너진 담장 돌아보니 반은 밭이 됨이로다
쾌청한 누각에 제비가 산을 따라 멀어지고
늦은 들녘 저녁연기 나무 위에 걸렸음이로다
전날의 술 팔던 노파 오늘 다시 만나고 보니
어진 인연 여기에서 가히 그치지 않으려 함이로다

171. 與諸益上北門樓

萬斛塵愁鬱未寬 幸隨高躅暫爲歡
一天雲影孤城寂 五月江聲亂岫寒
大人荏邑風流酒 倦客登樓廢忘冠
楊柳依依夕陽好 等閑景物拭眸看

◉여러 도반(諸益)과 북문루北門樓에 올라
온갖 근심걱정에 답답하여 너그럽지 못하는데
다행히 고상한 벗들과[655] 잠시나마 즐거움이로다
하늘의 구름 그림자 외로운 성터에 고요한데

---

655 高躅: 존귀한 족적足跡, 뛰어난 행적, 고상한 행적을 말한다.

오월의 강물소리 시원한 바위굴을 어지럽힘이로다
대인들이 고을에 자리하니 풍류라고는 술뿐이라
고달픈 나그네 누각에 올라 초라한 의관조차 잊음이로다
우거진 버드나무 사이 석양풍경 너무 아름다우니
대수롭지 않게 펼쳐진 경치 눈을 씻고 보았음이로다

172. 北樓

半生心事付靑天 淪落江城白髮前
崒乎是箇千層岳 逝者如斯萬里川
墻角微風添遠樹 瓦鱗匝地起晴煙
遠親幸到隣朋在 淸趣應知此一邊

◉북루北樓

반평생 심사心事를 푸른 하늘에 맡겼고
강성에 빠져 퇴락한 몸 백발이 다 됨이로다
우뚝 솟은 산악은 층층이 험준함이요
한번 가는 자는 만리천의 냇물과 같음이로다
담장 모퉁이의 미풍은 먼 나뭇가지 흔들고
기와지붕 즐비한데 맑은 연기가 일어남이로다
먼 친척들이 다행히 오고 이웃에 벗도 있으니

맑은 홍취 이곳에 있는 줄 응당히 알겠음이로다

① 又

老熱最蒸七月陽 北樓高處爽凉長

日斜山影連城碧 雨漲江光上檻黃

舊習雖存難搏虎 挾書何貴見亡羊

樽前華髮天涯客 犬馬無功感廟堂

늦더위 찌는 듯한 칠월의 태양을 피하여

북문루 높은 곳에 오르니 상쾌하고 시원함이로다

석양의 산 그림자 푸른 성벽과 이어져 있고

비에 붉은 강물 빛은 누렇게 난간 위로 넘실거림이로다

옛날 습의는 비록 남아 있어도 범을 잡기 어렵고

글재주 무엇이 귀할까 갈림길에서 죽은 양을 봄이로다

술동이 앞에 백발이 휘날리는 천애의 나그네여

이 한 몸 공적이 없으니 묘당廟堂에 한이 됨이로다

173. 出北門外訪朴舍

棄拂榮枯醉送年 岩楓籬菊古城邊

千里有朋來偶爾 九秋望野政蕭然

傍樹軒牕深塞境 隔江人馬夕陽天

算來塵緣堪搔首 何處靑山寄一眠

◉북문北門 밖 박씨 집(朴숨)을 방문하여[656]

흥망성쇠 다 떨쳐버리고 세월에 취하여 보내자니

바위와 단풍 울타리 밑 국화는 옛 성터에 피었음이로다

천 리 밖의 벗들이 와서 우연히 만나

풍성한 가을 들판 바라보니 마음이 쓸쓸함이로다[657]

나무 곁의 집 창문은 변방 깊이 닫혀 있고

강 건너 인마人馬는 석양이 지는 하늘에 있음이로다

티끌세상의 인연 생각하면 머리만 뒤숭숭하니

어느 청산에 깃들어 한번 잠이나 잘까 함이로다

174. 坐小山園亭

悠悠一榻足淸襟 鶯語雖遲燕亦音

小檜長枝成翠盖 奇花並蔕疊黃金

風塵應是遊人事 亭閣何妨遯世心

對樽桐隱江湖客 多謝萍蓬特地尋

---

656 註解: '苞山小山俰隱同會' 포산苞山·소산小山·매은梅隱 등과 함께한다는
주註가 있다.

657 蕭然: 바쁜 모양, 분주한 모양, 쓸쓸한 모양, 조용한 모양을 말한다.

◉소산원정小山園亭에 앉아

　유유히 평상에 앉으니 맑은 마음이 즐겁고

　꾀꼬리 소리 비록 늦었지만 제비는 또한 지저귐이로다

　작은 회나무 긴 가지가 푸른 일산658을 이루고

　기이한 꽃과 어우러져 황금을 쌓아놓은 듯 함이로다

　풍진 같은 세상을 응당히 노닐다 가는 길손이여

　정자는 은둔하는 마음에 방해되지 않을 것이로다

　동은과 강호의 나그네 술잔을 대하니

　방랑하는 나그네를 찾아 주어 너무나 감사할 뿐이로다

175. 登望美亭

　望美亭邊易夕暉　汀沙汀草暎欄圍

　衿帶如今荒堞繞　蓬瀛何處彩雲飛

　野色秋晴千種穀　砧聲古渡萬家衣

　樂憂天下知誰在　感慨賢良此世稀

◉망미정望美亭659에 올라

658 日傘: 해를 가리기 위해 세우는 큰 양산이다.

659 望美亭: 강계 부창동에 1436년에 짓고 1837년에 중수하여 남천강·독로강·
　북창강이 한눈에 보이는 독로강가 절벽에 있다고 한다.

망미정 주변에 석양빛이 물드니
물가 모래밭 풀들 난간둘레에 비침이로다
성벽 위의 요새는[660] 지금 띠처럼 둘러 있고
봉래산 영주산 어느 곳에 오색구름이 휘날림이로다
맑은 가을 들판에는 곡식 알알이 익어 가고
옛 나루터 집집마다 다듬이 소리 들려옴이로다
천하의 즐거움과 근심 누가 있어 아는가
아아! 이 세상에 어진 이가 이렇게 드물단 말인가

176. 雨中登居然亭

緩步居然上小亭 淸凉泉石去昏冥
全城入草鷄聲碧 永日連松雨滴靑
東海當年誰願蹈 中山一醉自難醒
遊人詩話多眞境 賴忘風塵鬂髮星

◉우중雨中에 거연정居然亭에 올라서
천천히 걸어 거연이라는 작은 정자에 오르니
청량한 돌샘물이 혼미한 마음 가시게 함이로다
풀에 덮인 온 성터에 닭소리마저 푸르고

---

660 衿帶: 산이 둘러싸 옷깃 같고 강이 둘러싸 띠 같은 요해처要害處를 말한다.

종일토록 비가 내리니 소나무 더욱 푸름이로다

그 당시 동해바다 누가 밟기를 원했던가

산중에서 한번 취하니 스스로 깨기 어려움이로다

나그네의 시화詩話 아름답고 참된 경계 많으니

풍진세상도 잊고 수염과 백발이 성성함도 잊음이로다

177. 眄柯亭

志在江湖亦一生　眄柯亭好是風情

暮山含雨連簷碧　小草留花上檻明

數樽市酒能爲國　千里鄉愁未敢城

荒塞聯襟多雅士　春風中坐又金聲

◉면가정眄柯亭

강가에 뜻을 두고 또한 한평생 유랑하니

면가정의 이 풍경 참으로 아름다움이로다

저문 산 비를 머금어 처마 끝에 푸르고

고운 꽃 작은 풀이 난간 위에 아름다움이로다

몇 잔 시장 술로 능히 나라걱정 위로하지만

천 리의 고향 향수를 감히 달래지 못함이로다

황망한 변방에서 옷깃을 마주한 선비들이여

봄바람 속에 앉았으니 벌써 가을소리 들림이로다

178. 六三亭

六三亭子又今朝　宵雨乍晴水滿橋
過檻雲影看世態　吹筵松籟聽寒潮
許多炎海人相苦　驀地仙山路不遙
上帝亦知遊子興　故飛風雨鎖煙條

◉육삼정六三亭에 올라서

육삼정자에 오늘 아침 다시 올랐더니
밤비는 잠시 개어 맑은 물은 다리에 가득함이로다
난간을 지나는 구름 세상의 모습을 보고
자리에 불어오는 솔바람에 찬 파도소리 들음이로다
허다한 고해 속에서 고통 받는 인생사여!
갑자기 오고 보니 신선의 길도 그다지 멀지 않음이로다
옥황상제도 또한 방랑객의 흥취를 알았는지
짐짓 비바람 날려 나뭇가지 안개로 감싸게 함이로다

① 又

霖雨乍晴又此尋　孤亭淸景爽詩襟

古塞江聲朝復暮 深山松籟昨如今

天外悲秋虫有語 關西爲客橐無金

夕陽已盡盃樽晚 萬國風塵感我心

장맛비 잠깐 개어 다시 이곳을 찾으니

외로운 정자 맑은 경치 상쾌한 시를 품음이로다

옛 변방 강물소리 조석으로 변함이 없고

깊은 산 솔바람소리 예나 지금이나 같음이로다

먼 가을하늘 풀벌레 소리 구슬프고

관서의 나그네여! 주머니 속 텅 비었음이로다

석양은 이미 기울고 술잔도 비었으니

만국의 풍진세상 시름이 내 마음을 적심이로다

179. 遊龍浦齋

秃魯江流盡日西 雨聲蠻閣夕鷄啼

亂梢遮野禾香漏 蔀屋和泥燕影低

病酒關心城市鬱 高朋携手碧蘿齋

倚欄相笑還相忘 龍浦之遊擬虎溪

◉용포재龍浦齋에서 노닐면서

독로강[661] 물이 흐르는데 해는 서쪽으로 기울고

명륜당 뜰에 비 내리는 소리 저녁닭을 울게 함이로다
어지러운 초목이 들판을 가려도 벼 향기는 스며들고
진흙을 섞어 둥지 만드는 제비 그림자 나직함이로다
술병 든 이 마음 떠들썩한 성중城中이 답답하니
뜻이 높은 벗들과 손잡고 벽라재碧羅齋에 앉음이로다
난간에 기대어 서로 웃고 도리어 서로 잊으니
용포재 놀다가 호계虎溪[662]의 전송을 흉내냄이로다

180. 遊錦川舘

古人創設有斯樓　墻缺榱零感歲流
萬事隨風何者實　百年如水此生浮
禽成好語啼山角　雲自無心出樹頭
吾友海岩奇畵在　暫時倚枕忘羈愁

◉금천관錦川舘에서 노닐며
고인古人께서 세운 이 누각이 있으니

---

661 禿魯江: 평안도 강계군에 흐르는 강인데 압록강 지류로 본다.
662 虎溪: 노산의 혜원법사慧遠法師가 도연명陶淵明과 육수정陸修靜의 방문을
　　받고 전송함에 도담道談에 취하여 평소 건너지 않기로 약속한 호계虎溪의
　　다리를 무심결에 건너자 범 우는 소리가 들려오니 비로소 그 소리를
　　듣고 세 사람이 크게 웃었다 한다.

무너진 담장 서까래는 무너져 세월을 느낌이로다

세상만사 바람과 같으니 무엇이 실다운가

백년 세월 흐르는 물과 같고 이 인생은 부평초이로다

새들은 산모퉁이에서 아름다운 소리로 울고

무심한 구름은 나뭇가지 끝에서 흘러감이로다

나의 도반 해암은 기이한 그림 속에 있으니

잠시나마 퇴침에 기대어 나그네 수심을 잊음이로다

181. 遊講場

滄桑萬變任飄暉　與子聯衿忘是非

老樹含風斜日漏　靑山曳雨迅雷飛

樵兄荷斧驅牛返　漁弟持竿擧網歸

幽人遯世多幽趣　愧我腥塵未拂衣

◉강당講堂에서 노닐며

상전벽해 무수한 변화 풍진세월에 맡기고

그대와 더불어 옷깃을 맞대고 시비를 잊음이로다

고목에 바람이 스치니 석양빛 받쳐 들고

청산은 비를 몰고 우렛소리 요란하게 휘날림이로다

나무하던 형은 도끼 메고 소를 몰아 돌아오고

고기 낚던 아우는 낚싯대와 그물을 메고 돌아옴이로다
은유하는 사람의 그윽한 뜻 아름다운데
비린내의 풍진세상을 버리지 못한 내가 부끄러움이로다

182. 午枕

豈料行裝一草亭 當年高閣畔天庭
古戍江山殊耳目 荒村蚊蝎穿衣屛
難師原子貧非病 也學阮公醉不醒
午枕無端化蝴蝶 故園花柳夢中馨

◉낮잠(午枕)

행장을 이 정자에 풀 줄 어찌 생각했으랴
그해에는 높은 누각이 우뚝 솟음이로다
옛 국경과 강산은 보고 듣는 풍경 달라졌고
변방 마을에는 모기 빈대 옷을 뚫고 들어옴이로다
어려운 스승 제자의[663] 가난은 병이 아니니
완공[664]의 취해서 깨지 않음을 또한 배우려 함이로다

---

663 原子: 공자의 제자 자공子貢을 가리키는 말이다.
664 阮籍: 210~263. 위魏나라 죽림칠현의 으뜸으로 노자와 장자를 좋아하였으
며, 호주가好酒家로서 거문고를 잘 탔다고 한다. 여기서는 완공阮公은

낮잠 속에 무단이 호랑나비가 되니
옛 동산의 꽃과 버들이 꿈속에 향기로울 뿐이로다

183. 夜坐

江州八載一寒衣　氷雪孤村感叩扉
事似蹇驢停未走　心如鈍鳥擧難飛
淺深樽酒皆情境　長短窓燈亦世機
知不仲尼竟何究　義經三絶運之歸

◉밤에 앉아서(夜坐)

강주 땅665 8년 동안 누더기 옷 한 벌로 살고 보니
눈 덮인 외로운 마을 사립문을 두드리는 감회이로다
마치 절름발이 나귀같이 달아나지도 못하고
마음은 둔한 새와 같아 마음대로 날기 어려움이로다
얕고 깊은 술동이는 모두 연정의 경계이고
길고 짧은 창문과 등불 또한 세상살이 형상이로다
알지 못케라 공자가666 필경에 무엇을 궁구했는가

완적阮籍이라 생각된다.

665 江州: 강계지방과 강산지방을 강주江州라고 부르기도 했다.

666 孔子: 중국 춘추시대의 대 철학자이다. 노魯나라 곡부曲阜에서 탄생,

복희씨[667] 주역을 보니 삼절운으로[668] 돌아감이로다

184. 征婦

圍竹蒼蒼月欲生　玉關何在夢難成
非緣薄命千愁並　只念良人萬死輕
華燭雖殘衾自遠　粉粧無用鏡空明
鳴鳩乳燕還多福　比翼同巢不盡情

◉군사의 아내(征婦)[669]

　동산의 대나무 창창하고 밝은 달이 솟아오르니
　옥문관[670]이 어디 있는가 잠을 이루기 어려움이로다
　박명한 인연은 아닐까 온갖 근심 함께하니
　다만 그대를 생각하면 만 번 죽어도 모자람이로다
　화촉은 비록 가물거리고 원앙금침 멀어지니

　성은 공孔이요 휘는 구丘요 자는 중니仲尼이다.
667　伏羲氏: 중국 고대의 제왕帝王이다.
668　三絶運: 이 세상에 나온 사람이 늙고, 병들고, 죽는 세 가지 운을 벗어나지
　못한다는 것이다.
669　征夫: 원정遠征하여 타향에 있는 군사를 말한다.
670　玉關: 옥관은 옥문관이라 본다. 지금 감숙성甘肅省 돈황현敦皇縣 서쪽에
　있는 관문으로 본다. 여기서는 남편을 원정 보낸 아내의 마음을 표현했다.

분단장 필요 없어 빈 거울만 밝음이로다
우는 비둘기와 어린 제비도 도리어 다복하구나
날개를 나란히 한 둥지에 있으니 저다지도 정겨움이로다

185. 野鶴村

　一遊另辨出城東　野鶴村前日未中
　繞屋蕪菁含宿雨　連阡禾黍帶商風
　秋雨無事眠荒草　晴燕胡心上碧空
　林老能知欵賓禮　堆盤苽菜列靑紅

◉야학촌野鶴村[671]

　함께 놀다 헤어져 성 동쪽으로 나가다 보니
　야학촌 앞에서 해는 정오가 되지 않음이로다
　집 주위 텃밭에 순무는 밤비를 머금고
　들판의 곡식들은 가을바람에 넘실거림이로다
　가을비는 고요히 내려 거친 풀밭에 잠드니
　날이 개자 제비는 무슨 마음으로 창공을 나는지
　마을의 노인은 능히 손님 맞는 예절을 아노니

---

671 野鶴村: 경허선사는 갑산·강계 등지에 주석하면서 일대 명산지를 돌며
　　말년을 보낸 듯하다.

푸르고 붉은 과일과 채소 소반에 가득함이로다

186. 圍棋

賭棋之樂勝看書 何特仙山四皓居
拓地千兵閑似鶴 潰圍一帶活如魚
指端點點江鴻下 枰上丁丁夜雨疎
犄角連環君莫道 消長夏計信紆餘

◉바둑(圍棋)

내기 바둑의 즐거움이 책보는 것보다 나으니
어찌 상산사호[672]의 자리만 특별함인가
땅을 빼앗는 천군의 병졸은 한가롭기 학과 같은데
일대의 포위망 허물어지니 산 고기와 같음이로다
손가락 끝에 한 점 한 점 강호에 기러기 내려앉는 듯
바둑알 놓는 정정한 소리 밤비 성글게 내리는 듯 함이로다
기묘한 전술계교 그대 도라고 말하지 말라
지루한 여름 보내는데 참으로 여유 있는 계책이로다

---

672 四皓: 한고조漢高祖 때 상산商山에 숨은 네 노인 ① 동원공東園公, ②
기리계綺里季, ③ 하황공夏黃公, ④ 녹리선생甪里先生을 말한다. 모두 수염
과 눈썹이 희다고 호皓라고 했으며 또는 상산사호商山四皓라고도 하였다.

187. 鷰

鼕鼕社鼓載晴陰 燕子飛來一境深
粘巢知托人皆愛 遊世輕身物不侵
雨細簾櫳連夏木 風淸巷陌帶商金
辜恩負義塵間客 慚愧微虫訪主心

◉제비(鷰)

둥둥 사찰 북소리 맑은 녹음에 실려 오고
제비가 날아오니 한 경계가 깊어짐이로다
진흙을 물어 둥지 만들 줄 아니 사람들은 모두 아끼고
가벼운 날갯짓으로 세상을 날아도 걸림이 없음이로다
가는 비 처마 끝에 뿌리니 여름 숲 무성하고
언덕길에는 맑은 바람 부니 가을[673] 기운 들게 함이로다
의리를 저버리고 은혜를 배반하는 세간의 나그네여
미물도 주인의 마음을 알아 찾아오니 부끄러움이로다

188. 喞喞

一聲喞喞亂西東 於野於床於戶通

---

673 商金: 맑은 가을을 말한다.

悲語政多深院月　動機又可晩林風
百年孀婦思君裡　千里遊人倣夢中
何事浮生無感歎　感歎於爾最難空

◉벌레 우는 소리(喞喞)

한결같은 벌레 우는 소리 동서에 어지러우니
들에도 책상에도 창문 밖에도 온통 미침이로다
달 밝은 깊은 사찰에 처량한 벌레소리뿐이니
단풍 숲의 바람이 또한 가히 너를 울게 함이로다
백년 과부 지아비 그리는 마음이나
천리를 떠도는 나그네 꿈속을 헤맴이로다
어찌 부평초 인생살이 슬픈 탄식이 없겠는가
너에게 가장 어려웠던 쓸쓸함을 탄식함이로다

189. 鳳仙花

妍妍花朶伴苔衣　鳳亦非凡仙亦稀
閨屋深深吹細雨　畫簾寂寂轉晴暉
錦心增態堪題軸　玉手成紅幾上機
愛蓮愛菊愛蘭又　誰識高名物外飛

◉봉선화鳳仙花

　　아름다운674 활짝 핀 꽃 이끼 옷과 벗했으니

　　붕새처럼 또한 비범하여 신선도 또한 희유함이로다

　　깊고 깊은 규방 앞에675 이슬비 날리니

　　주렴이 고요하게 가려진 곳 더욱 맑고 빛남이로다

　　고운 마음에 아름다운 자태 한 폭의 풍경이니

　　붉게 물들인 옥 같은 손676 베틀에 몇 번이나 올랐는가

　　연꽃도 아름답고 국화 난초 또한 아름답지만

　　이 꽃보다 드날리는 고명高名함을 누가 알 것인가

190. 有感

　　搔首悵然念君去　留之不得我心愁

　　甘苦齎粮深雪裏　爲憐携酒硬氷頭

　　事上攸宜如未達　道中至妙豈能求

　　炎凉世路經過了　山自蒼茫水自流

---

674 妍妍: 예쁜 모양, 아름다운 모양, 그윽한 모양, 깊숙하고 조용한 모양을
　　말한다.

675 閨屋: 안방, 침실, 내실內室을 말한다.

676 玉手: 예쁘고 아름답고 보드랍고 고운 여자의 손을 말한다.

◉유감有感

그대 떠남을 생각하다 머리 긁적이며 슬퍼하니

그대를 만류하지 못한 내 마음이 더욱 슬픔이로다

눈 속에서 탁발하기 얼마나[677] 괴로울까

가련한 나를 위하여 빙판길에 술병 차고 옴이로다

어른을 섬기다보면 항상 도에 이르지 못함인데

도 가운데 오묘함을 어찌 능히 구할 것인가

차고 더운 세상사世上事 이미 다 지나고 보니

산은 스스로 푸르고 물은 스스로 흘러 아득함이로다

191. 偶吟

薪火相交也難息 鶻鼻衫裏歲華深

花鬚葉蔕擬天柱 山精木恠證佛心

十虛冥諦雲展張 一殼堪忍雨沉霪

微塵未破經未現 量等三千實難尋

◉우연히 읊음(偶吟)

섶나무에 불이 붙으면 또한 끄기 어려운데

송골매 코 적삼 속에 세월만 깊어감이로다

---

677 甘苦: 한암선사 필사본에는 '甘苦'인데, 수덕사본에는 '堪苦'로 되어 있다.

꽃술은 꽃잎 받침을 천주天柱로 생각하고
산의 정기와 나무 도깨비는 불심을 증득함이로다
시방에 깊은 진리 구름처럼 펼쳐져 있는데
오로지 빈 껍질로 장맛비에 젖어 감내함이로다
망상을 깨지 않고서는 경전의 뜻 알 수 없으니
삼천 권을 헤아려 보아도 실다운 진리 찾기 어려움이로다

① 又

鑪鞴多方作精鍊 ○○○○豈外乎
倒卓看山印不解 沿流付水慣無餘
不坐誰稱無炎位 喪身早非絶人居
撒手歸來只遮是 敢保行人莫躊躇

오랜 풀무질로 여러 번 단련하여 만드니
○○○○[678]도 어찌 밖이라 하겠는가
산을 거꾸로 보면 법인法印을 알 수 없으니
물이 흐르는 대로 맡기는 것이 여한이 없음이로다
누가 앉아보지 않고 불꽃 속에 앉을 수 없다고 하는가
일찍이 몸이 없다고 사람의 왕래가 끊어짐은 아님이로다
손을 놓고 돌아오니 다만 이것뿐이거늘

---

[678] ○○○○: 한암 중원선사 필사본과 선학원과 극락암 발행본에는 '○○○○'
인데, 수덕사 발행본에는 '打成一片'으로 되어 있다.

감히 보장하노니 수행인은 주저하지 말 것이로다

② 又

添香換水願福田 鬼魔窟裡送驢年
弱喪幾劫水中泡 忽覺當身火中蓮
驅牛誰識五臺聖 擊鼓難逢呂巖仙
忘機一念還滯殼 春禽啼盡惱客眠

다기에 물 갈고 향 살라 복을 발원하며[679]
마귀의 굴속에서 헛된 세상을 다 보냈음이로다
부실한 몸으로 몇 겁을 물거품 속에 살다가
홀연히 깨달으니 이 몸은 불길 속의 연꽃이로다
소 몰던 늙은이 오대산 문수보살인 줄 누가 알았나
북을 치며 찾아도 여암선인 만나기 어려움이로다[680]
한 생각 기틀을 잊으면 오히려 버리지 못하니
봄새 우는 소리에 나그네 잠자는데 번뇌 사라짐이로다

---

[679] 한암 중원선사 필사본에는 '添香換水'인데, 수덕사 발행본에는 '換水添香'
으로 되어 있다.

[680] 難逢呂巖仙: 정각正覺의 오묘함을 알지 못하면 전부 헛된 짓이라는 것을
비유한 것이다.

③ 又

平生志槪樂山幽 曾訪是庵過一秋
永日賞心歸鳥晚 萬庄如夢片雲幽
華岩那邊天北遠 洪陽前對海西浮
風光依舊重來我 數句清吟話昔遊

평생 뜻과 기개는 그윽이 산을 즐길 뿐이니
일찍이 이 암자에 찾아와 한 해를 보냄이로다
온종일 마음 찾다가 새들과 늦게 돌아오니
만사가 꿈과 같고 조각구름만 그윽함이로다
화암은 어찌하여 머나먼 북쪽 하늘가에 있는가
홍양을 앞에 대하니 바다 서쪽에 떠 있음이로다
풍광은 내가 다시 보아도 옛날과 다름이 없으니
몇 구절 기분 좋게 읊으며 옛이야기 하며 즐김이로다

④ 又

幾番虫語與禽歌 可惜年光若流波
知我屠龍惟是已 問君畵猫又如何
虛空已殞塵塵寂 山水重看佛佛多
善友幸逢勸請益 免敎一念落邪魔

벌레소리와 더불어 새소리 얼마나 울었던가
가히 애석하여라 세월은 흐르는 물과 같음이로다

나는 용을 잡으려다 오직 이것뿐임을 알았는데
그대의 고양이 화두(畫猫)는 또한 어떠한가 물음이로다
허공마저 이미 무너지니 온갖 티끌이 고요하고
산수山水를 거듭 바라보니 온갖 부처님 나투심이로다
다행히 선한 벗을 만나 청법을 권하니
한 생각 가르침으로 사마邪魔에 떨어짐을 면함이로다

⑤ 又

有一淨界好堪居 窮劫已前早成墟
石人木女心本實 星翳燈幻事非虛
哭來春光塵沙外 笑入蒼空古今餘
聖凡渾倫還成差 求伴同留興不踈

한 청정한 세계가 있어 거처로 살기 좋으니
아득한 겁 이전에 이미 마련된 자리이로다
석인과 목녀의 마음 본래 실답고[681]
별무리와 도깨비 등불도 헛된 일이 아님이로다
봄빛은 사바세계 밖에서 곡哭하고 오는데
창공을 웃으며 들어가니 고금古今에 남음이로다
성인과 범부가 섞여 차별을 이루었고

---

[681] 石人木女: 한암 중원선사 필사본에는 '石人木女'인데, 수덕사 발행본에는 '木女石人'으로 되어 있다.

벗을 찾아 함께 머무르니 흥취가 성글지 않음이로다

⑥ 又

是佛是魔摠未休 靈機收盡手中鈞

踐紅枯骨春深笑 戴白嬰兒劫石尤

昨夢幾虛來亦爾 此心未達外何求

所嗟凡事終難測 臨別沖沖更引愁

부처다 마귀다 함은 모두 쉬지 못함이니

신령한 기틀 수중手中 갈고리로 거둠이로다

꽃을 밟은 해골이여[682] 봄이 깊다 미소 짓고

백발인 갓난아이가 겁석劫石토록 삶이로다

어젯밤 꿈도 헛되고 내일 또한 그러할 뿐

마음을 깨닫지 못하고 어찌 밖에서 구하려는가

아아 슬픔이로다! 모든 일은 측량하기 어렵고

이별에 다다르니 근심하여[683] 다시 수심에 젖음이로다

⑦ 又

散爲聚本理相成 誰識重逢卽屯行

鑿破深岩留一笑 中天去作疾雷聲

---

682 枯骨: 송장의 살이 썩어 없어진 뼈를 말한다.

683 沖沖: ① 늘어진 모양. ② 근심하는 모양. ③ 얼음을 써는 소리.

孰云是水孰云巒 巒入雲中水石間
大光明體無邊外 披腹點看水與山

흩어졌다 모이는 것 본래 상대적인 진리이니
누가 알겠는가 거듭 만남이 곧 머물다 감이로다
깊은 바위 속에 머물다 한번 웃음으로 깨달으니
괴로운 우렛소리 내며 하늘로 달려감이로다
누가 이것을 물이라 하고 누가 산이라 말하였던가
산은 구름 속에 있고 물은 돌 사이로 흐름이로다
끝이 없는 그 밖이 대광명의 본체이니
가슴을 헤치고 자세히 보니 물과 더불어 산이로다

⑧ 又

鷄龍山裡訪幽眞 萬像頭頭觸目新
打唑煙霞皆世界 拈來水月更精神
誰云團會遲今日 仍辨一遊隔幾春
梵宇燦然靈社又 法門須信善心人

계룡산 속에 숨은 진인眞人을 방문하니
삼라만상 눈에 보이는 것마다 새로움이로다
연하 속에 앉아 진여의 세계를 타파하니
수월[684]을 잡아오던 정신을 이었음이로다

───────────────
684 水月: 수水는 중생의 마음을, 월月은 부처님의 법을 말한다.

단회[685]가 늦었다고 오늘에 누가 말하였는가

오래도록 힘쓰다가 한번 노닐기 얼마나 되었음인가

명산대찰의 전각이 또한 찬란하지만

법문은 모름지기 믿는 사람의 마음을 밝힘이로다

⑨ 又

愛師往迹此菴尋 靑峰依然綠水今

不學空門成佛理 長懷衰老報君心

古仙軸地江山動 白帝化人歲月深

百步空庭還佇立 毅禪閣古亂蜚吟

존경하던 스승의 자취 이 암자에서 찾았으니

푸른 산 의연하고 맑은 물은 오늘도 흐름이로다

공문[686]은 배움이 아닌 성불하는 진리이니

그대의 마음을 갚고자 늙도록 생각만 품음이로다

옛 신선이 지축地軸을 흔들어 강산을 움직이고

백제[687]가 사람이 되었으니 세월만 깊어감이로다

백 번이나 한 뜰을 서성이다가 도리어 우뚝 섰으니

선사는 옛 영각에 있고 벌레소리만 어지럽게 들림이로다

---

685 團會: 종단宗團과 회상會上을 말한다.

686 空門: 모든 불조佛祖가 지혜를 얻은 문이다.

687 白帝: 경허선사鏡虛禪師 자신을 말한다.

⑩ 又

休了踈慵養姓眞　淸緣有藪識高人
片心磊落靑天在　萬事依違白髮新
流水浮雲皆下界　飛花啼鳥又三春
明時想償還相忘　滌盡人間十戴塵

번뇌 망상을 멀리하고 참된 성품을 닦으니
맑은 인연 나눔으로 높은 진리 깨달음이로다
뇌락하는[688] 일편단심은 청천에 있고
만사가 어긋나기만 하니 백발만 새로움이로다
모든 인간세상은 흐르는 물과 뜬구름 같고
낙화는 휘날리고 새들이 노래하니 또한 춘삼월이로다
밝은 시절 은혜 갚으려다 도리어 잊어버리고
인간세상 온갖 번뇌 모두 씻어 버렸음이로다

⑪ 又

詩情酒話摠堪憐　靜對大芚山上烟
芳蘭寔盃誰非玉　處老不塵我亦蓮
衰病無端違素志　名山未訪惜流年
一夜惰談非偶爾　端笻且住雨聲前

---

688 磊落: 공명정대한 모양, 수가 많은 모양을 말한다.

시정과 주화酒話로 모든 슬픔을 잊고

고요히 대둔산 위를 대하니 안개가 자욱함이로다

방란의 술잔을 누가 옥이라 아니할 것인가

늙어가면서 진세에 물들지 않았으니 나 또한 연꽃이로다

늙어 병드니 무단히 원력의 뜻을 어기게 하고

명산을 밟지 못하고 세월만 흘러가니 애석함이로다

하룻밤 정담은 너와의 우연한 인연이 아니지만

짧은 지팡이로 또한 빗소리에 머물려 함이로다

⑫ 又

白雲深處訪高師 燒盡水沈日影遲

道僧一去長松老 碧峰千年社宇悲

縱有勝緣皆幻境 故將無事掩巖扉

花落幽庭春山盡 感人衰老惜分離

백운이 깊은 곳에 존경하는 스승을 방문하니

향불은 다 타고 저녁 해 그림자 물에 잠김이로다

도승은 어디로 가고 큰 소나무만 늙었는가

푸른 봉우리 천년고찰 당우가 슬프기만 함이로다

비록 수승한 인연 있으나 모두 허망한 경계이니

짐짓 장차 일없이 바위와 사립문만 가릴 뿐이로다

그윽한 뜰에 봄은 다 지나고 꽃은 떨어지니

인생이 노쇠하여 서로 헤어짐이 애석함이로다

⑬ 又

年來衰髮暗添登 自愧平生百不能
遠客歸踪當雨白 比隣團話隔松燈
庇來寒士誰非履 載得含靈我亦乘
邂逅孤村非偶爾 夢隨鷄石半飛勝

백발이 되도록 살아오니 어둠만 더할 뿐
스스로 평생 한 가지도 능하지 못함이 부끄러움이로다
먼 나그네 돌아간 자취 빗속에 환히 드러나니
이웃끼리 오순도순 소나무 등불 아래 담소함이로다
가난한 선비만 찾아오니 누가 비리를 밟을 것인가
모든 영혼(含靈)을 다 싣고 나도 또한 탔음이로다
외로운 촌락에서 너와 만남 우연 아니라면
꿈속 돌 닭[689] 반만 나는 수승함을 따랐음이로다

⑭ 又

午眠纔醒篆香風 往事無非一夢中
抗顔知我三人有 迅足許君萬馬空

---

689 夢髓鷄石半飛勝: 공적空寂한 가운데 영지靈智를 증득證得한 경계를 말한다.

湘水暮雲天外緣 巫山秋葉盡邊紅

所嗟後約終難必 肯把詩尊話韻同

낮잠에서 깨니 대발 사이로 향기 피어오르고

지난 일은 모두가 한바탕 꿈 아님이 없음이로다

항안⁶⁹⁰의 세 사람이 있음을 내가 알겠으니

그대의 빠른 발자취 만 가지가 다 부질없음이로다

호수湖水에 저문 구름은 하늘가를 에워싸고

무산의 가을 단풍잎은 산을 붉게 물들였음이로다

애석하다! 후일의 약속 마침내 지키기 어려우니

술잔 잡고 시詩를 즐기는 운율이 서로 같음이로다

⑮ 又

博雅文章兼德輝 白雲深處掩松扉

伏爐舊鍊丹常在 繞洞淸光鶴共飛

界日扣論頻着勝 從今師道願傳衣

山川雖隔心無間 花自紅芳艸自菲

넓고 우아한 문장을 겸하여 덕은 더욱 빛나고

백운이 소나무 사립문 가리어 보이지 않음이로다

화로에 엎드려 오래도록 단련한 일편단심 한결같고

고을을 두른 맑은 광명은 학과 함께 날았음이로다

---

690 抗顔: 잘난 척하는 얼굴을 하는 것을 말한다.

날마다 세계를 통하여 차례로 비춤이 수승함이니

지금 스승을 따라 의발을 전하기를 원함이로다

산천은 비록 막혔으나 마음에는 간격이 없고

꽃은 스스로 붉고 향기로운 풀도 스스로 우거짐이로다

⑯ 又

戚戚東西仰久輝 幸今來扣目中扉

黃卷多年離眼老 白雲千里一節飛

風雷詩極驚人目 庭栢禪香襲我衣

安得慈航同法海 覺花場內採芳菲

쓸쓸한[691] 마음으로 동서로 오래도록 비추어 보다가

다행히 오늘에야 눈 가운데 사립문을 두드렸음이로다

오랜 세월 본 경전은 늙은 눈을 떠나기 어렵고

흰 구름은 천 리인데 한 주장자로 휘날려 버렸음이로다

우레 같은 시詩는 사람의 눈을 마침내 놀라게 하고

뜰 앞의 잣나무 선향禪香이 나의 옷깃을 적심이로다

법해[692]에서 자비용선[693] 어떻게 함께 탈 것인가

---

691 戚戚: 한암 중원선사 필사본에는 '戚戚'인데, 수덕사 발행본에는 '寂寂'으로
    되어 있다.

692 法海: 바다처럼 넓고 깊은 불법의 세계, 불도佛道를 말한다.

693 龍船: 지혜와 방편을 말한다.

도량의 꽃향기 찾으니 각화覺花로 무성함이로다

⑰ 又

霽後靑岑影裡連 上方明月照天地

老僧法語成千佛 古木風聲已百年

盡境欲蘇巒海病 笑顏仍得虎溪緣

白雲一路三生遠 願訪名山作地仙

비 갠 후 푸른 산 그림자 속에 이어지고

천계[694]에 밝은 달이 천지를 반조함이로다

노승의 법문에 천불이 이루어졌고

고목의 바람소리 이미 백년이 흘렀음이로다

경계를 다하고자 함은 산과 바다와 같은 병이라

웃음이 이어지니 호계의 인연을[695] 얻음이로다

흰 구름 한결같이 삼생에서 멀어지지만

신선의 땅을 지어 명산을 만나길 서원함이로다

⑱ 又

曇雲影裏客登樓 但是萍筵感歲流

高樓方丈天然鶴 浪迹嶠南浩蕩鷗

---

694 上方: ① 천계天界, ② 동쪽과 북쪽, ③ 벼슬 이름 상방尙方의 뜻이다.

695 虎溪緣: 주註 662 참고.

藪聲杜宇深山裏 一樹梨花古寺頭

隔宵淸談仍惜別 他年相憶倍添然

구름 갠 그림자 속 나그네가 누각에 오르니

다만 부평초 인생 세월만 흐름이 안타까움이로다

높은 누각에 오른 방장은 천년의 학이고

물결을 쫓는 교남嶠南의 백구는 호탕함이로다

들려오는 두견새 소리는 깊은 산속을 알리고

한 그루 배나무 꽃은 고찰 위에 피었음이로다

아득한 하늘 맑은 담소로 애절한 이별이니

후일을 서로 기억하면 애타는 마음 더할 뿐이로다

⑲ 又

杜宇山溪五月天 掩關高釋日如年

染血未休花發處 恨聲多在月明邊

坐中亦爲離鄕客 棲止莫隣旅榻眠

柢是不歸歸便得 徒悲故鄕碧山烟

두우산 계곡에 비친 오월의 하늘이여

관문 빗장에 높은 불법 일 년을 하루같이 닦음이로다

쉼 없이 붉게 물들인 꽃이 만발한 곳에

한 많은 목소리 밝은 달무리에 그윽함이로다

좌중에 또한 자기 고향을 여읜 나그네여

깃들어 머무는 쓸쓸한 침상에 잠들지 말 것이로다
다만 돌아오지 않음이 곧 돌아오는 것을 얻음이니
푸른 산 맑은 안개 속 내 고향을 그리워할 뿐이로다

⑳ 又

海東壯絶是名山 程恨雖遙强意還
層閣半徒雲外翼 亂峯來作畵中顔
靈跡有在將何處 上主避時卜此間
差使烟霞分一局 永言枕石遠塵班

동해바다 웅장한 절벽 이것은 명산이요
한스러운 여정은 비록 멀고 강한 뜻을 돌이킴이로다
층층의 누각은 반이나 솟구친 구름 밖의 날개이고
어지러이 널려 있는 산봉우리는 그림 속 얼굴이로다
신령스러운 자취 여기에 있으나 장차 어느 곳에 머물까
해와 달이 머물다 흩어지는 그 순간에 점쳐 볼 것이로다
안개구름으로 하여금 한번 판국을 분별케 한다면
영원히 티끌세상 멀리하라고 돌베개에 말할 뿐이로다

㉑ 又

幾廻山刹復烟汀 來到龜湖靜忘形
映日郊霞難辯白 深秋巷木喜留靑

一宵雖忽知緣分 萬事拈來付醉醒

後約杳茫雲海隔 出門怊悵錫飛停

산사에 안개 낀 물가 몇 번이나 돌았던가

거북이 호수에 들어가 고요히 형상을 잊음이로다

밝은 해 안개에 가려 흰 빛 가리기 어렵고

깊은 가을 고목에 푸른 봄소식 머물러 기쁨이로다

비록 하룻밤이나[696] 연분을 홀연히 알았으니

만사는 다 같이 취성醉醒하여 염송해 올 뿐이로다

후일 행단의 약속은 망망한 운해에 막혔으니

슬픈[697] 마음에 석장을 휘날려 정자에 오름이로다

---

696 一宵: 일석一夕이란 말이다.

697 怊悵: 슬퍼하는 모양, 실망하여 멍하니 있는 모양을 말한다.

十. 雜文: 10首

192. 物外雜咏

今日淸明 不妨出遊 出遊何所 松間林邱
觀望何景 雨霽雲收 無限風光 滿目淸幽
忽焉其思 轉兮悠悠 三界綿綿 何處出頭
靑山日暮 碧海長洲

⦿물외잡영物外雜咏

오늘은 청명절이니 나가 노는 데 방해하지 말라
어느 곳으로 나가 놀아볼까 우거진 숲 솔밭 언덕이로다
무슨 경치 바라볼까 비 개고 구름 걷힘이라
끝없는 풍광이 맑고 그윽하게 내 눈에 가득함이로다
홀연히 그것을 생각하니 점점 유유자적함이로다
삼계가 면면히 이어지니 어느 곳에 출두할 것인가

푸른 산에 해 저무니 푸른 바다 긴 물가이로다

① 又

誰是孰非 夢中之事

北邙山下 誰爾誰我

누가 옳고 누가 그르단 말인가

모두가 꿈속의 일일 뿐이로다

북망산北邙山[698] 아래에

누가 너이고 누가 나란 말인가

② 又

張三李四遷化 我亦當見其事

風止火滅夢中 平生貪嗔人我

장씨의 삼남과 이씨의 사남이[699] 죽었으니

나(鏡虛) 또한 마침내 그 일을 당할 것이로다

바람은 그치고 불이 또한 꺼지면 다 꿈속이니

평생 탐욕과 성냄으로 네다 내다 싸움이로다

---

698 北邙山: 중국 하남성 낙양현의 북쪽에 망산邙山이 있다. 한나라의 유명한
무덤 또는 묘지란 뜻이다.

699 張三李四: 장씨의 삼남三男과 이씨의 사남四男이라는 뜻으로, 성명이나
신분이 분명하지 못한 평범한 사람을 뜻한다.

③ 又

一擧兩得 大是無端 掀飜寰白 屈着一般
塵裏風中 化作神丹 賴遇恁麽 命立身安
豈無幞頭 禦天之寒 履霜氷至 和情遂博
惡水何潑 難潤其乾 用此二科 流水青山
恰好其言 死鷄聲喧 古朴綻破 從頭不剞
剔耳雛看 鳧疑神鸞 大家提唱 具眼難瞞

하나를 들어 둘을 얻으니 도대체 까닭이 없음이로다
과구700를 뒤집어도 천하를 굴복시키기는 같음이로다
풍진세상 속에서 신선의 금단을 만들었음이로다
이러한 힘을 입었는가701 안신입명을 만남이로다
어찌 머리를 싸매고 하늘의 추위를 막으려는 것이 아닌가
서리를 밟으면 얼음이 이르니 뜻을 따르고 뭉치게 됨이로다
더러운 물 어디에 뿌려도 그 하늘 적시기 어려움이로다
이 두 과목은 쓸 것이니 푸른 산 흐르는 물이로다
흡사 그 말이 좋은 듯하나 죽은 닭 울음소리이로다
질박함은 깨어지니 머리부터 다듬지 않음이로다
귀 없는 병아리를 보라 오리가 신비한 난새라 의심함이로다

---

700 寰白: 성현과 범부를 말한다.
701 恁麽: 여시如是의 속어 또는 중국 송대의 속어이다. 어느 것을 가리켜
보이거나 긍정하거나 또는 의문의 뜻을 나타낼 때 쓰는 말이다.

그대에게 제창하노니 안목 있는 이는 속이기 어려움이로다

④ 又

山自靑水自綠 淸風拂白雲歸
盡日遊盤石上 我捨世更何希

산도 스스로 푸르고 물도 스스로 푸르구나
맑은 바람 불어오니 흰 구름 돌아감이로다
종일토록 반석 위에서 노니는구나
내 세상 버렸으니 다시 무엇을 바랄 것인가

193. 在定慧寺吟杜鵑

本太平天眞佛 月明中樹上啼
山空夜深人寂 唯有爾聲東西

◉정혜사定慧寺 두견杜鵑새 울음
본래 태평한 천진불天眞佛이여!
밝은 달빛 가운데 나무 위에서 지저귐이로다
빈산의 깊은 밤 사람마저 고요한데
오직 그대의 소리만 사방에 있음이로다

194. 四言

一句無前 其來何極 聲人自笑 欲聞不得
天藏庵中 何物不是 不乖而異 盖天盖地
四聖六凡 惟光明智 理無異體 山河大地
有智無用 其智何用 山山水水 無處相訟
棒也喝也 徹天其怨 今日靈山 有聖有賢

◉사언四言

일구의 앞이 없는데 그 온 곳이 어디인가
농아가 스스로 웃는데 듣고자 한들 듣지 못함이로다
천장암 가운데 어느 것인들 "이것" 아님이 있겠는가
어긋나거나 다르지 않으니 하늘을 덮고 땅을 덮음이로다
사성四聖과 육범六凡이 오직 광명의 지혜이며
진리에 다른 본체가 없으니 산하대지가 그대로 진리이로다
지혜가 있다 한들 쓸모가 없으니 그 지혜를 무엇에 쓸 것인가
산은 산이요 물은 물이니 서로 시비할 수 없음이로다
방망이와 또한 할喝이여! 하늘에 사무치는 그 원한이여!
오늘 이 영산에는 부처님이 계시고 어진 제자도 있음이로다

195. 散句

波長白鳥支離去　霧罷靑山次第來
長郊驟雨魚跳陸　弊邑荒林鬼走城
碧海有聲龍去後　靑山無主鶴來前
戲把乾坤挑日月　生擒龍虎奮風雲

◉산구散句

출렁이는 파도 위로 백조가 퍼덕이며 날아가고
안개 걷히니 청산에 초가집 하나씩 드러남이로다
들판에 쏟아지는 소나기에 고기가 땅 위로 뛰어오르고
황폐한 마을 쓸쓸한 숲에 귀신이라도 달리는 듯 함이로다
푸른 바다 파도소리 높음은 용이 지나간 뒤이고
청산에 주인이 없으니 학鶴이 오기 전이로다
건곤을 희롱하여 잡고 일월을 꾀어내고
용과 범을 사로잡고 바람과 구름을 일으킴이로다

196. 智異山 靈源寺

有南坡高弟 在傍哂笑曰
師兄恁麼道也 未免弄巧成拙
余拍膝大笑 命侍者揭題

◉지리산智異山 영원사靈源寺[702]

남파 고제가 있었는데 곁에서 웃으며 이르기를
"사형이여, 도란 무엇입니까?" 하니
희롱하고 계교하여 옹졸함을 면하지 못하고
내가 무릎을 치고 크게 웃으면서
시자에게 명하여 제호를 붙임이로다

197. 門前桃李

門前桃李還多事
萬朶吐紅古佛心

◉문 앞 복사꽃(桃) 오얏꽃(李)

문 앞 복사꽃 오얏꽃 사연이 많아서
만 가지마다 옛 부처님 마음을 붉게 토함이로다

---

702 靈源寺: 한암 중원선사 필사본 69장에 지리산 영원사 '七言絶句' 후미後尾
에 기록된 것을 수록한다.

十一. 尋牛頌: 18首

198. 尋牛頌

① 尋牛頌

本自不失 何用更尋

祗這尋底 毘盧之師

山靑水綠 鶯唫燕語

頭頭漏洩 咄

심우송尋牛頌[703]

본래 잃지 않았으니 어찌 다시 찾을 것인가

다만 찾으려 하는 것이 비로자나의 스승이로다

푸른 산 맑은 물과 꾀꼬리 노래와 제비의 지저귐이

---

703 頌: 한암 중원선사 필사본에는 '尋牛頌'인데, 수덕사 발행본에는 '尋牛歌'로
되어 있다.

두두물물[704]이 갖가지 새어 나온 것이로다 돌!

② 見跡

　韶光之妙 不在百花爛熳

　最是橙黃橘綠 好好哥哥

　跡在牛還在 無心道易親

　好好哥哥

　古庙裏香爐 澄秋野水

　好好哥哥

자취(跡)를 보다

　아름다운 빛 그 오묘함이여!

　온갖 꽃 만발함에만 있지 않음이로다

　가장 아름답기는 노랗게 익어가는

　유자와 귤이니 얼씨구 좋구나 태평가 부름이로다

　발자취 있으니 소가 있는 것 무심하면 도에 가까움이니

　얼씨구 좋구나 태평가 부름이로다

　옛 사당 안의 향로요 맑은 가을의 냇물이니

　얼씨구 좋구나 태평가 부름이로다

---

704 頭頭物物: 모든 종류의 여러 가지, 가지가지, 사사물물事物物의 뜻이다.

③ 見牛

  喝云 得如靈光獨 耀盖天盖地

    猶是階下漢 弄精魂脚手

    莫魑魅魍魎㚖好

    且道 見個甚麽一喝

소(牛)를 보다

  할喝 한 번 하고 이르기를

  신령스런 빛이 홀로 빛나서

  하늘을 덮고 땅을 덮음이로다

  오히려 이 뜰 아래 어리석은 놈이요

  정혼精魂을 희롱하는 수작이로다

  도깨비장난은 좋아하지 말라

  또한 일러 보아라!

  무엇을 보았느냐 악! 하고 한 번 할함이로다

④ 得牛

  見得則不無爭奈爲第二頭未見得者令得見已見得者

  却令迷失又却令悟得者永悟得迷失者永迷失還正當

  得也未以柱杖打卓一下云

  一把柳條收未得 和風搭在玉欄干

소(牛)를 얻다

보고 얻은 것이 곧 없는 것은 아니지만

다투어 제2두로 떨어지는 것을 어찌하랴

보고 얻지 못한 자로 하여금 얻어 보게 하고

이미 보고 얻은 자로 하여금 도리어 미혹하게 하고

또는 도리어 깨달은 자로 하여금 영원히 깨닫게 하고

미혹한 자는 영원히 미혹하게 한다면 도리어 정당하게 얻은

것인가 또한 아닌가

주장자로 탁자를 한 번 내리치고 이르기를

"한줌의 버들가지도 잡을 수 없는데

부드러운 바람은 옥난간을 두드리고 있음이로다."

⑤ 牧牛

善惡俱是心不可以修斷是如過蠱毒之鄕水也不得霑着一

滴是心無異心不斷貪婬是及盡今時如死人眼是俱是險路

不可以行且道如何則是九九八十一又椀達邱

湧泉四十年尙有走作

香林四十年打成一片

吁 得易守難且莫得少爲足

須念知識轣轆多方始得

소를 먹이다

선악善惡은 모두 이 마음이니 가히 닦고 끊을 것이 없는데 옳은 것인가, 고독蠱毒의 마을[705]을 지날 때와 같아서 물 한 방울이라도 또한 입을 적시지 않는 것이 옳은 것인가.

마음에는 다른 마음이 없으니 탐심과 음심을 끊지 않는 것이 옳을 것인가, 마음을 다하여 지금 죽을 사람의 눈과 같은 것이 옳은가, 이 모든 험한 길은 갈 수 없지 않은가.

또 말해 보아라, 어찌하면 옳은 것인가 구구九九는 팔십일八十一이며 또한 완달구椀達邱이로다.[706]

용천湧泉선사는 40년이나 있어도 오히려 달아났는데

향림香林선사는 40년 만에 타성일편打成一片이로다.[707]

아아! 탄식함이로다.

얻기는 쉬워도 지키기는 어려우니 또한 조금 얻는 것에 만족해 하지 말고 모름지기 선지식善知識을 참방하여 단련하고 단련하여 고행이 있어야 비로소 얻음이로다.

---

705 蠱毒之鄕: 중국 운남雲南 귀주貴州 지방의 산속에서 물을 마시면 즉사한다
는 고사故事에서 나온 말이다.

706 椀達邱: 필요 없는 물건을 말한다.

707 打成一片: 일체의 정량계교情量計較를 버리고 천차만별의 사물이 하나로
되는 것을 말한다.

⑥ 騎牛歸家

六途四生歷劫辛酸何曾一步移着家鄉呵呵

笛聲遏雲曲名洞庭湖心青山脚雖然如是

敢保老兄 猶未歸會麼 桂琛道底

소를 타고 집으로 돌아오다

육도六途 사생四生을 수없이 지나면서 역겁 동안 쓰고 단맛을
다 보았는데 어찌 일찍이 고향땅을 한 걸음인들 밟지 않았는가.
하하하! 피리소리 아름답게 들리니 알운곡遏雲曲이라.[708]

곡명은 동정호洞庭湖의 마음이요

청산青山의 다리이로다

비록 이와 같으나 감히 노형을 보호할진댄

오히려 집에 돌아가지 못할 것이로다 알겠는가

계침桂琛선사의 비밀스런 말씀이로다

⑦ 忘牛存人

撞眠去何得恁地狼藉兀然無事坐春來草自青這個是

癰瘡上添艾灸相似不見道直須青天也須喫棒爲甚麼

如此好作雨時不作雨堪晴天時不晴天雖然如是是甚

麼心行噫嘻長年不出戶是何境界莫向這裏屙出去是

---

708 遏雲: 알행운遏行雲의 준말로 노랫소리가 아름답다는 뜻이다.

何境界浮生穿鑿不相關是何境界不惜兩莖眉毛爲爾
提出低頭仰面無藏處雲在靑天水在甁

소는 잃고 사람만 있다

한숨 자고 가세나 어찌 그리 바쁘게 설치는가. 혼자서 일없이[709]
앉아 있으니 봄이 오고 풀이 저절로 푸름이로다. 이것은 무릇
종기 위에 쑥 뜸질하는 것과 비슷함이로다. 도道를 보지 못했는가
곧 바로 푸른 하늘이로다. 또한 모름지기 한 방망이를 먹여야
한다 하니 어찌 이와 같은가. 비가 내리기 좋은 때는 비가 내리지
않고 맑은 하늘 바랄 때는 하늘이 개지 않음이로다.

비록 이와 같으나 이것은 무슨 마음의 행인가. 아아! 오랫동안
문밖을 나가지 않으니 이 무슨 경계이며 저 속을 향하여 뒤를
돌아보지 않나니 이 무슨 경계이며 부평초 인생 천착穿鑿[710] 하는
데 서로 상관하지 말라 하니 이 무슨 경계인가.

양 눈썹을 아끼지 않고 그대를 위해 드러내 보이노니 머리를
숙이고 얼굴을 들어 감출 곳이 없는데 구름은 푸른 하늘에 있고
물은 병에 있음이로다.

---

709 兀然: 우뚝 솟은 모양, 불안하고 위태로운 모양, 무지無知한 모양을 말한다.
710 穿鑿: ① 구멍을 뚫음. 굴착. ② 어떤 학문이나 원인을 깊게 파헤쳐 알려고
하거나 연구함. ③ 억지로 이치에 맞지 않는 말을 함.

⑧ 人牛俱亡

悉利蘇魯沒多野地多也娑婆訶又摘楊花摘楊花長年
修行到此却是迷茫顚倒不直一分錢會麼塞外將軍令
寰中天子勅 喝一喝

사람(人)과 소(牛)를 모두 잃다

시리소로 못다야 지다야 사바하

　또 버들꽃을 따고 버들꽃을 따노라. 오랫동안 수행을 하였으나 여기에 이르면 도리어 미망迷茫으로 전도됨이로다. 한 푼의 가치도 없으니 알겠는가. 변방에는 장군將軍의 명령이요 나라 안에는[711] 천자天子의 칙령이로다. 악! 다시 할!

⑨ 返本還源

鶴脛雖長斷之則憂鳧脛雖短續之則愁鉢盂不得着柄筭
籬且宜有漏縣州附子幷州鐵萬物無非本處是大愚家風
好米賤柴多足四隣是個湖南城下吹火尖嘴讀書彈舌也
更有一句付在來日

근원根源에 돌아오다

711　寰中: 한암 중원선사 필사본과 극락선원 발행본에는 '寰中'인데, 수덕사 발행본에는 '中'자가 빠져 있다.

학鶴의 다리가 비록 길지만 자르려 하면 곧 근심이 되고 오리의 다리는 짧지만 이으려 하면 곧 걱정이 됨이로다. 발우鉢盂는 자루가 필요 없고 조리는 또한 새는 것이 마땅함이로다. 금주錦州는 부자附子요 병주幷州[712]는 쇠(鐵)이로다. 만물은 본래 좋은 곳 아님이 없으니 양식이 풍부하고 땔감 또한 많아 사방 이웃이 다 풍족함이로다. 이것이 호남성湖南城 아래에 불을 부는 뾰족함이요 글을 읽는 선비의 혀는 날름거리는 혀이니 이것은 대우大愚의 가풍이로다. 다시 한 구절 있으나 내일에 부쳐 둠이로다.

⑩ 垂手入鄽

木女之夢石人之歌也是前塵影事無相之佛難容毘盧之頂何貴遊芳草岸宿蘆花洲荷帒遊市振鈴入村寔爲了漢事境界與前日撥草尋牛的時節同耶不同耶皮下有血底幸須着眼始得

손(手)을 드리우고 전방에 들어가다

목녀의 꿈과 석인의 노래여!

또한 이것은 육진六塵의 그림자이로다

모습이 없는 부처님도 용납하기 어렵거늘

비로자나의 정수리가 어찌 귀할 것이 있겠는가

---

712 幷州: 당나라 지명으로 가도賈島가 병주에 오래 살았다고 한다.

방초 언덕에서 노닐다가 갈대꽃 모래 숲에서 잠이로다
바랑을 메고 저잣거리에서 교화하며 요령을 흔들고
마을에 들어가는 것은 실로 깨달은 사람의 경계이로다
전날에 풀 속을 헤치고 소를 찾던 시절과 같은가
같지 않은가 가죽 밑에 피가 흐르는 놈이면 다행이로다
모름지기 눈을 부릅뜨고 보아야 비로소 얻을 것이로다

199. 尋牛頌

① 尋牛

可笑尋牛者 騎牛更覓牛
斜陽芳草路 那事實悠悠

소(牛)를 찾다[713]

가소롭다 소를 찾는 자여!
소를 타고도 다시 소를 찾음이로다
저녁노을 진 방초 길에
이 일이 실로 멀고멀다 함이로다

---

713 尋牛頌: 팔곡병풍八曲屛風은 수덕사박물관에서 보존하고 있다.

② 見跡

　猿鳥春心慣　未登古路愁
　個中消息在　跡向藪雲幽

자취(跡)를 보다

　원숭이와 새들은 춘심이 익숙한데
　옛길에 오르지 못해 근심스럽기만 함이로다
　이 가운데 소식 있으니
　자취가 구름 숲 속에 그윽이 향함이로다

③ 露現全體

　曠劫相將地　驀然透一區
　曾聞雪山裏　乳香萬年留

온전(全體)히 드러나다

　광겁토록 전지[714]를 같이하다가
　갑자기 한 구역이 뚫렸다 함이로다
　일찍이 듣자하니 설산 속에
　젖 향기가 만년토록 머물렀다 함이로다

---

714 田地: 경작하는 땅, 장소 지점을 말한다.

④ 調伏保任

　幾廻成落草 鼻索實難投
　賴有今日事 江山盡我收

조복하여 보임保任하다
　풀밭에 놓아기른 것이 얼마였던가
　고삐를 버리기 실로 어려움이로다
　다행히 오늘의 일이 있으니
　강산을 모두 내가 거두었다 함이로다

⑤ 任運歸家

　東西非內外 任運向家邱
　無孔一枝笛 聲聲難自由

마음(任運)대로 귀가하다
　동서는 안팎이 본래 없는데
　내 마음대로 고향으로 향해 감이로다
　한 자루의 구멍 없는 피리로는
　소리마다 자유롭기 어려움이로다

⑥ 忘牛存人

風燈泡沫了 何法更堪求
寄於長安道 聲前不得休

소(牛)는 잊고 사람만 있다

바람 앞의 등불과 물거품 다하니
무슨 법을 다시 감히 구하겠는가
장안의 길에서 말을 부치노니
소리 이전 소식은 쉼을 얻지 못함이로다

⑦ 人牛俱忘

寂光猶未至 添得一毛毬
此道無多在 山高水自流

소(牛)와 사람을 함께 잊다

적광에는 오히려 이르지 못했으나
털 공 하나를 더 얻음이로다
이 도가 별다른데 있지 않으니[715]
산은 높고 물은 자연히 흐름이로다

---

715 此道無多在: 임제臨濟 스님이 황벽黃檗 스님에게 고백한 말이다.

⑧ 異類中事

　被毛兼戴角 燈榻語啾啾
　祖佛今身外 長年走市頭

이류異類 가운데 일[716]

　털이 있고 뿔이 있는 이들이여!
　등탑에 처량한 울음소리뿐이로다
　불조佛祖는 지금 내 몸 밖이니
　긴 세월 저잣거리로 돌아다님이로다[717]

---

716 異類中事: 축생의 무리에 대한 일이라는 것이다.

717 尋牛頌: 팔곡병풍八曲屏風은 수덕사박물관에서 보존하고 있다.

十二. 歌·曲: 5首

200. 悟道歌

四顧無人 衣鉢誰傳

衣鉢誰傳 四顧無人

春山花笑鳥歌秋夜月白風清正恁麼時幾唱無生一曲歌一
曲歌無人識時耶命耶且奈何山色文殊眼水聲觀音耳呼牛
喚馬是普賢張三李四本毘盧名佛祖說禪敎何須特生分別
石人唱笛木馬打睡凡人不識自性謂言聖境非我分可憐此
人地獄滓回憶我前生事四生六趣諸險路長劫輪廻受苦辛
今對目前分明使人叵耐兮幸有宿緣人而丈夫出家得道四
難之中無一關有人爲戲言作牛無鼻孔於言下悟我本心名
亦空相亦空空虛寂處常光明從此一聞卽千悟眼前孤明寂
光土頂後神相金剛界四大五陰淸淨身極樂國鑊湯兼寒氷

華藏刹釰樹及刀山法性土朽壤糞堆大千界螳穴蚊睫三身
四智虛空及萬像觸目本天眞也大奇也大奇松風寒四面青
山秋月明一天如水黃花翠竹鶯吟燕語常然大用無處不現
市門天子何須取平地上波濤九天玉印眞恠在髑髏裡眼睛
無量佛祖常現前草木瓦石是華嚴法華我常說行住坐臥是
無佛無衆生是我非妄言變地獄作天堂摠在我作用百千法
門無量義恰似夢覺蓮花開二邊三際何處覓十方無外大光
明一言而蔽之乎我爲大法王於法摠自在是非好惡焉有罣
碍無智人聞此言以我造虛語不信又不遵若有穿耳客諦信
卽無疑便得安身立命處寄語塵世人一失人身萬劫不復况
此浮命朝不謀夕盲驢信脚行安危摠不知彼如是此如是何
不來我學無生作得人天大丈夫吾所以如是勞口再三囑曾
爲浪子偏憐客嗚呼已矣夫

衣鉢誰傳 四顧無人四顧無人 衣鉢誰傳

忽聞人語無鼻孔 頓覺三千是我家

六月燕岩山下路 野人無事太平歌

◉오도가悟道歌

사방을 돌아봐도 사람이 없으니

의발衣鉢을 누구에게 전해 받을 것인가

의발衣鉢을 누구에게 전할 것인가

사방을 돌아봐도 사람이 없음이로다

봄 산에 꽃은 활짝 피고 새는 노래하며 가을밤에 달은 밝고 바람은 맑음이로다. 바로 이러한 때에 무생無生의 일곡가一曲歌를 몇 번이나 불렀던가. 일곡가一曲歌를 아는 사람이 없으니 시절이 그러한가 숙명인가. 또한 어찌 하겠는가.

산색은 문수文殊보살의 눈(眼)이요 물소리는 관음觀音보살의 귀(耳)이로다.

소(牛)와 말(馬)을 부르는 사람은 보현普賢보살이요 장삼이사 張三李四가 본래 비로자나불毘盧遮那佛이로다.

불조佛祖라 이름하고 선교禪敎를 설하였던 것이 무어 그리 특별나게 분별 낼 것인가. 석인石人[718]이 피리 불고 목마木馬는 졸고 있음이로다. 범부凡夫가 자신의 성품을 알지 못하고 일러 말하기를 "성인聖人의 경계는 나의 분수가 아니다."라고 하니 가련함이로다. 이런 사람은 지옥의 찌꺼기일 뿐이로다.

나의 전생 일을 돌이켜보니 사생四生[719]과 육취六趣[720]의 모든 험난한 길을 오랜 세월 윤회輪廻하며 신고辛苦의 괴로움이 지금 눈앞에 보듯이 분명한데 다른 사람들로 하여금 차마 인내하라는

---

718 石人: 무덤 앞에 세우는 망부석. 형상만 사람일 뿐이지 실상은 어리석고 완고하여 시비·선악을 분별하지 못함을 비유한 말이다.

719 四生: ① 태胎, ② 란卵, ③ 습濕, ④ 화化이다.

720 六趣: ① 지옥地獄, ② 아귀餓鬼, ③ 축생畜生, ④ 아수라阿修羅, ⑤ 인간人間, ⑥ 천상天上이다.

것이 옳을 것인가. 다행히 숙세夙世의 인연이 있어서 사람이
되고 대장부大丈夫가 됨으로서 출가하여 득도得道하였으니 네
가지(四難)[721] 얻기 어려운 것 중 하나도 모자람이 없음이로다.
어떤 사람이 희롱戲弄하며 이르기를 "소(牛)가 되어도 콧구멍이
없다."라고 하므로 인하여 그 말 아래 나의 본심을 깨달았으니
이름도 또한 공空하고 형상도 또한 공空하여 공허空虛하고 고요한
곳에 항상 광명光明이로다.

이로부터 하나를 들으면 천 가지를 깨달으니 눈앞은 홀로
빛나는 적광토寂光土[722]요 정수리 뒤에 신령스런 모습은 금강金
剛[723]의 세계이로다. 사대四大[724]와 오음五陰[725]은 청정淸淨한 법신
法身이요 극락세계는 확탕鑊湯지옥과 한빙寒氷지옥을 겸한 곳이
요 화장찰해華藏刹海는 검수劍樹지옥과 도산刀山지옥의 법성토
法性土[726]이며 썩은 무더기(朽壤)와 똥 무더기(糞堆)가 대천세계
이며 개미구멍과 모기 눈썹이 삼신三身[727]과 사지四智[728]이며 허공

---

721 四難: 불타를 만나 정법正法을 듣기가 어려운 것, 곧 ① 치불난値佛難,
② 설법난說法難, ③ 문법난聞法難, ④ 신수난信受難.
722 寂光土: 부처가 사는 곳이다. 또 중생이 해탈하여 깨달음에 이른 경계를
말한다.
723 金剛界: 본래 가지고 있는 영원한 깨달음의 본질이다.
724 四大: ① 지地, ② 수水, ③ 화火, ④ 풍風이다.
725 五陰: ① 색色, ② 수受, ③ 상想, ④ 행行, ⑥ 식識이다.
726 法性土: 오토五土의 하나로 여래의 맑고 깨끗한 법신이 거주하는 국토를
말한다.

과 삼라만상은 눈에 보이는 것이 본래 천진불天眞佛이니 또한
크게 기이하고 또한 크게 기이함이로다.

솔바람 찬 기운에 사방이 천산이요 가을 달 밝으니 온 하늘은
물과 같이 밝음이로다. 누런 국화 푸른 대나무와 꾀꼬리 노랫소리
제비의 재잘거림은 항상 대용大用이어서 드러내지 않는 곳이
없음이로다. 저잣거리에 천자天子를 준들 어찌 모름지기 취할
것인가.[729] 평지 위의 파도波濤요 구천九天의 옥인玉印이로다.

참으로 괴이함이로다. 해골 속에 눈동자가 있어서 무량한 불조
佛祖가 항상 나타나고 초목과 와석瓦石이 모두 화엄경華嚴經이요
법화경法華經이로다.

내(鏡虛)가 항상 말하지만 행주좌와行住坐臥가 이것이며 부처
도 없고 중생도 없는 것이 이것이로다. 나(鏡虛)는 허망된 것은
말하지 않음이로다. 지옥이 변하여 천당이 되는 것이 모두 나의
작용에 있으며 백천 가지 법문法門과 무량한 뜻이 흡사 꿈을
깨니 연화장세계에 있는 것과 같음이로다. 이변二邊[730]과 삼제三

---

727 三身: ① 법신法身, ② 보신報身, ③ 응신應身 등의 세 불신佛身이다.

728 四智: ① 대원경지大圓鏡智, ② 평등성지平等性智, ③ 묘관찰지妙觀察智,
④ 성소작지成所作智를 말한다.

729 須取: 한암 중원선사 필사본에는 '須取'인데, 수덕사 발행본에는 '特貴'로
되어 있다.

730 二邊: 중도中道를 여읜 양극단을 말한다. 유有와 무無, 그리고 상常과
무상無常이다.

際⁷³¹를 어느 곳에서 찾을 것인가. 시방세계가 안과 밖이 없이 모두 대광명大光明뿐이니 한마디로 말해서 내가 대법왕大法王이 되어 법에 모두 자유자재함이로다.

시비是非와 호악好惡에 어찌 걸림이 있을 것인가. 어리석은 사람이 이 말을 듣고 내(鏡虛)가 헛된 소리를 한다 하며 믿지 않고 또한 따르지도 않지만 만약 귀가 뚫린 이가 있다면 이 말을 믿고 의심하지 않으면 문득 안신입명처安身立命處를 얻을 것이로다. 풍진세속 사람들에게 말하노니 사람의 몸을 한 번 잃으면 만겁萬劫이 지나도록 다시 얻기 어렵거늘⁷³² 하물며 또한 이 부평초 같은 목숨 아침저녁을 보장할 수 없음이로다. 눈먼 당나귀가 다리만 믿고 가다가 안전함과 위험함을 전혀 알지 못하는 것과 같음이로다.

저것도 이와 같고 이것도 이와 같거늘 어찌 나에게 와서 무생無生의 법을 배워 인천人天의 대장부가 되려고 하지 않는가. 내(鏡虛)가 이와 같은 까닭으로써 입이 아프도록 두세 번을 부탁하노니 일찍이 방랑자가 되어 보았기에 나그네를 아낌이로다.

오호라! 슬픔뿐인저

의발衣鉢을 누구에게 전해 받을 것인가

---

731 三際: 三世의 다른 이름으로 ① 전제前際, ② 중제中際, ③ 후제後際라고 한다.

732 不復: 한암 중원선사 필사본에는 '不復'인데, 수덕사 발행본에는 '難逢'으로 되어 있다.

사방을 돌아봐도 사람이 없음이로다

사방을 돌아봐도 사람이 없으니

의발衣鉢을 누구에게 전할 것인가

또 게송偈頌하여[733]

忽聞人語無鼻孔　홀연히 다른 사람에게 콧구멍 없다는 말을

　　　　　　　　듣고

頓覺三千是我家　삼천대천세계가 바로 나임을 몰록 깨달았음

　　　　　　　　이로다

六月燕岩山下路　유월 연암산燕岩山 아랫길에는

野人無事太平歌　야인野人들이 일없이 태평가를 부름이로다

201. 可歌可詠[734]

◉가가가영可歌可詠[735]

일업는鏡虛堂이　　　노래하나지어내니

---

733 頌曰: 한암 중원선사 필사본에 없는데, 수덕사 발행본에는 '頌曰' 두 글자가
　　더 있다.

734 ① 可歌可詠, ② 중노릇 하는 법, ③ 法文曲, ④ 參禪曲은 옛글을 대하는
　　좋은 기회라 생각되어 원문 그대로를 싣는다.

735 可歌可詠: 한암 중원선사 필사본에는 140수首인데 수덕사 극락암 발행본
　　에는 126수首로 되어 있다.

世上사람드러보소　　仔細이드러보소

凡世人間사람드리　　善惡因果바다나니

影響相泛不差下에　　前世에惡한사람

牛馬虫蛇今生이오　　地獄餓鬼불상하다

前生에善한사람　　　國王大臣富貴榮華

目前에分明하니　　　今生善惡미러보면

後生일을알이로다　　人生百年다살며는

三萬六千날이오나　　다사난이늬잇스며

人間七十古來稀라　　七十살이또한적네

五六十을산다해도　　二三十이거위되여

十五十歲바라보니　　그역참간夢中일세

父母兄弟俱存하고　　妻子眷屬삼대갓고

文章才藝盖世하고　　威風容貌嚴莊하고

金銀玉帛邱山갓고　　天子되며輪王되야

無量快樂밧드래도　　人生목숨無常하야

아츰나졀셩튼몸이　　저역나졀黃泉일세

오날나럴이러하니　　내일모레엇지될지

푸쥬간에가는쇼가　　자옥자옥死地로다

寒心하고可憐하다　　蜉蝣같은人生목숨

멋날멋칠보젼할고　　電光石火夢中이라

一息不廻來生이면　　來生일을또알손가

셜사定命살드래도	잠든날과病든날과
憂患疾苦걱졍근심	無限苦相다빼노면
편할날이몃칠이며	사는날이몃칠인가
부지럽시貪嗔이나	我慢嫉妬愛慾心을
내것삼아受用하야	三惡途에떠러지니
百千萬劫輪廻受苦	그아니慘酷한가
비록善心조흔지라	天上人間快樂하나
有漏因果無常하야	六道輪廻못면하니
그런故로祖師말삼	曾向天帝殿中遊라가
還向閻宮鍋裏煮라	分明이일넛스니
그아니取信할가	그런고로三界夢中이라
凡所有相虛妄하다	淸淨光明眞如佛性
나도안코죽도안코	無爲眞樂恒常이오
蕩蕩無碍自在하니	寂光土죠흔國土
白雲流水處處로다	부려한번되여노면
무슨걱졍잇슬손가	보고듯고안고눕고
밥도먹고옷도입고	말도하고잠도자고
恒常妙用摠持하니	얼고앞에分明하고
이마뒤에신그럽다	찾는길이여럿이나
아조야치말할진댄	返照工夫最妙하다
善心惡心無量心을	地水火風졔쳐노코

차자보면無形이라 　비록차자無形하나
灵知分明不昧하니 　그아니可笑론가
石人吹笛木馬현쥬 　아하우슙다
虛妄夢中世上事을 　도모지忘却하고
白雲靑山奇岩流水 　秋月春花無限景이
景槪쫏차奇異하다 　菜根木果充腹하고
一朝寒衲罷袖하니 　潺潺流水磐石上에
졀로생긴松亭이오 　실실한금운조차셔
明月靑風相和로다 　法國새한소리에
盡日無心終夜無心 　無心客이되얏스니
明月이無心하야 　날을빗쳐無心하고
淸風이無心하야 　나를부러無心하냐
無心行이이러하니 　無爲眞理이아닌가
出世丈夫이아닌며 　諸佛諸祖別求할가
興亡盛衰뉘알테이며 　츌쳑도거뉘알텐고
眞如涅槃昨夢일셰 　泡沫風燈가소롭다
이런快樂無常樂을 　可憐하다世上사람
어이하야하지안코 　지레죽을酒色에는
貴賤없이다질기고 　眞樂受할成佛法門
僧俗男女다피하니 　末世되야그러한가
善心업서그러한가 　智慧知人바이없서

無常歲月虛妄事을	어서어서밧비깨쳐
善知識을親見하고	自己佛을어셔차자
六道衆生濟度하야	如我無爲하온後에
高源桃李芳草岸에	露地白牛으거하야
無孔笛을빗겨들고	囉囉哩哩囉囉哩
太平歌를불너보셰	南舞釋迦牟尼佛

202. 즁노릇하는법

대져 즁노릇하는 것이 저근일이리요 잘먹고 잘입기를 위하야
즁노릇하는 것이아니라 부쳐되야 살고 죽는것을 면하자고 하는
일이니 부쳐되랴면 내몸에 잇는 내마음을 차자 보아야하는 것이
니 내마음을 차즈랴면 몸뚱이는 숑장으로 알고 셰상일이 조으나
조치아니하나 다— 끔으로 알고 사람 죽는것이 아츰에 잇다가
져역에 죽는 쥴노 알고 죽으면 디옥에도 가고 짐생도 되고 귀신도
되야 한업는 고생을 밧는쥴을 생각하야 셰상만사를 다 이져바리
고항상 내마음을 궁구하되 보고듯고 일쳬일을 생각하는 놈의묘
양이 엇더케 생곗는고 모양이 잇는 것인가 모양이 업는 것인가
큰가 저근가 누른가 푸른가 밝근가 어두운가 의심을하야 궁구하
되 고양이가(쥬+ㅣ) 쥐잡듯하며 닭이 알안듯하며 늙근(쥬+ㅣ)

가 쌀든 궤짝 좁듯하야 항상 마음을 한곤데두워 궁구하야 이저바리지 말고 의심하야 일을 하드래도 의심을 노치지 말고 그저 잇을때라도 의심하야 지셩으로하야 가면 필경에 내마음을 깨달을 때가 잇을 것이니 부대 신심을 내여 공부할지니라 대져 사람되기 어렵고 사람되야도 산애되기어렵고 산애되야도 중노릇하기 어렵고 중노릇하야도 부쳐님바라는 법을 만나기 어려우니그런 일을 깁피생각하며 부쳐님 말삼이 사람되기는 손톱우에 흑갓고 사람의 몸일코 짐생된이는 왼셰상 흑가트다고 하시고 또 사람의 몸한번 일으면 억만연이라도 다시 회복하기 어렵다고 하시며 또 항상 디옥에 쳐하기를 동산에 놀듯하며 아귀귀신이나 축생되기를 내집에 잇드한다 하시며 또 한번 셩불하면 다시 죽도살도 안코 다시 고생을 아니밧는다고 하시니 이런말삼을 자서이드러 생각하며 또 이젼에권션사라는 신님은 아츰부터 공부하다가 해가질때면 다리을 뻗고 울어 가라대 오날 해도 공연이 지내고 마음을 깨다지 못하엿다고 하고 날마다 그리하니 도잇고 공부하느라고 마음 지극히 먹은이를 모다 적을수 업스니다 — 죽고 살기를 잇고 먹고 입기를 잇고 잠자기도 잇고 공부하서스니 우리도 그러케 하여야 공부가 될터이니 자셔이 생각하며 이젼에 동산시님이 글을지여 가로대 거록하다는 이름도 구하지 말고 재물도 구하지 말고 영화시려운 것도 구하지 말고 그렁저렁 인연을 따러 한세상을 지내여서 옷은 떨어지거든 거듭거듭 지여

입고 양식은 업거든 각금각금 구하야 먹을지로다 턱어리밋테
셰마듸 긔운이 끈어지면 문듯 송장이오 죽은 후에는 헷 이름뿐이
로다 한낫 허환한 몸이 멧칠이나 살터이관대 쓸데업는 일을하느
라고 내마음을 깜깜하게하여 공부하기를 이져바리리요 하신이
라 내마음을 깨다른후에 항상 그마음을 보전하야깨끄이 하고
고요히하아 셰상에 물들지말고 닥거가면 한업는 조훈일이 하도
만흐니 부대 깊이 미드며 죽을적에라도 아프지도 안코 알치도
안코 마음대로 극냑셰게도 가고가고 십흔대로 가나니라 부쳐님
의 말쌈에 하시기를 남자나 여인이나 노소를 무론하고 이법문을
밋고 공부하면 모다 부쳐가 되리라하시니 엇지 사람을 쇠기리요
오조홍인대사 말삼이 내마음을 궁구하면 깨달을 것시라하시고
맹셰하시되 너의가 내말을 고지아니드르면 셰셰생생에 호랑이
에게 죽을것시오 내가 너이를 쇠기면 후생에 디옥에 떨어지리라
하시여스니 이런말삼을 듯고 엇지밋지안이하리요 공부하는 사
람이 마음을 움지기지 안키를 산과가치하고 마음을 널께쓰기를
허공과 가치하고 지혜로 불법 생각하기를 날과 달과 가치하야
남이나를 올타고하든지 그르다고하든지 마음에 끄들이지말고
다른사람의 잘하고 잘못하는 것을 내마음으로 분별하여 참견말
고 조훈일이 당하든지 조치아니한 일이당하든지 마음을평안히
하며 무심이가저서 남보매흥맥갓게지내고 병신가계지내고 병
어리가치 소경가치 귀먹은 사람가치 어린아희가치 지내면 마음

의 절노망상이 업서지나이라 셜사 세상일을 똑똑이 분별하드래
도 비유하건대 똥덩이 가지고 음식맨들나는거와 갓고 진흑가지
고 흰옥맨들나는 것과 가타서 성불하야 마음 닥는데도시 씰데없
는 것이니 부대 세상일을 잘할나고 말지니라 다른사람 죽는것을
내몸에 다가치 생각하야 내몸을 든든이 밋지말고 때때로 깨우쳐
맘을 차기를 노치말지니라 이마음이 엇더케 생겼는고 의심하야
오고 의심하야 가고 간절이 생각하기를 배곱흔 사람 밥 생각하듯
하여 잇지말고 할지니라 부쳐님 말삼하시기를 一쳬 세상일이
다 허망하다 하시고 중생이 모든하는 일이 다 나고 죽는 법이라하
시고 오즉제 마음을 깨다러야 진실한 법이라하시니라 술은 먹으
면 정신이 흐리니 먹지 아니할 것이요 음행은 정신갈여 애착이되
니 상관아니할 것이요 살생은 마음에 진심을 도두니아니할 것시
오 고기는 먹으면 정신이 흐리니 먹지 아니할 것시오 거짓말은
내마음에 사심을지르니 아니할 것이요 도적질은 내마음에 탐심
을 늘이니 아니할 것시오 파와 마늘은 내마음에음심과 진심을
도두니 먹지안이할 것시오 그 나머지 一쳬 것이 내계 해로운
것시니 간섭지말지니라 목우자 슨님말삼이 재물과 색이 앙화됨
이 독사보다 심하니 몸을 살펴 그런줄 알어 항상 멀이여위라
하시니 이런 깁흔말삼을 본바더 행하여야 공부가 순히되난이라
부쳐님말삼이 한번 진심내면 백만가지 죄가 생긴다하시니 졔一
골내는 마음을 참을지니라 이젼신임에 말삼이 골내는 마음으로

호랭이와 배암과 벌과 그런 독한물건이 되고 가비여운마음으로
나비와 새되고 좀시러운 마음으로 개암이와 모기것튼것 되고
탐심내는 마음으로배곱하우는 귀신이되고 탐심과 골내는 마음
이만하고 크면 지옥으로 가고 一체 마음이다

여러 가지 것 되야가니 一체 여러 가지 마음이 업스면 부쳐가
되나니라 착한 마음이 조타하여도 또 천당으로 갓다가 도록떠러
저지옥이나 축생이나 되어가니 착한 마음도 쓸데업고 一체 마음
업새고하면 다른데로 갈것업고 마음이 깨끗하야 혼곤하지 아니
하면 캄캄한데로 가지 아니하니 고요하고 깨끗한 마음이 부쳐되
야 가는길이니 내 마음을 항상 의심하야궁구하면 자연 고요하고
깨끗하여 지나니 극칙고요 깨끗하면 절노 마음을 깨다라 부쳐되
나니 도라가지 아니하고 고든 길이니 이러케하여 갈지니라 이법
문을 가끔보고 일느고 남을 일녀주면 八만대장경본 공덕과 갓고
그대로 공부하면 一생에 셩불할것시니 속이는말 노아지말고
신심으로 밋어하여 갈지니라 산는 깁고 물은 흐르고 각색 초목은
휘여저잇고이상한 새소리는 四면에 울고적적하야 세상사람은
오지안는데 고요히 안져 내마음을 궁구하니 내게 잇는 내마음이
부쳐아니면 무엇인가 듯기 어려운 조흔법을 드러스니 신심을
써서할지니라 마음을 너무 급히씨면 신병이나고 두통도나나니
마음을 가라안쳐서 평안이하여가라 조심하라 억지로 생각하랴
말고 의심을 내여하라

203. 法門曲

◉법문곡法門曲

於戲라 世上사람 내의노래 드러보소

허탄이 아지말고 仔細히 생각하쇼

古往今來 無窮하고 天地四方 광활한데

사람이라 하는것시 於戲라 우숩도다

虛妄하다 이몸이여 더운것은 불기운

동하는것은 바람기운 눈물콘물 피와오즘

축축하것은 믈기운 손톱발톱 터러기와

살과뼈와 입빠듸와 단단한것은 흙기운

五臟六腑 살펴보니 굽이굽이 똥오좀

지렁이와 寸蟲이와 버러지도 無數하다

박가트로 살펴보니 모기벼류 이와빈대

허다한 괴로운믈건 쥬야로 침노한다

가사百年 산다해도 百年三萬 六千일에

살펴보면 잠깐이오 人生七十 古來히라

七十살기 두물도다 中壽者는 四五十

短命者는 二三十 서너살에 죽는人生

두류두류 생각하니 한심하다 이몸이여

엄도싹도 아니난다. 人生한번 죽어지면

黃泉客이 되는구나 가사七十 산다해도

잠든날과 病든날과 걱정근심 여러모양

편한날이 몃칠인가. 아츰나절 성튼몸이

적여나절 病이드러 呻吟苦痛 하는모양

醫院불너 藥을쓰니 扁鵲인들 어이하며

巫女드려 굿을하니 巫覡이도 쓸데업고

問卜丈이 점을하니 소강절도 쓸데업고

諸山祭需 許多功德 실영인들 엇지하며

金銀財寶 산과갓고 妻子眷屬 三대갓고

사생친구 頻頻하니 죽는사람 할수업다

五臟六腑 끈어내고 四肢百절 비여낸다

쉬나니 한숨이요 우나니 눈물일셰

父母兄弟 至親으로 대신갈이 뉘잇스며

金銀玉帛 財物로도 살여낼수 바이업네

歷代王侯 萬古豪傑 富貴榮華 쓸데업고

萬古文章 天下辯士 죽는데는 虛事로다

童男童女 五百人이 一居後에 無消息

不死藥도 虛事로다 慘酷하다 이人生이

죽지안는이 뉘잇는가 北邙山 깊은곳에

月色은 침침하고 松風은 실실한데

다만弔客 가마귀라 人生一場 春夢을

꿈깨난이 뉘잇는가 可憐하고 寒心하다

三界導師 부쳐님이 죽도안코살도 안는이치

깁히알어 訓導하니 仔細한 前後말슴

소연하기 日月갓다 千萬古 名賢達士

見性得道 한사람이 恒河沙 모래수라

見性得道 하계되면 生死를 免하나니

千經萬論 이른말삼 조금도 疑心업다

나도早年 入山하야 지금껏 窮究하야

깁피깁피 工夫하야 다시疑心 永絶하니

어둔길에 불만난듯 주린사람 밥만난듯

목마른이 물마난듯 重病들어 알는사람

名醫를 만난듯 상쾌하고 조흘시고

이法門을 전파하야 사람사람 成佛하야

生死輪廻 免하기를 愚人知愚 樂人知樂

이내말슴 仔細듯소 사람이라 하는것이

몸뚱이는 송장이요 허황한 빈껍더기

그속에 한낫부쳐 분맹히 잇는구나

보고듯고 안고서고 밥도먹고 똥도누고

언어수작 대로하고 喜怒愛樂 분명하다

그마음을 알계되면 전즉부쳐 이것일셰

찾는法을 일너보세 누나서나 밥을먹으나

자나깨나 음지기나 똥을누나 오좀누나
우슬때나 골낼때나 一切處 一切時에
항상깁피 疑心하야 窮究하되 이것이
무엇인고 엇더케 생겟는고 큰가저은가
긴가짜른가 발근가 어둔가 누른가
푸른가 잇는것인가 업는것인가 도시엇더케
생겻는고 시시때때 疑心하야 疑心을
노치말고 염염불망 하여가면 마음은
점점말고 疑心은 점점깁허 相續不斷
할지경에 홀연히 깨다른니 天眞面目
조흔부쳐 완연히 내게잇다. 살도죽도
아는물건 완연히 이것이다 金을주니
박글소냐 銀을쥬니 밧굴소냐 富貴功名도
부렵지 안타. 하날땅이 손바닷우에잇고
千萬年이 一刻이요 허다한 神通妙用
불에들어 타지안코 물에드러 젓지안코
크랴면 한량업고 적으랴면 미진가고
늙도안코 죽도안코 世上天地에 부러울것이
다시무엇 잇슬손가 나물먹고 물마시고
배곱하 누워서도 걱정할일 바이업고
헌옷입고 츱드래도 무엇다시 걱정하며

聖人갓다 추드래도 조와할것 다시업고

고약하다 욕하야도 一호걱정 도시업고

天地에 不關이요 死生에 不關이요

貧富에 不關이요 是非에 不關이요

홀연이 한무사인이 되어스니 이것을

부쳐라 하나니라 이몸을 벗고가드래도

가고오기를 自在하야 죽고살기를 제마음대로

임의로하야 죽는사람 갓지안코 無心無事

심상하니 世上사람 생각하면 呻吟苦痛

불상하다 道人이라 하는이는 몸똥이는

죽드래도 不生不滅 이마음이 天上人間

自在遊戱 逍遙快樂 限이업네 諸佛祖師

이른말삼 추호나 쇠길소냐 光陰

如流하야 죽는날이 잠깐이니 부지런이

工夫하야 生死大事 免해보세 이노래를

다못마치여 한燈은 明滅하고 새벽鐘聲은

슈슈하니 야이하시오 無人門이라 默默히안져

헤아려보니 셔불진언이오 언불진이라 각필언권

이만이나 이만이를 뉘알소냐 於戱라

이노래를 仔細仔細 드러보소 부쳐님

말슴하시기를 부모에게 孝誠하고 스님네게

恭敬하고 大衆에 和合하고 빌어먹은

사람을 불상이여기여 조금식이라도 주고

부쳐님께 至誠으로 위하고 가난한

사람은 꽃한가지라도 꺼거다노코 졀하든지

돈한푼을 노코 졀을 하든지

밥한사발 노코 위하여도 福을한업시

밧는다 하시고 이우에 다섯가지를

至誠으로 하여가면 福이한이업다고 하시니라

衆生은 개미와 이가튼것도 죽이지말고

남에게 욕하고 언짠는 소리말고

머리털억 만한것도 남의것 흠치지말고

조곰망큼도 골내지말고 항상 마음을착하게

가지고 부드럽게 가지고 내마음과

몸을낫추워 가지면 복이된다 하시니

부쳐님 말삼을 고지 들을지니라

쥰제공덕취 적적심상송 일체제대란 무릉침시인

쳔상급인간 슈복여불등우차여의쥬 증획무등

나무칠구지불모 대쥰제보살

정법게진언 옴람

호신진언 옴치림

관셰음보살 본심미묘 륙자대명왕진언 옴마니 반메훔

쥬졔진언 나무사다남 삼먁삼못다 구치남 다냐타
음 좌례쥬레 쥰졔 사바하 부림
아금지송대쥰졔 일체액난개소멸
슈부겸득졔호쇠 속셩뎡각도미륜

204. 參禪曲

忽然히생각하니   都是夢中이로다
千萬古英雄豪傑   北邙山무덤이요
富貴文章쓸데없다   黃泉客을免할소냐
嗚呼라나의몸이   풀끝에이슬이요
바람속의燈불이라   三界大師부처님이
叮嚀히이르시되   마음깨쳐成佛하야
生死輪廻永斷하고   不生不滅저國土에
常樂我淨無爲道를   사람마다다할줄로
八萬藏經遺傳하니   사람되야못닦으면
다시工夫어려우니   나도어서닦아보세
닦는길을말하랴면   허다히많건마는
대강추려적어보세   앉고서고보고듣고
着衣喫飯對人接語   一切處一切時에

昭昭靈靈[736]知覺하는　이것이어떤건고

몸뚱이는송장이요　妄想煩惱本空하고

天眞面目나의부처　보고듣고앉고눕고

잠도자고일도하고　눈한번깜작할새

千里萬里다녀오고　許多한神通妙用

分明한나의마음　어떻게생겼는고

疑心하고疑心하되　고양이가쥐잡듯이

주린사람밥찾듯이　목마른이물찾듯이

六七十늙은寡婦　子息을잃은후에

子息생각간절틋이　생각생각잊지말고

깊이궁구하여가되　一念萬年되게하야

廢寢忘殮할지경에　大悟하기갑갑도다

忽然히깨달으면　本來생긴나의부처

天眞面目絶妙하다　阿彌陀佛이아니며

釋迦如來이아닌가　젊도않고늙도않고

크도않고적도않고　本來생긴自己靈光

盖天盖地이러하고　涅槃眞樂가이없다

地獄天堂本空하고　生死輪廻本來없다

善知識을찾아가서　了然이印可마저

다시疑心없은後에　世上萬事忘却하고

---

736 昭昭靈靈: 알아 깨닫는 심성心性을 말한다.

隨緣放曠737지나가되　빈배같이떠놀면서

有緣衆生濟度하면　報佛恩德이아닌가

一切戒行지켜가면　天堂人間壽福하고

大願力을發하여서　恒隨佛學생각하고

同體大悲마음먹어　貧病乞人괄세말고

五蘊色身738생각하되　거품같이觀을하고

바깥으로逆順境界　夢中으로생각하야

喜怒心을내지말고　虛靈한나의마음

虛空과같은줄로　眞實히生覺하야

八風五欲一切境界739不動한이마음을

泰山같이써나가세　허튼소리우스개로

이날저날헛보내고　늙는줄을忘却하니

무슨工夫하여볼까　죽을제苦痛中에

後悔한들무엇하리　四肢百節오려내고

머리골을쪽이난듯　五臟六腑찢는중에

앞길이캄캄하니　寒心慘酷내노릇이

---

737 隨緣放曠: 인연을 따라 구속 받음이 없이 넓은 세상에 자유자재로 함을
　　말한다.

738 五蘊色身: 색色·수受·상想·행行·식識 등 육신肉身을 말한다.

739 八風五欲: ① 이利, ② 쇠衰, ③ 훼毁, ④ 예譽, ⑤ 칭稱, ⑥ 기譏, ⑦ 고苦,
　　⑧ 낙樂의 팔법八法과 ① 색色, ② 성聲, ③ 향香, ④ 미味, ⑤ 촉觸의 오경五境을
　　말한다.

이럴줄을뉘가알꼬 　저地獄과저畜生에

나의身世慘酷하다 　百千萬劫蹉陀하야

다시人身망연하다 　參禪잘한저道人은

앉아죽고서서죽고 　앓도않고蟬脫하며

오래살고곧죽기를 　제맘대로自在하며

恒河沙數神通妙用 　任意快樂自在하니

아모조록이世上에 　눈코를쥐여뜯고

부지런히하여보세 　오늘내일가는것이

죽을날이당도하니 　푸주간에가는소가

자욱자욱死地로세 　이전사람叅禪할제

마디그늘아꼈거늘 　나는어이放逸하며

이전사람叅禪할제 　잠오는것성화하야

송곳으로찔렀거든 　나는어이放逸하며

이전사람叅禪할제 　하루해가가게되면

다리뻗고울었거늘 　나는어이放逸한고

無明業識毒한술에 　昏昏不覺지내가니

嗚呼라슬프도다 　타일러도아니듣고

꾸짖어도조심않고 　심상히지내가니

희미한이마음을 　어이하야인도할꼬

쓸데없는貪心嗔心 　공연히일으키고

쓸데없는許多分別 　날마다紛擾하니

우습도다나의지혜　누구를한탄할꼬
知覺없는저나비가　불빛을貪하여서
저죽을줄모르도다　내마음을못닦으면
如干戒行少分福德　도무지虛事로세
嗚呼라寒心하다　이글을자세보아
하루도열두시며　밤으로도조금자고
부지런히工夫하소　이노래를깊이믿어
책상위에펴놓고　시시때때警策하소
할말을다하려면　海墨寫而不盡이라
이만적고끝이오니　부디부디깊이아소
다시할말있아오니　돌장승이아이나면
그때에말하리라

무이無二 거부巨芙 행장行狀

민도광閔道光 스님을 은사恩師로 득도하였으며, 법명法名은 거부巨芙요 강호講號는 무이無二이다. 범어사梵魚寺 강원講院을 졸업하였고, 범어사 강원에서 강의하였으며, 1996년 수덕사修德寺 창건創建 이래 초대初代 강사講師로서 강원을 개당보설開堂普說하여 일불제자一佛弟子의 이념과 도제양성徒弟養成의 목적으로 후학들을 위하여 조계종曹溪宗 소의경전所依經典을 『초발심初發心』부터 『화엄경華嚴經』에 이르기까지 강의하면서 ① 초발심자경문初發心自警文 ② 치문緇門 ③ 서장書狀 ④ 도서都序 ⑤ 절요節要 ⑥ 선요禪要 ⑦ 금강경金剛經 ⑧ 원각경圓覺經 ⑨ 능엄경楞嚴經 ⑩ 기신론起信論 ⑪ 대방광불화엄경大方廣佛華嚴經 등의 교재敎材를 주해註解를 달아 완간完刊하였다.

또 표충사表忠寺에 주석住錫하면서 사명대사四溟大師의 유품遺品을 열람하다가 목판본 판각板刻을 발견하여 정리한 후 ⑫『사명대사어록四溟大師語錄』으로 발간發刊하였고, 임진왜란壬辰倭亂 당시의 『난중일기亂中日記』와 선조宣祖 임금께 올린 상소문上疏文, 그리고 재상宰相들과 주고받은 서간書簡, 전별시戰別詩, 왜장倭將들과 주고받은 서찰書札 등이 실려 있는 분충서난록奮忠紓難錄을 정리하여 주해를 달아 ⑬『사명대사 난중어록四溟大師亂中語錄』으로 제호題號를 붙여 발간하였다.

이후 사명대사의 스승이신 서산대사西山大師의 행적이 궁금하여 자료를 수집하던 바 묘향산妙香山 수충사酬忠祠 1794(甲寅)년 판각본板刻本 청허당집淸虛堂集을 입수入手해 주해註解로 정리하여 ⑭『서산대사어록西山大師語錄』이라는 제호를 붙여 발간하였다.

근대에 제방諸方에서 이설異說이 많은 경허선사의 법어法語를 주해註解로 재정리하여 ⑮『경허선사어록鏡虛禪師語錄』으로 제호를 붙여 발간한다.

鏡虛禪師語錄

불기 2560(2016)년　5월 10일　초판1쇄 발행
불기 2561(2017)년 11월　6일　초판2쇄 발행

譯　註 • 無二 巨芙
發行人 • 無二 巨芙
發行處 • 無二精舍

제작 • 도서출판 운주사
　　　서울시 성북구 동소문로 67-1 성심빌딩 3층
　　　☎ (02) 926-8361

ISBN 978-89-5746-459-5　93220
값 27,000원

※ 잘못된 책은 바꾸어 드립니다.